도덕경은 도덕을 말하지 않는다

도덕경은 도덕을 말하지 않는다

지은이 | 김시성

1판 1쇄 펴낸날 | 2020년 1월 20일

펴낸이 | 이주명
편집 | 문나영

펴낸곳 | 필맥
출판신고 | 제2003-000078호
주소 | 서울시 서대문구 경기대로 58, 경기빌딩 606호
홈페이지 | www.philmac.co.kr
전화 | 02-392-4491 팩스 | 02-392-4492

ISBN 979-11-6295-023-4 (03190)

* 잘못된 책은 바꿔드립니다.
* 값은 뒤표지에 있습니다.

이 도서의 국립중앙도서관 출판예정도서목록(CIP)은 서지정보유통지원시스템 홈페이지(http://seoji.nl.go.kr)와 국가자료종합목록시스템(http://www.nl.go.kr/kolisnet)에서 이용하실 수 있습니다. (CIP제어번호 : CIP2020000533)

노자의 도덕경 쉽게 읽고 이해하기

김시성 지음

책머리에

2002년 1월 30일 미국의 조지 워커 부시 대통령은 그해 연두교서에서 '악의 축(Axis of Evil)'이라는 용어를 사용했다. 나는 부시 대통령의 '악의 축'이라는 말을 듣고 그렇게 지목된 나라들을 생각하면서 그렇다면 그가 '선의 축(Axis of Virtue)'으로는 어떤 나라들을 지목할 것인지를 상상해 보았다.

근래 선거 때가 되면 '개념투표'란 용어를 온라인상에서 자주 접한다. 나는 이 용어를 볼 때마다 그 반대인 무개념투표란 무슨 뜻일까를 상상해 보곤 한다. 내가 악의 축이나 개념투표란 말을 듣고 그 반대를 상상해 보는 것은 그런 말이 무엇을 의미하는지를 정확하게 이해하지 못해서이기도 하지만, 더 근본적으로는 그런 말이 조금은 불편하기 때문이다. 악의 축으로 지칭된 나라들은 부시의 입장에서 악의 축인 것이지 그렇게 지목된 나라들의 입장에서는 그렇게 불리는 데 동의할 수 없을 것이다.

유럽인들이 이슬람교도에게 빼앗긴 예루살렘을 탈환하기 위해 11세기부터 13세기까지 그리스도 교회의 주도 아래 십자군전쟁을 벌였는데, 그 시대에 그리스도 교회는 선이고 이슬람 문명은 악이었다고 우리가 단정할 수 있는가? 미국의 정치학자인 새뮤얼 헌팅턴(Samuel Huntington)의 표현을 빌려 '문명충돌'이라고 표현할 수 있는 현재 상황을 천 년 후의 사람들이 부시와 동일하게 평가할까?

나는 개념투표가 어떤 의미인지를 정확하게 개념화할 수 없다. 다만 이 용어가 사용되는 맥락을 고려할 때 사회적 약자를 좀 더 배려하고, 경쟁과 효율성만을 중시하지 않으며, 경쟁에서 패배한 사람들을 위한 사회복지제도에 좀 더 관심을 가진 정치세력을 지지하는 투표라고 추측할 뿐이다. 나는 그러한 정치적 가치가 우리 사회에 필요하다는 생각을 갖고 있지만, 이른바 진보적 정치세력에 대한 지지를 개념투표라고 규정할 수 있는지는 의문이다. 왜냐하면 사회적 효율성에 더 큰 관심을 가진 정치세력에 대한 투표는 모두 무개념 투표라는 관점에 동의하기 어렵기 때문이다.

부시는 자신이 악의 축으로 지목한 국가들을 타협과 공존보다는 박멸의 대상으로 보았을 것이다. 또 개념투표를 말하는 사람들은 자신들이 생각하기에 무개념투표를 하는 집단을 이해와 타협의 대상이 될 수 없는 비상식적인 사람들이라고 생각하는 것은 아닌지 우려스럽다. 반대로 사회적 효율성을 중시하는 사람들이 개념투표를 주장하는 사람들을 타협과 공존의 대상으로 인정하지 않는 것은 아닌지도 우려스럽기는 마찬가지다. 점점 양극단으로 향해가는 2019년 우리 사회의 여론 상황은 이러한 우려를 증폭시킨다.

의견이 다르면 곧 적이 되는 사회, 효율론자가 아니면 곧 공산주의자로 취급되는 사회에서 제3의 길이란 존재할 수 없고, 우리는 어느 한쪽을 선택하도록 강요받는다. 모든 사람이 효율성만을 주장하는 사회가 바람직하지 않다면, 반대로 모든 사람이 사회적 형평성만을 강조하는 사회도 바람직한 사회가 될 수 없다. 모두가 같은 생각을 하고 동일한 가치를 지향하는 사회는 존재할 수 없거나 기껏해야 독재적 전체주의 사회일 뿐이다. 다양한 의견이 공존하는 가운데 다른 생각을 포용하거나 적어도 다른 의견을 들어보려고 노력하는 사람들이 많아질수록 우리 사회는 정신적으로 더 풍요로워지고 사회적으로 더 안정될 것이다. 공자는 이런 사람들을 《논어(論語)》 〈자로(子路)〉편에서 "군자는 사람들과 조화를 이루지만 동질화하려고 하지 않는다(君子 和而不同)"고 표현했다. 군자와 소인을 구분한 공자도 상이한 의견들이 공존하는 사회를 부정하지 않았다. 노자는 한 걸음 더 나아가 스스로 진리라고 생각하는 것이 진리가 아닐 수도 있다고 말했다.

1096년에 시작된 십자군전쟁은 당시에는 아마 극소수를 제외하고는 양쪽 모두에게 선과 악의 대결로 인식됐을 것이다. 이백 년 가까이 계속된 십자군전쟁이 끝난 지 칠백여 년이 지난 지금도 문명충돌이 선과 악의 대결로만 단순화된다면 인류 문명의 발전이 과연 무슨 의미가 있을지 회의하게 된다. 그런데 인류는 20세기에 두 번의 큰 전쟁을 치르고 난 뒤에도 선악의 이분법적 사유에서 크게 벗어난 것 같지 않다. 더욱이 우리 민족의 내부만 보더라도 우리는 이분법적 흑백론에서 크게 벗어나지 못한 것이 아닌가 하는 의심이 든다. 노자의 문제의식이 21세기의 우리에게 한낱 과거의 유산에 지나지 않으면 좋으련만, 아직도 그의 사유는 우리에게 유효한 철학적 화두가 되고 있다. 내가 노자의 《도덕경》을 여러분과 공유하고자 하는 이유가 바로 여기에 있다.

많은 사람이 노자의 《도덕경》을 도덕에 관한 경전으로 안다. 그러나 동서양 철학을 막론하고 그 내용에 관해 이 정도로 오해받는 철학서가 드물 정도로 《도덕경》은 우리가 흔히 생각하는 윤리나 도덕과는 직접적인 관련성이 크지 않다. 그만큼 《도덕경》을 직접 접한 독자가 많지 않다는 증거다. 특히 한문에 익숙하지 않은 세대에게는 대부분의 동양고전이 읽기 어려운 텍스트이지만, 유가(儒家)나 불가(佛家)의 경전에 비해서도 《도덕경》은 일반인이 접하기도, 읽기도 어려운 경전이라고 할 수 있다.

《도덕경》의 사유를 한문에 익숙하지 않은 독자들과 공유하려는 의도가 이 책 집필의 출발점이다. 그래서 가급적 친숙한 우리말로 그 원문을 번역하고자 했으며, 일상의 용어와 사례를 들어 그 내용을 설명하고자 했다. 때로 선학(先學)의 주석이나 해설을 참고한 경우에는 그 출처를 밝혀 학문적 탐구를 원하는 독자에게 참고가 될 수 있게 했다. 하지만 한문에 대한 지식이 적은 독자들이 큰 부담 없이 《도덕경》을 대할 수 있도록 서술한다는 원칙은 지키려고 노력했다. 나는 노자 철학이 철학자들만의 것이어서는 안 된다는 생각에서 《도덕경》이라는 텍스트를 매개로 그 사유와 가치를 독자와 공유하고자 했다.

막상 글을 마무리하는 시점에 이르니 두 가지 갈등이 나를 괴롭히고 주저하게 만든다. 먼저 내가 《도덕경》의 사유를 제대로 이해한 것인지에 대한 의문이다. 《도덕경》은 한 편의 철학시가 아닌가 하는 생각이 들게 할 만큼 난해하다. 그런데 과연 내가 《도덕경》을 제대로 이해한 것인지, 그리고 그것을 쉬운 언어로 독자에게 설명하다가 노자의 본의를 왜곡하지는 않았는지에 대한 고민이 있다. 이런 첫 번째 갈등 때문에 원고를 여러 번 다시 읽고 노자의 본의와 내 해설을 일치시키려고 노력했지만, 아직도 나의 오독(誤讀)이 독자를 더욱 혼란스럽게 하지는 않을지 조심스럽다.

두 번째 갈등은 내가 이 책을 독자들 앞에 내놓아야 하는지를 고민하게 하는 보다 근원적인 질문을 나에게 던졌고, 지금도 나를 괴롭히고 있다. 그것은 내가 《도덕경》을 설령 제대로 이해했다고 하더라도 그 철학적 사유를 나의 실존 속에서 실천하고 있음을 자신할 수 있느냐는 것이다. 독자에게 《도덕경》의 사유를 자신 있게 설(說)하기 위해서는 나의 실존이 《도덕경》의 사유와 일치하지는 않더라도 적어도 근접하기는 해야 할 텐데 나의 실존은 《도덕경》의 사유와 멀기만 하다는 점이 책머리를 쓰는 지금도 나를 고민스럽게 한다. 나를 합리화하는 근거로 내놓을 수 있는 변명이라야 앞으로는 나의 실존을 《도덕경》의 사유에 근접시키려고 노력하겠다는 하나마나한 말뿐임을 독자들에게 고백하지 않을 수 없다.

불교에서는 신업(身業), 심업(心業), 구업(口業)이라고 해서 인간에게는 몸, 마음, 입으로 짓는 세 가지 업보가 있다고 한다. 생태계의 일부인 귀한 나무를 베어 만든 종이를 사용해 여물지 않은 식견을 부족한 책으로 엮어 펴내게 되니 내가 필업(筆業)까지 짓는 것은 아닌지 걱정스럽다. 다만 《도덕경》을 매개로 독자와의 교감을 추구한다는 핑계로 부족한 책을 여러분 앞에 내놓으니 독자들의 매서운 질정을 진심으로 고대한다.

끝으로 내가 동양고전에 관심을 갖게 된 근원에 자리하고 계신, 지금은 뵐 수 없지만 나의 마음속 깊은 곳에 계신 외할아버지, 외할머니께 이 책을 바친다. 내 원고의 최초 독자가 되어준 사랑하는 아내와 원고를 쓴다고 많은 시간을 함께하지 못한 아들, 딸에게 고마움과 미안함을 전하며, 부족한 원고를 읽어주신 존경하는 선배 오용기 선생님과 안평용 선생님께 감사의 말을 전한다. 아울러 부족한 원고를 깔끔하게 책으로 엮어주신 필맥 출판사의 이주명 대표와 문나영 편집팀장에게 진심으로 감사드린다.

노자와 《도덕경》이라는 서물

대표적 동양고전의 하나인 《논어(論語)》는 서양인들에게 *The Analects of Confucius*라고 번역된 제목으로 알려졌듯이 공자의 어록이다. 《맹자(孟子)》, 《순자(荀子)》, 《관자(管子)》, 《장자(莊子)》는 아예 저자의 이름을 서명(書名)으로 사용하고 있다. 그런데 노자(老子)가 집필한 것으로 알려진 이 서물(書物)은 《노자》라 하지 않고 일반적으로 《도덕경(道德經, Tao Te Ching)》이라 한다. 그러나 이것이 원래부터 《도덕경》으로 불렸던 것은 아니며, 처음에는 그냥 《노자》라고 했다고 한다.

모두 81장으로 구성된 《도덕경》은 크게 두 편으로 구분되는데, 보통 1~37장을 상편(上篇), 38~81장을 하편(下篇)이라고 한다.[1] 상편의 첫 장인 1장은 '도라고 말할 수 있는 도는 상도가 아니다(道可道非常道)'라는 유명한 구절로 시작되고, 하편의 첫 장인 38장은 '상덕은 덕스럽지 않기에 덕이 있다(上德不德 是以有德)'로 시작된다. 후세 사람들이 각 편 첫 구절의 도(道)와 덕(德)이라는 글자를 따서 이어 붙여 《도덕경》이라고 칭하여 이 서물에 권위를 부여한 것이다.

---

1 지금 우리가 보는 일반적인 《도덕경》은 도경(道經), 덕경(德經)의 순서로 돼있지만, 1973년에 중국 호남성 마왕퇴(馬王堆)에서 발견된 백서본(帛書本)은 덕경, 도경의 순서로 돼있다. 1993년에 호북성 곽점촌(郭店村)에서 발견된 죽간본도 일반적인 《도덕경》과 내용과 순서에서 상당한 차이가 있다.

그렇다면 《도덕경》의 저자로 알려진 '노자'는 어떤 인물인가? 그에 대한 기록으로 대표적인 것이 사마천(司馬遷)이 저술한 《사기(史記)》의 〈노자한비열전(老子韓非列傳)〉이다. 역사가인 사마천도 노자에 대해 구체적으로 서술하지 못했지만, 우리가 노자에 관해 아는 사실의 대부분은 이 〈노자한비열전〉에 기초하고 있다. 그만큼 그에 대한 사료가 부족해서 노자라는 인물은 아직도 베일에 싸여 있다.

《사기》의 〈노자한비열전〉에 "노자는 초(楚)나라 고현 여향 곡인리 사람으로 성은 이(李) 씨, 이름은 이(耳), 자(字)는 담(聃)이고, 주나라 종실의 도서관장(周守藏室之史)이었다"고 서술돼 있다. 여기에는 노자가 예(禮)에 대해 물으러 온 공자와 만나 대화를 나누는 장면과 주(周)나라가 쇠퇴하는 것을 보고 함곡관에 이르러 관령(關令, 국경의 관문을 담당한 책임자) 윤희(尹喜)에게서 숨기 전에 책을 써 달라는 부탁을 받고 5천여 자 분량의 책을 써 준 뒤에 어디론가 사라져 행방을 알 수 없다는 내용이 실려 있다.[2]

역사서인 《사기》에도 노자는 조금은 신화적인 인물로 기록돼 있다. 사마천이 《사기》를 본격적으로 저술한 것은 BC 108년과 BC 90년 사이로 추정되는데,[3] 사마천이 《사기》를 집필했을 때에도 노자라는 인물은 구체적인 서술이 어려운 불분명한 존재였던 것이다.

---

2 史記, 司馬遷撰 (北京: 中華書局出版發行, 1959年), 第7冊 卷63 2139-2143面.

3 사마천의 《사기》가 집필된 기간에 대해서는 여러 가지 이견이 있어 하나로 확정하기 어렵기에 이 기간은 여러 연구자들의 견해를 바탕으로 내가 추론한 대략적인 기간임을 밝혀둔다. 그리고 《사기》가 집필된 기간뿐만 아니라 사마천의 생몰연대도 정론이 없고 지금도 여전히 논란의 대상이다.

'노자는 누구인가'는 그의 생애에 관련된 새로운 문헌이 발견되지 않는 한 실증적이고 명쾌한 답변을 찾기가 쉽지 않은 질문일 것이다. 현재로서는 《사기》의 내용과 노자 자신의 저작으로 알려진 《도덕경》에서 드러나는 사실 외에 그의 생몰시기, 생애, 사상과 그가 《도덕경》 이외에 어떤 책들을 저술했는지 등을 추가로 밝혀내기가 사실상 어려워 보인다.

《사기》의 서술을 제외하고는 노자에 관한 모든 자료가 역사적 사실을 기록한 것이기보다는 여러 가지 정황을 바탕으로 추론한 것에 가깝다. 따라서 그 내용을 사실로 확정짓기가 어렵고, 이 때문에 《도덕경》의 저자로 알려진 노자를 특정하는 것 자체가 쉽지 않다. 그래서 버튼 왓슨(Burton Watson)은 "실제로 노자가 살았는지, 또 살았다면 그 시기가 언제였는지를 명확하게 한다는 것은 불가능하다"[4]고 했다.

사실 동양고전의 상당수가 그 저자를 정확하게 알 수 없는 경우가 많고, 또 명확하게 저자를 지목할 수 있다 하더라도 그 저자가 최초에 완성한 서물과 우리가 지금 경전의 형태로 보는 고전이 완전히 일치한다고 보기 어려운 경우가 대부분이다. 대표적 동양고전 중 하나인 《논어》조차도 공자가 그 전부를 집필했다고 보기 어려운 점이 있다는 사실은 잘 알려져 있다.[5] 기본적인 경전인 사서(四書) 중에서 원저작자에 대한 논란이 거의 없는 서물은 《맹자》

4 Burton Watson, Chuang Tzu (New York: Columbia University Press, 1964), p. 8.

5 공자의 말을 자왈(子曰)로 표현한 것과 공자의 제자인 증삼(曾參)을 증자(曾子)로 지칭한 것 등이 《논어》를 공자 자신의 저작이 아닌 증자 계열 사람들의 저작으로 판단하게 하는 근거가 되기도 한다.

하나뿐이고 《논어》, 《대학》, 《중용》은 저작자에 대해서는 물론이고 집필시기에 대해서도 논란이 있다.[6]

저작자가 비교적 분명한 《맹자》도 맹가(孟軻)[7]가 원래 서술한 서물과 현재의 《맹자》라는 서물이 과연 동일하다고 볼 수 있을지 의문이다. 《맹자》도 전승되면서 누대에 걸쳐 필사되는 과정을 필연적으로 거쳤을 텐데 그 과정에서 누락, 첨가, 삭제, 착간(錯簡), 고의적 변형 등이 없었다고 보장하기 어렵기 때문이다.[8] 변형의 형태와 정도에는 차이가 있을지언정 첨삭, 착간, 오사(誤寫) 등을 통한 변화가 있었으리라고 짐작하는 것이 현실적이다. 따라서 《맹자》보다 전대(前代)의 저작으로 알려져 있는 《도덕경》 역시 그러한 과정을 거쳤을 것으로 추론할 수 있다.

1973년에 중국 호남성 마왕퇴(馬王堆)에서 대량의 백서(帛書, 비단에 먹과 붓으로 쓴 책)가 발견됐다. 그 가운데 우리가 현재 보는 노자의 《도덕경》과 내용이 비슷한 것 2종이 있었는데, 이것을 일반적으로 '백서갑본(帛書甲本)'과 '백서을본(帛書乙本)'이라고 부른다. 또 1993년 10월에 호북성 형문시 곽점촌의

---

6 《중용(中庸)》은 본래 《예기(禮記)》의 31편이고, 사마천의 《사기》에 자사(子思)가 그 저작자로 기록돼 있다. 그러나 청대 고증학의 발달로 그 철학적 내용이 훨씬 후대에 성립된 것이라는 주장이 나오면서 자사(子思)가 원저작자가 아니라는 설이 제기됐다. 《대학(大學)》도 본래 《예기》의 42편인데, 공자의 유설이라는 설과 자사 또는 증자(曾子)의 저서라는 설, 진한(秦漢) 연간이나 전국시대에 살았던 어느 사상가의 저작이라는 설 등이 있다.

7 맹자(孟子)의 본명은 맹가(孟軻)이며, 맹자는 그를 높여 부르는 말이다. 그는 기원전 372년에 태어나 기원전 289년에 사망한 것으로 알려져 있다.

8 실제로 진나라 때 진시황에 의한 분서갱유로 유실된 고전의 원본에 관한 논쟁이 있었고, 금문(今文)과 고문(古文) 중 어느 것을 존중해야 하는지를 둘러싸고 벌어진 이른바 금고문논쟁(今古文論爭)을 통해 고전에 대한 연구가 활발히 진행됐음은 잘 알려진 사실이다.

전국시대 분묘에서 대량으로 발견된 죽간(竹簡) 가운데 노자의 《도덕경》과 내용이 유사한 것이 있었는데, 이것을 일반적으로 '곽점초묘죽간(郭店楚墓竹簡)' 또는 줄여서 '곽점본(郭店本)'이라고 부른다. 이 세 가지 문서와 지금 우리가 보는 노자의 《도덕경》 사이에는 약간의 상이점이 있다.[9] 이로 미루어 노자의 《도덕경》은 전국시대 당시에도 다수의 이본(異本)이 존재했던 것으로 짐작할 수 있다.

그렇다면 노자는 어떤 인물인가? 나는 이렇게 추론한다. 노자는 매우 질박한 사상을 기초로 정제되지 않은 원저작물을 저술한 어떤 인물이었을 것이고, 그것을 바탕으로 후대의 사상가들이 그 사상을 정제하고 세련화해서 지금 우리가 보는 《도덕경》이라는 고전이 완성됐을 것이다. 이런 점을 감안한다면 지금 우리가 《도덕경》의 원저작자로 생각하는 노자라는 인물을 특정한다는 것 자체가 현실적으로 어려운 일일뿐더러 커다란 의미를 갖는 것이 아닐 수도 있다. 지금 우리가 보는 《도덕경》의 저작자가 《사기》의 〈노자한비열전〉에 등장하는 인물이 아니라고 해서 《도덕경》의 가치가 절하되거나 절상되는 것은 아니기 때문이다.

실제로 많은 학자가 사마천이 지은 《사기》의 〈노자한비열전〉에 수록된 노자 관련 내용에 대해 의문을 제기해 왔다.[10] 대표적으로 펑유란(馮友蘭)은 《중

9 그 세 가지 사이의 자세한 차이는 고도의 학술적 연구 영역에 속한다고 볼 수 있다. 이에 대해 관심이 있는 독자에게는 Robert G. Henricks, Lao Tzu's Tao Te Ching - A Translation of the Startling New Documents Found at Guodian (New York: Columbia University Press, 2000)이 도움이 될 것이다.

10 펑유란(馮友蘭)은 《중국철학사》에서 《도덕경》이 한대(漢代)의 학자들에 의해 편집되는 과정

국철학사》에서 사마천이 전국시대에 살았던 이이(李耳)라는 인물을 전설 속 인물인 노담(老聃)과 혼동해서 《사기》에 잘못된 기록을 남기게 됐고, 이이(李耳)는 노담의 권위에 의지함으로써 자신을 드러내지 않으면서 자신의 사유에 권위를 부여하려고 했다[11]고 주장했다. 이는 마치 《금강경(金剛經)》에서 그 실제 저술자가 '나는 이와 같이 들었다(如是我聞)'라는 어구를 사용해 자신의 주장에 권위를 부여하려고 한 사실을 떠올리게 한다. 그러나 새로운 문서가 발견되지 않는 한 사마천이 실수한 것인지, 아니면 펑유란이 잘못된 추론을 한 것인지를 분명하게 가리기는 어려울 것이다.

지금 우리가 알고 있는 노자가 《사기》 〈노자한비열전〉에 수록된 그 인물이 맞는지, 그의 생몰연대가 정확히 언제인지는 연구대상은 될 수 있을지언정 그 증명이 대단히 어려운 문제이기도 하려니와 그에 관한 논쟁의 결과에 따라 《도덕경》의 철학적, 사상적 의미가 더 커지거나 훼손되는 것은 아니다. 나는 개인적으로 노자가 역사 속의 특정한 인물이기보다는 오랜 세월에 걸친 역사의 산물에 가깝다고 보는 것이 좀 더 합리적인 추론이라고 생각한다.

을 거쳤을 것이고, 따라서 한 사람의 저작으로 보기 어렵다는 의견을 밝히고 있다. 馮友蘭 著 (Derk Bodde 譯), A history of chinese philosophy, (London: George Allen & Unwin Ltd, 1952), p. 172. Wing-Tsit Chan도 《도덕경》은 노자의 기본적 가르침을 포함하고 있기는 하지만 나중에 여러 사람들에 의해 편집됐다고 보는 것이 타당하다고 주장한다. Wing-Tsit Chan, A source book in chinese philosophy (Princeton, New Jersey: Princeton University Press, 1969), p. 138. 그런가 하면 Max Kaltenmark는 노자는 특정인이기보다는 여러 사상가들의 조합이라고 주장한다. Max Kaltenmark (Roger Greaves 譯), Lao Tzu and Taoism (Stanford : Stanford University Press, 1969), p. 15.

11 馮友蘭 著, (Derk Bodde 譯), A history of chinese philosophy, (London: George Allen & Unwin Ltd, 1952), pp. 171-172.

그렇다면 현재 우리가 일반적으로 보는 《도덕경》은 무엇을 기준으로 한 것일까? 아마도 삼국시대 위(魏)나라의 사상가인 왕필(王弼)[12]의 주석이 달린 판본이 가장 일반적인 기준일 것이다. 이 책에서 나는 명(明)나라의 노자 주석가인 초횡(焦竑)[13]이 왕필의 《노자주(老子注)》를 포함한 다양한 주석을 함께 묶은 것을 대만의 신문풍출판공사(新文豊出版公司)에서 출간한 《한문대계 9(漢文大系九)》의 《노자익(老子翼)》을 기본 텍스트로 사용했다.[14]

한 가지 덧붙인다면, 일반적으로 보아 왕필을 대표로 하는 송대(宋代) 이전의 사상가들은 《도덕경》에 대한 주석에서 무(無)를 중시하는 이른바 귀무론(貴無論)의 입장에 서 있었지만 소철[15]과 여길보[16] 등 송대 이후의 사상가들은

---

12 왕필(王弼, 226-249)은 삼국시대의 위(魏)나라 사람으로 수도인 낙양(洛陽)에서 태어났다. 자(字)는 보사(輔嗣)이며 명제(明帝) 때 상서랑(尙書郞)을 지냈다. 23세의 나이에 요절했으나, 후견인이었던 하안(何晏)과 함께 위진(魏晉) 현학(玄學)을 대표하는 사상가로 명성을 떨쳤다. 파란의 시대에 짧은 생애에도 불구하고 현존하는 노자주 가운데 명주석 가운데 하나로 꼽히는 《노자주(老子注)》와 천여 년 동안 과거시험의 교과서로 쓰인 《주역주(周易注)》를 남겼다. 임채우 《왕필의 노자주》 (파주: 한길사, 2005) 참조.

13 중국 명나라 시대의 유명한 학자로 자(字)는 약후(弱候)다. 강소성 강녕(江寧, 지금의 남경(南京))에서 태어나 1589년에 전시(殿試)에서 장원을 하여 한림원 수찬이 됐다. 품성이 소직(疎直)하여 시사(時事) 문제를 두고 직언하다가 미움을 받아 복령주(福寧州)로 좌천된 뒤 관직을 사임했다. 수만 권의 책을 가졌던 그는 박학하고 고문(古文)에 밝았으며 《역전우공해(易筌禹貢解)》, 《손국충신록(遜國忠臣綠)》 등의 저서가 있으나 그를 유명하게 해준 것은 역시 《노자익(老子翼)》이다. 이현주, 《날개를 단 노자》 (서울: 두레, 2010) 참조.

14 漢文大系(9), 臺北: 新文豊出版公司, 中華民國 67年.

15 소철(蘇轍)은 중국 북송의 문인(1039~1112)이다. 자는 자유(子由), 호는 영빈유로(潁濱遺老), 난성(欒城)이다. 당송 팔대가의 한 사람으로 고문에 밝았다. 저서에 《시전(詩傳)》, 《난성집(欒城集)》, 《춘추전(春秋傳)》, 《노자해(老子解)》 등이 있다.

16 본명은 여혜경(呂惠卿)이고, 자가 길보(吉甫)다. 북송의 천주(泉州) 진강(晉江) 사람으로 인종

유(有)-무(無) 상관적(相關的) 사유로 중심을 옮겨갔다. 나는 때에 따라 왕필의 주석을 참고하고 인용하지만 기본적으로는 귀무론(貴無論)의 입장보다 유-무 체용론적 또는 상관적 사유가 노자의 본의에 좀 더 가깝다는 관점을 가지고 있다.

끝으로, 노자의 《도덕경》이라는 텍스트에 관해 분명히 해두고 싶은 점이 있다. 《도덕경》이라는 서명(書名)은 《도덕경》을 도덕적 잠언 정도로 오해하게 만든다. 《도덕경》에 도덕적 명제에 관한 언급이 전혀 없다고 할 수는 없으나 《도덕경》은 도덕이라고 하면 우리가 일반적으로 떠올리는 서양의 Morals와는 직접적인 관련성이 크지 않은 책이다. 《도덕경》에서 말하는 도(道)와 덕(德)이 서양의 Ethics나 Virtue와 의미상 거리가 있음은 《도덕경》에 조금이나마 관심이 있는 사람이라면 설명을 필요로 하지 않을 것이다.[17] 《도덕경》은 도덕적인 잠언이나 명령 이상의 철학적 함의를 지닌 서물이고, 나는 이 책을 통해 그 점을 밝혀나갈 것이다.

이제 본격적으로 《도덕경》의 세계와 대면해 보자.

(仁宗) 가우(嘉祐) 2년(1057)에 진사가 됐다. 왕안석(王安石)과 경의(經義)에 대해 논하다가 일치하는 점이 많아 그와 교유하기 시작했다. 신종(神宗) 희녕(熙寧) 초에 집현교리(集賢校理)가 됐고, 판사농시(判司農寺)를 거쳐 신법(新法) 운영에 적극 참여했다.

17 이와 관련해 김형효는 《사유하는 도덕경》 (서울: 소나무, 2004), 223쪽에서 "《도덕경》의 도덕이라는 낱말에 혼혹되어서는 안 된다. '도덕'이라는 개념은 지금 우리가 쓰는 그런 도덕윤리를 뜻하지 않는다"고 했다.

차 례

도경(道經)

덕경(德經)

도경

道經

1장

보편적 진리는 존재하는가

(도라고) 말할 수 있는 도(道)는 상도(常道)가 아니고, 명명할 수 있는 이름은 상명(常名)이 아니다. 무명(無名)은 천지의 시작이고, 유명(有名)은 만물의 어머니다. 그러므로 항상 무욕으로써 그 오묘함을 보고, 항상 유욕으로써 그 요(徼, 순환함)를 본다. 이 양자는 함께 나왔지만 그 이름을 달리한다. 함께 일컬어 현묘하다고 한다. 현묘하고 또 현묘하도다. 모든 현묘함이 나오는 문이여![18]

道可道非常道 名可名非常名 無名天地之始 有名萬物之母 故常無欲
도가도비상도 명가명비상명 무명천지지시 유명만물지모 고상무욕
以觀其妙 常有欲以觀其徼 此兩者同出而異名 同謂之玄 玄之又玄
이관기묘 상유욕이관기요 차양자동출이이명 동위지현 현지우현
衆妙之門
중묘지문

《도덕경》의 전체 맥락 속에서 1장의 이해는 81개의 장 중 하나의 장을 이해한다는 의미 이상으로 대단히 중요하다. 따라서 여기에서 나는 학술적인 분석과 설명도 일부 포함해서 다른 장의 경우에 비해 비교적 많은 지면을 할애해 1장을 설명하고자 한다.

우리에게 익숙한 《명심보감(明心寶鑑)》은 "공자가 말했다. 착한 일을 하는 사람에게는 하늘이 복으로 갚아주고, 착하지 않은 일을 하는 사람에게는 하늘이 재앙으로 갚는다."(子曰 爲善者 天報之以福 爲不善者 天報之以禍)라는 구절로 시작된다. 《명심보감》은 첫 구절에서 주요 주제 중 하나인 권선징악(勸善懲惡)을 직접적으로 말한다. 《명심보감》뿐만 아니라 많은 동양고전이 그 첫머리에 핵심 주제를 언급하는 경우가 많은데, 《도덕경》 역시 바로 그런 경우라고 할 수 있다.

나는 《도덕경》의 첫 구절 "도가도비상도 명가명비상명(道可道非常道 名可名非常名)"을 볼 때마다 《도덕경》 1장이 가진 의미의 심오함이나 철학적 깊이를 느끼기에 앞서 우리말로 번역하는 것이 어려움을 실감한다. 내가 이 구절을 "도라고 말할 수 있는 도는 상도(常道)가 아니다"라고 번역하는 데 그친 것은 상도(常道)를 어떻게 번역할 것인가를 놓고 아직도 논쟁이 계속되고 있기 때문이다.

18 이 장에 대한 구두와 번역은 다양하다. 실제로 無名 天地之始 有名 萬物之母로 구두하기도 하지만 無 名天地之始 有 名萬物之母라고 구두하기도 하고, 故常無欲 以觀其妙 常有欲 以觀其徼로 구두하기도 하지만 故常無 欲以觀其妙 常有 欲以觀其徼로 구두하기도 한다. 此兩者 同出而異名도 이런 구두가 일반적이지만 此兩者同 出而異名으로 구두하기도 한다. 조민환, 《노장철학으로 동아시아 문화를 읽는다》 (파주: 한길사, 2002), 20~41쪽 요약.

'상도'를 김형효는 '불변의 도'로, 김용옥은 '늘 그러한 도'로, 임채우는 '영원한 도'로 번역했다. '도가도비상도'를 제임스 레게(James Legge)는 "경험되는 도는 지속되면서 불변하는 도가 아니다(The Tao that can be trodden is not the enduring and unchanging Tao)"[19]로 옮겼고, 로저 에임스와 데이비드 홀(Roger T. Ames and David L. Hall)은 공역서(共譯書)에서 "인간의 언어로 옮겨질 수 있는 도는 진정한 도가 아니다(Way-making (dao) that can be put into words is not really way making)"[20]로 옮겼다.

동아시아의 한국, 중국, 일본 3국은 한자문화권이다. 우리말에 대한 한자의 영향은 무시할 수 없을 정도다. '천지(天地)', '만물(萬物)' 등은 엄밀히 보면 중국어이지만 오랫동안 한자문화권에서 살아온 우리는 '하늘과 땅', '모든 사물'로 번역하는 과정을 거치지 않아도 그 의미를 이해할 수 있다. 그러나 서양인은 우리와 다르다. 더구나 언어의 특성상 다의성을 지닐 수밖에 없는 고립어(孤立語, Isolating language)인 중국어로 쓰인 책을 비교적 뜻을 명확히 하려는 굴절어(屈折語, Inflectional language) 계통의 영어로 번역하는 일이 서양의 연구자들에게 쉬운 일은 아니었을 것이다.

위의 두 가지 영역(英譯) 모두 도의 절대성을 부정하고 상대성을 말하고 있지만, 제임스 레게의 번역이 도의 상대적이고 불확정적인 성격에 초점을 맞추었다면 로저 에임스와 데이비드 홀의 번역은 도가 인간의 언어를 통해 인

19 James Legge, The Texts of Taoism, (Singapore: Graham Brash Ltd, 1891), p. 47.

20 Roger T. Ames and David L. Hall, Daodejing "Making This Life Significant", (New York: Ballantine Books, 2003), p. 77.

식될 수 없다는 점에 좀 더 초점을 맞추었다는 느낌이 든다.

《도덕경》의 첫 구절 '도가도비상도 명가명비상명(道可道非常道 名可名非常名)'은 다양한 해석이 가능하다. 문법적으로만 본다면 이 구절의 비상도(非常道)와 비상명(非常名)은 완전부정으로도, 부분부정으로도 해석이 가능하다. 그러나 나는《도덕경》의 전체 문맥에서 보면 이것을 완전부정으로 해석하는 것은 적절하지 않다고 생각한다.[21] 이 구절은 도의 상대성, 불확정성과 단가적(單價的)인 인간 언어를 통한 재현 불가능성 때문에 상도(常道, 절대적인 도)를 특정할 수 없다는 의미를 내포한다. 도의 가변성, 상대성에 대한 인정은《도덕경》전체를 꿰뚫는 강력한 주제의식이다.

그런데 우리는《도덕경》의 첫 구절을 어떻게 번역해야 하느냐는 문제와 함께《도덕경》의 첫머리에서 노자가 이렇게 모호하고 다의적(多義的)인 표현으로 서술을 시작한 점에도 주목하고 그 이유를 생각해봐야 한다. 노자는 도가 어떤 하나의 실체로 파악하기 어려운 것이자 의미론적으로 단일한 고유성을 갖고 있지 않은 것이어서 도 자체에 이미 불확정성이 내포돼 있음을 상징적으로 나타내기 위해 다의적 표현으로 1장을 시작했다고 나는 추론한다.

따라서 1장의 첫 구절이 다양하게 번역될 수 있다는 것 자체가 도의 다의

21 여길보(呂吉甫)는 그의 주석서에서 "천하의 모든 도(道)라고 말할 수 있는 도가 도가 아닌 것은 아니지만 위태로움이 있으면 상도(常道)는 아니고, 천하의 모든 명명할 수 있는 이름이 이름이 아닌 것은 아니지만 버릴 수 있는 때가 있으면 상명(常名)은 아니다"라고 주석했는데, 이는 '도라고 할 수 있는 도'와 '명명할 수 있는 이름'으로 번역되는 도가도(道可道)와 명가명(名可名)이 각각 도와 명일 수도 있고 도와 명이 아닐 수도 있다는 뜻을 잘 나타내주는 주석이다. 주석의 원문은 凡天下之道 其可道者 莫非道也 而有時乎而殆 則非常道也, 凡天下之名 其可名者 莫非名也 而有時乎而去 則非常名也이다. 漢文大系(9), 老子翼 卷之一 (臺北: 新文豊出版公司, 中華民國 67年), 2面.

성을 상징하는 장치인 것으로 보인다. 도의 불확정성과 상대성에 대한 노자의 생각이 1장에 내용상 함축돼 있기도 하지만, 1장의 형식도 그런 노자의 생각을 암시한다고 볼 수 있다.

좀 더 현실적인 사례를 통해 탐구해 보자. 우리는 일상에서 '도가도비상도 명가명비상명'이 상징하는 실제 사례를 쉽게 발견하거나 경험할 수 있다. 도라고 하는 것, 또는 진리나 지식이라고 하는 것이 엄밀하지 않음을 보여주는 증거를 우리는 실생활 속에서 어렵지 않게 발견할 수 있다. 무언가를 고정적, 확정적인 것으로 인식하고 그것에 이름을 붙이는 순간 우리는 그것의 실체로부터 멀어지고 마는 모순에 처하게 된다.

예를 들어 우리가 지금 보고 있는 책을 직사각형이나 직육면체라고 표현할 수 있다. 이에 의문을 제기하는 사람은 많지 않을 것이다. 그러나 책이 과연 엄밀한 의미에서 직사각형일까? 이 질문에는 논란이 따를 수밖에 없다. 직사각형이란 네 내각(內角)이 모두 90도인 사각형을 말한다. 그런데 우리가 지금 보고 있는 책이 정확히 이 조건에 맞는다고 확언할 수는 없다. 아마 정확한 직각이 아니고 미세하게나마 오차가 있을 것이고, 따라서 엄밀하게 말한다면 그것은 직사각형이 아니다. 분명해 보이는 사실도 그것을 단가적 언어로 명료화하는 순간 우리는 오류에 직면하게 된다. 하지만 그렇다고 해서 그 인식을 틀렸다고 할 수도 없다. 그래서 상도(常道)가 아니고 상명(常名)이 아닌 것이다.

나에게는 《도덕경》 1장을 볼 때마다 생각나는 개인적 경험이 있다. 2003년 여름쯤으로 기억되는 산행이다. 그때 나는 내가 지도하는 학생과 둘이 1박 2일로 지리산 산행에 나서서 노고단에서 천왕봉까지 30킬로미터 정도를 걸었다. 첫날 등산을 시작할 때는 날씨가 맑았는데 오후 들어 날씨가 흐려지더니 비가 내리기 시작했다. 산행 준비가 철저하지는 않았지만 내리는 비가 폭우도 아니었고 그 정도의 비에 종주를 포기해야 할 정도로 체력이 허약하지는 않다는 자신이 있었기에 산행을 계속해 오후 5시경 천왕봉에 도착할 수 있었다. 그런데 천왕봉에 도착한 뒤에 문제가 발생했다. 동행한 학생이 저체온증에 걸린 듯 자꾸 졸면서 자신은 천왕봉에서 좀 자고 갈 테니 나에게 먼저 내려가라는 것이었다. 그런 상황에서 알았다고 하면서 먼저 하산할 사람이 누가 있겠는가? 뺨을 때리고 정신 차리라고 윽박질러 끌고 가다시피 해 천왕봉에서 가장 가까운 장터목 대피소에 겨우 도착할 수 있었다. 예약하지 않아서 묵을 수 없다는 대피소 관리자에게 저체온증 환자를 밖에 방치하는 게 말이 되느냐는 협박에 가까운 설득 끝에 그 학생만 겨우 실내에서 휴식할 수 있게 했다. 그 학생은 두 시간 정도 따뜻한 곳에서 안정을 취하더니 체력을 회복했고, 우리는 다음날 아침에 하산해 무사히 귀가했다. 그로부터 3년쯤 지났을까, 그 학생이 행정고시에 합격했다고 인사하러 왔기에 그때의 기억을 끄집어내어 농담조로 "너는 나 덕분에 살아서 행정고시 합격까지 한 줄 알아라" 하고 얘기했는데, 그 학생의 답변은 나로서는 정말 의외였다.

"맞아요, 그때 천만다행이었어요. 저 그때 선생님 때문에 죽을 뻔했어요." 이렇게 얘기하는 것이 아닌가? 그 학생의 기억 속 경험은 대개 이런 것이었다. 노고단에서 천왕봉까지는 그리 쉬운 등산길이 아니어서 자신에게는 좀 버거운 산행이었는데 내 걸음속도가 너무 빨라 비를 맞으면서 나를 따라오면서 고생했다는 것이다. 중간에 천천히 가자는 말도 하지 못하고 선생님을 따라가다 보니 체력이 소진되어 천왕봉에서 저체온증을 겪게 됐다는 것이 그 학생이 기억하는 사건의 개요였다.

지금 생각해보니 그때 나는 군에서 전역한 지 얼마 안 됐고 다년간의 등산으로 체력이 나쁘지 않았지만 그 학생에게는 비가 내리는 가운데 나를 따라오는 것이 무리였으리라는 생각이 들기도 한다. 아무튼 내 기억에는 저체온증을 겪는 제자를 살려낸 산행으로 강하게 남아 있는 그날의 일이 내가 살려주었다고 생각했던 그 제자의 기억에는 나 때문에 죽을 뻔한 악몽으로 남아 있었다.

진실은 어느 편에 가까울까? 그것은 나도, 그 학생도 정확히 판단하기가 어려운 문제다. 아마 이 글을 읽고 있는 독자가 당사자인 두 사람보다는 객관적이고 정확하게 판단할 수 있을 것이다. 하지만 그 판단도 절대적이지 않다. 진실은 나의 기억과 그 학생의 기억 사이의 중간 어디쯤에 있을 것이다. 우리의 기억과 사유가 얼마나 자기중심적인가를 나는 이 기억을 통해 또 한 번 절감하게 된다.

일본 영화감독 구로사와 아키라(黑澤明)의 1951년 베니스영화제 황금사자상 수상작 〈라쇼몽(羅生門)〉도 머릿속에 떠오른다. 〈라쇼몽〉은 동일한 사건이 개개인의 입장에 따라 다르게 기억될 수 있음을 액자식 기법을 통해 잘 보여준다. 나는 영화에 대해 문외한이지만 이 영화는 누구나 한 번은 볼 만한 영화라고 생각한다.

몇 년 전은 고사하고 며칠 전에 직접 체험한 사실조차도 보편적 사실이나 객관적 실체로 재현해낼 수 없는 것이 인간의 기억이고 인간이 처한 상황이다. 그런데 자신이 직접 체험하지도 않은 과거의 사실에 대한 사람들의 생각을 하나의 세계관이나 사관으로 동질화하려는 시도는 본질적으로 성공할 수 없을 뿐더러 전체주의적 획일화의 욕망을 드러내는 것에 지나지 않는다. 누구나 공감하는 기억, 또는 누구에게나 보편타당한 진리가 과연 존재할 수 있는가?

나는 2013년에 중국 단동(丹東)을 여행하면서 중국인들은 한국전쟁을 어떻게 해석하고 있는지를 조금이나마 알아보기 위해 '항미원조기념관(抗美援朝紀念館)'을 방문했다. 그것이 한국에 있었다면 아마도 '6·25전쟁기념관'이나 '한국전쟁기념관'이라는 이름으로 불렸을 것이다. 그런데 중국에서는 미국에 대항해 조선을 지원한 것을 기념하는 곳이라는 의미의 '항미원조기념관'으로 불리고 있다. 그 명칭부터가 한국전쟁을 바라보는 관점이 우리와 다름을 말해준다. 그런데 당시에 나에게 더욱 충격적이었던 것은 기념관 앞에 걸린 현수막에 적힌 글귀였다. 거기에는 '전승(戰勝) 60주년 기념'이라고 적혀 있었다. 휴전협정이 체결된 1953년으로부터 60년 되는 해라는 의미일 것이다.

우리가 한국전쟁에서 패배한 것이 아니라 남침한 북한을 물리쳤다는 것이 나의 상식이었는데, 중국인들은 자신들이 북한을 도와 전쟁을 승리로 이끌었다고 생각하고 있는 것이었다. 그런 그들의 생각에 나로서는 동의하기가 어려웠다. 나는 나의 상식이 중국인에게는 상식이 아닐 수 있고, 그 반대 역시 성립한다는 것을 실감할 수 있었다.

이해관계와 가치판단이 개입될 수밖에 없는 사회과학에서만이 아니라 가치중립적이라고 간주되던 자연과학에서도 시공간을 초월하는 보편적 진리에 대한 의문이 제기되기 시작했다. 20세기에 양자물리학의 발전이 뉴턴의 기계론적, 결정론적 세계관에 심대한 의문을 제기하면서 자연과학 분야는 물론 철학 분야에서도 뜨거운 논쟁을 유발했다. 양자물리학의 발전이 세계를 인과법칙에 따르는 고정된 것으로 파악하려는 근대 인식론의 기초를 흔들게 된 것이다.

뉴턴은 자연을 하나의 거대한 기계와 같이 파악하여 "자연은 수학의 언어로 쓰인 교과서"로 보았다. 그런데 20세기 초에 등장한 양자물리학은 이러한 믿음에 의문을 제기한다. 양자물리학은 미시 세계의 사물이 거시 세계의 그것과 달리 불연속적이고 확률적인 방식으로 존재하고 운동한다는 충격적 내용을 주장했다. 이는 세계가 우연적이고 불연속적이며 확률적으로 움직인다는 것이다.[22]

물질은 고정불변의 상태로 존재하는 것이 아니라 조건에 따라 달리 반응해 얼마든지 다른 상태로 변화할 가능성이 있으며, 현재의 상태에서 앞으로 어떻게 변화할 것인지는 인과론적 필연으로 설명될 수 없고 단지 확률의 논리로만 표현될 수 있다는 것이다. 그렇다면 우리는 현재의 상태를 토대로 이 세계가 앞으로 어떻게 변화해 갈지를 정확하게 예측할 수 없다. 나는 양자물리학이 설명하는 미시적 세계의 운동 방식과 우리가 현실에서 경험하는 사례에 기반하여 《도덕경》 1장에서 한 가지 사회적 함의를 읽어내게 된다.

단순한 직사각형조차 그것이 확실한 직사각형이라고 확신할 수 없는 상황에서 우리가 진리라고 믿어온 것들의 근거가 얼마나 확실하고 튼튼한지를 의심하지 않을 수 없다. 우리가 당연히 옳은 것이라고 믿어온 것조차 그 옳음의

22 이상욱·홍성욱·장대익·이중원(공저), 《과학으로 생각한다》 (서울: 동아시아출판사, 2007), 48~59쪽 요약.

엄밀성을 갖기 어려운 상황에서 자신의 입장과 이해관계가 반영돼 있는 문제에 대해 내 의견만이 옳고 타인의 의견은 잘못된 것이라고 확신해도 되는 경우가 과연 우리의 삶 속에 얼마나 있겠는가?

서양의 어떤 철학자는 "신은 전지전능하지 않다. 왜냐하면 신조차도 과거를 바꿀 수는 없기 때문이다."라고 했다. 그 철학자는 무신론을 설파한 것이 아니라 신조차도 불완전하거늘 하물며 인간이 자신의 견해가 완벽함을 가정하거나 확신에 찬 결정을 한다는 것이 얼마나 위험한지를 경고한 것이라고 나는 생각한다. "천하의 뜻과 이치는 무궁하거늘 어찌 자기는 옳고 남은 그르다고 할 수 있겠는가(天下之義理 無窮 豈可是己而非人)"라는 퇴계 이황의 말도 바로 이 점을 지적한 것이리라.

많은 사람이 선악(善惡), 호오(好惡), 미추(美醜)를 명확히 구분하는 이분법적 사고에 갇혀 있다. 그래서 선(善)이면 악(惡)일 수 없고, 미(美)이면 추(醜)일 수 없다고 생각한다. 그러나 과연 선과 악이 그렇게 이분법적으로 나뉠 수 있는 것인지 의문스럽다. 현실은 드라마 속의 극악무도한 악역과 순진무구한 주인공이라는 이분법적 구도와는 언제나 상당한 거리가 있다. 순선(純善)하여 악의 요소를 전혀 포함하지 않은 것이 과연 이 세상에 존재할 수 있느냐는 의문을 노자는 제기한다.

기독교의 창조론적 사고는 《도덕경》의 사유와 거리가 있어 보이지만, 기독교의 신이 태초에 창조한 에덴동산에는 선의 요소만 있지 않았고 선악과(善惡果)와 뱀이라는 악의 요소도 있었다. 순선무구(純善無垢)한 존재는 애초부터 존재하지 않는 것인지도 모른다. 선은 이미 악에 오염돼 있다. 관점을 달리해서 말하면 선은 악을 자신의 존재 기반으로 요청하고 있으며, 그 역명제도 성립한다.

선과 악만이 아니라 미와 추, 호와 오도 각각 존재 기반으로 서로를 필요로 한다고 볼 수 있다. 추함이 없다면 아름다움이 존재할 수 없다. 모두가 동일한 미모를 지니고 있다면 상대적 아름다움은 물론이고 절대적 아름다움도 성립되지 않는다. 모두가 똑같은 생김새를 가지고 있다면 그것이 세속적 기준으로 아무리 아름다운 모습이라고 하더라도 미도 추도 될 수 없다. 선과 악, 미와 추, 호와 오는 각각 본질적으로 동거할 수밖에 없고, 노자는 이 점을 《도덕경》 4장에서 "빛과도 조화하고 먼지와도 함께한다(和其光 同其塵)"라고 표현했다.

절대 선과 절대 진리에 대한 집착은 필연적으로 상대방에 대한 지배욕과 폭력성을 내포하고, 결국에는 자신의 존재 기반까지 무너뜨리거나 끝없는 타자화의 구분 짓기로 나아갈 뿐이다. 끝없는 타자화는 마침내는 자신마저 소외시킨다. 여기서 타자화란 특정 대상을 자신 또는 자기 집단과 다른 존재로 보이게 만듦으로써 분리된 존재로 부각시키는 사상이나 행동으로, 쉽게 말하자면 구분 짓기 전략이다.

타자화가 문제가 되는 것은 타자화의 대상이 된 사람들의 이질적인 면을 실제 이상으로 부각시켜 공동체에서 소외되게 만들고 배제의 대상으로 전락시키기 때문이다. 나치(Nazi, 독일국가사회주의노동자당)의 유대인 박해는 타자화의 대표적인 사례다. 19세기의 아일랜드 출신 극작가 오스카 와일드(Oscar Wilde)는 "만약 아일랜드가 존재하지 않았다면 영국인들은 아일랜드를 만들어냈을 것"[23]이라고 말했는데, 이는 영국에 의한 주체와 타자의 구분이 실질적 차이

23 박지향, 《일그러진 근대》 (서울: 푸른역사, 2003), 55쪽에서 재인용.

에 근거한 것이 아니라 주체화의 욕망이 만들어낸 허상에 불과하다는 점을 지적한 것이다.

우리 사회의 연고주의 역시 혈연, 지연 등을 매개로 한 구분 짓기 전략과 관련되는 것이 사실이다. 타자로 설정된 대상과의 차이는 본질적으로 존재하는 것이 아니거나, 설령 그런 차이가 실제로 있다고 하더라도 그것은 주체의 강화를 위해 실제 이상으로 과장된 것이기 쉽다. 지역적 특성으로 사람을 구분하는 인식은 심각한 일반화의 오류이거나 지역을 매개로 한 구분 짓기일 뿐이다.

우리 사회의 지나친 교육열도 타자화의 욕망과 밀접하게 관련된다. 우리의 교육열은 단순한 지식 경쟁이기보다 지위 경쟁이요 구분 짓기 전략의 하나다. 현실적으로 대학 간 서열이 존재하는 상황에서 학벌은 문화자본으로 기능하고 있고, 그 내면에는 구분 짓기를 향한 타자화의 욕망이 강하게 작동하고 있다는 사실을 부인하기 어렵다.

예를 들어 소위 명문대학을 졸업한 사람에게는 의식적이든 무의식적이든 명문대학을 졸업하지 않은 사람들과 자신을 구분하려는 마음이 있다. 또 명문대학 졸업생들은 서울대학교 졸업생이냐 아니냐를 구분하려고 한다. 타자화의 욕망은 여기에서 멈추지 않고 끝없이 이어진다. 서울대학교 졸업생들은 무슨 과를 졸업했는지를 서로 비교하고, 과거에 최고의 인재들이 입학했다는 그 대학의 법과대학 졸업생들은 재학 중 고시 합격 여부로 자신들끼리 서로 가르며, 재학 중 고시 합격자들은 다시 어떤 법원에서 무슨 업무를 담당하는지를 가지고 서로 구분 짓기를 한다. 바로 끝없는 타자화의 욕망이다. 끝없는 타자화의 욕망은 결국 모든 인간을 소외시키고 만다.

선과 악, 미와 추를 절대화하고 구분하려는 사유는 결국 나와 타인, 우리와 그들을 가르는 끝없는 타자화로 이어진다. 그러나 선과 악, 미와 추가 서로 상관되어 있듯이 주체와 타자는 상관되어 있고, 서로를 존재 기반으로 요청하고 있을 뿐이다.

신이 창조한 태초의 에덴동산조차 완전하지 못했다는 것은 신조차 완전하지 않다는 반증일 수 있다. 하물며 인간이 자신의 가치와 이해관계가 이미 반영된 문제에 대해 자기 의견만을 옳다고 가정하는 것은 위험을 수반한다. 《도덕경》은 바로 그런 위험을 경고한다.

다시 현실의 문제로 눈을 돌려보자. 우리 사회는 이념적 갈등이 심한 사회다. 진보진영과 보수진영의 상호 적대감은 서로를 가리킬 때 사용하는 '빨갱이'와 '꼴통보수'라는 혐오성 명칭에서부터 극명하게 드러난다. 이러한 극단적 혐오의 바탕에는 자신의 이념적 지향이 전적으로 옳다는 자기중심적 사유가 자리하고 있다.

우리 사회에서는 경제 분야의 증세냐 감세냐, 군사 분야의 미군 주둔이냐 철수냐, 외교 분야의 북한 고립화냐 포용이냐를 놓고 논쟁이 반복되고 있다. 그런데 이러한 논쟁이 상대방에 대한 인정과 이해에 기반을 둔 정책논쟁이기보다는 상대방을 파괴하고 더 나아가 박멸하고자 하는 파괴적, 공격적 논쟁이 되고 마는 경우가 많다.

경제학에 조금이라도 식견이 있는 사람이라면 증세나 감세 가운데 하나가 모든 경제문제를 다 해결해 준다고 믿지는 않을 것이다. 증세나 감세에 대한 자신의 견해가 현실의 경제문제를 좀 더 잘 설명하고 그 해결에 더 많은 도움을 줄 수 있다는 상대적 정당성에 대한 믿음 정도나 가능할 것이다. 미군과 북한에 관한 나머지 두 가지 문제에 대한 합리적이고 타당한 견해 역시 여기에서 크게 벗어나지 않는다.

절대 선, 절대 진리에 대한 확신은 대개 상대방을 절대 악이나 이단으로 몰아붙이며, 나아가 상대방을 파괴하고 제거해버리려는 폭력성을 내포한다. 《도덕경》 1장은 바로 이런 절대 선에 대한 집착이 가진 폭력성과 배제의 논리에 대한 경고라는 것이 내 생각이다. 그래서 나는 그 첫 구절 "도라고 말할 수 있는 도는 상도가 아니고, 명명할 수 있는 이름은 상명이 아니다(道可道非常道名可名非常名)"를 다음과 같이 이해해야 한다고 믿는다. '내가 도라고 인식하는 도가 언제 어디에서나, 그리고 누구에게나 보편타당한 도일 수 없고, 내가 부르는 이름도 시공간을 초월하여 보편타당한 이름일 수 없다.'

"무명(無名)은 천지의 시작이고 유명(有名)은 만물의 어머니다. 그러므로 항상 무욕으로써 그 오묘함을 보고 항상 유욕으로써 그 요(徼)를 본다."(無名天地之始 有名萬物之母 故常無欲以觀其妙 常有欲以觀其徼)는 구절도 앞의 각주 18에서 언급한 것처럼 구두부터 해석까지 견해가 다양하고, 그 논쟁은 아직도 진행 중이다. 어떤 의미에서 이러한 중의성(重義性)이야말로 노자가 의도한 바가 아니었나 하는 생각이 들기도 한다.

다만 나는 위에서 본 선과 악, 미와 추, 호와 오의 상관적 관계와 마찬가지로 무명과 유명, 무욕과 유욕이 서로 독립적으로 존재하는 것이 아니라 상관된다는 점을 노자가 밝히고 있다는 사실만은 다시 한 번 강조한다.

자칫 이 구절을 '무명은 유명의 원인자이거나 선행자'라는 의미로 이해하기 쉽다. 그러나 노자의 철학에서 그러한 제1원인자이자 상대를 필요로 하지 않는 독립자는 존재할 수 없기에 무명과 유명은 서로를 필요로 하는 상관적 존재로 이해돼야 한다.

이 구절의 후반부인 “그러므로 항상 무욕으로써 그 오묘함을 보고, 항상 유욕으로써 그 요(徼)를 본다”는 부분에 나오는 ‘요(徼)’는 어떻게 해석해야 할까? 대개의 한자가 그렇듯이 요(徼) 자 역시 다양한 뜻으로 해석할 수 있다. 제임스 레게는 이를 아래와 같이 옮겼다.

“항상 무욕으로써만 심오한 신비로움을 알 수 있고, 우리 자신의 내부에 욕망이 있으면 변죽만을 볼 수 있을 뿐이다.”

Always without desire we must be found, If its deep mystery we would sound; But if desire always within us be, Its outer fringe is all that we shall see.[24]

제임스 레게는 요(徼)에 변방의 뜻이 있음에 착안하여 이것을 변죽(outer fringe)으로 옮겼다. 그의 번역은 욕망이 개재되면 핵심을 볼 수 없고 변죽, 즉 가장자리만을 볼 수 있다는 의미를 함축하므로 유욕을 부정적 시각으로 본 것이다. 그러나 라우(D. C. Lau)는 다음과 같이 제임스 레게와는 다른 관점에서 이 구절을 옮겼다.

“만물의 신비로움을 보기 위해서는 욕망을 제거해야 한다. 그러나 만물이 분명히 드러남을 보기 위해서는 스스로에게 욕망을 허락해야 한다.”

---

24 James Legge, The Texts of Taoism, (Singapore: Graham Brash Ltd, 1891), p. 95.

Hence always rid yourself of desires in order to observe its secrets;
But always allow yourself to have desires in order to observe its manifestations.[25]

라우의 번역은 제임스 레게의 번역에 비해 상대적으로 유욕을 덜 부정적으로 인식한 것이다.

한편 이식재[26]는 "묘(妙)라는 것은 대도(大道)이고 무(無)이며, 요(徼)라는 것은 소도(小道)이고 유(有)이다. …… 유는 공이고 공은 곧 유이니 그 근본은 같다."(妙者 大道也 無也 徼者 小道也 有也 …… 有卽空 空卽有 其本同)라고 했다. 이는 《반야심경》의 "색은 곧 공이고 공은 곧 색이다(色卽是空 空卽是色)"라는 구절을 연상하게 하는 풀이다. 그런가 하면 김형효는 "그러므로 항상 무욕(無欲)으로써 그 무의 오묘함을 보고, 항상 유욕으로써 그 유의 왕래(徼)를 본다"라고 풀이했다.

나는 여러 학자들의 번역과 주석을 보면서 크게 두 가지 해석의 흐름을 읽게 된다. 먼저 무욕을 긍정적인 것으로, 유욕을 부정적인 것으로 보아 무욕과 유욕을 이원적으로 해석하는 방법인데, 제임스 레게의 풀이가 이에 해당한다. 두 번째 해석의 흐름은 무욕과 유욕 각각에 나름의 기능과 역할이 있다는 이유에서 어느 하나를 다른 하나보다 본질적이고 우선적인 것으로 보지 않는

25 D. C. Lau, Lao Tzu Tao Te Ching, (London: Penguin Books. 1963), p. 57.

26 식재는 자(字)이고 본명은 이가모(李嘉謀)로 북송의 노자 주석가다.

방법이다. 라우와 이식재, 김형효의 해석이 이에 가깝다. 나는 《도덕경》의 전체 맥락에서 볼 때 유욕과 무욕은 이원적으로 구분되는 것이기보다는 관념과 현상계를 상징하기 위한 두 가지 다른 표현이라고 보기에 후자의 풀이 방식이 더 적절한 해석이라고 생각한다.

김형효가 '상유욕이관기요(常有欲以觀其徼)'를 "유욕으로써 그 유의 왕래(徼)를 본다"라고 풀이한 것은 초횡(焦竑)이 "요(徼)는 규(竅, 구멍)와 통한다"고 주석한 것에 주목하여 규(竅)를 사물이 출입하는 통로로 파악한 데 따른 것으로 보인다. 자전(字典)을 찾아보면 요(徼)는 구하다, 맞이하다, 훔치다, 순찰하다, 순행하다, 막다, 돌다, 샛길, 변방 등의 뜻으로 풀이돼 있는데, 그 가운데 '순행하다'라는 뜻에 근거해 도가 한 곳에 고정돼 있는 것이 아니라 규(竅)를 통해 경계를 왔다 갔다 한다는 의미에 중점을 두어 새긴 것으로 생각된다.

김형효의 풀이는 실제의 현상계에서 도가 한 곳에 고정돼 있지 않음을 강조하는 풀이이자 노자 철학의 양가적(兩價的) 속성을 잘 살린 풀이라고 생각된다. 그래서 나는 요를 경계의 뜻으로 새겨 '상유욕이관기요(常有欲以觀其徼)'를 '유욕으로써 그 경계를 왔다 갔다 함을 본다'로 이해한다.

나는 어릴 적에 외할아버지로부터 문지방을 밟지 말라는 주의를 많이 듣고 자랐다. 문지방을 밟으면 논둑이 무너진다는 속설이 있기는 하지만, 이제와서 생각해보면 그것은 문지방에 걸려 넘어지는 것을 걱정하신 외할아버지의 말씀이었을 것이다. 그러나 당시에는 왜 문지방을 밟고 다니지 말라고 하시는지 이해하지 못했다. 나는 요(徼) 자가 의미하는 것이 바로 문지방이 상징하는 것과 같은 경계의 넘나듦이라고 본다. 문지방을 넘으면 밖이요 넘지 않으면 안인데, 그럼 문지방은 안인가 밖인가? 요즘에는 아파트에 많이들 거주하니 아파트를 예로 들어보자. 아파트 베란다의 섀시 문을 열면 외부와 소통이 되고, 닫으면 외부와 내부가 단절된다. 그럼 아파트 베란다의 섀시는 내부인가 외부인가? 물리적 세계에서 문지방이나 아파트 베란다의 섀시가 내부와 외부를 구분 짓는 동시에 연결시켜 주듯이 현실에서 선과 악, 미와 추, 호와 오가 서로 경계를 넘나듦을 보게 된다는 의미로 위 구절을 읽는 것이 노자의 본의에 가까울 것이다.

정약용(丁若鏞, 1762~1836)은 〈지각절구(池閣絶句)〉라는 시에서 "사람들 꽃 심고 구경할 줄만 알지 꽃이 진 뒤 새 이파리 화사한 줄 모르더라(種花人只解看花不解花衰葉更奢)"라고 노래했다. 꽃은 아름다움을 상징하지만, 피었다 지는 꽃의 추함은 푸른 잎의 싱싱함만 못한 경우가 많다. 이렇게 미와 추도 일상 세계에서는 서로 경계를 왔다 갔다 할 뿐이다. 봄날에 만개한 목련꽃은 형용하기 어려울 만큼 아름답지만, 그 낙화(落花)는 추한 모습으로 젖은 바닥에서 사람들의 발에 밟힌다.

《장자》의 〈제물론〉에는 우리가 '조삼모사'로 알고 있는 우화가 실려 있다. 그 우화에는 "성인은 시비를 조화시키고 하늘의 균형에서 편안히 쉬는데 이를 일러 양행이라고 한다(是以聖人和之以是非 而休乎天鈞, 是之謂兩行)"라는 구절이 있다. 나는 노자의 '관기요(觀其徼)'에서 《장자》의 '양행(兩行)'을 떠올리게 된다. 곽상(郭象)[27]은 《장자》의 해당 구절을 다음과 같이 주석했다.

27 중국 서진(西晉)의 사상가(?~312)로 자는 자현(子玄)이다. 사도연(司徒掾), 사공연(司空掾), 태학박사(太學博士), 황문시랑(黃門侍郎) 등을 역임했고, 《장자주(莊子注)》를 저술한 것으로 알려져 있다.

"도는 하나이다. (도가) 하나임에 통달한 자가 어찌 정신을 수고스럽게 하겠는가. 만약 (도가) 하나임을 믿지 못하고 신명을 수고스럽게 한다면 믿을 바가 못 된다. 상대편과 더불어 하나가 되지 못하는 자는 원숭이 무리가 자기가 좋아하는 바를 옳다고 믿는 것과 같다. 그러므로 성인(聖人)은 치우침이 없이 그것(천하의 조화)에 따라 스스로 균형됨에 머무른다. 양행(兩行)이라는 것은 천하의 시비에 맡겨 따름을 이른다."
道卽一也 達者之於一 豈勞神哉 若勞神明於爲一 不足賴也 與彼不一者 無以異矣 亦同衆狙因所好而自是也 是以聖人莫之偏任 故付之自均而止 兩行者 任天下之是非也[28]

곽상은 '도'가 대의에서 상통하는데도 불구하고 그것을 구분하고 나누는 데 정신을 쏟는 것은 부질없는 짓에 불과하다고 보았다. 그것은 마치 조삼모사의 원숭이처럼 본질적으로 동일한 것을 자신이 선호하는 바에 따라 옳다 그르다 하고 구분하는 것과 같다는 것이다. 그래서 그는 "한쪽에 치우치지 않고 균형됨에 머무른다"라는 풀이를 내놓았다. 예수의 사랑, 부처의 자비심, 공자의 인(仁)한 마음이 궁극적으로는 상통하는 것일 수 있는데, 그 말단적 방편을 가지고 다투는 인간 세상의 모습을 비판하는 듯하다.

버튼 왓슨은 양행(兩行)을 "두 갈래 길을 걸음(walking two roads)"[29] 이라고 번

28 漢文大系(9), 莊子翼 卷之一, 齊物論 第二 (臺北: 新文豊出版公司, 中華民國 67年), 29面.

29 Burton Watson, Chuang Tzu, (New York: Columbia University Press, 1964), p. 36.

역했고, 펑유란의 《중국철학사》를 번역한 더크 보드(Derk Bodde)는 그 역서(譯書)에서 이 구절을 아래와 같이 옮겼다.

> 그러므로 성인은 정(正)과 부정(不正)을 조화시키고 자연의 흐름에서 쉰다. 이것을 일러 동시에 두 가지의 길을 따른다고 하는 것이다.
> Therefore the Sage harmonizes the systems of right and wrong, and rests in the Evolution of Nature. This is called following two courses at once.[30]

더크 보드는 '휴호천균(休乎天鈞)'을 자연의 자연스러운 전개 과정에 순응하는 것으로, '양행(兩行)'을 시(是)와 비(非) 가운데 어느 한 가지에 집착하지 않고 두 가지를 동시에 아우르는 것으로 해석했다. 버튼 왓슨과 더크 보드는 두 가지 길을 동시에 취할 수 있어야 한다는 의미로 양행(兩行)을 풀이한 것이다. 나는 《도덕경》의 '요(徼)'와 《장자》의 '양행(兩行)'이 동일한 의미를 표현하기 위해 다른 용어를 사용한 것으로 본다.

《주역(周易)》의 〈계사전(繫辭傳)〉에는 "한 번은 음이 되고 한 번은 양이 되는 것을 일러 도라 한다(一陰一陽之謂道)"는 구절이 있다. 나는 이 구절 역시 도가 어느 하나의 입장이나 관점으로 고정될 수 없는 가변적, 상대적인 것임을 이야기하려고 한 것이라고 생각한다.

많은 사람이 선과 악, 미와 추, 흑과 백을 이분법적으로 분별하려고 한다.

30 馮友蘭 著, (Derk Bodde 譯), A history of chinese philosophy, (London: George Allen & Unwin Ltd, 1952), p. 233.

"전통적 서구의 형이상학은 이분법적 대립을 설정하면서도 존재>무, 의식>물질, 내면>외면, 현존>부재, 말>문자, 이성>감성, 삶>죽음 등으로 가치 서열을 위계질서화하고 눈금을 매겨 놓았다."[31] 이분법적 사유는 우리에게 자유와 평등, 효율성과 형평성, 변화와 안정과 같은 상대적인 개념 간 우선순위에 대한 선택을 강요한다. 실제로 우리는 효율성 신장을 위해서는 형평성의 희생이 불가피하다고 생각하고, 형평성 신장을 위해서는 효율성의 희생이 불가피하다고 생각한다. 왜냐하면 자유와 평등, 효율성과 형평성을 각각 따로 존재하는 개별 가치로 보기 때문이다. 그러나 도가의 사유에서 두 가지는 동시에 달성될 수 있고 또 동시에 달성돼야 할 가치다. 왜냐하면 상반되는 것처럼 보이는 양자의 가치가 실질적으로는 깊이 관련되기 때문이다.

《장자》의 이 구절을 나는 성인은 시와 비, 호와 오, 미와 추의 어느 한쪽에 집착하지 않고 언제든지 시와 비, 호와 오, 미와 추가 변화할 수 있다는 인식 속에서 편안히 쉬는데 이것을 일러 양행(兩行, 이는 양쪽을 모두 행함, 양쪽의 긍정 등으로 해석될 수 있다)이라고 한다는 의미로 이해한다. 이렇게 볼 때 《도덕경》의 1장에 나오는 '관기요(觀其徼)'와 《장자》의 〈제물론〉에 나오는 '양행(兩行)'은 깊은 관련성을 갖는다.

"이 양자는 함께 나왔지만 그 이름을 달리한다. 함께 일컬어 현묘하다고 한다. 현묘하고 또 현묘하도다. 모든 현묘함이 나오는 문이여!(此兩者同出而異名 同謂之玄 玄之又玄 衆妙之門)"라는 구절은 앞의 각주 18에서 설명한 바와 같이 '차

31 김형효, 《데리다의 해체철학》 (서울: 민음사, 1993), 154쪽에서 재인용.

양자동 출이이명(此兩者同 出而異名, 이 두 가지는 같은 것이지만 나오면서 이름을 달리한다)'으로 절구하기도 하고, '차양자 동출이이명(此兩者 同出而異名, 이 두 가지는 함께 또는 동시에 나왔지만 이름을 달리한다)'으로 절구하기도 한다. 어떻게 끊어 읽든 이 구절은 유와 무가 개별적으로 존재하는 것이 아니라 상대방을 자기 존재의 근거로 필요로 한다는 점을 밝히고 있다. 도는 유와 무, 선과 악, 호와 오, 미와 추 등의 차이를 아우르며, 서로 적대적인 관계로 인식하지 않는다.

앞의 구절에 대해 북송의 노자 주석가 이식재가 "유는 공이고 공은 곧 유이니 그 근본은 같은 것이다(有卽空 空卽有 其本同)"라고 주석했듯이 노자의 사유는 색즉공(色卽空), 즉 색과 공은 개별적인 것이 아니라는 《반야심경》의 사유와도 맞닿는다. 불교의 표현을 빌리면 색(色)이면서 공(空)이고 공(空)이면서 색(色)이기에 도(道)는 "현묘하다"고 노자가 표현한 것이다.

정의는 부정의와 구별되고, 선은 악과 다르며, 창조주와 피조물은 엄격히 구분된다는 사유에 익숙한 우리에게 노자의 사유는 하나의 지적 충격을 준다. 그러나 도는 하나의 개별자나 원인자로 파악되지 않기에 현묘한 것이다. 그래서 모든 것을 정의하려고 하고 하나의 원인자를 추구하려고 하는 시도는 노자의 관점에서 볼 때 사유의 폭력에 가깝다.

유와 무, 선과 악, 호와 오, 미와 추는 각각 다르지만 서로 상관된다. 그것은 하나가 아니지만 그렇다고 둘인 것도 아니다(不一而不二). 그러니 어찌 현묘하고도 현묘하다고 하지 않을 수 있겠는가.

2장

미와 추, 선과 악은 명확히 구분되는가

천하가 모두 아름다운 것이 아름다운 줄로만 알지만 이것은 추악함일 뿐이고, 모두가 선이 선하다고만 알고 있지만 이것은 불선일 뿐이다. 그러므로 유무는 서로를 생성하고(相生), 난이는 서로를 이루어주고(相成), 장단은 서로를 형성시키고(相形), 고하는 서로 기울고(相傾), (인간의 소리와 자연의 소리인) 음성(音聲)은 서로 조화(相和)를 이루고, 전후는 서로를 뒤따른다(相隨). 따라서 성인은 무위의 일에 처하고, 말하지 않는 가르침을 행한다. 만물은 스스로 자라기에 성인은 그렇게 되게 했다고 자랑하지 않고, 만물을 생성시키지만 소유함이 없으며, 순리에 따라 이루어지도록 하지만 거기에 기대지 않는다. 공이 이루어져도 그 성공의 열매만을 향유하려 하지 않는다. 그 성공의 열매에 머물려 하지 않기에 버려지지 않는다.

天下皆知美之爲美 斯惡已 皆知善之爲善 斯不善已 故有無相生 難易相成
천하개지미지위미 사악이 개지선지위선 사불선이 고유무상생 난이상성
長短相形 高下相傾 音聲相和 前後相隨 是以聖人處無爲之事 行不言之教
장단상형 고하상경 음성상화 전후상수 시이성인처무위지사 행불언지교
萬物作焉而不辭 生而不有 爲而不恃 功成而不居 夫唯不居 是以不去
만물작언이불사 생이불유 위이불시 공성이불거 부유불거 시이불거

노자 《도덕경》은 상징적이고 시적이다. 마치 이상(李箱, 1910~1937)의 상징시를 읽는 듯한 느낌을 준다. 그래서 우리말로 옮기는 것이 쉽지 않다. 한자의 다의성과 도덕경이라는 텍스트 자체의 다의성, 그리고 함축적이고 상징성 높은 서술이 다양한 해석 가능성을 낳는다. 이 2장은 마치 1장의 "명명할 수 있는 이름은 상명(常名)이 아니다"라는 구절을 실질적으로 증명하는 듯하다.

"천하가 모두 아름다운 것이 아름다운 줄로만 알지만 이것은 추악함일 뿐이고, 모두가 선이 선하다고만 알고 있지만 이것은 불선일 뿐이다(天下皆知美之爲美 斯惡已 皆知善之爲善 斯不善已)"라는 구절에서 절대적이고 보편적인 아름다움이란 존재할 수 없다는 것이 노자의 기본적 견해임을 다시 확인할 수 있다. 노자의 관점에서 보았을 때 아름다움이란 그 대상 자체가 아름다움이 아니라 내가 그것을 선호함이고 추악함은 그 대상 자체가 추함이 아니라 내가 그것을 싫어함임을 의미한다고 보아 '惡' 자를 '악'이 아니라 싫어할 '오'로 읽어야 한다는 견해도 있다. 일정 부분 타당성이 있는 견해이지만 나는 그것을 따르지 않고 '惡' 자를 '추악(醜惡)함'의 뜻으로 새겼다.

이 구절 "천하가 모두 아름다운 것이 아름다운 줄로만 알지만 이것은 추악함일 뿐이고, 모두가 선이 선하다고만 알고 있지만 이것은 불선일 뿐이다"는 크게 두 가지 의미로 이해할 수 있다.

먼저 일반적으로 번역하듯이 "천하의 모두가 아름다운 것이 아름다운 줄로만 알지만 그 아름다움은 추악함 또는 혐오스러움일 뿐이고, 선하다고 생각하는 그것은 불선일 뿐이다"라고, 다시 말해 "아름답다고, 선하다고 생각하는 대상이 사실은 추악함이고, 불선일 뿐이다"라는 의미로 해석할 수 있다.

두 번째는 천하의 모두가 어떤 현상이 아름답다고 생각하는 획일적 인식은 하나의 악일 뿐이고, 모두가 어떤 현상을 선하다고 생각하는 획일적 사유는 불선일 뿐이라는 의미로 새길 수도 있다. 이 두 번째 번역은 아름답다고 생각하는 대상이 사실은 추악함이라는 의미라기보다는, 어떤 사물과 현상을 사회 구성원 모두가 순선순미(純善純美)하여 추악함과 불선의 요소가 없다고 인식하는 전체주의적이고 획일적 사유방식이야말로 추악함이요 불선이 될 수 있다는 의미에 가깝다.

다시 말해 사악이(斯惡已)와 사불선이(斯不善已)의 주어를 아름답다고 또는 선하다고 생각하는 대상으로 볼 것인지, 아니면 모두가 동일한 기준으로 예쁘고 선하다고 생각하는 획일적 인식으로 볼 것인지에 따라 그 의미가 달라질 수 있다.

어떤 의미로 해석하더라도 노자가 절대 진리에 의심의 눈초리를 보낸다는 점에서는 차이가 없다. 《장자》의 〈제물론〉에는 이 구절과 유사한 다음과 같은 구절이 있다.

> 모장과 여희는 사람들이 아름답다고 여긴다. 그러나 (모장과 여희를) 물고기가 보면 깊이 들어가고, 새들이 보면 높이 날아가 버리며, 사슴이 보면 결사적으로 도망친다. 과연 이 넷 중에서 천하의 올바른 아름다움을 아는 자는 누구인가?
>
> 毛嬙麗姬 人之所美也 魚見之深入 鳥見之高飛 麋鹿見之決驟. 四者孰知天下之正色哉?

모장(毛嬙)과 여희(麗姬)는 둘 다 고대의 미인이며, 판본에 따라서는 모장여

희(毛嬙麗姬)가 모장서시(毛嬙西施)로 쓰여 있기도 하다. 2장에서 노자가 말하는 아름다움이 인간의 외모만을 뜻하지는 않겠지만, 독자의 이해를 돕기 위해 미인선발대회를 예로 들어보자.

미인대회는 성의 상품화라거나 지나친 상업주의라는 비판을 받게 되어 지금은 공중파 방송에서 자취를 감추었지만, 얼마 전까지만 해도 공중파 방송에서 송출했다. 또한 여러 비판에도 불구하고 아직도 다양한 미인대회와 무슨무슨 아가씨 선발대회라는 유사한 행사들이 치러지고 있다. 방금 보았듯이 장자는 물고기와 새의 시각을 빌려 보편타당한 미의 기준이 없음을 논증했지만, 그렇게 종(種)을 달리해 살필 필요 없이 인간의 시각만으로 관점을 좁히더라도 아름다운 사람(美人)에 대한 생각과 기준이 사람마다 다른데 아름다움을 서열화하는 것이 가능한지 의심스럽다.

30여 년 전의 기억이다. 전북 군산과 충남 장항 사이에 지금은 다리가 놓여 있지만 당시에는 그렇지 않았기에 군산에서 장항으로 가려면 반드시 여객선을 이용해야 했다. 어느 날 군산에서 장항으로 가려고 여객선 터미널에서 배를 기다리는데, 일곱 살쯤 된 어린아이가 코를 흘리며 더러운 몰골로 울면서 터미널 안을 이리저리 왔다 갔다 하고 있었다. 누구도 우는 아이에게 관심을 두지 않았다. 그때 고등학교 졸업반이거나 대학에 갓 입학한 것처럼 보이는 깔끔한 복장과 세련된 외모의 여학생이 아이의 코를 닦아주고는 손을 잡고 아이를 터미널 구내매점으로 데리고 가서 과자와 아이스크림을 사주는 모습을 보았다. 지금은 기억이 희미해져 그 여학생이 세속적 기준으로 예뻤는지 그렇지 않았는지는 알 수 없지만, 나는 아직도 그 여학생을 아름다운 모습으로 기억하고 있다.

어떤 사람은 미인대회의 평가기준은 외면적 아름다움에 한정된 것이라고 반론할지도 모르겠다. 그러나 그렇게 한정한다고 해도 비슷한 문제가 발생한다. 중국 서안(西安)에는 당현종(唐玄宗)이 사랑한 양귀비(楊貴妃)가 목욕을 즐겼다는 화청지(華淸池)가 있고, 그 앞에는 양귀비 조각상이 있다. 그런데 미에 대한 현대의 기준으로는 미인이라고 하기 어려울 만큼 풍만해 비만형에 가까운 여성이 조각돼 있다. 우리나라의 조선시대 미인도를 봐도 가녀린 서구적 미인의 외모와는 다른 통통한 얼굴에 쌍꺼풀도 없는 여성이 그려져 있다. 이렇듯 미인의 기준도 시대와 지역에 따라 다르다.

봄이 되면 산과 들에 예쁜 꽃이 피어난다. 다양한 꽃이 갖가지 빛깔과 자태를 뽐내는 모습은 무릉도원이 따로 없다는 생각이 들게 한다. 그런데 언제부터인가 꽃이 활짝 핀 모습뿐 아니라 시들어가는 모습도 내 눈에 보이기 시작했다. 아마 내 삶도 이제 시들어간다는 생각을 하게 된 무렵부터가 아니었나 싶다. 꽃이 시드는 모습이 보이기 시작하면서 꽃도 예쁘지만 꽃이 진 뒤에 오래도록 푸르름을 유지하는 잎도 싱그럽고 아름답다는 사실을 새롭게 느끼게 됐다. 꽃은 꽃대로, 잎은 잎대로, 열매는 열매대로 예쁘고, 각자 나름의 존재 이유가 있는 것이 아닌가 싶다.

아름다운 여성에 대한 기준도 개인적 선호와 사회 변동에 따라 달라지고 자연의 아름다움에 대한 기준도 사람마다 나이가 들어가며 달라지는데, 사회적 아름다움과 선함에 대한 기준이 획일화될 수 있는지 의심스럽다.

나치 독일의 아돌프 히틀러는 군사혁명을 통해서 집권한 권력자가 아니라 선거를 통해 선출된 권력자였다. 히틀러는 1939년 9월에 폴란드를 침공함으로써 2차 세계대전을 일으켰다. 2차대전 전후로 독일의 나치 정권과 그

협력자들이 유대인, 슬라브족, 집시 등을 대상으로 자행한 국가 차원의 체계적인 탄압과 대량학살, 즉 홀로코스트(Holocaust)로 희생된 사람들은 모두 600여만 명으로 추산된다. 그러나 당시에 독일 내 반히틀러 세력은 극히 적었고, 나치는 2차대전 이전에 독일 국민으로부터 압도적 지지를 받았다. 이처럼 집단적 광기는 무서운 결과를 초래한다. "절대 권력은 절대적으로 부패한다(Absolute power corrupts absolutely)"는 액턴(Acton) 경의 말처럼 견제를 받지 않는 권력은 쉽게 부패한다. 내가 이른바 진보와 보수가 적절히 균형을 이룬 사회를 더 바람직한 사회로 생각하는 이유가 여기에 있다. 100%의 찬성과 지지는 현실적으로 존재할 수 없다. 진보와 보수를 막론하고 그것이 집단적 광기로 흐르지 않기 위해서는 적절한 견제와 균형이 필요하다. 유무(有無)가 '서로를 생성(相生)'하는 것처럼 진보와 보수도 건전한 발전을 위해 상대편을 필요로 한다.

개인 간 차이는 있지만 인간에게는 자기의 사유를 절대화하려는 욕망이 있다. 더구나 많은 사람들이 자기의 생각에 동조하면 그 욕망은 증폭되고, 나와 다른 생각을 악으로 규정하고 없애버리려고 한다. 그러나 그러한 사유는 자칫 집단적 광기로 흐르기 쉽다. 광복 이후 우리의 아픈 현대사는 두 집단이 서로를 절대 악으로 설정한 상태에서 상대방에 대한 증오와 파괴의 욕구를 발산하는 것이 어떤 상황을 초래했는지를 잘 보여준다. 노자는 말한다. 자신이 선이라고 확신하는 것뿐만 아니라 자신을 둘러싼 모두가 선이라고 확신하는 것도 불선이 될 수 있다고.

노자는 선(善)의 대비어로 악(惡) 대신 불선(不善)을 사용했다. 이는 선의 반대는 바로 악으로 전락하는 것이 아니며, 아직 선에 이르지 못한 불선일 뿐임을 의미한다. 동양의 전통적 사유에서 선의 반대는 징벌과 파괴의 대상인 악이 아니라 아직 선에 이르지 못한 불선일 뿐이었다. 선인(善人)의 반대는 징계와 징벌의 대상인 악인이 아니라 아직 선의 단계에 도달하지 못해 교화의 대상이 되는 불선인일 뿐이었다. 미가 아니면 추이고 선이 아니면 악이라는 이분법적 사유를 노자는 경계한다.

"그러므로 유무는 서로를 생성하고(相生), 난이는 서로를 이루어주고(相成), 장단은 서로를 형성시키고(相形), 고하는 서로 기울고(相傾), (인간의 소리와 자연의 소리인) 음성(音聲)은 서로 조화(相和)를 이루고, 전후는 서로를 뒤따른다(相隨)"는 구절은 앞의 구절 "천하가 모두 아름다운 것이 아름다운 줄로만 알지만 이것은 추악함일 뿐이고, 모두가 선이 선하다고만 알고 있지만 이것은 불선일 뿐이다"를 세부적인 예를 들어 부연 설명한 것이다. 여기에서 노자는 미와 추, 선과 악이 각기 독립적인 실체로 존재하지 않듯이 유와 무, 난과 이, 장과 단, 고와 하, 음과 성, 전과 후도 서로를 존재의 근거로 필요로 하는 대대적(對待的) 존재임을 설명한다.

"유무는 서로를 생성한다(有無相生)"와 관련된 예를 하나 들어보자. 수학에서 점(點)은 질량과 크기가 없지만 위치를 표시해 주는 가상의 존재다. 굳이 유무(有無)를 따진다면 점은 질량도 크기도 없기에 실재하지 않는 비존재(非存在)에 가깝다. 그런데 무수히 많은 점들이 모이면 길이를 나타내는 선(線)이 된다. 존재하지 않는 점들이 모인 선은 무(無)의 집합이지만 길이가 있는 유(有)로 파악된다. 실제로는 존재하지 않는 점이 무수히 모여 실체가 있는 존재인 선이 되는 것이고, 존재하는 선을 세밀하게 분해하면 존재하지 않는 무(無)인 점이 된다. 이는 무가 무수히 모여 유를 존재하게 하는 근거가 되고, 사물과 현상의 형태를 띠는 유는 다시 흩어져 무로 돌아감을 상징적으로 보여준다. 이렇게 유와 무는 서로를 존재하게 하는 상관적 관계를 가지고 있고, 서로에게 자신을 깊이 상감(象嵌)[32]하고 있으며, 서로 존재기반이 된다고 노자는 말한다.

지금 우리가 존재한다고 생각하는 모든 것이 우주의 시공간 속에서 과연 그 유(有)의 모습을 영원히 보존할 수 있을까? 《장자》의 〈추수(秋水)〉 편에서 장자가 "움직여 변화하지 않음이 없고, 움직이지(변화하지) 않는 때가 없다(無動而不變 無時而不移)"라고 했듯이 모든 것은 변화하므로 영원할 수 없다. 변화하지 않는 진실은 모든 것은 변화한다는 사실뿐일지도 모른다. 그래서 어떤 실체를 독립적으로 존재하는 것으로, 그리고 불변적, 절대적 가치를 지닌 것으로 파악하려는 시도를 버려야 한다고 노자와 장자는 주장한다.

장단은 서로를 형성시킨다(長短相形). 어떤 막대기를 길다고 표현할 때 그것은 짧은 막대기와 견주었을 때 그렇다는 것이다. 어떤 막대기도 그 자체만으로는 긴 것도, 짧은 것도 될 수 없다. 1미터짜리 막대기는 2미터짜리에 비해서는 짧지만 50센티미터짜리에 비해서는 긴 막대기가 되듯이 장과 단은 각각 독립적인 개념이기보다 서로 상대를 형성(相形)해 주는 대대적 관계를 가지고 있다. 그리고 이러한 관계는 장단(長短)에만 한정되지 않는다.

옥룡설산(玉龍雪山)으로 유명한 중국 운남성(雲南省) 여강(麗江)을 여행할 때

---

32 국어사전에 따르면 '상감(象嵌)'은 금속이나 도자기 등의 겉면에 무늬를 새기고 거기에 금, 은, 자개 등 다른 재료를 끼워 장식하는 기법, 또는 그런 기법으로 만든 작품을 의미한다. 나는 상감이라는 단어를 통해 유무(有無), 난이(難易), 장단(長短), 고하(高下), 선악(善惡)과 같이 상반되는 것들이 서로를 내면에 품어 안고 있는 상태를 표현하고자 했다.

5596미터에 달하는 정상 부근에서 고산증으로 고생하는 사람들에게 현지 안내인이 여강 시내의 낮은 곳으로 빨리 내려가라고 안내하는 말을 들었다. 그런데 여강시의 평균 해발고도는 대략 2400미터 정도다. 남한에는 2000미터 이상의 산지가 없다. 그래서 대략 1000미터만 넘으면 고산(高山)으로 여기는데, 중국 운남성 사람들은 2400미터의 여강시를 저지대로 인식한다. 장(長)과 단(短)이 각각 독립적인 개념이기보다 상대를 형성해 주듯이 고(高)와 하(下)도 절대적인 기준에 의해 구분되기보다는 어떤 관점에서 보느냐에 따라 달라질 수 있기에 상대적 개념이다. "고하는 서로 기운다(高下相傾)"에 관해 한 가지만 더 언급한다면, 여기에서 고하가 반드시 물리적 고하만을 의미하는 것은 아니다. 이는 지위가 높은 사람이 몰락해 하층민이 되기도 하고 어려운 위치에 있던 사람이 부귀한 사람이 되는 것과 같은 사회적 현상까지 포함한 서술이라고 봐야 한다.

"따라서 성인은 무위의 일에 처하고, 말하지 않는 가르침을 행한다(是以聖人處無爲之事 行不言之敎)"는 구절의 "성인은 무위(함이 없음)의 일에 처한다"는 부분에서 우리는 《도덕경》이 정치적 텍스트라는 점을 느끼게 된다. 여기에서 성인을 군주, 황제, 제후 등으로 대체해 읽어도 무리가 없다. 그렇다면 "성인은 무위의 일에 처한다"는 것이 무슨 의미일까? 아무런 하는 일 없이 가만히 있는 것을 의미하는 것일까? 그렇게 볼 수는 없을 것이다. 여기에서 '무위지사(無爲之事)'는 인위적, 조작적 행위를 꾸며서 해대지 않는다는 의미에 가깝다. 《맹자》의 〈공손추장구상(公孫丑章句上)〉에는 우리에게 '조장(助長)'이라는 말로 알려진 '송나라 사람의 알묘조장(揠苗助長)'에 관한 이야기가 나온다. 가뭄에 싹이 자라지 않는다고 싹을 뽑아 올린 그 송나라 사람처럼 자연의 순리에 어긋나는 무익한 행위를 자신의 욕망에 근거해 추구하지 않는 것, 이것을 '무위지사에 처하는 것(處無爲之事)'으로 볼 수 있다.

《도덕경》이 쓰인 시기로 추정되는 춘추전국시대에 각국이 경쟁적 영토 확장과 부국강병을 추구하는 과정에서 군주와 제후들의 사적 욕망에 따른 전란과 징병이 얼마나 빈번했을지를 상상해 보면 노자가 말한 '무위지사'가 무엇을 의미하는지를 추측할 수 있을 것이다. 당시 제후들의 관심사는 부국강병을 통한 통일제국의 건설이었다. 그런데 그들의 입장에서 부국(富國)은 인구의 증가였고, 강병(强兵)은 군사력의 증강이었다. 제후들은 부국강병의 욕망을 실현하기 위해 다양한 정책을 동원했는데, 그러한 정책은 사람들을 부자연스러운 영(令)으로 옭아매는 것이 대부분이었다.

봄에 씨앗을 뿌리고 여름에 김을 매고 가을에 수확하는 것이 자연의 순리에 맞는 일일진대 그러한 순리를 거스른 부국강병 추구가 구체적으로 어떤 결과를 가져왔을까? 군주의 사적 욕망에 기반한 빈번한 인적, 물적 자원의 징집과 징발, 그리고 영토 확장을 위한 전쟁이 세상을 부유하게 만들었는지, 아니면 그 반대의 결과를 초래했는지를 생각해 보면 "무위지사에 처한다"는 노자의 말이 어떤 의미인지가 한층 명확해질 것이다.

그 뒤에 이어지는 "말하지 않는 가르침을 행한다(行不言之教)"의 주어는 성인(聖人)이라고 봐야 한다. 따라서 이 구절은 성인은 언어에 의한 교화에 의존하지 않는다는 의미를 갖는다. 아마도 노자는 지배계층에게 정치적 메시지를 던지기 위해 "성인은 무위의 일에 처하고, 말하지 않는 가르침을 행한다"고 서술했을 것이다. 그런데 나는 이 구절에서 현대 교육에 대한 직접적인 비판을 발견한다.

현대 교육은 언어적 수단을 통해 교사가 학생에게 단시간에 가장 효율적이라고 생각되는 방법에 의해 가장 많은 지식을 전달한다는 개념에서 크게 벗어나지 못하고 있다. '불언지교(不言之教)'라는 말은 교육에 대한 이런 인식과 태도에 의문을 제기한다.

1장에서 설명했듯이 끊임없이 변화하는 도는 어느 한 입장에서 고정적, 단가적으로 정의될 수 없다. 따라서 그것은 인간의 언어로 포착되지 않는다는 것을 훌륭한 교사나 성인들은 알고 있다. 그래서 그들은 언어를 통한 지식 전달에 회의적이다. 언어를 매개로 한 지식 전달의 가능성에 관해서는 뒤의 27장에서 자세히 설명하기로 하고, 여기에서는 언어가 사물이나 현상을 고정체로 표현하려는 단가적 특성을 가지고 있어서 변동성, 양가성을 지닌 사물이나 현상을 정확하게 나타내지 못하므로 언어에 의한 교육이 불완전할 수밖에 없다는 점만 지적해 두고자 한다.

이 구절은 언어나 서책을 통한 지식 전달에 치중하는 교육을 비판하고, 교사나 지배자 자신이 학생이나 백성에게 역할 모델이 될 것을 요구한다고도 볼 수 있다. 학교 현장에서 교사가 학생들에게 청소하라고 지시하는 것보다 교사 자신이 먼저 비를 들고 청소하는 모습을 보이는 것이 더 효과적인 교육이 될 수 있고, 가정에서도 부모가 자녀에게 공부하라고 강요하기보다 스스로 독서하는 모습을 보여주는 것이 자녀교육에 더 효과가 있다는 것을 많은 사람이 경험했을 것이다.

이 장의 "말하지 않는 가르침을 행한다(行不言之教)"는 말이 아니라 몸으로 가르치고 행동으로 보여주라는 의미와 다르지 않다. 불언지교(不言之教)는 존 듀이(John Dewey)의 "모범은 교훈적 훈시보다 훨씬 강력하다(Example is notoriously more potent than precept)"[33]라는 언명의 은유적 표현일 뿐이다. 《도덕경》의 '불언지교(不言之敎)'는 《논어(論語)》 〈안연(顔淵)〉 편에 나오는 다음 구절을 떠올리게 한다.

> 계강자가 공자에게 政(다스림, 정치)에 대해 묻자 공자께서 대답하여 가로되 政이란 올바름(正)이니 그대가 올바름으로써 솔선수범한다면 누가 감히 부정을 저지르겠는가?
>
> 季康子問政於孔子 孔子對曰 政者正也 子帥以正 孰敢不正

이에 대해 주희는 "자기를 바르게 하지 못하고서 능히 타인을 바르게 할 수 있는 사람은 있지 않다(未有己不正而能正人者)"고 범조우(范祖禹)의 말을 빌려 주석했다. 자신을 바루지 못하면서 남을 가르치고 지도하려는 태도의 허구성을 지적한 것이다.

에드워드 기번(Edward Gibbon)은 저서 《로마제국 쇠망사》에서 로마제국이 천년 이상 지속될 수 있었던 것은 지도층이 군복무를 자랑스럽게 생각하고 세금을 많이 내는 것을 명예롭게 생각했기 때문이라고 했다. 또한 사마천이 지은 《사기》의 〈상군열전(商君列傳)〉에는 "법이 시행되지 않는 것은 윗사람들부터 그것을 어기기 때문이다(法之不行 自上犯之)"라는 말이 나온다. 이처럼 동서고금을 막론하고 지도층의 솔선수범만큼 사회를 맑게 유지시켜 주는 정화

33 John Dewey, Democracy and Education, (New York: The Free Press, 1916), p. 18.

장치는 없다.

공자의 정명사상(正名思想)[34]의 관점에서 보든, 서양에서 귀족의 의무를 가리키는 노블레스 오블리주(Noblesse oblige)의 관점에서 보든 사회 지배층이 자신들의 책무를 다하지 않고 피지배층에게만 헌신과 봉사를 요구하는 사회는 쇠락의 길로 접어들 수밖에 없다는 것이 역사의 진리다. '불언지교(不言之敎)'라는 노자의 가르침과 '당신이 올바름으로 솔선수범한다면 누가 감히 부정을 저지르겠는가(子帥以正 孰敢不正)'라는 공자의 가르침은 교육학적으로는 교사의 신교(身敎, 몸으로 모범을 보임)를, 정치적으로는 사회 지배층의 솔선을 강조한 것으로 볼 수 있다.

우리는 앞에서 "유무는 서로를 생성하고(相生) 난이는 서로를 이룬다(相成)"는 구절을 통해 상반되어 보이는 유와 무, 난과 이가 상관적 관계를 맺고 있음을 살펴보았다. 그런데 우리의 교육 현장에서는 교사와 학생을 각각 교수자와 학습자로만 분절적으로 인식하는 경향이 있다. 하지만 교사와 학습자는 서로 자신의 존재를 상대방에게 깊숙히 상감(象嵌)하면서 교육 현장에서 영향을 주고받는다. 훌륭한 멘토인 교사를 만나면 학생이 급격히 성장하기도 하고, 학생의 탐구열이 교사를 분발하게 하기도 한다. 《예기(禮記)》의 〈학기(學記)〉 편에는 "가르치는 교사와 배우는 학생은 서로를 성장시킨다(敎學相長)"는 말이 있는데, 이는 교육 현장에서 교사와 학습자가 서로 어떤 관계에 있는지

---

34 정치가 무엇이냐는 제경공(齊景公)의 물음에 공자는 "임금이 임금답고 신하가 신하답고 아비가 아비답고 자식이 자식답게(君君 臣臣 父父 子子) 하는 것이 곧 정치"라고 대답했다. 공자의 이 말처럼 명분과 그에 대응하는 덕이 일치해야 한다는 주장을 정명사상(正名思想)이라고 한다.

를 명료하게 보여주는 구절이다. 유와 무, 난과 이, 장과 단, 고와 하가 서로 깊이 관련되듯이 교사와 학생도 독립적, 분절적으로 존재하는 것이 아니라 서로 영향을 주고받는다.

노자는 "만물이 스스로 자라나기에 (성인은) 그렇게 되게 했다고 자랑하지 않는다(萬物作焉而不辭)"고 말한다. 만물이 자라나는 것은 자연의 순리이고, 성인은 그냥 자연의 순리대로 만물을 내버려두었을 뿐이기에 자기가 그렇게 되게 했노라고 공치사하지 않는다. 따라서 만물을 생성시키지만 소유하지 않고, 모든 일이 순리에 따라 이루어지게 하지만 거기에 기대지 않는다. 성인은 인위적, 조작적 욕망으로 자연의 순리에 개입하지 않기에 소유권이나 지분을 주장하지 않는다.

마지막 구절 "공이 이루어져도 그 성공의 열매만을 향유하려 하지 않는다. 그 성공의 열매에 머물려 하지 않기에 버려지지 않는다(功成而不居 夫唯不居 是以不去)"에서 시이불거(是以不去)는 그 주어를 무엇으로 볼 것인지에 따라 크게 두 가지로 해석될 수 있다. 먼저 '성공의 열매에 머물려 하지 않기에 그 성공의 열매가 떠나가지 않는다'의 의미로 볼 수 있다. 두 번째는 '성공의 열매에 머물지 않기에 성인은 그 열매로부터 배제되거나 버려지지 않는다'는 의미로 해석할 수도 있다. 나는 두 번째 해석 방법을 따랐다.

이 구절을 볼 때면 내 머릿속에 유방을 도와 한(漢)나라를 건국한 참모 중 한 사람인 장량(張良)이 떠오른다. 장량(張良, ?~기원전 189년)은 자는 자방(子房)이며 소하(蕭何), 한신(韓信)과 함께 한나라 건국 3걸로 불린다. 전략가로서 유방(劉邦)을 보좌해 유방이 한나라를 세우고 천하를 통일하는 데 기여함으로써 유방에게서 "군막에서 계책을 세워 천리 밖에서 벌어진 전쟁을 승리로 이끈 사람은 장자방이다"라는 극찬을 받았다. 장량은 한신을 추천했고, 한신은 한나라 건국 과정에서 지대한 공을 세운다. 그러나 한신은 "교활한 토끼가 죽으면 좋은 사냥개는 삶아진다(狡兔死良狗烹)[35]"는 말을 남기면서 비참한 최후를 맞이했고, 소하는 간신히 숙청을 피하기는 했으나 유방의 끊임없는 의심을 사 한때 투옥되기도 했다. 한신은 유방과 여태후(呂太后)에게 죽임을 당하고 소하는 투옥되기도 한 반면에 장량은 천수를 누린 이유가 무엇일까? "공이 이루어져도 그 성공의 열매만을 향유하려 하지 않는다(功成而不居)"는 구절에서 그 답을 찾을 수 있다.

유방이 항우를 제거하고 완전하게 한(漢) 왕조를 세운 뒤로 장량은 정치에 일절 관여하지 않았다. 유방은 황제에 등극하자 공신들을 제후왕에 봉해 그 공을 치하했다. 그때 유방은 장량에게 제나라 지역의 3만 호를 다스리게 하려고 했지만, 장량은 그곳을 사양하고 대신 전쟁의 피해가 가장 심해 3천 호에 불과한 하남성 중부의 유현(留縣)을 선택했다.

또한 장량은 기원전 201년에 자신의 건의로 유방이 낙양에서 관중 지역으로 천도(遷都)한 뒤로는 신병을 이유로 조정에 출석하지 않고 두문불출하면서 권력의 중심에서 비켜서 있었다. 장량은 자신이 이룩한 공을 내세우지 않았고, 거기에 머무르고자(居) 하지도 않았다.

물론 《도덕경》은 처세에 관한 책이 아니고, "공이 이루어져도 거하지 않는다(功成而不居)"도 처세술을 말하는 것이기보다는 성인은 특정한 대상에 대

35 사마천의 《사기(史記)》 〈회음후열전(淮陰侯列傳)〉에 나오는 말이다.

해 유욕의 집착을 갖지 않기에 추방당하지 않는다는 점을 말하는 것이다. 그러나 현실에서 자리에 연연하며 그 열매만을 향유하려는 일부 정치인들의 행태를 보면 《도덕경》의 이 어구가 뜻하는 바가 무엇인지를 짐작할 수 있을 것이다.

3장

함이 없음의 다스림

어진 이를 숭상하지 않으면 백성이 다투지 않게 되고, 얻기 어려운 재화를 귀하게 여기지 않으면 백성이 도적이 되지 않으며, 욕심낼 만한 것을 보이지 않으면 (백성의) 마음이 어지럽지 않게 된다. 이로써 성인의 다스림은 백성의 마음을 비우고 그 배를 채우며, 그 뜻을 약하게 하고 그 뼈를 강하게 한다. 항상 백성으로 하여금 앎이 없게 하며 욕심이 없게 한다. 이른바 지자(智者)들로 하여금 감히 무엇을 하지 못하도록 한다. 무위를 실천하면 다스려지지 않음이 없을 것이다.

不尙賢 使民不爭 不貴難得之貨 使民不爲盜 不見可欲 使(民)心不亂
불상현 사민부쟁 불귀난득지화 사민불위도 불견가욕 사(민)심불란
是以聖人之治 虛其心 實其腹 弱其志 强其骨 常使民無知無欲 使夫
시이성인지치 허기심 실기복 약기지 강기골 상사민무지무욕 사부
智者 不敢爲也 爲無爲則無不治
지자 불감위야 위무위즉무불치

첫 구절 "어진 이를 숭상하지 않으면 백성이 다투지 않게 된다(不尙賢 使民不爭)"는 자칫 반문명(反文明)으로 읽힐 수도 있지만, 나는 이 구절에서 우리 사회에 대한 적나라한 비판을 읽는다. 지위 경쟁은 모든 사회의 공통된 현상이지만, 우리 사회만큼 지위 경쟁에 모든 것을 거는 경쟁 사회는 찾아보기 어렵다. 우리 사회의 경쟁(다툼)은 결국 더 높은 지위, 더 많은 자본, 더 큰 권력을 얻기 위한 것이다. 그런데 희소한 지위, 자본, 권력을 많은 사람이 욕망하니 자연히 경쟁(다툼)이 치열해진다. 더 높은 지위와 더 큰 권력을 소유하기 위해서는 자신이 지혜롭고 현명하다는 것을 증명해야 하고, 그래야 존경받는 지위와 명성, 그리고 경제적 보상을 얻을 수 있기에 경쟁(다툼)이 끊이지 않는다. 우리의 교육열은 교육이라는 명분 아래 벌어지는 치열한 지위 경쟁의 다른 이름에 지나지 않을지도 모른다.

그런데 생각해보라. 왜 법관이 교사보다 더 존경받아야 하고, 경제적인 보상을 더 많이 받아야 하는가? 왜 교사가 건축 현장의 노동자보다 더 존경받아야 하고, 더 많은 임금을 받아야 하는가? 좀 더 명확하게 다시 말해보자. 법률노동자가 교육노동자보다 더 많은 존경과 보상을 받고, 교육노동자가 건설노동자보다 더 많은 존경과 보상을 받는 것이 어째서 당연하다는 말인가? 그것이 당연시되는 것은 아마도 건설노동자보다 교육노동자가 더 지식이 많고 현명하고, 교육노동자보다 법률노동자가 더 지식이 많고 현명하다는 전제가 우리 사회에 일반화됐기 때문일 것이다. 더 지식이 많고 현명하다고 생각되는 사람들이 더 많은 존경과 보상을 받게 되므로 지위 경쟁(다툼)이 그치지 않는다.

그러나 사회적으로 법률노동을 교육노동이나 건설노동보다 존귀하게 대우해야 할 어떤 필연성도 존재하지 않는다. 집 짓는 일이 법률노동자의 판결이

나 변호보다 사회적 효용성이 떨어진다는 객관적 증거는 어디에도 없다. 다만 사회의 주관적 평가가 그런 방향으로 이루어지고 있고, 이것이 경쟁(다툼)을 부추기는 것이다.

직업에는 귀천(貴賤)이 없다고 하지만, 이런 말이 있다는 사실 자체가 직업의 귀천이 엄연히 구분되고 있음을 반증한다. 엄밀하게 말하면, 직업별 사회적 효용성에 차이가 없지만 우리의 주관적 가치판단이 이른바 귀한 직업을 구분하여 숭상하기에 끊임없는 지위 경쟁(다툼)이 이어지는 것이다. 법률노동자가 교육노동자나 건설노동자와 비슷한 수준의 임금만 받고 상대적으로 더 숭상받지 않는다면 왜 고시 합격에 인생을 거는 사람들이 생겨나겠는가? 물론 지위 경쟁이 사회 발전에 긍정적 요소로 작용하는 측면이 없는 것은 아니다. 그리고 경쟁이 전혀 없는 사회는 역동성을 잃게 마련이다. 문제는 그 정도가 지나치다는 데 있다. 숭상받지 못하면 멸시당하는 사회에서 지위 경쟁은 '전부 아니면 전무(All or Nothing)'의 경쟁이 되기에 격화될 수밖에 없다. 우리 사회의 치열한 교육열은 직종 간 임금 격차에서 연유하는 면이 있다. 사회적으로 숭상받는 직업에 경제적 독점까지 부여되는 사회구조가 유지되는 한 치열한 경쟁은 멈추지 않을 것이다.

마음이 어진 사람이 해야 할 일이 있고, 지식이 많은 사람이 해야 할 일이 있고, 육체적 근력이 강한 사람이 해야 할 일이 있다. 분야마다 직종의 특성에 맞는 사람을 쓰면 되지 특정 직종의 사회적 효용성을 높게 평가하여 그 직종에 종사하는 사람들을 과도하게 우대할 일은 아니다. 대부분의 사람들은 아무리 열심히 노력해도 자메이카의 육상선수 우사인 볼트처럼 달릴 수 없고, 아무리 열심히 연습해도 아르헨티나의 축구선수 리오넬 메시처럼 공을 다룰 수 없다. 사람마다 재능과 특성이 다르다. 지식이 많은 것도 일종의 재능일 뿐이므로 특별히 숭상해야 할 대상이 아니다. 그래서 노자는 "어진 이를 숭상하지 말라(不尙賢)"고 한 것이다.

《장자》의 〈병무(騈拇)〉 편에는 아테네 교외의 언덕에 집을 짓고 살면서 강도질을 했다고 그리스 신화가 전하는 프로크루스테스와 그의 침대[36]에 관한 이야기와 흡사한 다음과 같은 구절이 나온다.

> 오리의 다리가 짧다고 그것을 이어 주면 오리는 괴로워하고, 학의 다리가 길다고 그것을 자르면 학은 슬퍼할 것이다. 그러므로 본성상 긴 것을 잘라서도 안 되고, 본성상 짧은 것을 이어 주어서도 안 된다.
> 是故鳧脛雖短 續之則憂 鶴脛雖長 斷之則悲 故性長非所斷 性短非所續

현재 우리 사회의 학교 교육은 학생들을 하나의 틀 속에 집어넣으려고 한다. 학생들로 하여금 가장 짧은 시간에 가장 많은 지식을 습득하게 하는 것이 최선의 학습이라는 전제 아래 지식의 양을 기준으로 삼아 획일적으로 학생들을 평가한다. 지식 중심의 주지주의적 교육과정은 학생들의 관심을 획일화할 가능성이 높다.

미국의 발달심리학자인 하워드 가드너(Howard Gardner)는 지능을 하나의 통

---

36 그리스 신화에 따르면 프로크루스테스는 고대 그리스의 도시국가인 아테네의 근교에 살았는데, 지나가는 행인을 유인해 집 안에 들어오게 한 뒤에 그 행인이 자기 침대보다 키가 크면 큰 만큼 머리나 다리를 잘라 죽이고 작으면 작은 만큼 몸을 늘여서 죽였다고 한다.

합된 능력으로 보는 전통적 관점과 달리 지능의 다양성을 강조하는 다중지능 이론을 제시했다. 그는 애초에는 7가지 지능을 제시했지만 나중에 2가지 지능을 더해 모두 9가지 지능을 제시했다. 그것은 다음과 같다.

1. 언어(linguistic) 지능
2. 논리-수학적(logical-mathematical) 지능
3. 음악적(musical) 지능
4. 공간(spatial) 지능
5. 신체-운동적(bodily-kinesthetic) 지능
6. 대인관계(interpersonal) 지능
7. 개인내적/개인이해적(intrapersonal) 지능
8. 자연주의적(naturalist) 지능
9. 영적/실존적(spirtuality/existential) 지능

그의 관점은 인간 능력의 다양성을 이해하고 그에 적절한 교수-학습 방법을 연구하는 데 중요한 이론적 근거가 됐다. 우리의 학교 교육은 하워드 가드너의 다중지능이론에 따른 지능 분류에서 상대적으로 언어 지능과 논리-수학적 지능이 높은 학생들에게 유리한 환경을 만들고 있다. 인지적 지식을 가장 중요한 것으로 여기는 학교 환경에서 음악적 지능이나 신체-운동적 지능이 우수한 학생들은 자신의 능력과 적성을 발휘할 기회를 쉽게 찾지 못하고 주변화된다. 교육과정이 모든 학생에게 특정한 지식과 능력을 우선적으로 배양할 것을 요구하면서 학습자들의 다양성을 무시한다.

높은 음악적 지능이나 신체-운동적 지능을 지닌 학생이 높은 언어 지능이나 논리-수학적 지능을 지닌 학생보다 낮게 평가돼야 할 하등의 이유가 없고, 그 역명제도 성립한다. 그러나 우리 사회는 언어 지능과 논리-수학적 지능을 상대적으로 높게 평가함으로써 과도한 경쟁을 유발한다. 인간은 누구나 나름의 재능을 가지고 있지만, 사회적 상현(尙賢)이나 우대의 대상이 특정 분야의 지능으로 한정되기에 과도한 경쟁과 다툼이 생겨난다.

나는 3장의 이 구절과 5장의 천지불인(天地不仁, 천지는 인하지 않다)이 연결된다고 본다. 천지불인(天地不仁)은 뒤에서 자세히 설명하겠지만 '천지는 개별 사물을 편애하지 않고 공평하게 대한다'는 정도의 의미로 해석된다. 나는 3장의 이 구절을 '어질다고 해서 과도하게 숭상하지 않고 어질지 못하다고 해서 과도하게 멸시하지 않으면 백성은 다투지 않게 된다'는 뜻으로 이해한다. 천지는 모든 사람이 각자 나름의 재능과 특성을 가지고 있음을 알기에 특정한 사람들을 숭상하거나 우대하지 않는다. 《도덕경》 3장은 우리의 교육 현실에 많은 것을 시사한다.

"얻기 어려운 재화를 귀하게 여기지 않으면 백성이 도적이 되지 않으며, 욕심낼 만한 것을 보이지 않으면 (백성의) 마음이 어지럽지 않게 된다(不貴難得之貨 使民不爲盜 不見可欲 使(民)心不亂)"는 구절에서 나는 자본주의적 생산과 분배 방식에 대한 직접적인 비판을 읽는다. '얻기 어려운 재화(難得之貨)'는 현대 경제학 용어로는 '교환가치가 큰 재화' 정도일 것이다. 사람들은 사용가치가 큰 것이 아니라 교환가치가 큰 것을 얻기 위해 도둑질하고, 남을 속여 이득을 얻고자 한다. 우리가 호흡하는 공기나 우리의 식탁에 오르는 밥의 재료인 쌀은 사용가치가 크지만 교환가치는 크지 않다. 반면에 귀금속은 사용가치보다 교환가치가 큰 재화다.

굶주림을 면하기 위해 빵을 훔친 장 발장은 그나마 동정의 대상이 될 수 있지만, 유흥비 마련을 위해 귀금속을 도둑질한 절도범을 우리가 동정하지는 않는다. 그러나 그런 절도범을 욕하기에 앞서 우리에게 꼭 필요한 쌀은 저곡가 정책으로 그 가치를 낮게 평가하고 귀금속, 심지어 그 본질적 가치조차 의심스러운 비트코인과 같은 가상화폐에는 열광하는 세태를 보면서 사람들이 왜 도둑이 되는지에 대한 성찰이 부족한 우리 사회의 민낯을 보게 된다. 본질적 가치를 추구하기 보다는 돈이 되는 일이라면 무엇이든 할 수 있다는 천민자본주의적 인식이 우리 사회에 만연된 것은 아닌지 되돌아볼 일이다.

"이로써 성인의 다스림은 백성의 마음을 비우고 그 배를 채우며, 그 뜻을 약하게 하고 그 뼈를 강하게 한다(是以聖人之治 虛其心 實其腹 弱其志 强其骨)"는 구절에서 노자는 마음(心)과 배(腹)를 대비시키고, 뜻(志)과 뼈(骨)를 대비시킨다. 그렇다면 이 네 가지는 각각 무엇을 의미하는가? 허기심(虛其心)과 약기지(弱其志)를 합쳐서 허약기심지(虛弱其心志, 심지를 허약하게 한다)로 읽으면 그 뜻이 더 분명해지고, 현대어로 옮기는 데도 무리가 없게 된다. 실기복(實其腹)과 강기골(强其骨)도 합쳐서 '실강기복골(實强其腹骨, 배를 채우고 뼈를 강하게 한다)'로 읽을 수 있다. 결국 이 부분은 마음(心)과 뜻(志)을 허약하게 하며, 배(腹)를 채우고 뼈(骨)를 강하게 한다는 의미이며, 이에 대해서는 이견이 없어 보인다. 다만 마음, 뜻, 배, 뼈가 각각 무엇을 상징하는지에 대한 논의가 필요하다. 이 구절을 왕필은 다음과 같이 주석했다.

마음을 비우고 배를 채운다 함은 마음은 지(智)를 품고 배는 음식을 품으니 유지(有智)를 비우고 무지(無知)를 채움이다. 뜻을 약하게 하고 뼈를 강하게 한다는 것은 뼈는 무지로 줄기를 삼고 뜻은 일을 만들어 어지럽게 하니 마음을 비우면 곧 뜻이 약해진다는 것이다.

虛其心實其腹者 以心懷智 而腹懷食 虛有智而實無知也 弱其志强其骨者 以骨無知以幹 志生事以亂 心虛則志弱也[37]

마음과 뜻은 주로 지각 작용, 사유 작용과 관련되고, 배와 뼈는 주로 식욕을 비롯한 비지각 작용과 관련된다. 왕필이 "뜻은 일을 만들어 어지럽게 한다(志生事以亂)"고 주석했듯이 뜻은 어떤 지향을 지니기에 무엇인가를 조작적으로 정의하고 일을 인위적으로 도모하고자 한다. 그러나 배와 뼈는 마음과 뜻에 비해 비조작적이고 자연스러운 본능에 충실하다. 마음과 뜻은 그 지향이 다양하고 조변석개(朝變夕改)하며 변덕이 심하지만, 배와 뼈는 그 욕망이 단순하고 비교적 일관적이다. 쉽게 말해 심지(心志)는 뭔가를 꾸며대고 조작해대려 하는 반면에 복골(腹骨)은 배고프면 먹고 피곤하면 쉬는 자연스러운 본능을 넘어서는 욕망을 지니지 않는다.

노자는 성인의 다스림이 배고프면 먹고 피곤하면 쉬는 것과 같은 '스스로 그러함(自然)'에서 벗어나지 않음을 강조한다. 이 구절은 성인의 다스림에는 뭔가를 인위적으로 해내고자 하는 억지스러움이 없다는 것을 마음과 뜻을 배와 뼈에 대비시킴으로써 드러내고 있다.

---

37 漢文大系(9), 老子翼 卷之一, (臺北: 新文豊出版公司, 中華民國 67年), 8面.

"항상 백성으로 하여금 앎이 없게 하며 욕심이 없게 한다(常使民無知無欲)"는 구절에서 노자가 말하는 '무지무욕(無知無欲)'은 우리가 군사독재 시절에 경험한 3S(Sports, Screen, Sex)를 통한 우민화(愚民化) 정책과 동일한 논리구조를 내포한 것일까? 그렇지 않을 것이다.

여기에서 무지는 앎이 없음이 아니라 앞의 "불상현 사민부쟁(不尙賢 使民不爭)"이 의미하는 바와 같이 서로가 불필요하게 지식을 다투지 않는 것을 말한다. 모든 사람이 100미터를 10초 이내에 뛰어야 하고 메시처럼 축구를 잘해야 하는 것은 아니고 그럴 필요도 없다. 그런데 모든 사람이 지식을 경쟁하고 서로 현능(賢能)을 뽐내게 하는 사회가 바람직한 사회일까? 노자가 말한 무지무욕이란 불필요한 지식 경쟁, 욕망 경쟁에 빠져드는 상황에 대한 비판에 가깝다.

서양의 경제학은 더 많은 물질적 욕망 충족이 더 많은 행복을 가져올 것이라고 전제하지만, 현실이 과연 그러한가? 거의 모든 사람이 의식주를 해결할 수 있게 되자 잉여생산물을 누가 더 많이 차지할 것인가를 놓고 경쟁이 시작됐다. 많은 사람들이 자가용 차량을 소유하게 되자 서로 차량의 크기와 가격을 비교하기 시작했다. 앞으로 그 욕망이 어디까지 나아갈 것인지 가늠하기 어렵다. 이제 식사는 식욕을 해결하는 수단이 아니고, 차량은 단지 이동하는 수단이 아니다. 그 자체가 이미 욕망의 대상이 돼버렸다. 노자가 말하는 무지무욕은 이러한 불필요한 인위적 욕망과 지식 경쟁에 대한 경고라고 할 수 있다.

"이른바 지자(智者)들로 하여금 감히 무엇을 하지 못하도록 한다. 무위를 실천하면 다스려지지 않음이 없을 것이다."(使夫智者 不敢爲也 爲無爲則無不治)는 구절을 이해하기 위해서는 《도덕경》이 쓰인 춘추전국시대의 상황으로 가볼 필요가 있다. 당시에 이른바 현능자(賢能者)들이 한 일이 어떤 것이었을까? 과연 백성의 배를 불리고 뼈를 튼튼하게 하는 일이었을까? 그들의 부국강병은 백성의 입장에서 보면 지배자의 삿된 욕망을 충족시키고자 하는 행위에 지나지 않았다. 춘추전국시대에 부국강병을 통해 나라를 부강하게 하고 세상을 안정시키겠다는 현능자의 기획과 심지(心志)가 오히려 세상을 어지럽힌다고 노자는 생각했을 것이다. 대개의 경우 현능자의 기획과 의도는 보편타당하지 않고 분파적이다. 그러한 분파성으로 세상을 안정시키는 것은 불가능하다. 나는 이 구절을 보면 29장에 나오는 "천하는 신비한 그릇과 같아 함부로 무엇을 도모할 수 없다(天下神器 不可爲也)"는 구절이 떠오른다.

현능자가 추진하는 선의의 개혁조차도 지엽적인 성격을 갖고 있거나 인간의 본성을 거스르기 때문에 여러 가지 부작용을 수반하곤 한다. 특히 인위적 욕망이 개입되는 영토 확장을 위한 전쟁 기획이 보편적 도(道)의 입장에서 볼 때 좋은 결과를 내기는 쉽지 않다. 그래서 노자는 천하는 신기한 기물과 같아서 인위적으로 무엇인가를 도모할 수 없다고 말하는 것이다. 성인의 다스림은 유위의 욕망에 따른 것이 아니며 스스로 그러함, 즉 자연스러움에서 벗어나지 않는다.

노자가 말한 무위지치(無爲之治)는 당시 군주들의 부국강병이라는 욕망에 기반한 유위지치(有爲之治)에 대한 신랄한 비판이 아닐 수 없다. 노자의 무위지치는 단순한 '함이 없음'이 아니라 당시 현능자들과 시대상황에 대한 강렬한 비판과 변화 요구를 담고 있는 적극적 개념이라고 볼 수 있다.

4장

빛과도 조화하고 먼지와도 함께한다

도는 깊고도 비어 있어서 그것을 아무리 써도 다시 채울 필요가 없다. 깊고도 고요함이여, 만물의 근원과 같도다. 도는 만물의 날카로움을 무디게 하고 뒤엉켜 있음을 풀어주며 빛과도 조화하고 먼지와도 함께한다. 깊고도 깊어 혹 존재하는 것 같기도 하지만, 나는 그 누구의 자식인지를 알 수가 없구나. 아마 상제보다도 먼저인 듯하다.

道沖而用之或不盈 淵兮似萬物之宗 挫其銳 解其紛 和其光 同其塵
도충이용지혹불영 연혜사만물지종 좌기예 해기분 화기광 동기진
湛兮似或存 吾不知誰之子 象帝之先
담혜사혹존 오부지수지자 상제지선

도(道)란 무엇인가? 그것은 비어 있는 것이고, 심오한 무엇이다. 그래서 그것이 어떤 실체를 갖고 있는 것인지를 쉽게 말할 수 없다. 그래서 1장에서는 "현묘하고도 현묘하다(玄之又玄)"고 하고 "(도라고) 말할 수 있는 도는 상도가 아니다(道可道非常道)"라고 하지 않았는가? 도가 어떤 하나의 실체로 구체화되는 순간 그것은 보편타당한 존재일 수 없다. 노자는 도가 어떤 하나의 실체로 한정될 수 없다고 보았기에 그것을 비어 있고 고요하며 심오하다고 표현했다.

'도충이용지혹불영(道沖而用之或不盈)'은 다양한 해석이 가능하다. 나는 "그것(도)을 아무리 써도 다시 채울 필요가 없다"로 풀었지만, 사람에 따라 불영(不盈)을 불궁(不窮)으로 보고 '고갈되지 않다', '없어지지 않다'로 해석해서 "그것을 아무리 사용해도 고갈되지 않는다"로 풀기도 한다. 또 백서을본(帛書乙本)의 표현인 "용지유불영야(用之有弗盈也)"를 기준으로 하여 "도는 그것을 사용하더라도 다른 것을 가득 채우지 않음이 있다"로 옮기기도 한다.

사실 어떤 번역이 전적으로 옳다고 말하기 어렵다. 다만 도의 작용이 자신을 고갈시키거나, 상대방을 소진시키거나, 가득 채울 정도의 극단으로 나아가지 않는다는 의미를 함유함은 분명하다. 그래서 도는 깊고도 비어 있어서 그것을 아무리 써도 극단으로 나아가 자신을 고갈시키지 않기에 다시 채울 필요가 없다는 의미로 나는 풀었다.

또한 노자가 도가 "만물의 근원이다(萬物之宗)"라고 단정하지 않고 "만물의 근원과 같다(似萬物之宗)"고 표현한 점에 주목해야 한다. 도는 하나의 실체나 현상으로 한정되지 않기에 단정적으로 정의하기가 어렵다. 도는 하나의 개념으로 명료하게 정의할 수 없는 것이기에 노자가 만물의 근원과 '같다(似)'고 추측성 서술어를 사용한 것이다.

나는 이 장의 "만물의 날카로움을 무디게 한다(挫其銳)"는 구절을 볼 때마다 내 삶을 돌아보게 된다. 나 스스로가 이념적 순수성이나 도덕적 이상성에 집착해서 얼마나 많은 사람에게 상처를 주었을지를 반성한다. 젊은 시절에 흔히 집착하게 되는 그러한 순수성이나 이상성이 무의미하다는 이야기가 아니라, 《도덕경》은 그러한 순수성이나 이상성에 대한 집착이 낳기 쉬운 독선적 성향을 경계한다. 이는 그러한 순수성이나 이상성을 포기하라는 것이 아니라 그런 것들을 포괄하는 전체성이나 양가성을 지향해야 한다는 의미로 해석돼야 한다.

'해기분(解其紛)'은 도는 뒤엉켜 있음을 풀어준다는 뜻이다. 인접한 두 국가가 늘 사이좋게 지내는 사례는 그렇게 많지 않다. 국경을 접한 스페인과 포르투갈도 여러 요인 때문에 관계가 우호적이기만 하지 않다. 1939년 9월에 독일이 인접한 폴란드를 침공한 것이 2차 세계대전의 서막이었고, 독일과 폴란드는 아직도 사이가 좋지 않다. 인도와 파키스탄은 카슈미르 지역을 두고 종교적 갈등과 영유권 갈등이 얽힌 분쟁을 겪고 있다.

우리나라 사람 대부분은 인접국 일본에 대한 감정이 좋지 않다. 더구나 2019년 우리나라를 겨냥한 아베(安倍) 정권의 반도체 소재 수출 규제로 우리 국민의 반일 감정이 더욱 격화됐다. 과거 일본의 식민지 침탈과 착취가 다른 식민지 지배 국가의 경우에 비해 훨씬 강도가 높은 것이었고, 종군위안부 운영과 같은 반인륜적 범죄를 일본 정부가 주도적으로 저질렀다는 의혹도 짙다. 그래서 나도 일본인에 대한 감정이 좋지 않고, 우리가 그들의 반인륜적 범죄를 잊어서는 안 된다고 생각한다. 다만 이 구절과 관련해 한 가지 언급하고자 한다. 과거로 더 거슬러 올라가면 우리는 원나라에 공녀(貢女)라는 명분으로 여성들을 보냈고, 병자호란 이후에는 청나라에도 많은 공녀를 보냈다. 효종은 조선의 공주를 청나라 황실에 시집보내라는 청나라 측의 요구에 종실인 금림군(錦林君) 이개윤(李愷胤)의 딸을 양녀로 삼아 보내야 했다. 약소국의 서글픈 현실이 아닐 수 없었다.

고려에 대한 원나라의 간섭과 병자호란 후 조선에 대한 청나라의 간섭이 일제의 지배에 비해 덜 가혹했다고 보기도 어렵다. 그런데 지금 우리나라 사람들이 몽골인이나 만주족, 중국인에 대해 일본인에 대한 적대감과 비슷한 감정을 가지고 있다고 보기는 어렵다. 왜 그럴까? 일본의 수탈이 더 가혹했기 때문일까? 나는 원나라나 청나라의 수탈이나 간섭이 일본의 지배보다 덜 가혹했기 때문이 아니라 상대적으로 더 오래 전의 일이기 때문이라고 짐작한다. 그래서 나는 "좌기예 해기분(挫其銳 解其紛)"이라는 구절에서 도는 시간의 모습을 가지고 있다는 생각이 든다.

날카롭게 벼린 칼날은 시간이 흐르면서 자연스럽게 무뎌지고, 극단화된 갈등의 상황도 시간이 지나면서 서서히 해소되거나 갈등의 두께가 엷어짐을 우리는 경험으로 알고 있다. 영겁의 시간 속에서 풀리지 않을 갈등과 뒤엉킴이 있겠는가? 그렇다고 해서 이 구절에 대한 나의 관점이 일본의 반인륜적, 비인간적 전쟁범죄까지 우리가 용서하고 잊어야 한다는 의미로 해석되지 않기를 바란다. 도는 제국주의와 같은 극단적 사상과 그에 기반한 극단적 행위 자체를 싫어한다. 일본의 전쟁범죄는 그 자체로 이미 비도(非道)일 뿐이다.

'화기광 동기진(和其光 同其塵)'은 '화광동진(和光同塵, 빛과도 조화하고 먼지와도 함께한다)'으로 축약할 수 있다. 나는 광(光)과 진(塵)을 빛과 먼지로 번역했지만, 이

두 단어도 여러 가지로 달리 번역할 수 있다. 이를테면 광을 영광, 깨끗함 등으로, 진을 더러움, 오욕 등으로 번역할 수도 있다. 광은 인간이 애(愛)하고 호(好)하는 것이고, 진은 인간이 증(憎)하고 오(惡)하는 것이라고 생각해도 무방하다. 도는 인간의 관점에서 애호(愛好)하는 것과만 조화하는 것이 아니라 증오(憎惡)하는 대상과도 조화한다. 도는 어느 하나에 집착하거나 택일적 선택을 강요하지 않기 때문이다.

"깊고도 깊어 혹 존재하는 것 같기도 하지만, 나는 그 누구의 자식인지를 알 수가 없구나. 아마 상제보다도 먼저인 듯하다."(湛兮似或存 吾不知誰之子 象帝之先)는 구절에서도 노자는 '같다(似)'라는 표현을 사용한다. 모든 존재와 대상은 존재하는 동시에 한계성을 갖는다. 예수가 "사랑이 무엇인가?"라는 질문에 답변하는 순간 그 사랑은 예수의 언사로 한정되어 보편성을 상실하고 만다. 가령 사랑을 타인에 대한 끝없는 관용과 격려라고 정의하면 부모의 자녀에 대한 질책이나 교육현장의 매서운 훈계 등은 사랑하지 않음이 되는 모순에 빠지고 만다. 그래서 도는 하나의 존재로 한정될 수 없다. 인간은 하나의 실체로 존재하는 신(神)을 갈구하기도 하지만, 그러한 신은 노자의 관점에서 볼 때 한정적, 분별적 존재에 지나지 않는다.

그래서 노자는 도에 대해 정의 내리지 않고, 그것은 존재하는 것 같아서 누구의 자식인지 알 수 없다고 말한다. 창조주가 하나의 실체라면 그 실체는 또 다른 원인자를 필요로 한다. 도는 단가적, 실체적 존재가 아니어서 그 존재방식을 명확히 한정할 수 없고, 또 누구에 의해서 창조됐다고 볼 수도 없다고 노자는 말한다.

5장

자기중심주의의 거부

천지는 인(仁)하지 않다. 만물을 짚으로 만든 강아지처럼 여긴다. 성인은 인(仁)하지 않다. 백성을 짚으로 만든 강아지처럼 여긴다. 천지의 사이는 풀무와 같아 비어 있으나 다함이 없고, 움직일수록 더욱 나온다. 말이 많으면 자주 궁색해지니 (마음)속에 지키느니만 못하다.

天地不仁 以萬物爲芻狗 聖人不仁 以百姓爲芻狗 天地之間 其猶橐
천지불인 이만물위추구 성인불인 이백성위추구 천지지간 기유탁
籥乎 虛而不屈 動而愈出 多言數窮 不如守中
약호 허이불굴 동이유출 다언삭궁 불여수중

"천지는 인(仁)하지 않다. 만물을 짚으로 만든 강아지처럼 여긴다." 이는 《도덕경》을 처음 접하는 독자에게 큰 충격을 주는 구절이다. 인자하신 하느님 아버지나 인자하신 조물주를 상상하고 있던 사람에게 '천지불인(天地不仁)'과 '성인불인(聖人不仁)'은 충격을 주기에 충분하다. 인자하신 하느님이나 조물주는 과연 누구에게 인(仁)하고 누구에게 불인(不仁)하다는 것일까? 세계 각국에서 일어나는 대지진이나 화산 폭발, 태풍 등은 천지가 불인하기 때문에 일어나는 것인가? 노자가 말하는 '천지불인'은 자연재해를 일으키는 자연의 무자비함을 의미하는 것일까?

'인자하신 하느님 아버지'를 말할 때 우리는 나에게, 우리 집단에게, 또는 인간이라는 종(種)에게 특별히 인자한 하느님을 가정한다. 그런데 천지가 과연 인간에게만 유독 인자해야 할 이유가 있는가? 천지가 인간에게 인(仁)해야 한다는 생각은 인간중심주의에 불과하다. 천지가 인간에게만 유독 인자해야 할 하등의 이유가 없다는 것을 노자는 '천지불인'이라는 네 글자로 압축해 표현했다.

지구의 기온이 높아지는 지구온난화의 영향으로 2018년 여름 한반도의 기온이 40℃에 육박하면서 우리는 이전에 겪어보지 못했던 더위를 경험했다. 그리고 이러한 경향은 앞으로도 지속될 가능성이 높다. 많은 사람이 지구온난화에 따른 자연 파괴와 지구 멸망을 이야기하지만, 멸망하게 될 것은 자연이나 지구가 아니라 인류일 뿐이다. 인류가 등장하기 전에 지구의 주인이었던 공룡이 멸종하게 된 원인에 대해 여러 가지 학설이 있어 하나의 원인을 특정하기는 어렵지만, 어쨌든 공룡이 지구상에서 멸종된 것은 사실이다. 지구의 환경 변화나 소행성과의 충돌로 공룡이 지구상에서 사라졌다고 해서 그것이 곧 지구의 멸망이 아니었듯이 어떤 요인으로 인류가 멸종된다고 해서 그것이 곧 지구의 멸망일 수는 없다.

인간의 입장에서 불행하게도 그러한 일이 실제로 벌어진다고 하더라도 그것은 지구의 멸망이 아니라 예를 들면 바퀴벌레와 같은 종(種)이 인류를 대체하는 것일 뿐이리라. 지구의 입장에서 보면 지구가 인류에게만 유독 큰 가치를 부여해야 할 하등의 이유가 없다.

천지가 인간에게만 인자해야 한다는 생각은 우리 민족과 국가에만 인자해야 하고 그것은 다시 우리 지역에만 인자해야 하고 나에게만 인자해야 한다는 생각으로 연속적으로 이어질 수밖에 없다. 천지는 모든 대상에 어떠한 사사로움도 두지 않기에 인(仁)할 수 없다. 누군가에게 인하다는 것은 결국 보편성의 결여를 의미하기 때문이다.

왜 보편자는 인(仁)할 수 없는가? 하나의 예를 들어보자. 2000년대 이후 대한민국 국적 축구선수의 해외진출 증가로 유럽 축구리그에서 활약하는 우리나라 선수가 적지 않다. 유럽 축구리그에 진출한 대한민국 국적 선수 중에 골을 넣고 기도로 세리머니(또는 셀러브레이션)를 하는 선수가 간혹 있었는데, 그것은 기독교도가 다수를 차지하는 유럽 국가에서도 다소 낯선 풍경이었다. 기독교도인 축구선수들도 대다수는 득점 이후 세리머니를 할 때 기도로 기쁨을 표현하지 않는데, 그 이유는 무엇일까? 골을 먹고 아파하는 상대편 선수도 하나님의 어린양이기는 마찬가지라는 의식이 마음속에 깔려 있기 때문이 아닐까? 노자가 말한 천지불인이란 이러한 점을 지적한 것이다.

그래서 여길보는 이 구절에 대한 주석에서 "불인하기에 대인이라고 말할 수 있다(夫唯不仁 是之謂大仁)"고 했고, 장자는 〈제물론(齊物論)〉에서 "대인은 인하지 않다(大仁不仁)"고 했다. 이런 말들은 모두 의미와 맥락에 대차(大差)가 없다. '천지불인'은 인간은 인간을 우선시하지만 천지는 인간을 우월적 존재로 취급하지 않는다는 의미로 읽어야 한다. 데이비드 레이 그리핀(David Ray Griffin)은 근대성에 대해 "인간의 영혼, 마음, 그리고 자아가 인간 이외의 창조물과는 완전히 다른 것으로 이해됐다"[38]고 근대성을 비판했는데, 그의 이 비판은 노장사상의 동의어 반복에 가깝다.

나는 어느 산악인이 8천 미터급 히말라야 고봉을 오르면서 느낀 바를 말하는 것을 들은 적이 있다. 히말라야의 고봉을 오르다 보면 눈사태를 자주 경험하게 되는데, 처음에는 산을 오르는 사람에게 눈사태를 내리는 산이 정말로 너무하다는 감정을 느꼈다고 한다. 그런데 등반 경험이 쌓이면서 산이 냉정한 것이 아니라 산은 그저 하던 일을 하고 있을 뿐이라고 생각하게 됐다는 것이다. "천지는 인하지 않다(天地不仁)"는 구절에 노자가 담고자 했던 의미는 바로 그 산악인이 느낀 감정을 함축적으로 표현한 것이 아닌가 생각된다.

인간을 최우선시하는 인간의 입장에서 볼 때는 천지가 인(仁)하지 않지만, 인간을 제외한 만물의 입장에서 볼 때 천지는 공평하고 '스스로 그러한' 존재다.

천지는 만물을 동일한 존재로 대할 뿐이다. 천지는 인간을 제외한 사물이나 존재를 인간이 인식하듯이 인간의 편리를 위해 봉사하거나 희생하는

---

38 David Ray Griffin (Editor), Spirituality and Society, (Albany, New York: State University of New York Press, 1988), p. 3.

존재로 만물을 인식하지 않는다. 그래서 나는 "천지는 인(仁)하지 않다. 만물을 짚으로 만든 강아지처럼 여긴다(天地不仁 以萬物爲芻狗)"라는 구절을 "천지는 항상 인하다. 만물을 모두 금강석으로 여긴다(天地恒仁 以萬物爲金剛石)"로 바꾸어도 의미가 상통한다고 생각한다. 이 구절을 천지는 만물을 추구(芻狗) 또는 금강석(金剛石)과 같은 존재로 보고 공평하게 대할 뿐이라는 의미로 이해해도 노자의 본의에서 크게 벗어나지 않을 것이다.

그래서 도가적 사유에서는 자신을 섬기는 사람에게는 인자하고 자신을 섬기지 않는 사람에게는 냉혹한 기독교적 인격신이 자리할 수 없다. 도가의 도는 현실적 사실성의 도일뿐이어서 만물을 분별하지 않는다. 사실 천지불인(天地不仁) 대신 천지무사(天地無私, 천지는 사사로움이 없다)라는 표현이 더 적합할지도 모르지만, 노자는 천지의 그러한 성격을 더욱 극적으로 드러내기 위해 천지불인이라는 표현을 사용한 것으로 생각된다.

천지는 만물에 사사로운 인(仁)은 물론 불인(不仁)도 베풀지 않는다. 다만 인간을 중심에 놓고 모든 사물과 현상을 파악하는 사고방식이 우리로 하여금 천지와 자연이 인간에게 냉혹하다고 느끼게 할 뿐이다. 로저 에임스와 데이비드 홀의 이 구절에 대한 번역은 이러한 관점을 더욱 분명히 한다.

> 천지는 제도화된 도덕에 편파적이지 않다. 천지는 만물 모두를 짚으로 만든 개로 취급한다. 성인 또한 제도화된 도덕에 편파적이지 않다. 그들(성인)은 모든 사람을 짚으로 만든 개로 취급한다.
>
> The heavens and the earth are not partial to institutionalized morality. They take things and treat them all as straw dogs. Sages too are not partial to

institutionalized morality. They treat the common people as straw dogs.[39]

나는 "The heavens and the earth are not partial to institutionalized morality"를 "천지는 제도화된 도덕에 편파적이지 않다"로 직역했다. 그러나 로저 에임스와 데이비드 홀은 천지가 특정한 국가, 민족, 집단, 개인에 대해서는 물론이고 인간이 보편적 가치로 여기는 도덕에 대해서도 우선순위를 부여하지 않는다는 의미로 이 문장을 쓴 것으로 보인다. 따라서 이 문장은 천지는 제도화된 도덕을 우선시하거나 선호하지 않는다는 의미까지 함축하는 것으로 봐야 한다. 로저 에임스와 데이비드 홀은 천지가 인간과 인간이 만든 도덕에 얽매이지 않고 모든 것을 공평하게 대한다는 점을 강조함으로써 도가의 탈중심주의적 성격을 분명히 나타냈다.

폴 린(Paul J. Lin)은 이 구절을 "천지는 친절함 없이 만물 모두를 짚으로 만든 개로 취급한다. 성인은 친절함 없이 사람들을 짚으로 만든 개로 취급한다."(Without kindness heaven and earth treat all things as straw dogs. Without kindness the Sage treats the people as straw dogs.)[40]라고 옮겼다. 이 번역도 로저 에임스와 데이비드 홀의 번역과 맥락을 같이한다. 유발 하라리의 다음과 같은 언급도 종교적 관점에서 보편자의 무차별성을 명료화한 것일 뿐이다.

---

39 Roger T. Ames and David L. Hall, Daodejing "Making This Life Significant", (New York: Ballantine Books, 2003), p. 84.

40 Paul J. Lin, A Translation of Lao Tzu's Tao Te Ching and Wang Pi's Commentary, (Ann Arbor: Center for Chinese Studies, The University of Michigan, 1977), p. 11.

일신교와 구별되는 다신교의 근본적 통찰에 따르면, 세상을 지배하는 최고 권력은 관심이나 편견을 지니고 있지 않다. 그러므로 인간의 평범한 욕망이나 근심걱정에 개의치 않는다. 이 권력에게 전쟁의 승리나 건강, 비를 요청하는 것은 무의미하다. 모든 것을 아우르는 위치에서 보면 특정 왕국의 승리나 패배, 특정 도시의 번영이나 쇠퇴, 특정인의 회복이나 사망은 아무런 차이가 없는 일이기 때문이다.[41]

우리는 인간이라는 동물을 영장류(靈長類)라는 분류어로 표현하지만, 인간을 영장류로 인식하는 것은 그 표현을 만들어낸 인간뿐이다. 천지자연은 인간이라고 하여 더 자비를 베풀거나 거꾸로 더 모질게 대하지 않는다.

이 구절에 나오는 '추구(芻狗)'는 우리에게 조금 생소한 말이다. 추구는 제사 때 사용하기 위해 짚을 엮어 만든 개 형상의 물체인데, 제사 때까지는 애지중지 간직된다. 그러나 제사가 끝나면 길거리에 아무렇게나 버려져 천한 물건으로 전락한다. 따라서 추구는 소중하게 다루어지다가 쓰레기처럼 버려지는 이중성의 상징이다. 사람들이 추구를 사랑하기에 소중하게 다루는 것이 아니고, 추구를 싫어하기에 길거리에 버리는 것이 아니다. 다만 만물이 때에 따라 출몰하듯이 추구도 필요에 따라 만들어졌다가 버려지는 것이다. 천지는 만물을 때로는 소중하게 대하기도 하고 쓰레기처럼 대하기도 하지만, 대상을 분별하여 차별하지는 않는다.

41 Yuval Noah Harari, 조현욱 옮김, 《사피엔스》(파주: 김영사, 2015), 304쪽.

천지를 본받는 성인도 마찬가지다. 성인은 누구에게 차별적으로 인(仁)하거나 차별적 시혜를 베풀지 않는다. 성인은 백성을 대하기를 추구를 대하듯이 해서 때로는 소중하게, 때로는 그와 반대로 대하지만 차별적으로 시혜를 베풀지는 않는다.

《도덕경》이 상징성이 풍부한 서물(書物)임을 다시 확인하게 되는 구절이 "천지의 사이는 풀무와 같아 비어 있으나 다함이 없고, 움직일수록 더욱 나온다. 말이 많으면 자주 궁색해지니 (마음)속에 지키느니만 못하다(天地之間 其猶橐籥乎 虛而不屈 動而愈出 多言數窮 不如守中)"이다. 많은 학자들이 '다언삭궁 불여수중(多言數窮 不如守中)'을 착간이거나 잘못 끼어든 구절로 생각했을 만큼 다양한 해석이 가능한 구절이다.

먼저 "천지의 사이는 풀무[42]와 같다(天地之間 其猶橐籥乎)"는 부분에 대해 왕필은 "탁(橐)은 풀무이고 약(籥)은 피리다(橐排橐也 籥樂籥也)"라고 풀이해 그 둘을 각각 별개의 사물로 보았다. 그러나 많은 학자들이 탁약(橐籥)을 풀무로 풀이하며, 나도 이런 다수의견을 더 타당한 견해로 본다. 천지 사이가 비어 있어서 하나의 풀무와 같다는 말은 풀무의 내부 공간이 비어 있는 것처럼 천지 사이도 비어 있다는 의미로 이해할 수 있다. 여기까지는 대체로 학자들의 의견이 일치하지만, 그 다음 부분인 "비어 있으나 다함이 없고, 움직일수록 더욱 나온다. 말이 많으면 자주 궁색해지니 (마음)속에 지키느니만 못하다(虛而不屈

42 풀무는 주로 대장간에서 쇠를 달구거나 녹이기 위해 화덕에 공기를 불어넣는 기구다. 근래에 출생한 사람들은 대부분 풀무를 직접 보지 못했겠지만, 내가 어릴 적에는 우리 집에도 아궁이에 불을 지피기 위한 풀무가 있었다.

動而愈出 多言數窮 不如守中)"에 대해서는 해석상 논란이 있다. 대부분의 주석가가 "비어 있으나 다함이 없고, 움직일수록 더욱 나온다(虛而不屈 動而愈出)"를 허(虛)나 공(空)의 작용을 표현한 것으로 이해하고, 그것을 허나 공의 긍정적 공능(功能)으로 본다. 그러나 허이불굴(虛而不屈)과 동이유출(動而愈出)을 분리해서 볼 수도 있다.

대표적으로 장일순은 허이불굴(虛而不屈)을 "비어 있으나 다함이 없다"로 새겨 무위의 긍정적 공능을 의미하는 것으로 보고, 동이유출(動而愈出)을 "움직일수록 (부정적 기능이) 더욱 발현되어 나온다"고 새겨 인위적 유위를 의미하는 것으로 본다. 허이불굴은 허의 긍정적 공능을, 동이유출은 인위의 부정적 측면을 각각 가리킨다고 본 것이다. 이러한 장일순의 풀이는 동이유출을 부정적 언사로 해석함으로써 이 구절이 그 다음의 "말이 많으면 자주 궁해지니, 마음속에 지니고 있음만 못하다(多言數窮 不如守中)"로 보다 자연스럽게 이어지게 하는 장점이 있다.[43] 그러나 나는 허이불굴과 동이유출 둘 다를 허의 긍정적 공능으로 인식해도 '다언삭궁 불여수중(多言數窮 不如守中)'이 "인위적 언사의 발출이 중(中)이나 허(虛)를 지킴만 못하다"라는 의미로 그 뒤에 이어질 수 있다고 본다. 따라서 나는 동이유출을 꼭 부정적 의미로 새길 필요는 없다고 생각한다. 동이유출을 '비어 있지만 비어 있음으로부터 만물이 파생되어 나옴'을 함의한 어구로 풀이할 수 있다고 본다. 이 구절은 《도덕경》이라는 텍스트가 가진 다의성과 그에 따른 다양한 해석 가능성을 보여주는 또 하나의 사례다.

---

43 장일순, 《무위당 장일순의 노자이야기》 (서울: 삼인, 2003), 100~102쪽.

"말이 많으면 자주 궁색해지니 (마음) 속에 지키느니만 못하다(多言數窮 不如守中)." 이 구절의 다언삭궁(多言數窮)에서 數은 '셈할 수'가 아니라 '자주 삭'으로 읽고 풀이해야 한다. 이 구절은 많은 학자들이 착간일 가능성을 주장했지만 백서본에도 존재할뿐더러 나는 이 구절을 착간으로 보지 않아도 《도덕경》의 전체 맥락에서 논리적 정합성이 유지된다고 생각한다.

인간의 언어는 단가적이다. 예를 들어 우리가 "교육은 지식의 전달이다"라고 교육을 정의하는 순간 지식의 전달이 아닌 행위는 비교육이 되고 만다. "교육은 인격의 함양이다"라고 더 포괄적으로 정의하더라도 마찬가지 상황이 전개된다. 영어 단어를 외우는 것과 같은 지식의 단순한 습득이나 암기가 인격의 함양과 직접 관련된다고 보기는 어렵다. 그러나 교육이 인격의 함양으로 정의된 상황에서도 그러한 지식의 단순한 암기를 모두 비교육이라고 할 수는 없다. 포괄적 교육의 도를 단가적 인간 언어로 담아내기가 쉽지 않은 것이다.

명나라 말기의 문인 홍자성(洪自誠)이 저술한 《채근담(菜根譚)》에는 이런 구절이 나온다. "덕은 도량에 따라 발달하고, 도량은 식견에 따라 성장하는 것이다. 그러므로 그 덕을 두터이 하려면 그 도량을 넓히지 않을 수 없고, 그 도량을 넓히려면 그 식견을 키우지 않을 수 없다(德隨量進 量由識長 故欲厚其德 不可不弘其量 欲弘其量 不可不大其識)." 현대 교육학의 관점에서 볼 때 《채근담》의 이 구절에서 덕(德)은 인격함양이나 철학교육 정도로, 식(識)은 지식습득이나 기술연마 등으로 환치할 수 있다. 결국 홍자성은 인성교육이나 철학교육도 지식교육과 밀접하게 관련됨을 말한 것이다.

그간 우리의 교육은 지나치게 지식축적에만 매달려온 나머지 인성교육과 철학교육을 등한시한 것이 사실이다. 이 점에서 우리 교육은 비판받아야 한다. 그렇다고 지식교육이 없는 철학교육이 가능한 것인지도 우리는 진지하게 고민해 봐야 한다. 나는 지식교육과 철학교육이 명확하게 구분되지 않는다고 생각하지만, 설령 교육의 이 두 가지 영역이 구분될 수 있다고 해도 현실의 교육현장에서 두 영역을 어떻게 조화시킬 것인지를 고민해야지 어느 한 측면이 다른 측면을 압도하게 해서는 안 된다고 생각한다. 지식축적 없이는 철학적 사유가 이루어지기 어렵고, 철학적 사유가 없는 지식축적 또한 맹목적일 뿐이다. 《논어》〈위정(爲政)〉 편에 나오는 "배우기만 하고 생각하지 않으면 얻음이 없고, 생각하기만 하고 배우지 않으면 위태롭다(學而不思則罔 思而不學則殆)"는 구절은 이 점을 정확하게 지적한 것이다.

교육은 지식의 습득과 같은 인지적 영역과 덕성의 함양과 같은 정의적 영역을 모두 포괄하는 것일뿐더러 어떤 의미에서는 교사와 학생 간, 학생 서로 간의 모든 상호작용을 포괄하는 삶 자체다. 그런데 인간의 단가적 언어로는 교육의 그러한 성격을 모두 담아내지 못한다.

인간의 언어는 본질적으로 의미를 구분하고 단가적으로 그 대상을 정의하려고 한다. 언어는 도의 포괄성, 양가성을 포괄하지 못하는 경우가 많기에 다언(多言)은 화자(話者)를 자주 궁색하게 한다. 그래서 노자는 56장에서 "지자는 말하지 않는다(知者不言)"고 언명한다. 지자불언(知者不言)은 다언삭궁(多言數窮)의 다른 표현이다.

6장

도의 여성성

곡짜기의 신은 죽지 않는다. 이것을 일러 현묘한 암컷이라고 한다. 현묘한 암컷의 문, 이것을 일러 천지의 뿌리라 한다. 이어지고 이어지니 존재하는 것 같기도 하고, 그것을 써도 수고스럽거나 지치지 않도다.

谷神不死 是謂玄牝 玄牝之門 是謂天地根 綿綿若存 用之不勤
곡신불사 시위현빈 현빈지문 시위천지근 면면약존 용지불근

곡신(谷神)은 무엇을 상징하는 표현인가? 나는 이 장에 나오는 곡신(谷神), 현빈(玄牝), 현빈지문(玄牝之門) 등은 도의 여성성을 상징하는 낱말이나 어구라는 생각을 갖게 된다. 현빈(玄牝)의 빈(牝) 자 자체가 암컷 빈 자이며, 현빈지문(玄牝之門)의 문(門)이 남성성보다는 여성성을 상징함은 상식에 가까울 것이다.

뒤의 23장에는 "회오리바람은 한나절을 지속하지 못하고 억수 같은 소나기는 하루 종일 내리지 않는다(飄風不終朝 驟雨不終日)"는 구절이 나오는데, 이는 극단적 행위는 지속되기 어렵다는 뜻이다. 반면에 여기 6장의 "이어지고 이어지니 존재하는 것 같기도 하다(綿綿若存)"는 구절은 도의 지속성을 말하고 있다. 23장과 6장은 이처럼 반대되는 상징을 사용했지만, 그 의미는 다르지 않다.

태풍이나 폭우는 단시간에 굉장한 에너지를 분출한다. 그러나 그렇게 일시에 폭발적으로 에너지를 분출하는 자연현상은 오래 지속되지 못한다. 도는 극단적 에너지를 단시간에 분출하는 회오리바람과 소나기의 강력함이나 그 악스러움보다는 "이어지고 이어지니 존재하는 것 같기도 하다(綿綿若存)"고 표현된 자연스러움의 지속성으로 상징된다. 그것은 남성성보다 여성성에 가깝기에 노자가 곡신, 현빈, 현빈지문과 같이 여성성을 상징하는 말을 사용해 도를 표현한 것이다.

노자는 이처럼 높은 상징성을 가진 말을 사용해 도의 여성성을 표현하지만, 사실 남녀 간 성관계를 연상해 보면 도의 여성성을 더 쉽게 이해할 수 있을 것이다. 도는 높은 에너지를 분출하는 남성의 모습보다는 수줍어하고 수동적이지만 출산의 기능을 담당하는 여성의 모습에 가깝다. 그래서 노자는 도를 표현하기 위해 다양한 여성성의 상징을 이용했다고 볼 수 있다.

곡신이란 높이 솟아 잘 드러나는 봉우리가 아니라 낮은 곳에서 물을 머금고 있는 계곡의 신묘함을 가리키기에 여성성을 갖는다. 그 여성성은 면면약존하여 지속성이 있는 도에 가까운 것이고, 1장에서 "(도라고) 말할 수 있는 도는 상도가 아니다(道可道非常道)"라고 한 것처럼 뭐라고 쉽게 규정되지 않기에 '현묘한 암컷(玄牝)'이란 표현 말고는 달리 표현할 방법을 찾기 어려운 것이다. 쉽게 말해 곡신은 암컷이되 보통의 암컷이 아니라 현묘하고 신비한 암컷을 상징한다.

이 현묘한 암컷의 문을 일러 천지의 뿌리라고 한다는 말에서 우리는 보다 직접적으로 여성의 성기를 연상하게 된다. 도가 개별적 여성이 될 수는 없지만, 도에 우주를 연속시키는 힘이 있다면 그 힘은 여성성을 가질 수밖에 없고, 그 힘의 우주적 여성성이 천지의 근원이라고 노자는 말한 것이다.

면면히 이어지고 이어지니 존재하는 것 같기도 하고, 그것을 써도 수고스럽거나 지치지 않는다는 말은 무슨 뜻일까? 실타래에서 실이 풀려 나오는 듯한 천지 우주의 작용과 모습에는 연속성과 순환성이 있다. 그러한 도의 작용은 뭔가를 생성하겠다는 인위적 조작도 없고 이어지고 이어지게 하겠다는 인위적 작위도 없으므로 수고스럽지 않다.

노자는 이 장에서도 "존재하는 것 같다"고 표현할 뿐 "존재한다"고 단정하지 않는다. 4장에서는 "만물의 으뜸과 같다(似萬物之宗)", "혹 존재하는 것 같다(似或存)"고 했는데, 여기에서도 "존재하는 것 같다(若存)"고 해서 단정적 어구를 피하고 있다.

이에는 두 가지 의도가 담겨 있다고 볼 수 있다. 먼저 1장에서 '도가도비상도(道可道非常道)'라는 구절로 표현된 '절대성에 대한 경계'로 볼 수 있다. 단정적 어구를 사용할 경우 발생할 수 있는 제한성을 피하려는 의도인 것이다. 또 다른 의도는 "존재한다"고 하면 서양의 인격신 같은 어떤 하나의 실체를 떠올리게 되기에 특정한 존재로 실존하지 않지만 천지를 운영하는, 지치지 않는 어떤 힘을 가리키기 위해 "존재하는 것 같다"고 표현한 것으로 볼 수 있다.

그것을 써도 수고스럽거나 지치지 않는다(用之不勤)는 것은 무슨 의미일까? 이 글을 읽는 독자는 지금 자신의 주먹을 힘껏 쥐고서 얼마나 오래 그 상태를 유지할 수 있는지를 실험해 보라. 기껏해야 5분을 넘기지 못할 것이다. 주먹을 꽉 쥐는 행위도 5분을 넘기기 힘들다. 왜 그런가? 그것은 자연스럽지 않은 자세나 행위를 억지로 하는 것이기 때문이다. 천지를 운영하는 곡신의 도는 무엇을 억지로 하려 들지 않는다. 《도덕경》에서 자주 언급되는 대로 무위(無爲)의 도이기 때문에 수고스럽지 않은 것이다.

7장

천지와 성인은 사심을 앞세우지 않는다

천지는 장구하다. 천지가 장구할 수 있는 까닭은 스스로를 고집하여 살고자 하지 않기 때문에 오래살 수 있는 것이다. 그러므로 (천지를 본받는) 성인은 그 몸을 뒤로 하기에 몸이 앞서고 그 몸을 도외시하기에 몸이 보존된다. 그것은 사사로움이 없기 때문이 아니겠는가? 사사로움이 없기에 능히 그 사사로움을 이룰 수 있다.

天長地久 天地所以能長且久者 以其不自生 故能長生 是以聖人
천장지구 천지소이능장차구자 이기부자생 고능장생 시이성인
後其身而身先 外其身而身存 非以其無私邪 故能成其私
후기신이신선 외기신이신존 비이기무사야 고능성기사

유한한 존재인 인간은 우주의 순환 앞에 서면 한없이 작아진다. 역사시대라고 해봐야 길게 잡아도 1만 년을 넘지 못하는데 수십억 년이라는 시간은 인간으로서는 경외의 대상일 뿐이다. 인간의 유한성은 결국 몸의 유한성, 생명의 유한성을 떠나서 생각할 수 없다.

그런데 천지는 왜 장구할 수 있는가? 천지가 어떤 것을 내 것이라고 스스로 고집하고 주장하는 바가 없기 때문이라고 노자는 말한다. 나는 '천장지구(天長地久)'라는 말을 천지가 개별 사물 차원의 생사에 집착하지 않고 우주의 자연스러운 순환에 순응하는 모습을 표현한 것으로 이해한다. 나무는 가을에 잎을 떨구어야 한겨울 추위를 견뎌낼 수 있기에 잎이 떨어지는 것을 거부하지 않는다. 개별 잎의 관점에서 자생(自生)하지 않기에 나무가 살아갈 수 있듯이 천지는 생성과 사멸을 자기중심적으로 사유화하지 않는다.

왕필은 이 구절에 "자생은 곧 사물과 더불어 다투는 것이다(自生則與物爭)"라고 간결한 주석을 달았다. 나는 왕필의 이 주석에서 '사물과 더불어 다툰다(與物爭)'를 '인적, 물적 환경과 투쟁한다', '경제적 이권을 둘러싸고 다툰다' 등의 의미로 이해한다. 다시 말해 스스로를 고집하는 사사로움에 빠지면 필연적으로 주변과의 다툼이 생겨나고 이러한 다툼 속에서는 무엇도 장구할 수 없다는 것이다. 2장, 10장, 51장에 '낳지만 소유하지 않는다(生而不有)'는 표현이 나오는데, 인간은 '낳고 그것을 소유하려 하기(生而有)' 때문에, 다시 말해 집착하기 때문에 장구할 수 없는 것이다.

"그러므로 (천지를 본받는) 성인은 그 몸을 뒤로 하기에 몸이 앞서고 그 몸을 도외시하기에 몸이 보존된다(是以聖人後其身而身先 外其身而身存)"는 구절은 '성인은 사사로이 선후, 고하를 다투지 않는다'는 의미로 이해할 수 있다. 사람들이 앞서려고만 하고 자신만을 우선시하기에 성인은 '몸을 뒤로 한다(後其身)', '몸을 도외시한다(外其身)'고 표현한 것이지, 성인이 일부러 뒷자리를 차지하려고 하거나 일부러 몸을 도외시하려고 한다는 의미는 아니다.

"낮은 데로 임하라"는 기독교의 교리가 낮은 자리를 차지하기 위해 다투라는 의미가 아니듯이 '후기신(後其身)'도 그런 식으로 읽어서는 안 된다. '후기신'은 선후를 다투는 사사로움이 없고 앞에서 말한 자생(自生)이 없는 성인의 모습을 표현한 것으로 봐야 한다.

장일순은 "오른손이 하는 바를 왼손이 모르게 하라"는 예수의 말이 자선행위를 타인에게 비밀로 하라는 의미가 아니라 자선을 베풀되 자기가 자선을 베푼다는 생각조차 없게 하라는 의미에 가깝다고 했다.[44] 장일순의 이런 견해는 불교에서 '무엇을 누구에게 베풀었다'는 자만심 없이 온전한 자비심으로 베푸는 행위를 가리키는 '무주상보시(無住相布施)'라는 말을 떠올리게 한다. 이와 비슷하게 '후기신(後其身)'도 자신을 뒤로 한다는 생각조차 없는 마음의 상태를 의미하는 것이다.

우리는 일상에서 '욕심이 눈을 가린다'는 표현을 간혹 접한다. 사적 이해관계에 따른 욕심이 눈을 가리기 때문에 정확한 판단을 하지 못하게 되고 결국은 자신이 얻고자 하는 것에서 오히려 멀어지는 경우를 자주 보게 된다. 사욕에 사로잡혀 억지로 무엇인가를 이끌어내려다가 자신을 망치고 나아가서는 세상을 망가뜨리는 사례가 얼마나 많은가? "사사로움이 없기에 능히 그 사사

44 장일순, 《무위당 장일순의 노자이야기》 (서울: 삼인, 2003), 146쪽.

로움을 이룰 수 있다(非以其無私邪 故能成其私)"고 노자는 말한다. 자신의 사욕을 공공의 이익으로 둔갑시켜 합리화하는, 노자의 표현을 빌려 말하면 자생(自生)을 부자생(不自生)으로 착각하는 이 땅의 위정자들이 새겨들어야 할 문구가 아닐 수 없다.

8장

최고의 선은 물과 같다

최고의 선은 물과 같다. 물은 만물을 잘 이롭게 하면서도 다투지 않고 뭇 사람들이 싫어하는 곳에 처하기에 도에 가깝다. 거처함에는 땅에 처하기를 잘하고, 마음가짐은 깊어지기를 잘하고, 더불어 사귐에는 인하기를 잘하고, 말함에는 신뢰로워지기를 잘하고, 정치에는 다스리기를 잘하고, 일에는 능숙해지기를 잘하고, 움직임에는 적절한 시기를 선택하기를 잘한다. 오직 다투지 않기 때문에 허물이 없다.

上善若水 水善利萬物而不爭 處衆人之所惡 故幾於道 居善地 心善淵
상선약수 수선리만물이부쟁 처중인지소오 고기어도 거선지 심선연
與善仁 言善信 政善治 事善能 動善時 夫唯不爭 故無尤
여선인 언선신 정선치 사선능 동선시 부유부쟁 고무우

이 장에서도 노자는 최고의 선은 "물이다"라고 단정하지 않고 "물과 같다(若水)"고 서술한다. 최고의 선을 물이라고 단정하면 물의 형상과 성질로 상선(上善) 또는 도(道)가 고착화되고 한정된다. 노자가 상선은 "물이다"라고 하지 않고 "물과 같다"고 한 이유는 1장에 나오는 '도가도비상도(道可道非常道)'라는 어구에 이미 제시돼 있다.

그럼 왜 최고의 선은 물과 같을까? 물과 불은 우리의 일상에서 쉽게 대비되는 것이다. 우리는 아침에 일어나 물로 쌀을 씻어 가스레인지나 전기밥솥을 이용해 밥을 지어 먹고 일터로 향한다. 우리가 쌀을 씻기 위해 수도꼭지를 돌려 물을 받을 때 물이 분수처럼 위로 향하지는 않는다. 반대로 밥을 짓기 위해 가스레인지를 켤 때 불꽃이 아래로 향하지도 않는다. 불은 위로 향하고 물은 아래로 향하는 속성을 갖고 있다. 노자는 상선(上善)은 불과 같이 위로 향하는 속성을 갖고 있기보다는 물과 같이 아래로 향하는 속성을 갖고 있다고 말한다.

상선약수라는 말은 물의 편재성(遍在性)과도 연관된다. 지구 표면의 70%는 바다이고, 우리 몸의 대부분도 물로 이루어져 있으며, 아무리 건조한 날에도 습도가 0이 되지는 않는다. 물은 우리 주위의 어디에나 있고, 우리 몸속에도 있다. 물은 항상 낮은 곳으로 향하지만 백두산 천지에도 있고, 히말라야 꼭대기에도 있다.

《장자》 외편의 〈지북유(知北遊)〉에는 도가 어디에 있는지에 관한 동곽자(東郭子)의 질문과 장자의 대답이 다음과 같이 이어진다.

"소위 도라는 것이 어디에 있습니까?"

"있지 않은 곳이 없다."

"콕 찍어 말씀해 주셔야만 알 수 있겠습니다."

"땅강아지나 개미에게 있다."

"어찌 그렇게 낮은 곳에 있습니까?"

"돌피나 피 따위에 있다."

"어찌 그렇게 더 낮은 곳에 있다고 하십니까?"

"기와나 벽돌에도 있다."

"어찌 더욱 심해지기만 하십니까?"

"똥이나 오줌에도 도는 있다."[45]

우리는 도가 난해한 철학적 사유 속에만 존재한다고 생각하기 쉽지만, 장자는 도가 일상의 모든 곳에 존재한다고 말한다. 일례로 벌집을 보라. 이 세상의 어느 누가 그렇게 정확한 대칭 구조의 집을 정교하게 지을 수 있는가? 우리는 정전(停電)을 유발한다는 이유로 전봇대 위의 까치집을 제거한다. 그런데 강력한 태풍이 불어오면 거대한 교각이 무너지고 인공의 구조물이 날아가기도 하지만 전봇대 위의 까치집은 좀처럼 파괴되지 않는다. 무엇이 그렇게 하고 있는가? 아마도 '스스로 그렇다(自然)'는 표현이 가장 타당할 것이다. 25장에 나오는 "도는 스스로 그러함을 본받는다(道法自然)"는 어구는 이러한 면

45 東郭子問於莊子曰 所謂道 惡乎在? 莊子曰 無所不在 東郭子曰 期而後可 莊子曰 在螻蟻 曰 何其下邪? 曰 在稊稗 曰 何其愈下邪? 曰 在瓦甓 曰 何其愈甚邪? 曰 在屎溺.《莊子》<知北遊>.

을 표현한 것이리라.

"최고의 선은 물과 같다"는 아래로 임하는 물의 성질과 언제 어디에나 존재하는 물의 편재성(遍在性)에 주목한 표현이다. 그 다음에 나오는 "물은 만물을 이롭게 하면서도 다투지 않는다(水善利萬物而不爭)"는 말은 긴 설명을 필요로 하지 않는다. 물 없이 살아갈 수 있는 생명체는 없다. 물은 만물의 생존에 필수적인 물질이며, 만물에 고루 이로움을 준다.

중국 속담에 "인생에는 네 가지 큰 기쁨이 있다(人生四大喜)"는 말이 있다. 중국인들이 인생의 네 가지 큰 기쁨(四大喜)으로 꼽는 것들을 살펴보면 먼저 '동방화촉야(洞房花燭夜)'로 이것은 신혼 첫날의 즐거움 정도로 생각하면 될 듯하다. 두 번째는 '금방제명시(金榜題名時)', 즉 과거 급제자 명단에 자신의 이름이 올랐을 때다. 여기까지는 한국인인 나로서도 쉽게 이해할 수 있다. 그런데 나머지 두 가지는 고개가 좀 갸웃거려지는 내용이다.

세 번째는 '타향우고지(他鄉遇故知)', 즉 타향에서 옛 친구를 만나는 것이다. 이것을 이해하기 위해서는 중국이라는 나라의 공간적 상황에 대한 체험적 이해가 필요하다. 나는 외국의 역사문화 유적지 탐방을 좋아해 비교적 다양한 나라를 여행했다. 개인적인 경험을 말하자면, 유럽을 여행할 때는 한국인을 종종 만날 수 있었다. 2000년대 초반에도 유럽 여행 중에 내가 그전에 지도했던 학생을 만났고, 그 밖에도 종종 한국인을 만나 여행지의 정보를 주고받았다. 유명한 관광지에 가면 한국에 온 것이 아닌가 하는 착각에 빠질 정도였다. 그런데 중국을 여행할 때는 한국인을 상대적으로 적게 만났다. 이는 내가 한국인이 많이 찾는 유명한 관광지보다는 주로 역사 유적지를 중심으로 배낭여행을 했기 때문이기도 하지만, 중국 대륙의 광활함에도 어느 정도는 그 원인이 있다고 생각된다.

나는 산동성의 옌타이(煙臺)에 1년여 머문 적이 있다. 산동성에는 "태산이 높다 하되 하늘 아래 뫼이로다"로 시작되는 양사언(楊士彦)의 시조로 인해 한국 사람들에게 잘 알려진 태산(泰山)이 있다. 이 시조의 영향 때문인지 많은 한국 사람들이 호기심을 갖고 태산에 가보려고 한다. 나도 예외가 아니어서 알고 지내던 중국 사람에게 태산 여행에 관한 정보를 물었다. 그는 태산이 옌타이(煙臺)에서 그리 멀지 않고, 거기에 가는 길도 편리하다고 했다.

지금은 중국 내 교통 상황이 어떤지 모르겠지만 내가 중국에 머무르고 있을 때는 옌타이에 고속철이 연결되지 않았으므로 우리나라의 무궁화호에 해당하는 일반 기차를 이용해 태산이 있는 태안(泰安)으로 이동했다. 내 기억이 정확하다면 태안까지 가는 데 8시간 정도가 걸렸는데, 중국인의 공간 개념으로 그 정도는 가까운 거리였던 것이다. 중국에서 고향을 떠나 타향에서 고향 친구를 만날 확률은 부산이나 전주에서 태어난 사람이 서울이나 인천에서 고향 친구를 만날 확률과 비교할 수 없을 정도로 낮다. 그러니 중국 사람들이 타향에서 옛 친구를 만나는 것을 인생의 커다란 즐거움 중 하나로 꼽는 것이다.

마지막 네 번째 큰 기쁨은 '구한봉감우(久旱逢甘雨)', 즉 오랜 가뭄 끝에 단비를 만나는 것이다. 나만 해도 보릿고개의 기억이 선명하지 않지만, 나이가 지긋한 분들은 보릿고개를 걱정하며 어렵게 살던 시절을 기억하는 경우가 많을 것이다. 옛 사람들에게 보릿고개는 살기가 어려운 정도가 아니라 생사가 좌우되는 시기였다. 특히 흉년의 보릿고개는 심각했다. 흉년의 참상과 관련해 《맹자》의 〈등문공장구상〉에 "노인과 어린아이를 도랑과 골짜기로 굴러 떨어지게 한다(使老稚 轉乎溝壑)"는 표현이 있고, 여러 기록에 식인(食人)을 했다는 내용까지 들어 있는 것을 보면 그 끔찍함이 우리의 상상을 뛰어넘는 것이었음을 알 수 있다. 그런 가뭄 끝에 만난 단비는 이제 살았구나 하는 안도와 희열을 가져다주었을 것이다. 이렇게 물에는 모든 것을 소생시키는 큰 힘이 있다.

그럼에도 불구하고 물은 자기 공로를 내세우지 않고, 사람들이 싫어하는 곳에 처한다. 나만 해도 지위가 높아지고 싶고 남보다 더 높은 곳에 오르고 싶은 욕망이 마음속에 가득하다. 낮은 데로 임한 예수를 본받으라고 설교하는 성직자 가운데 과연 그 가르침을 자신의 실존 속에서 실천하는 사람이 몇이나 될는지 모르겠다. 그런데 물은 아래로 향하고 그 아래가 깨끗한지 더러운지도 가리지 않는다. 더러운 하수구라고 하여 처하지 않으려고 회피하지 않는다. 앞에서 장자가 말했듯이 똥과 오줌에도 도가 있기에 물은 오폐수로 가득한 하수구라고 하여 마다하지 않으니 도에 가깝다.

부처가 구제하려고 한 중생은 어디에 있었을까? 예수가 구원하고 싶어 한 어린 양들이 저 높은 곳에 있었을지 비천한 민초의 모습을 하고 있었을지를 생각해보라. 물은 비천하고 더러운 하수구나 시궁창을 마다하지 않기에 그 흐름은 도에 가깝고, 종교적으로 보면 부처의 모습, 예수의 모습에 가까운 것이다.

그 다음에 이어지는 "거선지 심선연 여선인 언선신 정선치 사선능 동선시(居善地 心善淵 與善仁 言善信 政善治 事善能 動善時)"는 다양한 해석이 가능하다. 김용옥은 '거선지(居善地)'를 다음과 같이 네 가지로 해석할 수 있다고 했다.[46]

46 김용옥, 《노자와 21세기(2)》 (서울: 통나무, 1999), 49쪽.

- 거할 때는 땅을 좋은 것으로 삼고
- 거할 때는 낮은 데 처하기를 잘하고
- 좋은 땅에 거하고
- 거할 때는 땅을 좋게 하고

김용옥도 밝히고 있지만, 네 가지 해석 모두가 나름의 타당성이 있어서 어느 것이 더 정확한 해석인지를 논의하기가 사실상 불가능하다. 앞에서도 언급했지만, 어쩌면 다양한 해석 가능성이 있다는 것이 《도덕경》이라는 텍스트가 지닌 장점일지도 모른다. 다만 한 가지만 언급한다면, 현대 한국어에서 선을 악에 대비되는 명사적 개념으로 이해하는 경향이 있지만 지금도 선용(善用)의 용례에서 알 수 있듯이 선은 무엇을 '잘한다'는 의미의 수식어로 쓰이기도 한다. 더구나 노자는 《도덕경》 2장에서 "모두가 선이 선하다고만 알고 있지만 이것은 불선일 뿐이다(皆知善之爲善 斯不善已)"라고 했듯이 선악의 이분법적 구분을 좋아하지 않는다. 따라서 이 구절에서 선은 악에 대비되는 명사라기보다는 무엇을 잘한다는 의미를 지닌, 동사를 수식하는 부사어로 봐야 한다. 그래서 나는 이 구절을 "거처함에는 땅에 처하기를 잘하고, 마음가짐에는 깊어지기를 잘하고, 더불어 사귐에는 인하기를 잘하고, 말함에는 신뢰로워지기를 잘하고, 정치에는 다스리기를 잘하고, 일에는 능숙해지기를 잘하고, 움직임에는 적절한 시기를 선택하기를 잘한다"로 해석했다. 물은 높은 자리에 오르기 위해 다투거나 깨끗한 곳에만 처하기 위해 다투지 않는다. 그래서 '허물이 없다(故無尤)'.

《논어》〈헌문(憲問)〉 편에는 공자가 "하늘을 원망하지 않고 사람을 탓하지 않으며 아래로는 (인간의 일을) 배우고 위로는 (천리에) 통달했으니 나를 알아주는 이는 하늘일 것이다(不怨天 不尤人 下學而上達 知我者 其天乎)"라고 말하는 장면이 나오는데, 여기에서 불우인(不尤人)의 우(尤)는 '탓한다'는 의미에 가깝다. 그런데 《도덕경》의 '고무우(故無尤)'는 중의적(重義的)이다. 이것은 '다투지 않기에 허물이 없다'로 해석할 수도 있고, '다투지 않기에 남을 탓할 일도 없다'는 의미로 볼 수도 있다.

우리의 일상을 돌아보자. 서로 다른 사람보다 앞서기 위해, 다른 사람보다 높은 위치에 올라가기 위해 경쟁하고 다투기에 시기와 질투가 일어나고, 서로를 헐뜯고 비방하는 일도 생기며, 자신이 중상과 비방의 대상이 되기도 한다. 물과 같이 만물을 다 이롭게 하지만 다투지 않고, 그러면서도 낮은 곳, 더러운 곳도 사양하지 않는다면 무슨 허물이 있겠으며, 누구를 탓하겠는가?

9장

날카롭게 벼린 칼날은 오래가지 못한다

지니고 채우려는 것은 그만두는 것만 못하다. 쇠를 불려 날카롭게 하면 오래 보존할 수 없다. 금과 옥이 집을 가득 채우면 그것을 능히 지켜낼 수 없다. 부귀하나 교만하면 스스로 자신의 허물을 남긴다. 공이 이루어지면 몸은 물러나는 것이 하늘의 도이다.

持而盈之 不如其已 揣而銳之 不可長保 金玉滿堂 莫之能守
지이영지 불여기이 취이예지 불가장보 금옥만당 막지능수
富貴而驕 自遺其咎 功遂身退 天之道
부귀이교 자유기구 공수신퇴 천지도

첫 구절 “지이영지 불여기이(持而盈之 不如其已)”는 지니고서 또 채우려고 하는 것은 멈추는 것만 같지 못하다는 뜻이다. 비움이 없는 극단적 축적의 욕망이 부작용을 불러오는 사례를 우리는 쉽게 찾을 수 있다. 나를 포함해 많은 사람이 충분히 소유하고도 또 축적하고자 한다. 더 많이 쌓으려고 하는 과정에서 탈법적 행위를 저지르다가 허물을 남기기도 하고, 《주역(周易)》에 나오는 ‘극즉반(極則反)’이 의미하는 것처럼 지나친 욕망 탓에 오히려 축적한 것이 허물어지기도 한다.

노자는 근본적으로 극단적 상황을 부정적으로 인식한다. 이 구절의 영(盈)은 무엇인가를 이미 채운 상태가 아니라 계속 채우려고 하는 상황이나 가득 차서 넘치는 상황을 표현한 것으로 봐야 한다. 그릇에 물을 반쯤 채운 상태가 아니라 그릇에 물을 채우고도 축적의 욕망으로 더 채우려고 해서 물이 흘러넘치는 상황을 가리키는 것이다. 상식적으로도 그릇에 물을 4분의 3 정도만 채우고 나머지 4분의 1은 비워 두는 것이 그릇을 완전히 채우고도 계속 물을 더 붓는 상황보다 낫다. 그런데 대다수 인간의 욕망은 이런 상식과 다르게 작동한다. 더 많은 재화, 더 큰 권력, 더 높은 지위를 탐하기를 멈추지 않기에 조금의 여백도 허용하지 않는다. 그러나 가득 채우려는 것은 적절하게 비워 두는 것만 못하다.

중국의 타이위안(太原)과 핑야오(平遙) 사이에는 청나라 때 콩국을 팔아 돈을 벌기 시작해 상업금융 자본가로 부호가 된 교치용(喬致庸)의 대저택이 있다. 교씨(喬氏) 일가가 지은 대저택이라는 의미의 ‘교가대원(喬家大院)’이다. 교가대원에는 교씨 집안의 가훈이 적힌 기념품을 파는 상점이 있다. 내가 거기에서 본 교씨 일가의 가훈은 상당히 길었는데, 그 첫 구절은 “만족을 아는 자는 하늘도 가난하게 할 수 없고, 욕됨을 견디는 자에게는 하늘도 화를 내릴 수 없다(能知足者 天不能貧 能忍辱者 天不能禍)"였다. 교씨 일가가 실제로 만족을 아는 지족자(知足者)인 동시에 욕됨을 견디어내는 인욕자(忍辱者)였는지는 알 수 없으나, 그 가훈은 재벌가의 부유한 후손이 무엇을 경계해야 하는지에 관해 시사하는 바가 많다.

《도덕경》의 이 구절에 대해 나는 주로 물질적 욕망과 축적에 대한 경계로 설명했지만, 김형효가 주장하듯이 여기에서 '지니고 채우려는 것'은 물질적 소유와 지배와 관련된 것만이 아니라 정신적 소유와 지배와 관련된 것까지를 포함한다.[47] 많이 갖고자 하는 물질적 소유욕뿐만 아니라 남보다 더 많이 알고자 하는 지식욕과 타인의 의지를 나의 의지로 강제하고자 하는 지배욕까지도 경계하는 말이다. 조금의 비움(虛)도 없이 가득 채우려고만 하는 욕망은 결국 허물을 남긴다는 것이다.

한정된 자원에 의존하는 현실 세계에서 나의 과잉은 누군가의 결핍을 초래한다는 자명한 이치를 이해한다면 채우려고만 하는 인간의 욕망에 내포된 공격성과 위험성을 쉽게 알 수 있을 것이다. 나는 노자가 여기에서 현실 세계의 이러한 특성을 지적한 것이라고 생각한다.

"취이예지 불가장보(揣而銳之 不可長保)"에서 취(揣)는 '헤아린다', '불린다(금속을 단련한다)' 등의 의미를 갖고 있다. 이 구절은 "헤아림으로 생각을 날카롭게 하면 길게 보존할 수 없다"로 풀이할 수도 있지만, "금속을 불려 날카롭게 하

---

47 김형효, 《사유하는 도덕경》 (서울: 소나무, 2004), 123쪽.

면 길게 보존할 수 없다"로 해석하는 것이 더 간명하고 노자의 본의에 가깝다고 나는 생각한다.

우리가 생고기에 열을 가해 익힐 수는 있어도 익힌 고기를 냉동고에 넣어 열을 빼앗는다고 해서 생고기로 환원시킬 수는 없다. 모든 자발적 반응은 비가역적이다. 이것이 우주의 엔트로피는 감소하지 않는다는 엔트로피의 법칙이다. 날카롭게 벼린 칼날은 자연스럽게 무뎌지기 마련이지만 무뎌진 칼날이 자연히 날카로워지지는 않는다.

칼날뿐이겠는가? 우리는 젊은 시절에 이상의 순수성에 집착하곤 한다. 그러나 나이가 들어가며 그러한 집착에서 벗어나 조금씩 여유를 찾아간다. 물론 그것이 현실과의 타협이라고 해석될 여지도 있지만, 나와 타인의 사유에 대한 너그러움(寬)으로 나아가는 것이기도 하다. 이 구절은 날카롭게 벼린 칼날 같은 극단은 장기적으로 지속되기 어려움을 강조한 말이다.

"금옥만당 막지능수(金玉滿堂 莫之能守)"라는 구절은 "금과 옥이 집을 가득 채우면 그것을 능히 지켜낼 수 없다"는 뜻이다. 앞의 구절과 이 구절에서 영지(盈之), 예지(銳之), 만당(滿堂)은 모두 극단적 소유욕과 지배욕으로 가득 찬 상황을 가리킨다. 그것은 빔이 없는 무허(無虛)의 상태를 의미한다. 무허의 극단적 상황은 《도덕경》 23장의 "회오리바람이 한나절을 지속할 수 없고 억수같이 쏟아지는 소나기는 하루를 다하지 못한다(飄風不終朝 驟雨不終日)"는 구절이 상징하는 것처럼 지속될 수 없다. 극단적 상황은 장구할 수 없음이 세상의 이치인데, 인간의 욕망은 조금의 여백도 없이 채우고(盈之), 날카롭게 하고(銳之), 집안을 재화로 가득 채우는(滿堂) 길로 치닫는다. 노자는 극단적 소유욕과 지배욕은 자연의 도와 어긋나기에 오래 지속될 수 없음을 다양한 상징과 표현을 통해 강조한다.

“부귀와 교만은 병행하는 경우가 많다(富貴而驕 自遺其咎)”고 노자는 말한다. 왜 부귀하면 교만해지는가? 경제적 부와 사회적 지위 자체가 타인과의 비교를 통해 성립되는 것이기 때문이다. 다른 사람과의 비교가 부(富)와 귀(貴)라는 생각을 일으킨다. 부귀한 자가 ‘나는 다른 사람보다 부하고 귀하다’는 생각을 갖게 되는 순간 교만한 마음이 필연적으로 배태된다. 그러한 비교는 우월의식을 낳고, 우월의식은 다시 타인에 대한 지배의 욕망을 불러일으킨다. 이 지배욕이 교만과 허물을 초래하는 것이다. 그래서 세상 사람들은 지배욕으로 가득 찬 부유하면서 교만한 자들을 부러워하면서도 그들의 몰락에 미소 짓는다.

노자는 앞의 2장에서 “난이는 서로를 이루어주며 장단은 서로를 형성시킨다(難易相成 長短相形)”고 말했다. 난이와 장단만 그러한 것이 아니라 빈부와 귀천도 마찬가지다. 누군가의 부유함은 다른 누군가의 빈곤함에 기반하고, 누군가의 존귀함은 다른 누군가의 비천함에 기반한다. 대부분의 사회는 경제적으로 빈천(貧賤)한 수많은 사람들로 이루어진 하부구조 위에 소수 부귀자(富貴者)들의 상부구조가 얹혀 있는 형태다. 부귀한 사람들이 사회적 약자에게 관심을 가져야 하는 것은 그들의 부귀함이 사회적 약자의 빈천함에 기반하고 있기 때문이다. 부귀한 자들이 사회적 약자에 대해 무관심하거나 교만한 태도로 멸시하는 것은 자신의 존재기반을 서서히 잠식하는 행위가 될 수 있다.

“공수신퇴 천지도(功遂身退 天之道)”라는 구절은 “공이 이루어지면 몸은 물러나는 것이 하늘의 도”라는 뜻이다. 이는 앞의 2장에 나오는 구절 “공이 이루어져도 그 성공에 머무르려 하지 않는다. 그 성공의 열매에 머물려 하지 않기에 버려지지 않는다."(功成而不居 夫唯不居 是以不去)를 연상시킨다. 2장에서 나는 한나라 건국 공신 중 한 사람인 장량의 사례를 들어 "자신의 공에 집착하지 않기에 버려지지 않는다"는 말이 무엇을 의미하는지를 설명한 바 있다. 도(道)는 만물을 생성하지만 소유하려 하지 않고, 자신이 만물을 낳고 기르며 운영한다고 공을 내세우지 않는다. 그것이 바로 '하늘의 도(天道)'다.

집착은 허물을 남긴다. 이형기 시인은 〈낙화〉라는 시에서 "가야 할 때가 언제인가를 분명히 알고 가는 이의 뒷모습은 얼마나 아름다운가"라고 노래했다.

10장

유무와 음양을 하나로 껴안다

혼백을 싣고 하나로 껴안아 능히 분리되지 않게 할 수 있는가? 기를 집중하여 부드러움에 이르러 어린아이처럼 될 수 있는가? 마음의 거울을 닦아 티 없이 할 수 있는가? 백성을 사랑하고 나라를 다스림에 무위로써 할 수 있는가? 천문을 열고 닫음에 능히 암컷처럼 할 수 있는가? 사방으로 밝게 통달하되 스스로는 앎이 없다 여길 수 있는가? 낳고 기르지만 낳으면서도 소유하지 않고, 일을 하지만 자랑하지 않으며, 자라게 하지만 지배하지 않으니 이것을 일러 그윽한 덕이라 한다.

載營魄抱一 能無離乎 專氣致柔 能嬰兒乎 滌除玄覽 能無疵乎
재영백포일 능무이호 전기치유 능영아호 척제현람 능무자호
愛民治國 能無爲乎 天門開闔 能爲雌乎 明白四達 能無知乎
애민치국 능무위호 천문개합 능위자호 명백사달 능무지호
生之畜之[48] 生而不有 爲而不恃 長而不宰 是謂玄德
생지축지 생이불유 위이불시 장이부재 시위현덕

10장은 상징적, 비유적 표현이 많아 해석하기가 쉽지 않은 장 가운데 하나다. 먼저 '영백(營魄)'을 무엇으로 볼 것인가의 문제에 직면하게 된다. 이것을 중국의 소자유(蘇子由), 이식재(李息齋), 여길보(呂吉甫) 등은 혼백으로 풀이했고, 한국의 김형효, 김용옥, 장일순 등도 혼백의 의미로 읽는다. 그럼 혼(魂)과 백(魄)은 어떻게 다른가? 소자유가 "백은 물(物)이 되고 혼은 신(神)이 된다(魄爲物 魂爲神)"고 했듯이 혼은 정신을 다스리는 넋이고 백은 육체를 다스리는 넋이라고 할 수 있다.

우리가 사용하는 혼비백산(魂飛魄散)이라는 말도 정신적 넋은 하늘로 날아가고 육체적 넋은 흙 속으로 흩어진다는 의미를 담고 있다. 그럼 "혼백을 싣고 하나로 껴안아 능히 분리되지 않게 할 수 있는가(載營魄抱一 能無離乎)"를 어떻게 풀이해야 할까? 우리말에 '넋이 빠졌다', '넋이 나갔다' 등의 표현이 있는데, 혼과 백이 모두 빠져나간 상태를 죽음이라고 한다면 혼이나 백 가운데 하나가 빠져나간 상태는 '넋이 빠졌다'고 표현할 수 있을 것이다. 따라서 이 구절은 "정신적 혼과 육체적 백이 온전하게 한 몸에 실려 하나로 포용되고 서로 떠나지 않게 할 수 있는가"라는 의미로 풀이할 수 있다.

우리는 1장에서 "유욕과 무욕이 함께 나왔지만 이름을 달리한다(此兩者同出而異名)"는 구절을 살펴보았다. 유욕과 무욕이 분리되어 각각의 이름을 갖기 전에는 그 둘이 하나로 포괄되어 유욕으로도, 무욕으로도 변화할 수 있는 가

---

48 '生之畜之(생지축지)'에서 畜의 독음을 '기를 휵'으로 해야 한다는 견해도 있지만, 자전을 보면 畜 자에 '쌓을 축' 외에 '기를 축'이라는 의미도 있기에 '축'으로 읽었다.

능성을 품고 있다. '재영백포일(載營魄抱一)'은 영백(營魄)이 하나로 포괄되어 개별자로 분리되지 않고 있으며 무엇으로도 변화할 수 있는 가능성을 지니고 있는 상태를 가리킨다.

그렇다면 그 다음에 나오는 '전기(專氣)'도 다양한 가능성을 지니고 있으면서 다양한 방향으로 발산하는 기를 포괄한다는 의미로 읽어야 할 것이다. 이것은 도가 다양한 가능성을 두루 머금고 있음을 가리키는 표현으로 볼 수 있다. 그리고 그 상태는 부드러우면서도 성적으로 아직 음양으로 화(化)하기 전의 가능태인 영아(嬰兒)의 모습에 비견될 수 있기에 "어린아이처럼 될 수 있는가(能嬰兒乎)"라고 한 것이다.

이어지는 "척제현람 능무자호(滌除玄覽 能無疵乎)"에서 '현람(玄覽)'은 '마음의 거울'이나 '오묘한 거울'로 옮길 수 있다. 따라서 이 구절은 현람을 세척(洗滌)하고 소제(掃除)하여 티 없이 할 수 있느냐고 묻는 것이다. 성철스님의 법어 중에 "산은 산이고 물은 물이다"라는 말이 있다. 깨끗한 마음의 거울에는 산은 산으로, 물은 물로 비칠 것이다. 그런데 우리는 세파에 시달리며 순수한 본래의 마음을 잃어간다. 그래서 산을 보고 거기에 전원주택을 지어 팔면 돈을 벌 수 있겠다고 생각하게 되고, 물을 보고 그 근처에 음식점을 세우면 장사가 잘되겠다고 생각하게 된다. 나는 내 마음을 순수하고 깨끗한 상태로 유지하고 있을까? 이 구절은 스스로를 반성하게 만든다.

"애민치국 능무위호(愛民治國 能無爲乎)"는 《도덕경》이 지배계층을 주요 독자층으로 해서 쓰인 서물임을 다시금 실감하게 하는 구절이다. 《도덕경》의 저작연대를 정확하게 특정하기는 어렵지만, 전국시대의 분묘에서 《도덕경》과 유사한 문서들이 출토된 것으로 보아 《도덕경》은 전국시대 이전에 쓰인 것으로 추정된다고 앞에서 밝힌 바 있다. 5패7웅(五覇七雄)이 패권을 다툰 춘추전국시대에 제후들이 추구한 것은 결국 영토 확장과 인구 증가였다. 그리고 부국강병을 추구하는 제후들에 대한 정책적 조언의 과정에서 제자백가(諸子百家)가 등장했다는 것은 잘 알려진 사실이다.

《맹자》〈양혜왕장구상(梁惠王章句上)〉 편에서 양혜왕[49]이 맹자에게 "천리를 멀다 하지 않고 찾아오셨으니 앞으로 이 나라를 어떻게 이롭게 해주시겠습니까?"라고 물은 것도 위(魏)나라를 어떻게 경제적으로 부유하고 군사적으로 강한 나라로 만들어주겠느냐고 물은 것과 다르지 않다. 맹자는 양혜왕에게 "왜 왕께서는 하필이면 이로움을 말하십니까?"라고 반문하고 "오직 인(仁)과 의(義)가 있을 뿐"[50]이라고 대답한다.

맹자의 이 말은 뜬구름 잡는 소리였을 뿐이고 당연히 받아들여지지 않았다. 당시 제후들에게 가장 설득력이 있는 정책 방안은 전쟁을 통한 영토 확장, 그리고 법을 통한 강력한 중앙 집권과 주민 통제였을 것이다. 대부분의 제후들은 강력한 중앙 집권을 통한 국민 무장과 법을 통한 지배권 확립이 필요하다고 생각했다. 그러나 노자는 그렇게 해서 끊임없이 전쟁을 일삼는

---

49 원래는 전국시대 위(魏)나라의 혜왕, 즉 위혜왕(魏惠王)이었다. 위혜왕이 진(秦)나라에 패해 수도를 안읍(安邑)에서 대량(大梁)으로 옮긴 뒤에 위나라는 양(梁)나라로, 위혜왕은 양혜왕(梁惠王)으로도 불리게 된다.

50 孟子見梁惠王 王曰 叟不遠千里而來 亦將有以利吾國乎 孟子對曰 王何必曰利 亦有仁義而已矣. 《孟子》<梁惠王章句上>.

제후들에게 무위(無爲)하라고 요구했다.

노자가 말한 무위가 단지 아무것도 하지 않는 태도를 가리키는 것이 아님은 굳이 설명할 필요도 없다. 노자의 무위는 역사적 맥락에서 이해돼야 한다. 당시에 그것은 적극적 반전평화의 메시지이자 지배층의 사적 욕망에 기반한 작위적 통치행위에 대한 비판의 메시지였다.

그 다음에 나오는 "천문개합 능위자호(天門開闔 能爲雌乎)"는 무슨 의미일까? 나는 이 구절을 단순하게 읽을 필요가 있다고 생각한다. 천문(天門)은 여성 성기의 상징이다. 나는 이 구절을 "하늘의 문을 열고 닫음에 능히 암컷처럼 수동적으로 할 수 있는가"라는 의미로 읽는다.

남성성은 대개 공격적, 적극적이다. 능동적, 인위적으로 조작하려 하고 타인의 의사에 반해서까지 자기 욕망을 추구하려 한다. 그러나 일반적으로 여성성은 수동적이고 자신의 의사를 타인에게 강요하지 않는다. 자연은 유위의 욕망을 개입시켜 뭔가를 억지로 추구하고자 하지 않기에 적극적, 공격적 남성성보다는 부득이하여 행하는 수동적 여성성에 가깝다.

노자는 뒤의 31장에서 "군대라는 것은 상서롭지 못한 도구이고, 군자가 다룰 만한 도구가 아니다. 부득이하여(어쩔 수 없이) 그것을 사용한다고 하더라도 고요하고 담담함을 지키는 것이 상책이다(兵者 不祥之器 非君子之器 不得已而用之 恬澹爲上)"라고 서술한다. '암컷처럼 한다'는 말을 군사의 일에 적용하여 설명한다면, 군사력을 사용하는 일에서는 어쩔 수 없는 상황에서 부득이하여 사용하는 것이 바로 암컷처럼 하는 것이다.

미국은 1964년 8월 2일과 4일 두 차례에 걸쳐 통킹만에서 북베트남군이 미국 구축함을 공격해서 미군이 이를 격퇴했다고 당시에 주장했다. 이것이 이른바 통킹만 사건으로 미국이 베트남전에 참전하는 이유가 됐지만, 이는 후에 미국의 조작으로 밝혀졌다. 미국은 베트남을 침공하고 싶었을 것이다. 그런데 마땅한 명분이 없었다. 그래서 미국은 통킹만 사건을 조작해 명분을 만들고 베트남과의 전쟁에 돌입했다. 미국은 베트남 내전 개입에 적극적이었기에 어떻게 해서라도 전쟁을 시작하고자 했던 것이다. 미국의 베트남전 참전은 부득이하여 전쟁에 끌려들어간 것이 아니기에 노자의 표현대로 암컷처럼 전쟁의 문을 열었다고 볼 수 없다.

1937년 7월 7일에 야간훈련 중이던 일본군 중대에서 몇 차례 총소리가 들리고 일본군 병사 1명이 행방불명됐다. 이것이 바로 중일전쟁의 발단이 된 '노구교(盧溝橋) 사건'이다. 이 사건은 아직까지도 그 실체가 무엇인지를 놓고 논쟁이 진행되고 있지만, 제국주의 일본의 전쟁 구실이 어떠한 것이었는지를 여실히 보여준다. 설령 일본 측의 주장이 사실이라고 할지라도 그것이 8년여 간이나 지속된 중일전쟁의 구실이 될 만큼 심각한 사건이었다고는 보기 어렵다. 일본은 노구교 사건을 해결하기 위한 협상 도중에 최초의 입장과 달리 전면적 파병과 전쟁을 결정했다. '노구교 사건'이 없었다면 중일전쟁이 일어나지 않았을까? 일본 제국주의의 역사를 아는 사람들은 대부분 이 질문에 회의적인 답변을 내놓을 것이다.

이 두 사례에서 미국과 일본은 적극적으로 전쟁을 원하고 있었다. 두 경우 모두 부득이하여 전쟁을 시작한 것이라고 볼 수 없다. "능히 암컷처럼 할 수 있겠는가(能爲雌乎)?"라는 물음이 함축하는 방향과는 정반대에 가까운 태도였다.

우리는 앞의 6장에서 "골짜기의 신은 죽지 않는다. 이것을 일러 현묘한 암컷이라고 한다(谷神不死 是謂玄牝)"라는 표현을 보았다. 《도덕경》에서 설명되는 도의 모습은 능동적, 적극적인 남성성보다 피동적, 소극적인 여성성에 가깝다.

"사방으로 밝게 통달하되 스스로는 앎이 없다 여길 수 있는가(明白四達 能無知乎)"라는 구절 역시 다양한 해석이 가능하며, 무엇이 올바른 해석이라고 잘라 말하기 어렵다. 나는 이 구절이 사방으로 밝게 통달하여 모든 것을 밝게 비추지만 자신이 무엇을 안다고 뽐내거나 내세우지 않는 모습을 그린 것이라고 생각한다. 대자연이 동토(凍土)에서 봄꽃을 피웠다고 자신을 내세우는가? 나부터도 알고 있는 것을 말하고 싶어 참지 못하는 경우가 허다하고 많은 사람들이 자신의 지식을 자랑하지 못해 안달이다. 하지만 정작 인간의 지식은 지엽적인 것에 불과한 경우가 많다. 그런데 도는 사방을 고루 비추면서도 자신이 무엇을 안다고 내세우지 않는다.

"낳고 기르지만 낳으면서도 소유하지 않는다(生之畜之 生而不有)"는 구절은 《맹자》의 〈이루장구상(離婁章句上)〉에 나오는 "옛사람들은 자식을 바꾸어서 가르쳤다(古者易子而敎之)"는 말을 떠올리게 한다. 아비가 자식을 가르치면서 자칫 의를 상할 수 있기 때문이라고 그 이유도 서술돼 있다. 나부터도 자식에게 객관적일 수 없고, 자식에 대한 기대치가 크기도 하려니와 자식을 소유물처럼 생각하는 경향이 없지 않다. 대다수의 부모가 마찬가지일 것이다. 하물며 타인에게 선의를 베푸는 경우는 말할 필요조차 없다.

그런데 자연은 봄꽃을 피웠다고, 가을에 결실을 가져다주었다고 스스로 공을 내세우지 않고, 겨울에 나뭇잎을 떨구면서도 스스로 잔인하다고 여기지 않는다. 그것이 자연과 도의 여여(如如)한 모습이다. 그런 자연과 도의 덕은 한마디로 정의하기가 쉽지 않지만 굳이 그 이름을 짓는다면 '그윽하고 오묘한 덕'이라고 할 수 있다.

11장

비어 있기에 쓸모가 있다

서른 개의 바퀴살이 하나의 바퀴통에 모인다. 그 바퀴통의 무(비어 있음)에 수레의 쓰임이 있다. 진흙을 빚어 그릇을 만듦에 그 무(비어 있음)에 그릇의 쓰임이 있다. 문과 창을 뚫어 방을 만듦에 그 무(비어 있음)에 방의 쓰임이 있다. 그러므로 유(有)가 이로움이 되는 것은 무(無)가 쓰임이 되기 때문이다(무가 쓸모가 있기 때문이다).

三十輻共一轂 當其無有車之用 埏埴以爲器 當其無有器之用
삼십복공일곡 당기무유거지용 선식이위기 당기무유기지용
鑿戶牖以爲室 當其無有室之用 故有之以爲利 無之以爲用
착호유이위실 당기무유실지용 고유지이위리 무지이위용

노자는 《도덕경》 2장에서 "유무는 서로를 생성하고, 난이는 서로를 이루어주고, 장단은 서로를 형성시키고, 고하는 서로 기울고, (인간의 소리와 자연의 소리인) 음성은 서로 조화를 이루고, 전후는 서로를 뒤따른다(有無相生 難易相成 長短相形 高下相傾 音聲相和 前後相隨)"라고 했다. 11장은 2장의 '유무상생(有無相生)'을 실제 사물을 예로 들어 자세히 설명한다는 느낌을 준다.

중국 서안(西安)에 있는 병마용 박물관에 가면 "서른 개의 바퀴살이 하나의 바퀴통에 모인다"는 표현이 무엇을 의미하는지를 알려주는 수레바퀴를 볼 수 있다. 내가 병마용 박물관을 방문했을 때 정확히 30개의 바퀴살이 하나의 바퀴통에 박혀 있는 수레바퀴를 육안으로 확인할 수 있었다. 노자는 실생활에 사용되는 수레바퀴를 정확하게 관찰하고 그것을 가지고 자신의 사유를 펼친 것이다.

예전에 내가 초등학교에 다닐 때만 해도 거리에서 손수레를 쉽게 볼 수 있었으므로 지금 나이 든 세대는 이 표현이 무엇을 의미하는지를 짐작할 수 있을 것이다. 그러나 요즘에는 손수레가 거리에서 쉽게 볼 수 없는 물건이 됐다. 대신 자전거는 지금도 주변에서 쉽게 볼 수 있으니 자전거의 바퀴살을 떠올려보라. 자전거의 바퀴살이 몇 개인지는 모르겠지만 모두가 중앙에 있는 하나의 바퀴통(一轂)에 모일 것이다. 그런데 그 바퀴살이 하나의 바퀴통에 모여 박히기 위해서는 바퀴통 안이 비어 있어야 한다. 바퀴통 안이 비어 있지 않으면 거기에 바퀴살이 박힐 수 없다. 바퀴살이라는 유(有)가 이로움이 되는 것은 바퀴통 안이 비어 있기(無 또는 虛) 때문이다.

이 장의 나머지 구절들도 모두 유와 무의 관계를 설명하고 있다. 도자기를 굽는 도공이 고령토 덩어리를 그 안에 빈 공간 없이 그대로 구워낸다면 그것은 흙덩어리일 뿐 쓸모 있는 그릇이 될 수 없다. 그릇이 그릇으로서 쓸모가 있으려면 내부가 비어 있어야 한다.

집을 짓는 건축가가 방 안을 시멘트로 가득 채운다면 그것을 방이라고 할 수 있을까? 사람들은 대개 무엇인가를 끊임없이 채우고 축적하고자 한다. 맛있는 음식을 보면 많은 사람이 위를 가득 채울 때까지 식탐을 멈추지 않는데, 그러한 습관이 건강에 좋을 리가 없다.

자본주의 사회에 사는 사람들은 대부분 축적을 멈추지 않지만, 누군가의 과잉은 다른 누군가의 결핍을 의미한다. 자본주의 사회의 속성상 축적이 불가피하다면 기부와 같이 축적한 것을 비워내는 행위가 사회를 건강하게 만든다. 그런데 현실적으로 개인적 기부나 자비심에만 기댈 수 없기에 많이 채운 사람들에게 비울 수 있도록 누진세를 강화하고 사치품에 대해 고율의 특별소비세를 부과하는 등 조세제도를 정비해 사회적으로 비울 수 있는 방법을 제도화하는 것이다.

우리 사회에 채움과 경제적 자유가 없는 것이 문제가 되고 있는지, 비움과 여유가 없는 것이 문제가 되고 있는지를 성찰해봐야 할 때다. 수십억, 수백억의 재산을 가진 정치인들이 더 많이 축적하기 위해 부정을 저지르고 공권력을 사적 이익 추구에 남용하는 세태를 보면서 우리 사회에 필요한 가치가 무엇인지를 고민하지 않을 수 없다.

그런데 여기에서 주의해야 할 점이 있다. 그렇다면 노자는 무(無)를 중시한 것인가? 그렇지는 않다. 바퀴통 안의 비어 있음이 바퀴살의 유(有)와 동행하기에 바퀴가 바퀴로 기능할 수 있고, 그릇 안의 비어 있음이 그릇의 형태라는 유(有)와 동행하기에 그릇이 그릇으로 존재할 수 있으며, 방 안의 비어 있음이

방을 둘러싼 벽이라는 유(有)와 동행하기에 방이 방으로 사용될 수 있다.

《도덕경》은 얼핏 보면 무(無)를 상대적으로 중시하는 것처럼 보이지만, 그것은 많은 사람들이 유(有)에 집착하므로 그런 태도의 문제점을 깨우쳐 주기 위한 방편에 가깝다. 《도덕경》은 오히려 유와 무가 서로 깊이 관련됨을 강조한다. 노자는 무(無)만을 귀하게 여기는 귀무론(貴無論)의 철학자가 아니다. 노자는 유무(有無)가 서로 깊이 관련됨을 끊임없이 강조하는데, 이는 11장에서도 마찬가지다.

나는 앞에서 창조주가 하나의 실체라면 그 실체는 또 다른 원인자를 필요로 한다고 말한 바 있다. 피조물이 없는 창조주 역시 바퀴통 안의 빔이 없는 바퀴살에 지나지 않을 수 있다. 우리가 상상하는 창조주는 홀로 존재하는 제1의 원인자이기 쉽지만, 노자의 세계관에는 그러한 제1의 원인자가 존재할 수 없다. 피조물이 없는 상태에서 창조주가 무슨 의미가 있겠는가? 노자의 세계관으로 보면 창조주과 피조물은 유무상생(有無相生)이라는 말처럼 서로를 존재근거로 필요로 하는 대대적(對待的) 존재일 뿐이다.

12장

외부의 자극이 사람을 미치게 한다

여러 가지 화려한 색깔이 사람의 눈을 멀게 하고, 여러 가지 아름다운 소리가 사람의 귀를 먹게 하며, 여러 가지 맛이 사람의 입을 상하게 하고, 말 달리는 사냥질이 사람의 마음을 발광(發狂)하도록 하며, 얻기 어려운 재화가 사람의 자연스러운 행동을 방해한다. 이 때문에 성인들은 배를 위하지 눈을 위하지 않는다. 그러므로 저것을 버리고 이것을 취한다.

五色令人目盲 五音令人耳聾 五味令人口爽 馳騁畋獵令人心發狂
오색영인목맹 오음영인이농 오미영인구상 치빙전렵영인심발광
難得之貨令人行妨 是以聖人爲腹不爲目 故去彼取此
난득지화영인행방 시이성인위복불위목 고거피취차

나는 이 장의 오색(五色), 오음(五音), 오미(五味), 치빙전렵(馳騁畋獵, 말 달리며 하는 사냥)을 모두 강한 감각적 자극으로 이해한다. 강한 감각적 자극에 빠지면 제대로 볼 수도, 바르게 들을 수도 없게 되며, 담백하고 청정한 입맛을 잃게 된다. 시각적, 청각적, 미각적 자극은 무한정 확장된다. 그래서 일단 자극에 빠지면 더 강한 자극을 찾게 되고, 그러다가 마침내 평상심을 잃게 된다.

사람들은 집에서 조미료를 넣지 않고 만든 음식은 맛이 없게 느껴져 맛집을 찾아 나선다. 더 맛있는 집, 더 새로운 음식을 찾지만, 맛집의 음식은 더 자극적인 조미료와 향신료로 맛을 낸 것에 지나지 않는 경우가 많다. 그 맛에 길들여지는 순간 우리는 음식 본래의 담백하고 순수한 맛을 더 이상 느끼지 못하게 된다. 화려하고 자극적인 빛깔과 소리에 마음을 빼앗기는 순간 우리는 내면의 순수함을 잃고 더 말초적인 자극만을 탐하게 된다.

그래서 나는 "여러 가지 화려한 색깔이 사람의 눈을 멀게 하고, 여러 가지 아름다운 소리가 사람의 귀를 먹게 한다(五色令人目盲 五音令人耳聾)"는 구절을 외부의 화려한 시각적 자극에 탐닉하면 자기 내면을 볼 수 없게 되고, 외부의 청각적 자극에 탐닉하면 자기 내면의 소리를 들을 수 없게 됨을 비유적으로 눈이 멀고 귀가 먹게 된다고 표현한 것으로 이해한다.

곰곰이 생각해보자. TV의 현란한 쇼 프로그램이나 예능 프로그램을 보면서 자기 내면을 돌아보고 성찰하게 되는가? 우리는 TV의 예능 프로그램을 보면서 감각적 자극에 취해 시간을 흘려보내고, 더 재미있는 예능 프로그램을 찾아 채널을 돌려대기 바쁘다. 그러면서 알게 모르게 TV 속의 옷차림과 삶의 방식을 모방한다. 또한 '당신이 사는 집이 당신을 말해준다'와 같은 물신주의적 광고에 세뇌되어 간다. 결국은 "돈을 벌어 좋은 집에 살면 인격도 자연히 올라가니 당신의 내면에는 신경쓰지 않아도 된다"는 말에 지나지 않는 그러한 광고를 보면서 우리는 감각적 욕망을 더 잘 충족시켜 줄 수 있는 것을 찾아 헤매게 된다.

우리말의 "욕심이 눈을 가린다"는 표현도 외부적 욕망 추구가 올바른 판단을 방해하는 상황을 가리킨다. 《논어》의 〈양화(陽貨)〉 편에는 다음과 같은 구절이 있다.

> (부귀를) 얻기 전에는 얻을 것을 걱정하고 이미 (부귀를) 얻고 나서는 잃을까 걱정하니 만일 잃을 것을 걱정하면 이르지 아니하는 바가 없게 된다(못할 짓이 없게 된다).
> 其未得之也 患得之 旣得之 患失之 苟患失之 無所不至矣

이 구절에 대한 주희의 주석은 간명하면서도 그 핵심을 말하고 있기에 직접 인용해 본다.

> 하씨가 말하기를 얻을 것을 걱정한다고 함은 얻을 수 없을까봐 걱정하는 것을 말한다. 작게는 등창을 빨고 치질을 핥으며, 크게는 아비와 임금을 시해함이 모두 잃을까봐 걱정하는 데서 생기는 것일 뿐이다.
> 何氏曰 患得之 謂患不能得之 小則吮癰舐痔 大則弑父與君 皆生於患失而已

온라인상에서 누구를 '빨아댄다'는 표현을 보게 되는데, 나는 그런 표현을 볼 때마다 주희의 이 주석을 떠올린다. 부귀와 같은 외부의 욕망 대상에 매몰되는 순간 우리는 올바른 판단을 내리는 데 필요한 눈과 귀를 잃게 되고, 정상적인 판단으로는 차마 하지 못할 일도 부끄러움 없이 하게 된다.

지금은 다양한 오락과 유흥 수단이 있지만 과거에는 그런 것이 그리 많지 않았을 것이다. 과거에 가장 자극적인 놀이 가운데 하나가 사냥이었다. 나는 앞에서 《도덕경》이 당시의 지배계층을 대상으로 하여 쓰인 서물이라고 밝힌 바 있다. 당시의 지배계층이 먹을 것이 없고 입을 옷이 없어서 식량과 가죽을 얻기 위해 사냥을 하지는 않았을 것이다.

재미 삼아 던진 돌에 개구리는 맞아 죽는다고 한다. 당시의 지배계층은 재미를 위해 말을 달리며 사냥을 했겠지만, 동물의 입장에서 사냥 대상이 되는 것은 생사가 걸린 문제였기에 필사적으로 도망하며 피했을 것이다. 말을 타고 그런 짐승을 쫓으며 활을 쏘아 잡는 사냥은 극도의 속도감을 느끼며 즐기는 당시 최고의 유흥 중 하나였으리라. 노자의 눈에 그것은 생존을 위한 불가피한 살생이 아니라 오직 극한의 즐거움을 추구하는 것일 뿐이고, 동물의 생사를 놓고 벌이는 광기의 게임이기에 인간의 마음을 미치게 한다고 표현했을 것이다.

얻기 어려운 재화가 인간의 행동을 방해한다(難得之貨令人行妨)는 구절도 앞의 구절들과 연속선상에서 이해할 수 있다. 얻기 어려운 재화란 결국 희소성이 높은 재화를 의미하는 것이고, 그런 것을 얻기 위해서는 비상식적인 행동도 하게 된다고 노자는 경고한 것이다. 고가의 시계나 핸드백, 또는 많은 돈으로 유혹해오는 청탁자의 청탁이 부정한 것인지를 몰라서 수뢰하는 사람이 있겠는가? 수뢰자의 대부분은 부정한 금품을 받는다는 찜찜함을 마음속에 가질 것이다. 하지만 난득지화(難得之貨)에 마음을 빼앗겨 이렇게 저렇게 자신을 합리화한다. "사람의 행동을 방해한다"는 말은 이러한 상황을 의미한다.

마지막 구절인 "이 때문에 성인들은 배를 위하지 눈을 위하지 않는다. 그러므로 저것을 버리고 이것을 취한다(是以聖人爲腹不爲目 故去彼取此)"는 무슨 의미일까? 오색(五色), 오음(五音), 오미(五味), 치빙전렵(馳騁畋獵)은 가까이는 감각적 쾌락을 의미하고, 더 나아가서는 독점적 소유와 지배를 가리킨다. 그것은 감각적 쾌락과 소유의 대상이고 축적의 욕망을 증폭시키기에 사람의 마음을 발광(發狂)하게 한다.

화려한 색깔과 아름다운 소리는 대개 말초적 감각기관을 자극하는 것이기 쉽다. 배고픔과 추위를 면하기 위해서라면 곰 발바닥 요리, 비단옷, 명품이 필요하지는 않을 것이다. "성인들은 배를 위하지 눈을 위하지 않는다"는 말은 이 점을 지적하고 있다. 나는 노자가 생존적 본능을 상징하기 위해 배(腹)를, 감각적 욕망과 소유, 축적을 상징하기 위해 눈(目)을 사용한 것이라고 생각한다.

지금도 기본적 생존을 걱정하며 절대빈곤선 이하의 생활을 하는 사람이 없지는 않겠지만, 그래도 이제는 굶어 죽는 것을 걱정하는 사람들이 주위에 많지는 않다. 하지만 한 세기 전만 해도 보릿고개를 넘기 위해 초근목피(草根木皮)로 연명하며 생존을 위해 싸우는 사람들이 적지 않았다. 하물며 2천 년도 더 전인 《도덕경》 저술 당시를 상상해보라. 수많은 사람이 기본적 의식주를 해결하기 위해 분투할 때 시각적, 청각적 쾌락을 추구하는 것이 당시에 무엇을 의미하는 것이었을까?

얻기 어려운 재화(難得之貨)는 대체로 시각적, 청각적, 미각적 쾌락을 추구하기 위한 것이다. 샤넬이나 루이비통, 그 외에 이름도 생소한 브랜드의 명품은 눈을 위한 것이지 우리의 기본적 의식주 해결을 위해 반드시 필요한 것이 아니다. 귀금속이나 화려한 사치품이 없어도 대다수 민중은 생존할 수 있고, 또 실제로 그렇게 살아가고 있다. 개인적으로 나는 스포츠를 좋아하지만, 우리는 골프를 치지 않고 프로야구를 보지 않고도 얼마든지 살아갈 수 있다. 그러나 밥을 먹지 않고는 생존할 수 없다. 그래서 성인은 대다수 민중의 의식주를 걱정하고 이 문제를 어떻게 해결할 것인지를 고민하지 소수의 사치와 향락을 위해서 고민하지 않으며, 나아가 자신의 시각적, 청각적 만족을 극대화시킬 방안에 대해 고민하지 않는다. 그래서 생존과 가까운 것을 고민하고 우선 해결하려고 할 뿐 생존과 직접 관계가 없는 감각적 욕망과 축적을 위한 소유에 집착하지 않는다.

13장

총애와 욕됨이 멀지 않다

총애를 받으나 욕됨을 받으나 모두 놀란 것처럼 하라. 큰 환란을 귀하게 여기기를 내 몸과 같이 하라. 총애를 받으나 욕됨을 받으나 모두 놀란 것처럼 하라는 것은 무엇을 말하는 것인가? (총애를 받음을 좋은 것으로 생각하나) 총애받음은 욕됨처럼 아래(下)가 되기 마련이니 총애받음을 얻더라도 놀란 것처럼 하고, 총애받음을 잃더라도 놀란 것처럼 할지어다. 이것을 일러 총애받으나 욕됨을 받으나 놀란 것처럼 하라는 것이다. 큰 환란을 귀하게 여기기를 내 몸과 같이 하라는 말은 무엇을 말하는 것인가? 내가 큰 환란을 갖는 까닭은 내가 몸을 가지고 있기 때문이다. 내가 몸이 없는 데에 이르면 내게 무슨 환란이 있겠는가? 그러므로 몸을 귀하게 여기는 것처럼 천하를 귀하게 여기는 사람에게는 천하를 맡길 만하고, 제 몸을 아끼는 것처럼 천하를 아끼는 사람에게는 천하를 맡길 수 있다.

寵辱若驚 貴大患若身 何謂寵辱若驚 寵爲下 得之若驚
총욕약경 귀대환약신 하위총욕약경 총위하 득지약경
失之若驚 是謂寵辱若驚 何謂貴大患若身 吾所以有大患者
실지약경 시위총욕약경 하위귀대환약신 오소이유대환자

爲吾有身　及吾無身　吾有何患　故貴以身爲天下者　可以

위오유신　급오무신　오유하환　고귀이신위천하자　가이

寄天下　愛以身爲天下者　可以託天下

기천하　애이신위천하자　가이탁천하

우리는 총애와 모욕을 별개의 것으로 인식하고 이해한다. 총애를 받는 것은 긍정적이고 좋은 것이요, 모욕을 당하는 것은 부정적이고 나쁜 것으로 인식한다. 그러나 총애와 모욕은 우리의 일상적 생각처럼 완전히 별개의 것으로 존재하지 않는다.

먼저 총애와 모욕 둘 다 자연스러운 것이라고 보기 어렵다. 총애는 애정의 극단이요, 모욕은 증오의 극단이다. 둘 다 일상에서 벗어난 것이기에 오래가기 어렵다. 노자는 뒤의 23장에서 다음과 같이 말한다.

> 회오리바람은 아침 한나절을 지속하지 못하고, 억수 같은 소나기는 하루를 지속하지 못한다. 누가 이렇게 하는가? 바로 천지다. 천지도 능히 지속하지 못하는데 하물며 사람이야 어떠하겠는가?
>
> 飄風不終朝 驟雨不終日 孰爲此者 天地 天地尙不能久 而況于人乎

천지자연도 회오리바람이나 휘몰아치는 소나기와 같은 극단적 상황을 오래 지속시키지 못하는데, 인간의 변화무쌍한 마음에서 나오는 총애가 오래 지속될 것으로 기대할 수 있겠는가? 자연스럽지 못한 상황은 오래 지속될 수 없다는 점에서 모욕뿐만 아니라 총애에도 두려움을 갖고 임해야 한다는 것이다.

또한 총애와 모욕은 별개의 것이 아니라 동전의 양면과 같이 동일한 사태의 두 얼굴일 때가 많다. 역사적으로 그러한 사례는 비일비재하다. 숙종 때의 장희빈은 실제 이상으로 악녀로 평가되고 있다. 여기에서 그녀의 행적을 평가할 수는 없지만, 그녀의 최후가 비극적이었던 것은 사실이다. 그런데 그녀가 사약을 받고 죽어야 했던 것은 숙종의 총애를 받았기 때문이다. 그녀의 죽음은 역설적으로 숙종의 총애에서 연유한 것이었다.

《한비자(韓非子)》〈세난(說難)〉 편에는 인간의 변덕과 편향적 사고를 풍자하는 '여도지죄(餘桃之罪)'에 관한 고사가 실려 있다. 중국 위(衛)나라에 왕의 총애를 받는 미자하(彌子瑕)라는 미소년이 있었다. 어느 날 어머니가 몸져누웠다는 소식을 접한 미자하는 급한 마음에 거짓말로 군주의 수레를 빌려 대궐에서 나가 급히 어머니에게 달려갔다. 당시 위나라는 군주의 수레를 몰래 타는 사람이 있으면 발뒤꿈치를 자르는 월형(刖刑)으로 엄히 다스렸다. 그러나 사실을 알게 된 영공(靈公)은 오히려 "효자로구나! 어머니를 걱정하는 마음이 자신이 월형을 받을 수 있다는 사실까지도 잊게 했구나!"라고 그를 칭찬했다.

그 뒤에 미자하는 영공을 모시고 과수원을 거닐게 됐는데, 그때 복숭아를 따서 먹어보던 미자하가 그 맛에 감탄해 먹고 있던 복숭아 반쪽을 군주에게 건넸다. 영공은 이번에도 "미자하가 나를 사랑하고 공경하는구나! 그 좋은 맛을 잊고 나에게 남은 것을 주는구나!"라고 칭찬했다. 그러나 세월이 흘러 미자하가 늙고, 그에 대한 영공의 총애도 엷어졌다. 영공은 미자하를 문책할 일이 생기자 이렇게 말했다. "이자는 옛날에 거짓을 꾸며내어 내 수레를 몰래 탄 일이 있고, 먹다 남은 복숭아를 나에게 먹인 적도 있다!"

이렇게 인간의 마음은 타인의 동일한 행동도 상황에 따라 다르게 평가한다. 지금 총애를 받고 있다고 할지라도 그것이 언제 모욕으로 바뀔지 알 수 없다. 총애와 같은 극단적, 독점적 애정일수록 증오로 바뀌기 쉬운 법이다. 이성에 대한 독점적 사랑과 소유욕이 비극적 결말을 맺는 경우를 우리는 현실에서 종종 목격한다.

총애와 모욕은 둘 다 자연스러운 상태가 아니며, 언제 반전될지 모르는 동전의 양면과 같은 것이다. 미자하에 대한 영공의 태도는 총애에서 모욕으로 반전됐지만, 반대로 극한적인 증오의 대상이던 사람의 한마디가 다른 사람들로 하여금 그에 대한 증오심을 풀게 하는 경우를 우리는 일상에서 경험한다.

총애와 모욕은 별개의 것이기보다는 내면에 서로를 품고 있는 이중적 상황에 가깝다. 유무가 개별적으로 분리되어 있는 것이 아니라 서로를 낳는 것처럼(有無相生) 총(寵)과 욕(辱)도 개별적 사태가 아니다. 우리가 그 상관성보다 개별성에 더 주목하기 때문에 총과 욕의 상관성을 제대로 인식하지 못할 따름이다. 따라서 극단적으로 총애만을 좋아하여 추구하고 모욕을 싫어하는 분별적 인식 태도는 경계해야 할 일이다.

총애와 모욕은 둘 다 극단적 상태다. 극단적 상태는 천지도 지속시킬 수 없다. 그래서 노자는 29장에서 "성인은 극도의 심함을 버린다(聖人去甚)"고 말한다. 총애를 받으나 욕됨을 받으나 모두 놀란 것처럼 임하라는 노자의 언급은 바로 이런 뜻이다.

영광과 환란의 구별은 나에게 이로운가 해로운가에 따르므로 '내 몸(吾身)'을 기준으로 한 판단이다. 불교에서 말하는 '아상(我相)'이 있기에 영광과 환란의 구별이 생긴다. 그래서 나는 "내 몸이 없는 경지에 이르면(及吾無身)"이라는 구절을 "나와 타인의 구별이 없고 더 나아가 물아(物我)가 하나인 경지에 이르게 되면"이라는 의미로 이해한다.

총과 욕이 개별적 사태가 아닌 것처럼 너와 나, 더 나아가 물(物)과 아(我)는 개별적으로 존재하는 것이 아니라 서로와의 관계 속에서 존재한다. 이렇게 생각하면 총과 욕의 구분이 무의미해진다. 이처럼 나의 존재를 물아의 관계 속에서 파악하게 된 상태를 가리켜 불교에서는 무아지경 또는 해탈이라고 한다. 노자는 그와 같은 상태를 "내가 몸이 없는 데 이른다(及吾無身)"고 표현했다. 중국에는 불교가 전파되기 전에 이미 불교와 유사한 사유 체계가 자생적으로 존재하고 있었다. 이 구절은 '달마가 동쪽으로 간 까닭'이 무엇인지에 대한 하나의 실마리를 제공해 준다.

타인이, 더 나아가 세상의 온갖 사물이 나와 떨어져 개별적으로 존재하는 것이 아님을 인식하게 되면 내 몸을 귀하게 여기듯이 천하를 귀하게 여기게 된다. 타인과 내가 하나라는 사실을 이해하고 세상과 내가 별개의 존재가 아니라는 사실을 체득해 세계와 하나가 된 사람에게는 천하를 맡길 수 있다. 그런 사람에게는 천하를 아끼고 사랑하는 것이 자기를 아끼고 사랑하는 것과 동일한 의미를 갖기 때문이다.

14장

도는 하나의 형상으로 한정되지 않는다

보아도 보이지 않는 것을 이름하여 이(夷)라 하고, 들어도 들리지 않는 것을 이름하여 희(希)라 하고, 잡으려 해도 잡히지 않는 것을 이름하여 미(微)라 한다. 이 세 가지는 물어 분별할 수 있는 바가 아니다. 그러므로 섞어서 하나로 만든다. 그 위는 밝지 않고, 그 아래는 어둡지 않다. 이어지고 이어져 이름 지을 수 없다. 다시 무물(無物)로 돌아가니 이것을 일러 형상 없는 형상이라 하고, 물체 없는 현상이라고 한다. 이를 일컬어 홀황(황홀)하다고 한다. 도를 앞에서 맞이하여도 그 머리를 볼 수 없고, 뒤를 따라가 보아도 그 꼬리를 볼 수가 없다. 옛날의 도를 잡아 오늘의 유를 맞이한다. 능히 옛 시작을 알게 되니 이를 일컬어 도의 근본이라고 한다.

視之不見 名曰夷 聽之不聞 名曰希 搏之不得 名曰微 此三者
시지불견 명왈이 청지불문 명왈희 박지부득 명왈미 차삼자
不可致詰 故混而爲一 其上不皦 其下不昧 繩繩兮 不可名
불가치힐 고혼이위일 기상불교 기하불매 승승혜 불가명
復歸於無物 是謂無狀之狀 無物之象 是謂惚恍 迎之不
복귀어무물 시위무상지상 무물지상 시위홀황 영지불

見其首　隨之不見其後　執古之道　以御今之有　能知古始

견기수　수지불견기후　집고지도　이어금지유　능지고시

是謂道紀

시위도기

보아도 보이지 않고, 들어도 들리지 않으며, 잡으려 해도 잡히지 않는 것을 각각 이(夷), 희(希), 미(微)라고 한다고 했다. 그런데 이, 희, 미는 구체적으로 무엇을 의미할까? 이(夷)를 사전에서 찾아보면 오랑캐, 온화함, 큼, 기뻐함이라는 뜻과 함께 평탄함이라는 뜻도 있는데, 시각적으로 명확히 구분되지 않는 평이함 정도로 번역하면 큰 무리는 없을 듯하다. 희(希)는 희미함, 미(微)는 미세함 정도로 번역할 수 있다. 따라서 이, 희, 미는 잘 구별되지 않고 희미하며 미묘해 인간의 감각기관으로 잘 파악되거나 분별되지 않는 상태를 가리킨다. 다시 말해 우리의 감각기관이나 이성적 판단으로 명확하게 이해되거나 파악되지 않는 상태를 의미한다고 볼 수 있다.

우리가 감각기관이나 이성에 의지해 파악하기 어려운 이 세 가지는 추리나 과학적 탐구를 통해 도달할 수 있는 것이 아니다. 그래서 이 세 가지를 뭉뚱그려 하나로 만들어 도(道)라고 인식한다는 것이다. 도는 기본적으로 파악하기 어려운 성질을 지닌 것들이 뒤섞인 잡종(Hybrid)이다.

그것은 위에 있다고 해서 밝지도 않고, 아래에 있다고 해서 어둡지도 않다. 도는 잡종이기에 밝거나 어둡다고 규정되지 않는다. 도가 어느 하나로 규정되는 순간 그 반대편은 비도(非道)로 전락하기에 노자는 선악과 미추의 이분법적 이원론을 거부한다. 노자는 도의 성질을 하나로 규정하지 않는다. 밝지도 어둡지도 않은 명암의 잡종이자 명암의 이중주여서 우리의 감각기관이나 인식기관으로는 명료하게 파악할 수 없다는 것이다.

"승승혜(繩繩兮)"에서 승(繩) 자는 새끼줄을 의미한다. 새끼줄은 여러 가닥의 볏짚을 꼬아 만든다. 앞에서 "섞어서 하나로 만든다(混而爲一)"라고 표현했듯이 도는 하나의 단일한 성질로 규정되지 않으며 다양한 성질의 혼합임을 노자는 비유적으로 밝히고 있다. 그런데 그러한 성질을 잘 보여주는 것 가운데 우리가 주위에서 쉽게 볼 수 있는 것이 새끼줄이다. 노자가 새끼줄을 거론한 것은 새끼줄이 여러 가닥의 볏짚이 교차되면서 꼬아진 것이고 이미 꼬아 놓은 새끼줄에 다른 볏짚을 계속 이어서 꼬아나갈 수도 있으므로 단일성을 고집하지 않는 도를 상징하기에 적합한 사물이라고 생각했기 때문일 것이다.

도는 이어지고 이어지나 무엇이라고 어떤 하나로 한정할 수 없기에 이름 지을 수 없다. 앞에서도 얘기했지만 '사랑은 A다'라고 정의하는 순간 A가 아닌 것은 사랑이 아닌 것으로 전락한다. 현실에서 사랑은 다양한 형태로 나타날 수 있기에 하나의 용어로 그 다양한 측면 모두를 포괄할 수는 없다.

학교 현장에서 성장 배경과 개인적 성향이 다양한 학생들을 지도하는 교사에게 가장 효과적인 교육방법이 무엇인지 한 가지로 규정해 달라고 요구하면 대부분의 교사들은 고개를 갸웃거릴 것이다. 교육의 도(道)는 한 가지로 한정될 수 없기 때문이다. 어떤 학생에게는 무제한적인 포용과 이해가 효과를 발휘하지만, 어떤 학생에게는 따끔한 충고와 어느 정도의 강제가 효과적일 수 있다. 교육의 도가 하나로 한정되지 않는 것처럼 세상의 도도 하나의 언어로 포섭되지 않기에 이름 지을 수 없다(不可名). "이어지고 이어져 이름 지을 수 없다(繩繩兮 不可名)"는 1장에서 본 "명명할 수 있는 이름은 상명이 아니다(名可名非常名)"의 동의어 반복에 가깝다.

새끼줄은 끊임없이 이어지며 실재하는 것 같지만 결국은 썩어 사라진다. 이처럼 무물(無物)로 돌아가는 것이 도의 성질이다. 도는 만물의 근원이지만 만물은 결국 무물로 돌아간다. '형상이 없음(無狀)'에서 나온 상(狀)이었다가 결국 무(無)로 돌아간다. 다시 말해 '실체 없는 현상(無物之象)'이었다가 무로 돌아가는 것이다. 그것은 홀황(황홀)하다는 말 말고는 달리 표현할 수 없다고 노자는 말한다.

도는 명확한 실체가 아니다. 그것은 모호함이고 잡종이며 결국 무로 돌아가는 것이기에 앞에서도 그 머리를 볼 수 없고 뒤에서도 그 꼬리를 볼 수 없다. 그것은 어떤 하나의 불변하는 실체적 존재일 수 없다는 이야기다.

"집고지도 이어금지유 능지고시 시위도기(執古之道 以御今之有 能知古始 是謂道紀)"를 나는 "옛날의 도를 잡아 오늘의 유를 맞이한다. 능히 옛 시작을 알게 되니 이를 일컬어 도의 근본이라고 한다"고 옮겼다. 이 구절에서 어(御) 자를 많은 학자가 '제어한다', '다스린다' 등으로 풀이한다. 그런 풀이가 근거가 전혀 없는 것은 아니지만, 나는 노자가 선악, 장단, 고하를 이분법적으로 구분하지 않듯이 고금(古今)도 시간의 선후 관계에 기반한 인과적 관계로만 해석하지 않고 상관적 관계로 인식한다는 점에 착안해 '맞이한다'로 해석한 김형효의 견해[51]를 따랐다.

우리는 과거의 사건이나 사실이 원인이 되어 현재의 사건이나 사실이 일어난다는 인과론적 사유에 익숙하지만, 반드시 과거에 의해 현재가 규정되는 것은 아니다. "모든 역사는 현대사일 뿐이다"라고 말한 이탈리아의 역사학자 베네데토 크로체(Benedetto Croce, 1866~1952)의 말처럼 현재가 역사에 대한 해석을 바꾸기도 한다. 비근한 예로 1980년에 일어난 '5·18 광주민주화운동'은 그 역사적 사실 자체는 불변이지만 그 사실에 대한 해석은 시대상황에 따

51 김형효, 《사유하는 도덕경》 (서울: 소나무, 2004), 148~155쪽.

라 여러 가지로 변해 왔다. 이처럼 과거와 현재도 인과관계라는 일방적 관계에 있지 않고 서로 영향을 주고받는다. 이러한 관점에서 나는 옛날의 도를 잡아 현재의 유를 '제어한다'는 번역보다는 옛날의 도와 현재의 유가 상호작용을 한다는 의미가 강한 '맞아들인다'는 번역이 노자의 본의에 더 가깝다고 생각한다.

"능히 옛 시작을 아니 이를 일컬어 도의 근본이라고 한다"에서 "옛 시작을 안다"는 무엇을 의미하는 것일까? 옛 시작이 이것이라고 명확히 인식될 수 있는 대상이 아님을 안다는 것이다. 위에서 언급했듯이 도는 시작부터 이미 이(夷), 희(希), 미(微)해서, 다시 말해 모호하고 불분명한 것들이 뒤섞여 있어서 하나의 실체로 파악될 수 없다는 것을 이해한다는 뜻이다.

옛 시작부터 이미 유무는 개별적으로 존재하지 않았고, 새끼줄처럼 서로 교차하고 있었다. 그래서 잡종일 뿐이다. 독립적으로 존재하는 순수한 제1의 원인자를 찾기보다는 옛 시작부터 유무와 선악이 서로 섞여 있었음을 아는 것이야말로 도를 인식하기 위한 근본적 출발점일 수 있다.

그리고 개인적으로는 자신의 순선(純善)에 대한 절대적 믿음을 갖기보다는 이미 자신이 악에 오염돼 있음을 인정하는 것이야말로 도에 다가설 수 있는 기반이 된다. 도가 이, 희, 미의 새끼 꼬기로 섞여 있듯이 우리 모두는 순선과 절대적 아름다움의 존재일 수 없다는 사실을 인정해야 한다.

15장

도는 서서히 움직여 생겨나게 한다

옛날의 좋은 선비는 미묘하고 현통해서 그 깊이를 알 수가 없다. 대저 그 깊이를 알 수가 없어서 억지로 그 모습을 형용하면 코끼리가 겨울에 내를 건너는 것처럼 머뭇거리고, 개가 두려워 사방을 살피는 것처럼 망설이고, 손님과 같이 근엄하며, 봄에 얼음이 녹는 것처럼 풀어진다. 도탑도다, 통나무 같이. 텅 비었도다, 계곡과 같이. 섞이어 있도다, 탁한 물과 같이. 누가 능히 탁함으로써 더러움을 정화시켜 서서히 맑게 할 수 있겠는가? 누가 능히 편안히 오래 움직여 서서히 생겨나게 할 수 있겠는가? 이 도를 보존하고 있는 자는 가득 채우려 하지 않는다. 대저 가득 채우려 하지 않기에 능히 낡아도 새롭게 이루지 아니할 수 있는 것이다.

古之善爲士者 微妙玄通 深不可識 夫唯不可識 故强爲之容
고지선위사자 미묘현통 심불가식 부유불가식 고강위지용
豫若冬涉川 猶若畏四隣 儼若客 渙若氷將釋 敦兮 其若樸
예약동섭천 유약외사린 엄약객 환약빙장석 돈혜 기약박
曠兮 其若谷 渾兮 其若濁 孰能濁以靜之徐淸 孰能安以
광혜 기약곡 혼혜 기약탁 숙능탁이정지서청 숙능안이

久 動 之 徐 生　保 此 道 者　不 欲 盈　夫 唯 不 盈　故 能 蔽 不 新 成

구 동 지 서 생　보 차 도 자　불 욕 영　부 유 불 영　고 능 폐 불 신 성

많은 학자들이 '옛날의 좋은 선비(古之善爲士者)'라는 표현이 어색하다고 생각해서 이를 '위도자(爲道者)'로 바꾸어 "도를 잘 실천하는 자"로 해석하고 있으나, 나는 이 표현을 원문 그대로 풀이했다. 사실 그 의미의 차이가 큰 것은 아니다.

좋은 선비는 미묘현통(微妙玄通)해서 깊이를 알 수 없고, 그 모습을 쉽게 형용할 수 없다. 왜 그러한가? 좋은 선비는 둔중한 코끼리가 겨울철에 내를 건널 때 얼음이 깨질까봐 조심스러워하는 듯한 모습을 지니기도 하지만, 재빠른 개가 움직임을 멈추고 사방을 경계하는 듯한 모습도 함께 지니고 있기 때문이다.

다시 말해 좋은 선비, 또는 도를 잘 실천하는 사람은 한 가지 모습으로 한정되지 않는다. 왜냐하면 도 자체가 단가적이지 않고 이중적 성격을 갖고 있기 때문이다. 도에 이중적 성격이 있기에 도를 잘 실천하는 좋은 선비의 행동도 이중적일 수밖에 없다. 그의 행동은 둔중하기도 하지만 결코 멈추어 있지 않고, 동적이어서 재빠르기도 하지만 가만히 주위를 살펴보는 정적인 특성도 아울러 지닌다. 그런데 인간의 언어는 단가적이어서 좋은 선비의 이중적인 모습을 제대로 표현할 수 없다. 좋은 선비는 정적이면서도 움직이고, 동적이면서도 멈출 줄 아는 이중적 성향을 보이며 항상 조심스럽다.

어린 시절 겨울 웅덩이의 얼음 위에서 썰매를 타기 위해 첫발을 내디딜 때를 돌이켜 생각해 보면 겨울에 내를 건너는 것처럼 머뭇거린다는 것이 무슨 뜻인지를 알 수 있을 것이다. 또한 재빠른 짐승이 움직임을 멈추고 사방을 두리번거리는 모습도 조심해서 삼가는 모습임을 짐작할 수 있다.

그 다음에 이어지는 문장도 비슷한 맥락으로 해석할 수 있다. 좋은 선비는 손님처럼 의젓하고 근엄한 모습이다. 남의 집에 초대받아 간 손님은 조심스러울 수밖에 없다. 나는 이 문장을 보면 67장의 "천하에 앞서 감히 무엇을 도모하겠다고 나서지 않는다(不敢爲天下先)"는 구절이 떠오른다. 좋은 선비는 무엇을 인위적으로 조작하지 않는다. 천하의 순리에 따르며 무슨 일이든 마지못해 하는 듯이 조심스럽다. 그러면서도 봄날 얼음이 풀리는 것처럼 쉽게 풀어지기도 한다. 이 역시 좋은 선비의 이중적인 모습을 은유하는 표현이다.

그 모습은 도탑기로 보면 통나무와 같고, 비어 있기로 보면 계곡과 같다. 이에 대해 김용옥은 "통나무는 기(器)로서 분화되기 이전의 상태를 말한다. 통나무란 존재의 가능태다. 통나무가 조각되어 온갖 그릇이 탄생되는 것이다. 그러한 모든 가능성을 함장하는 상태가 곧 통나무다."[52]라고 하여 무엇으로 변화되기 이전의 가능태를 상징하기 위한 용어로 박(樸)을 사용한 것이라고 풀이하고 있는데, 참고할 만하다.

좋은 선비는 정적이면서 동적이고, 근엄하면서도 쉽게 풀어져 버리고, 도타우면서도 비어 있다. 이렇게 상반된 성향을 함께 품고 있으니 순수하지 않은 탁한 물과 같다고 표현한 것이다. 하천을 보면 상류의 깨끗한 물도 결국 하류의 생활하수나 공장폐수와 섞이게 된다. 도는 순선(純善)을 고집하지 않는다. 그래서 좋은 선비 또한 자신만이 순선하다는 독선에 빠지지 않고 다름과 공존하기에 탁해 보이기도 한다.

"누가 능히 탁함으로써 더러움을 진정시켜 서서히 맑게 할 수 있는가(孰能濁以靜之徐淸)?"와 "누가 능히 편안히 오래 움직여 서서히 생겨나게 할 수 있는가(孰能安以久動之徐生)?"의 두 구절은 선악의 이분법적 구분에 대한 비판이라고

52 김용옥, 《노자와 21세기(2)》 (서울: 통나무, 1999), 181쪽.

나는 생각한다. 자신의 순선함으로써 모든 악의 무리를 물리치고 세상을 한꺼번에 변화시키겠다는 생각은 독선이기 쉽다.

이 두 구절을 볼 때마다 나는 어린 시절의 경험이 떠오른다. 내가 살던 곳에서는 간혹 흙과 같은 이물질이 섞인 수돗물이 나오는 경우가 있었다. 그 물을 큰 대야에 받아 그것으로 밥도 짓고 빨래도 했는데, 그대로 식수로 사용하기가 어려울 정도였다. 이물질이 섞여 있어 대야에 받아 놓은 물이 약간 황토색을 띠곤 했다. 어린 마음에 대야 속의 흙을 바가지로 떠내면 물이 맑아질 것으로 생각해서 물을 휘저으며 흙을 제거하려고 했지만 의도대로 되지 않았다. 시간을 두고 흙이 가라앉기를 기다렸다가 식수로 사용할 물을 떠내는 것이 물 속의 흙을 제거하려고 애쓰는 것보다 훨씬 효과적이었다. 흙은 물보다 무거우니 시간이 지나면 자연히 물 밑으로 가라앉을 것이고, 그때 윗물을 떠내어 식수통에 부으면 되는 것이었다.

나는 지금도 어린 시절의 그런 편협한 사고에서 크게 벗어나지 못한 것은 아닌지 스스로 반성할 때가 많다. 내가 더러움이나 악이라고 생각하는 것을 배척하거나 이분법적으로 제거하고자 하는 마음에서 크게 벗어나지 못했다는 생각이 들기 때문이다. 살아가다 보면 나와 생각이 다른 사람들과 다투게 될 때가 있기 마련이다. 그런데 노자가 2장에서 "모두가 선(善)이 선하다고만 알고 있지만 그것은 불선(不善)일 뿐"이라고 말했듯이 모두가 선이라고 생각하는 것조차 불선이 될 수 있거늘 내 생각과 다른(different) 것이라고 해서 그것이 곧바로 틀린(wrong) 것이나 악이 되는 것은 아니다. 설령 내 생각이 전적으로 옳고 내 생각과 다른 생각이 전적으로 그르다고 해도 그 그른 것을 제거하는 가장 좋은 방법이 반드시 그것과의 전면적인 투쟁인 것은 아니다.

2019년 4월 27일에 미국 캘리포니아주 샌디에이고에 있는 작은 도시 파웨이의 유대교 회당에서 19세의 캘리포니아주립대학교 샌마코스 캠퍼스에 재학 중인 백인 남학생 존 어니스트(John Earnest)가 총격 사건을 일으켰다. 그의 총격으로 4명이 총상을 입었고, 그 가운데 여성 1명이 숨졌다. 회당의 랍비 이스로엘 골드스타인(Yisroel Goldstein)은 이 사건에 대해 다음과 같이 말했다. "우리는 빛으로 어둠과 맞서 싸울 필요가 있다. 아무리 세상이 캄캄해도 약간의 빛이 어둠을 밀어낸다. 세상에는 너무나 많은 어둠이 있지만 당신들과 나에게는 세상을 변화시킬 능력이 있다."

랍비 골드스타인에게는 유대교가 빛이고, 그에 반대하는 세력은 모두 어둠인 셈이다. 범인인 존 어니스트는 비판과 함께 처벌도 받아야 하고, 이 사건이 반인간적 범죄인 것은 틀림없다. 그런데 이러한 비극이 되풀이되지 않게 하기 위해 우리는 어떤 해결책을 찾아야 할까? 골드스타인이 말한 대로 빛이 어둠을 일거에 밀어내듯 우리가 악이라고 생각하는 것들을 일소해야 할까? 나는 존 어니스트의 총격 행위에서만이 아니라 그에 대한 골드스타인의 언급에서도 선악의 이분법적 논리를 보게 된다.

적대적 폭력에 기반한 테러 행위는 반인륜적 범죄임이 분명하다. 그러나 선악의 이분법적 구분과 악에 대한 박멸의 욕망이 유일한 해결책인지는 좀 더 많은 고민을 필요로 하는 문제다. 랍비 골드스타인에게는 이스라엘의 가자지구 정착촌에서 고통받는 수많은 팔레스타인인은 아무런 의미도 없는 존재일 것이다. 현실은 존 어니스트나 골드스타인의 편리한 이분법처럼 그렇게 단순하지 않다. 세상을 선과 악이나 빛과 어둠으로 양분해 인식하는 태도는 오히려 자신이 악과 어둠으로 설정한 대상을 자라나고 번성하게 하는 토양이 될 수 있다는 점을 노자는 지적하고 있다.

회교 원리주의자들의 폭탄테러가 더 큰 보복과 부작용을 가져오듯이 회교도에 대한 기독교 원리주의자들의 극단적 증오와 말살 정책도 보복과 부작용을 불러와 그 목적을 달성할 수 없을 것이다. 서로에 대한 적대적 증오와 말살의 의지는 대개 더 큰 증오와 보복의 의지를 불러일으킨다.

사실 유대인과 아랍인은 뿌리를 공유한다. 아랍인의 조상으로 간주되는 이스마엘과 유대인의 조상으로 간주되는 이삭은 같은 아버지 아브라함에게서 난 자식들이다. 유대인과 아랍인의 극단적 증오와 분열은 인류에게 불행한 현실이고, 국제사회가 함께 풀어가야 할 숙제다. 이 장에 나타난 노자의 언급은 이념 간, 인종 간, 민족 간, 종교 간 갈등이 이어지고 있는 21세기 국제사회에도 강한 함의를 던진다.

뒤의 30장에서는 노자가 "상대에 대한 적대적 행위는 그 행위자에게 돌아오기를 좋아한다(其事好還)"고 경고한다. 그리고 상대방을 악으로 규정하고 자신을 순선한 존재로 가정하는 순간 자신도 악에 물들어 버린다는 것을 노자는 거듭해서 지적한다.

《논어》의 〈양화(陽貨)〉 편에서 자로(子路)는 공자에게 "선생님께서는 예전에 착하지 않은 행동을 하는 자에게는 군자가 들어가지 않는다고 하시더니 어찌 모반한 필힐(佛肹)에게 가시려고 합니까?"라고 따져 묻는다. 이에 공자는 "물들여도 검어지지 않으니 깨끗하다고 말할 수 있지 않겠느냐"고 대답한다.[53]

---

53 子路曰 昔者 由也聞諸夫子曰 親於其身 爲不善者 君子不入也 佛肹以中牟畔 子之往也 如之何 子曰然 有是言也 不曰堅乎 磨而不磷 不曰白乎 涅而不緇. 《논어(論語)》 <양화(陽貨)>.

물론 공자의 이 답변을 자리가 탐나 필힐에게 가고자 하면서 자신을 합리화하는 언사라고 폄훼할 수도 있다. 그러나 공자가 더러움을 배척하기보다 더러움에 물들지 않는 쪽을 선택한 것으로 볼 수도 있다.

혼탁한 세상을 청정하게 만들기 위해서는 더러운 것을 적극적으로 제거하고 배척하려는 순선함과 순결함이 전제된 투쟁과 다툼보다는 기다림이 더 효과적일 수도 있다. 다만 그 기다림은 자신이 악에 물들지 않도록 경계하는 동시에 악이 더욱 확산되지 않도록 유의하면서 세상이 서서히 맑아지기를 기다리는 것이어야 한다. 선과 악의 교차와 공존이 세상의 자연스럽고도 여여한 모습일 수 있기 때문이다.

브라질의 리우데자네이루에는 파벨라(Favela)라고 불리는 일종의 빈민가가 있다. 외신들은 이곳에서 경찰이 마약거래, 강도, 소매치기, 성매매와 같은 불법행위를 방지하기 위해 범죄조직과 말 그대로 시가전을 치르고 있고, 심지어 주정부의 경찰력이 범죄조직에 밀리자 연방군을 투입했다는 소식까지 전했다. 하지만 나는 아직까지 그곳의 범죄조직이 궤멸됐다는 소식은 듣지 못했다.

《맹자》〈등문공장구상(滕文公章句上)〉에는 "생계를 유지할 수 있는 생업이나 재산이 있는 사람은 항상된 마음이 있지만, 생업이나 재산이 없는 사람은 항상된 마음이 없다(有恒産者 有恒心 無恒産者 無恒心)"는 구절이 있다. 나는 브라질 빈민가의 시가전 상황을 전해 듣고 《맹자》의 이 구절을 머릿속에 떠올렸다. 빈민들에게 마약밀매나 소매치기 같은 불법행위 외에 별다른 생계수단이 없는 상황에서 빈부격차라는 사회 구조적 문제는 차치하고 악의 뿌리를 차단하겠다는 대증적(對症的) 박멸 시도가 성공할 수 있을지 나는 회의적이다. 물론

마약거래나 소매치기가 바람직하다는 말이 아니라 상황이 더 악화되지 않고 악이 확산되지 않도록 하면서 빈민들에게 생계수단을 제공해서 그곳의 사회가 서서히 맑아지게 하는, 노자의 표현을 빌리면 서청(徐淸)하게 하는 것이 더 효과적인 방법일 수 있겠다는 생각이 들기 때문이다.

유럽 사회는 이민자 문제로 상당한 갈등을 겪고 있다. 노엄 촘스키는 유럽의 이민자 문제에 대해 인류학자 스콧 아트란(Scott Atran)의 연구 결과를 인용해 "프랑스 인구의 7~8%만이 무슬림인데 프랑스 내 감옥 수감자 중 무슬림의 비율은 60~70%에 이른다"고 지적하면서 "무슬림 사회에 교육 및 고용 기회, 청년들을 위한 프로그램을 제공하고 이들을 더욱 폭넓게 수용하고 이해하여 사회의 다양성을 높일 필요가 있다"고 주장한다.[54] 맹자와 노엄 촘스키는 지역과 시대를 달리하지만 근본적으로는 동일한 해결책을 제시한 것으로 볼 수 있다.

노자는 선악의 이분법적 구분 자체에 회의적이지만, 설령 절대악이라는 것이 있다고 해도 그것은 박멸하고 배제해야 할 대상이기보다 공존하면서 준동하지 못하도록 달래며 관리해야 할 대상에 가깝다고 본다.

"누가 능히 편안히 오래 움직여 서서히 생겨나게 할 수 있는가(孰能安以久動之徐生)"라는 구절은 농사를 짓는 일을 떠올리게 한다. 농부가 밭에 씨앗을 뿌린 뒤에 그 열매를 수확하지만 씨앗이 열매가 되는 것은 농부의 노동뿐 아니라 도의 공능이 있기에 가능하다. 그것을 신의 섭리라고 해도 무방할 것이다.

---

54 노엄 촘스키(Noam Chomsky), 임래영·황선영 역, 《촘스키, 절망의 시대에 희망을 말하다》(수원: 사일런스북, 2017), 45쪽.

어제 씨앗을 뿌려 오늘 수확하고 싶어도 그것은 불가능한 일이다. 씨앗을 서서히 변화시켜 열매를 맺게 하는 것, 그것이 도의 공능이고 우리가 닮아야 할 모습이라고 노자는 말한다. 도는 인위적 욕망을 개입시키지 않고 자연의 순리에 따르기에 편안하고 비약이 없음을 노자는 "편안히 오래 움직여 서서히 생겨나게 한다"고 표현한 것이다.

이어 노자는 도를 보존하고 있는 자는 가득 채우려고 하지 않는다고 지적한다. 가득 채우면 더 이상 받아들일 수 없다. 자기만의 사유로 가득 차 여백이 없는 사람은 다른 어떤 사유도 받아들이지 못한다. 가득 채우려고 하지 않는다는 것은 빔이 전혀 없는 극단적 상황으로 치닫지 않는다는 의미다. 《회남자(淮南子)》의 〈태족훈(泰族訓)〉에는 "천지의 도는 다하면 되돌아오고, 가득 차면 덜어낸다(天地之道 極則反 盈則損)"는 어구가 있다. 가득 차면 기우는 것이 진리이듯이 극단적 상황은 지속되지 못한다. 그래서 도를 보존하고 있는 좋은 선비는 극단적 주장이나 극단적 행위를 하지 않는 것이다. 스스로 극단적 상황으로 나아가지 않고 항상 비워 두기에 고갈되지 않고, 시간의 흐름과 함께 낡아가지만 더 이상 못 쓰게 되는 법이 없기에 새롭게 뭔가를 이룰 필요도 없다.

16장

모두가 그 뿌리로 돌아가 고요해진다

빔에 이르기를 지극히 하고 고요함을 지키기를 돈독하게 하면 만물이 함께 자라는데, 나는 이로써 그 반복됨을 본다. 만물은 무성하게 피고 지지만 모두가 그 뿌리로 돌아간다. 그 뿌리로 돌아감을 일컬어 고요함이라 하고, 고요함을 일컬어 명(命)에 돌아간다고 한다. 명에 돌아가는 것을 일러 항상 그러함이라고 하고, 항상 그러함을 아는 것을 밝음이라고 한다. 항상 그러함을 알지 못하면 망령되게 흉함을 행한다. 항상 그러함을 알면 모든 것을 포용하게 되고, 모든 것을 포용하게 되면 공평함이 되고, 공평하게 되면 왕이(왕답게) 될 수 있고, 왕이(왕답게) 되면 하늘이 되고, 하늘은 곧 도가 되고, 도는 곧 항구함이 되니 몸이 다하도록 위태롭지 않다.

致虛極 守靜篤 萬物竝作 吾以觀其復 夫物芸芸 各歸其根
치허극 수정독 만물병작 오이관기복 부물운운 각귀기근
歸根曰靜 靜曰復命 復命曰常 知常曰明 不知常 妄作凶
귀근왈정 정왈복명 복명왈상 지상왈명 부지상 망작흉
知常容 容乃公 公乃王 王乃天 天乃道 道乃久 沒身不殆
지상용 용내공 공내왕 왕내천 천내도 도내구 몰신불태

마음 비우기를 지극히 하고 고요함을 돈독히 지키면서 만물을 관조하면 만물이 모두 무성해졌다 사라져가기를 반복한다는 것을 알 수 있다. 지금 창밖을 보라. 창밖의 만물이 싹을 틔우고 꽃을 피우고 열매를 맺는 과정을 거쳐 그 잎을 떨구는 과정 가운데 어떤 하나를 거치고 있을 것이다. 모든 사람은 결국 생로병사의 굴레를 벗어나지 못하고 돌아갈 운명을 가지고 있다. 만물과 만인이 함께 자라고 생활하지만 결국 모든 존재는 돌아갈 수밖에 없다는 것이 만고불변의 진리다.

"만물은 무성하게 피고 지지만 모두가 그 뿌리로 돌아간다(夫物芸芸 各歸其根)"는 구절은 앞 구절을 부연 설명한 것이다. 만물이 피고 지기를 반복하면서 형태를 변화시키지만, 각자는 결국 그 뿌리로 돌아가기 마련이다. 우리의 사유구조에서 그 뿌리로 돌아감이 무엇을 의미하는지를 여러분은 직관적으로 이해할 것이다. 다양한 사물이 번성하지만, 번성하는 것은 결국 쇠락의 단계로 접어든다. 그러나 그것은 사라짐이 아니요 흩어짐이고 돌아감일 뿐이다.

《장자》〈지락(至樂)〉 편에는 삶과 죽음에 관한 다음과 같은 우화가 실려 있다.

장자의 처가 죽자 혜자(혜시)[55]가 조문했다. 장자는 두 다리를 뻗고 앉

55 혜시(惠施, 기원전 370년?-기원전 310년?) 중국 전국시대의 정치가이자 사상가다. 송나라 사람으로 위나라 혜왕(惠王) 때 재상이 됐다. 강대국 진나라의 위협에 대항하는 합종(合縱)을 주장했다. 위나라에서 쫓겨난 뒤에 초나라를 거쳐 고향인 송나라로 갔다. 여기에서 장자(莊子)와 벗이 되어 철학적 논변을 주고받은 것으로 알려져 있다.

아 단지를 두드리며 노래를 부르고 있었다. 혜자가 "더불어 살던 사람이 늙어 죽었는데 울지 않음도 매정하다고 하기에 족하거늘 동이를 두드리며 노래하는 것은 심하지 않소"라고 힐난했다. 그러자 장자가 말하기를 "그렇지 않소. 아내가 죽었는데 어찌 나라고 슬픈 마음이 없겠소. 그러나 그 모든 것의 시작을 살펴보면 본래 생이란 없었던 것이며, 단지 생이 없었을 뿐 아니라 본래 형태도 없었소, 또한 단지 형태만 없었던 것이 아니라 본래 기(氣)조차 없었소. 그저 어둠 속에 섞여 있다가 변하여 기가 있게 되고, 기가 변하여 형태가 있게 되고, 형태가 변하여 생(生)이 있게 되는 것이라오. 지금 다시 변하여 죽게 되니 이것은 춘하추동 사시(四時)의 운행과 같소. 아내는 지금 커다란 방에 편안히 누워 있는데 내가 큰 소리를 내어 우는 것은 하늘의 명에 통달하지 못한 행동으로 생각되기에 울기를 그친 것일 뿐이오.

장자는 삶과 죽음은 춘하추동 사시가 운행하는 이치와 같은 것이므로 죽음을 슬퍼하는 것은 시간이 지나 여름이 됐다고 슬퍼하고 가을이 됐다고 서러워하는 것과 같은 것이라고 말한다. 장자는 삶과 죽음이 별개로 존재하는 것이 아니며 둘 다 기의 변화에 따른 작용에 불과하다는 생각을 밝힌다.[56] 결국

---

56 과학은 고대부터 물질의 최소 구성단위가 무엇이며 물질을 어디까지 쪼갤 수 있는지를 연구해 왔다. 근대의 과학자들은 유기물을 쪼개고 쪼개면 물질의 최소 구성단위의 성질을 띤 분자를 얻을 수 있고, 분자는 다시 더 이상 쪼갤 수 없는 무기물 원자로 쪼갤 수 있다고 주장했다. 하지만 연구가 더 진행되자 원자는 양성자와 중성자가 합쳐진 원자핵이 있고 그 주위를 전자가 도는 구조로 돼 있다는 사실이 발견됐다. 양성자, 중성자, 전자는 소립자로 통칭된다. 그런데 소립자도 가속기에서 높은 에너지를 가진 다른 소립자를 충돌시켜 부수면 쿼크(quark)로

죽음은 원래의 상태로 돌아가는 것이고, 생의 종료가 아니라 순환이며, 새로운 가능태로의 변화일 뿐이라는 것이다.

여기서 한 가지 언급할 점이 있다. 노자는 극단적 표현을 잘 쓰지 않는다. 그런데 여기에서는 극(極)이라는 글자를 사용해 치허극(致虛極)이라고 했다. 이는 물론 비우기를 지극히 하라는 의미이기는 하지만, 노자의 사유와는 조금 결이 맞지 않는 표현이다. 이에 대해 김용옥은 1993년 10월 호북성 형문시 곽점촌에서 발견된 곽점본(郭店本)에는 이 어구가 "지허항야(至虛恆也, 빔에 이르는 것은 천지의 항상 그러한 모습이다)"라고 돼 있다는 점에 근거해 전승 과정에서의 오사(誤寫)이거나 후대에 노자 사상이 추상화되면서 삽입되었을 가능성을 제기하고 있는데[57], 참고할 만한 주장이다.

"그 뿌리로 돌아감을 일컬어 고요함이라 하고, 고요함을 일컬어 명에 돌아간다고 한다. 명에 돌아가는 것을 일러 항상 그러함이라고 하고, 항상 그러함을 아는 것을 밝음이라고 한다. 항상 그러함을 알지 못하면 망령되게 흉함을 행한다."(歸根曰靜 靜曰復命 復命曰常 知常曰明 不知常 妄作凶)는 구절은 "죽음은 고요해짐이고, 고요해짐은 운명대로 돌아감이다(운명에 복종하는 것이다). 운명대로 돌

더 쪼개질 수 있음이 증명됐다. 앞으로 연구가 계속되면 쿼크는 다시 서브쿼크(subquark)라는 입자로, 서브쿼크는 다시 코스몬(cosmon)이라는 입자로 쪼개질 것으로 과학자들은 예상한다. 결국 우리는 물질은 무한히 쪼개질 수 있다는 결론에 이르게 된다. 입자가 빛으로 변한다는 사실도 판명됐다. 모든 물질은 결국 에너지가 되는 것이다. 장자가 살던 당시에 인류가 이러한 과학적 지식을 갖고 있지는 않았겠지만, "그저 어둠 속에 섞여 있다가 변하여 기가 있게 되고, 기가 변하여 형태가 있게 된다(雜乎芒芴之間 變而有氣 氣變而有形)"는 장자의 말은 현대 물리학의 관점에서도 그 타당성을 인정받을 수 있는 것으로 보인다.

57 김용옥, 《노자와 21세기(2)》(서울: 통나무, 1999), 194~195쪽.

아감은 변하지 않는 사실이니 만물이 죽는다는 것을 아는 것을 일러 밝음이라고 한다. 만물이 죽는다는 것을 모르면 망령되이 흉함을 행한다."로 풀이하면 이해하기가 좀 더 쉬울 것이다.

《명심보감》의 〈존심(存心)〉 편에는 "백년을 사는 사람이 없거늘 사람들이 헛되이 천년의 계책을 꾸민다(人無百歲人 枉作千年計)"라는 구절이 나온다. 나를 비롯해 많은 사람들이 명에 돌아간다는 사실을 잊고 욕심을 부려 망령되이 흉함을 짓고 있다. 운명을 거역하기 위해 성형수술을 하는 사람들도 있지만 그것이 부질없는 짓임을 깨닫기까지 그리 오랜 시간을 필요로 하지 않는다.

우리가 평생 다 쓰지 못할 만큼 많은 돈을 벌었다고 가정해보자. 그런 상태에서 이제부터는 베풀면서 살자고 생각하는 사람이 몇이나 될지 모르겠다. 많은 사람이 자신은 그렇게 많은 돈을 벌게 되면 베풀면서 살겠다고 말하지만, 실제로 그런 상황이 되면 마음이 어떻게 변할지 알 수 없다. 평생 다 못 쓸, 아니 평생 다 세기도 어려운 재산을 가지고도 축적의 욕망을 버리지 못하고 공권력까지 사적으로 악용해 축재를 계속하는 사람들을 보면 이 구절을 떠올리게 된다.

죽음은 고요함이다. 그런데 여기서 고요함을 가리키는 정(靜)을 동(動)의 반대말로 간주해서는 안 된다. 노자에게는 유와 무가 별개가 아니듯이 삶과 죽음도 별개가 아니다. 살아있는 사람도 몸 안의 세포가 계속 죽어간다. 우리는 살아있는 동안에도 끊임없이 죽어가고 있고, 그러므로 돌아가고(歸) 있다. 반대로 모든 죽음은 고요하지만 그 안에 생성의 가능태를 품고 있다. 그래서 여기서 노자가 말하는 정(靜)은 단순한 고요함이 아니라 정중동(靜中動)의 개념을 포괄한다. 뿌리로 돌아가는 것은 곧 고요함으로 변하는 것이지만, 그것은 단순한 소멸이 아니라 생성을 준비하는 순환의 한 과정이다.

만물이 죽게 된다는 것을 알고 나 또한 죽게 된다는 것을 안다면 포용하지 못할 것이 무엇이 있겠는가? 《논어》 〈태백(泰伯)〉 편에는 "새가 장차 죽을 때에 이르러서는 그 울음이 슬퍼지고, 사람이 장차 죽을 때에 이르러서는 그 말이 선해진다(鳥之將死 其鳴也哀 人之將死 其言也善)"는 구절이 나온다. 나도 인간적인 애증에 빠져 살지만, 앞의 4장에서 "날카로움을 무디게 하고 뒤엉켜 있음을 풀어준다(挫其銳 解其紛)"고 한 것처럼 좀 시간이 지나면 날카로웠던 감정이 무뎌지고 심각했던 갈등 상황도 풀리는 경우가 많다. 하물며 모두가 죽는다는 사실 앞에서 포용하지 못할 것이 무엇이 있겠는가?

"항상 그러함을 알면 모든 것을 포용하게 되고, 모든 것을 포용하게 되면 공평함이 된다(知常容 容乃公)"는 구절에서 포용은 종교, 민족, 인종, 국적, 계급 등을 뛰어넘는 포용이다. 그래야만 그 포용이 사사로움이 아니고 공(公)이 될 수 있다. 공정하면 왕이(왕답게) 된다. 천하의 왕은 그야말로 공평무사해야 한다. 특정 계층, 특정 지역, 특정 종교에 기울어서는 안 된다. 우리나라의 어느 정치인이 자신이 시장으로 재직 중인 도시를 하느님께 봉헌한다고 해서 논란이 된 적이 있다. 그 정치인은 후에 대한민국까지 봉헌하지는 않았는지 모르겠다. 그와 같이 자신의 것도 아닌 것을 특정 종교단체의 신에게 봉헌한다는 말을 공개석상에서 하는 것은 "공평하게 되면 왕이(왕답게) 될 수 있다(公乃王)"는 사유와는 거리가 멀어 보인다.

왕내천(王乃天)은 많이 들어본 듯 우리에게 익숙하게 느껴지는 말이다. 이 말은 19세기 후반에 경상도 경주에서 태동해 부패해 가던 조선 사회에 커다란 충격을 준 동학의 인내천(人乃天) 사상을 떠올리게 한다. 동학은 보통 사람도 보편적 덕성을 체화하면 하늘이 될 수 있다고 했다. 하물며 공평무사하여 두루 미치지 아니하는 바가 없는 왕이야 더 말할 것이 있으랴.

대승불교의 경전인 《대반열반경(大般涅槃經)》은 "일체의 중생은 모두 불성을 가지고 있다(一切衆生悉有佛性)"는 말로 모든 사람이 부처가 될 가능성을 가지고 있다고 천명한다. 모든 사람이 하늘이 될 수 있을 뿐 아니라 부처도 될 수 있다면 공평무사함을 체화하고 실천하는 왕이 천덕(天德)을 지니지 못할 리가 없다.

하늘은 곧 도이고 도는 곧 항구함이 된다. 도는 무궁무진하여 고갈되지 않기에 앞 장에서 "능히 낡아도 새롭게 이루지 아니할 수 있다(能蔽不新成)"고 한 것처럼 새로 이룰 필요가 없이 그 자체로 항구적이다.

만물이 죽게 된다는 것을 인식하고 모든 것을 포용하면서 공평무사하게 세상을 관조하며 사는 사람은 노자가 이 장에서 말한 것처럼 불필요한 소유욕, 선악의 이분법적 구분에 대한 집착, 타인에 대한 지배욕으로 스스로를 소진시키지도, 위험에 빠뜨리지도 않는다. 그래서 그런 사람은 몸이 다하도록 위태롭지 않은 것이다.

17장

아랫사람이 지배자가 있음만을 아는 다스림

가장 좋은 것은 아랫사람들이 다스리는 사람이 있다는 것만을 겨우 아는 것이고, 그 다음은 다스리는 사람을 친하게 여기고 칭찬하는 것이며, 그 다음은 그를 두려워하는 것이고, 그 다음은 그를 모욕하는 것이다. 믿음이 부족하면 불신이 생기기 마련이다. 조심스러워하며 다스리는 자는 그 말을 귀하게 여긴다. 공이 이루어지고 일이 완수되어도 백성은 모두가 저절로 그리 되었다고 말한다.

太上不(下)知有之 其次親之譽之 其次畏之 其次侮之
태상부(하)지유지 기차친지예지 기차외지 기차모지
信不足有不信 猶兮其貴言 功成事遂 百姓皆謂我自然
신부족유불신 유혜기귀언 공성사수 백성개위아자연

내가 이 책을 쓰면서 기본 텍스트로 삼은, 대만의 신문풍출판공사가 출간한 초횡(焦竑)의 《노자익》에는 이 장의 첫 구절이 '不知有之(그것이 있음을 알지 못한다)'로 돼 있으나, 백서본과 곽점본에는 이 구절이 '下知有之(아랫사람들이 그것이 있음만을 안다)'로 돼 있다. 의미의 맥락으로 판단하면 부지유지(不知有之)보다 하지유지(下知有之)가 더 타당하다고 나는 생각한다. 그러나 기본 텍스트를 일관되게 유지한다는 입장에서 '부지유지(不知有之)'를 기본으로 쓰고 하(下) 자를 괄호에 넣어 첨가했음을 먼저 밝혀 둔다.

이 장의 해석과 관련해서는 몇 가지 논쟁이 있을 수 있다. 먼저 '태상(太上) ……, 기차(其次) ……, 기차(其次) ……'를 '아주 옛날에는 ……, 그 다음 시대에는 ……, 그 다음 시대에는 ……'의 의미로 보느냐, 아니면 '가장 좋은 것은 ……, 그 다음은 ……, 그 다음은 ……'의 의미로 보느냐는 문제가 있다. 나는 두 가지 다 가능한 해석이라고 생각하며, 두 가지 해석 사이에 의미상 큰 차이는 없다고 본다. 둘 다 '옛날에는 정치가 이상적이었는데 시간이 지나면서 그것이 타락하게 됐다'로 받아들일 수 있기 때문이다. 하지만 나는 후자의 해석이 더 자연스럽다고 생각한다.

두 번째 논점은 친지(親之), 외지(畏之), 모지(侮之)의 주어와 목적어를 무엇으로 볼 것이냐다. 먼저 다스리는 사람이 백성을 친하게 대하고, 두려워하게 하고, 모욕한다는 의미로 새길 수 있다. 이 경우 친지, 외지, 모지의 주어는 지배자가 되고, 목적어 지(之)는 백성을 가리키는 것으로 볼 수 있다. 또 다른 해석 방법은 백성이 다스리는 사람을 친하게 여기고, 두려워하고, 모욕한다는 의미로 새기는 것이다. 이 경우 친지, 외지, 모지의 주어는 백성이 되고, 목적어 지(之)는 지배자를 가리키는 지시대명사가 된다.

김용옥은 치자(治者)가 백성을 친하게 대하고, 두려워하게 하고, 모욕한다는 의미로 새겨 치자를 주어로, 목적어로 쓰인 지(之)는 백성을 가리키는 것으로 풀었는데[58], 나는 앞 문장 "아랫사람들이 그것이 있음만을 안다(不(下)知有之)"의 주어가 백성이어야 할 뿐만 아니라 문장의 연속적 맥락에서 백성을 주어로 보고, 지(之)가 지시하는 것을 치자로 보는 것이 좀 더 자연스럽다고 생각해서 후자의 해석 방법을 취한다.

노자가 말한 '不(下)知有之'의 정치, 다시 말해 아랫사람이 그것이 있다는 것만을 아는 정치는 어떤 정치를 말하는 것일까? 노자는 이미 2장에서 "성인은 무위의 일에 처한다(聖人處無爲之事)"고 했고, 3장에서는 "무위를 행하면 다스려지지 않음이 없다(爲無爲則無不治)"고 했다. '不(下)知有之'의 정치도 함이 없는 다스림인 무위지치(無爲之治)를 말하는 것이다. 함이 없는 다스림이라면 백성이 그것이 있다는 것만을 알 뿐 지배자가 군림하고 있다는 부담감을 전혀 갖지 않을 것이다. 노자가 보기에 가장 이상적인 정치는 지도자가 있는지도 모르게 백성이 자신들의 삶을 스스로 이루어가게 하는 것이다. 배고프면 먹고, 날이 어두워지면 자고, 해가 뜨면 나가 일하는데 누가 왕인지를 내가 알아서 무엇 하겠느냐는 인식이 일반화되게 하는 정치, 바로 이러한 다스림을 노자는 이상적인 정치로 여겼다.

"가장 좋은 것은 아랫사람들이 다스리는 사람이 있다는 것만을 겨우 아는 것이다(太上不(下)知有之)"라는 구절과 관련해 매우 흥미로운 서술이 사마천이

58 김용옥, 《노자와 21세기(2)》 (서울: 통나무, 1999), 218쪽.

지은 《사기》의 〈여태후본기(呂太后本紀)〉에 있다. 〈여태후본기〉의 내용을 설명하기 전에 당시의 시대 상황을 잠깐 살펴보기로 하자.

중국의 춘추전국시대는 기원전 221년에 진시황(秦始皇)에 의한 진(秦)의 육국(六國) 통일로 막을 내린다. 그러나 분서갱유(焚書坑儒)로 상징되는 진시황의 강권통치는 오래 지속되지 못했다. 진나라는 기원전 210년 진시황의 사망 이후 급격하게 내리막길을 걷다가 결국 기원전 206년에 멸망한다. 진나라가 멸망한 뒤에는 중국이 유방(劉邦)과 항우(項羽) 사이의 패권 대결로 접어들고, 이 대결이 결국은 유방의 승리로 마무리된다는 것은 잘 알려진 사실이다.

한고조 유방이 사망한 뒤에 한나라의 2대 황제가 된 이가 바로 효혜황제(孝惠皇帝) 유영(劉盈, 기원전 210~188년)이다. 그런데 효혜황제는 어머니 여태후의 그늘에 가려 지내다가 불운하게 생을 마감한다. 《사기》의 〈여태후본기(呂太后本紀)〉에는 여태후와 효혜황제에 관한 일화가 비교적 자세하게 실려 있다.

한고조 유방은 사실 효혜황제를 후계자로 세우려고 하지 않았다. 그는 자신이 총애하는 척부인(戚夫人)의 아들로 뒤에 조왕(趙王)에 봉해지는 여의(如意)를 후계자로 세우고 싶어 했다. 권력은 본질적으로 공유가 아닌 독점을 속성으로 한다. 이런 의미에서 효제와 여의는 형제이면서 정치적 라이벌이었다. 그런데 효제는 여의를 증오하기보다 사랑했다고 기록돼 있다. 그러나 효혜황제의 어머니 여태후는 유방을 사이에 둔 연적인 척부인뿐만 아니라 여의까지도 극도로 증오했다. 사마천은 《사기》에 다음과 같이 기록하고 있다.

효혜제 원년 12월 효혜제는 새벽에 일찍 사냥하러 나갔다. 조왕은 어리기 때문에 일찍 일어날 수 없었다. 태후는 조왕이 혼자 있다는 말을 듣고 사람을 시켜 짐독을 가지고 가서 마시게 했다. 날이 밝아 효혜제가 돌아와 보니 조왕은 이미 죽어 있었다. …… 태후는 마침내 척부인의 손과 발을 자르고, 눈알을 뽑고, 귀를 태우고, 벙어리가 되는 약을 먹이고, 돼지우리에 살게 하고는 사람돼지(人彘)라고 불렀다.

孝惠元年十二月 帝晨出射 趙王少 不能蚤起 太后聞其獨居 使人持酖飮之 黎明 孝惠還 趙王已死 …… 太后遂斷戚夫人手足 去眼 煇耳 飮瘖藥 使居廁中 命曰 人彘[59]

효혜제는 그 일로 충격을 받아 일 년 넘게 앓아눕게 되고, 낙심한 나머지 날마다 술을 마시고 음락에 빠져 지내다가 결국 병을 얻어 재위 7년 만에 죽고 만다. 이 정도면 여태후야말로 악녀 중의 악녀라고 하지 않을 수 없다. 그녀는 그 뒤에도 여러 가지 악행을 일삼다가 아들이 죽은 지 8년 만에 세상을 뜬다. 그녀는 당나라의 측천무후, 청나라의 서태후와 함께 중국 역사상 3대 악녀로 불리기도 하는데, 이런 평가는 《사기》의 이 기록에 크게 의존한 것이다. 사마천은 《사기》에 그녀의 악행을 조목조목 기술해 후대에 남겼다. 그녀에 대한 역사적 평가를 이와 달리 하는 사람들도 있지만, 《사기》의 기록이 사실이라면 그녀의 처사가 지나친 면이 있는 것은 분명해 보인다.

사마천은 《사기》의 본기(本紀), 세가(世家), 열전(列傳) 등의 말미에 "태사공은

---

59 史記, 司馬遷撰 (北京: 中華書局出版發行, 1959年), 第2冊 卷9 397面.

말한다(太史公曰)"라는 어구로 시작되는 나름의 인물평을 기술했는데, 〈여태후본기〉의 말미에도 같은 어구로 시작되는 평가가 나온다. 그런데 여태후의 악행에 대한 사마천의 서술과 함께 여태후의 치세에 대한 그의 다음과 같은 평가는 나의 눈길을 끈다.

> 태사공은 말한다. 효혜황제와 고후(여태후)의 재위 시절에 백성은 전국시대의 고통에서 벗어날 수 있었다. 군주와 신하들이 모두 무위에서 휴식하고자 했다. 그러므로 혜제는 팔짱을 끼고 있고 고후(여태후)가 여자 군주로 황제를 대행해 정치가 방(房) 안을 벗어나지 않았지만 천하는 편안했다.
> 太史公曰 孝惠皇帝 高后之時 黎民得離戰國之苦 君臣俱欲休息乎無爲 故惠帝垂拱 高后女主稱制(帝) 政不出房戶 天下晏然[60]

사마천은 〈여태후본기〉에서 여태후의 악행을 조목조목 비판해 놓고는 총평에 해당하는 부분에서는 여태후의 치세에 대해 비교적 긍정적인 평가를 내린다. 특히 나의 눈을 사로잡은 대목은 "군주와 신하들이 모두 무위에서 휴식하고자 했다(君臣俱欲休息乎無爲)"와 "천하가 편안했다(天下晏然)"는 구절이다. 마치 《도덕경》 3장의 "무위를 행하면 다스려지지 않음이 없을 것이다(爲無爲則無不治)"라는 구절을 연상시킨다. 모두 무위에서 휴식하고자 하니 천하가 편안했다는 구절은 노자의 사유와 많이 닮았다. 《사기》에는 《도덕경》과 유사한

60 史記, 司馬遷撰 (北京: 中華書局出版發行, 1959年), 第2冊 卷9 412面.

문장들이 곳곳에 등장한다. 뿐만 아니라 사마천은 〈편작 · 창공열전(扁鵲·倉公列傳)〉과 〈혹리열전(酷吏列傳)〉 등에서 '노자는 말했다(老子曰)' 또는 '노씨가 이르기를(老氏稱)'의 형태로 노자를 언급하고 있으며, 〈화식열전(貨殖列傳)〉의 서두를 《도덕경》 80장에 대한 비판으로 시작하고 있다. 이로 미루어 사마천은 《도덕경》이라는 텍스트를 알고 있었고, 그에 대한 상당한 지식을 지니고 있었음이 분명하다.

사마천이 여태후의 개인적 악행을 매우 비판적인 관점에서 서술하고서도 그녀의 치세를 비교적 긍정적으로 평가한 것은 왜일까? 나는 사마천이라는 역사가가 그 시대의 정치 상황과 일반 백성의 생활상을 객관적으로 서술했기 때문이라고 생각한다.

생각해보라. 진(秦)나라가 육국을 통합해 경쟁과 전란의 춘추전국시대를 마감한 지 15년 만에 중국은 다시 초한(楚漢) 간 대결 국면에 접어들게 된다. 진시황 사후 진승 · 오광의 난이 일어나고 이어 초나라와 한나라가 중국의 패권을 두고 싸운 전쟁 기간 동안 얼마나 많은 징병과 물자징집이 있었을지를 상상하는 것은 어렵지 않을 것이다. 그런데 유방이 죽고 나서 즉위한 효혜제와 여태후의 치세에 지배계층 내부의 권력암투는 있었을지언정 전쟁이 일어나 백성이 가족을 잃거나 물자를 징집당해 재산피해를 입는 일은 거의 없었을 것이다. 백성은 그 시기를 전국시대 말기나 유방이 항우와 전쟁을 치르던 초한 간 경쟁의 시기보다 태평성대라고 느꼈을 것이다. 여태후가 척부인의 손발을 자르고 눈을 뽑았지만 내 가족을 죽이거나 내 눈을 뽑은 것은 아니지 않은가? 사마천의 평가는 백성의 입장에서 볼 때 여태후의 치세 시기가 그전 전국시대 말기나 초한 간 경쟁 시기보다 편안했다는 점을 말하고 있다고 볼 수 있다.

또한 군신(君臣)이 모두 무위에서 쉬고자 해서, 다시 말해 군신이 뭔가를 도모하려고 하지 않았기에 천하가 편안했다는 구절은 결국 여태후가 전국시대의 제후들이나 자신의 남편인 유방과 같이 영토 확장의 욕망을 분출하고 그것을 실현시키려고 하지 않았다는 점을 지적한 것이다.

뭔가 업적을 남기겠다는 권력자의 사적 욕망과 유위의 정치가 오히려 효혜제처럼 팔짱을 끼고(垂拱) 지켜보기만 하는 것만 못한 경우가 많다. 내버려두어도 좋을 갯벌을 막고 곳곳에 댐을 설치해서 유속을 감소시켜 강물을 썩게 만드는 유위의 정치가 팔짱을 끼고 지켜보기만 하는 무위의 휴식보다 못한 경우가 있음을 사마천은 이미 간파하고 있었다. 사마천이 악행을 일삼은 여태후의 정치를 긍정적으로 평가한 이유를 우리는《도덕경》17장의 첫 구절 "가장 좋은 것은 아랫사람들이 다스리는 사람이 있다는 것만을 겨우 아는 것이다(太上不(下)知有之)"에서 찾을 수 있다.

《도덕경》29장에는 "천하는 신령스런 그릇이어서 사람이 어떻게 할 수가 없다(天下神器 不可爲也)"는 구절이 나온다. 천하를 긍정적으로 변화시키려는 의도로 시작된 개혁이 실패한 사례를 들여다보면 천하를 손바닥 뒤집듯 쉽게 바꿀 수 있다고 여긴 오만 때문인 경우가 많다. 천하가 변화한다면 그것은 지도자나 지배계층의 개혁의지 때문이 아니라 많은 백성의 자발적인 참여와 동의 때문일 것이다. 그래서 나는 不(下)知有之의 정치는 지도자의 개혁적 능위(能爲)가 발휘되는 정치가 아니라 많은 백성이 변화의 필요성을 느껴 스스로 변화에 동참하게 하는 정치에 가깝다고 생각한다.

그럼 다스리는 사람을 친하게 대하고 칭찬하는 정치(親之譽之)와 두려워하는 정치(畏之)는 각각 어떠한 정치를 말하는 것일까? 이에 대해서는 여러분도 쉽게 짐작할 수 있을 것이다. 친지예지(親之譽之)는 군주가 선정을 베풀고 있음을 칭송하는 상황에 가까울 것이고, 외지(畏之)는 백성이 군주의 권력이나 형벌을 두려워해 복종하는 상황으로 볼 수 있다.

《논어》의 〈위정(爲政)〉 편에는 유가의 입장에서 유가의 정치철학과 법가의 정치철학을 비교하는 다음과 같은 구절이 나온다.

> 백성을 정령(政令)으로써 이끌고 형벌로써 가지런히 하면 백성이 그 형벌을 면하려고만 하고 부끄러워함이 없다. 백성을 덕으로써 이끌고 예로써 가지런히 하면 백성이 부끄러워하고 또 올바르게 되려고 노력한다.
> 道之以政 齊之以刑 民免而無恥 道之以德 齊之以禮 有恥且格

2018년에 평창에서 열린 동계올림픽에 참가한 각국 선수단이 놀라워한 것 중 하나가 군병력이나 경찰이 눈에 잘 띄지 않는데도 불구하고 질서가 잘 유지되는 모습이었다는 보도를 보았다. 2016년에 브라질의 리우데자네이루에서 열린 하계올림픽에서는 총을 든 군인이나 경찰이 곳곳에 배치되어 치안 유지 업무를 수행했다. 총을 든 군경이 곳곳에 눈에 띄게 배치되면 안전이 더 잘 보장된다고 생각하는 사람들도 있겠지만, 우리는 그러한 상황을 이상적인 것으로 보지 않는다.

과속과 신호위반을 감시하기 위한 카메라를 거리에 설치하면 사람들은 카메라의 단속만 피하려 들고, 카메라가 설치되지 않은 곳에서는 오히려 더 속도를 낸다. 이는 법이 사회를 일순간에 변화시킬 수 있을 것 같지만 실상은 그렇지 않다는 것을 보여주는 일상의 사례다.

리우데자네이루에서처럼 총을 든 군경을 두려워해서, 또는 단속 카메라가 설치된 거리에서 단속 카메라에 적발되지 않으려고 사람들이 질서를 지키는 상황은 외지(畏之)에 해당할 것이다. 백성이 지배자나 형벌을 두려워하는 것은 이런 상황과 유사하다. 반면에 평창 동계올림픽 때 우리 국민이 보여준 질서의식이나 단속 카메라가 없는 거리에서도 자신은 물론이고 혹시 발생할지 모르는 사고로 다칠 수도 있는 상대방을 보호하기 위해 스스로 법규를 준수하는 사람들의 태도와 자세를 공자는 《논어》에서 "부끄러움이 있고 올바르게 되려는 것(有恥且格)"으로 표현했다고 볼 수 있다. 어떤 상황이 더 이상적인지는 따로 설명할 필요가 없을 것이다.

유가는 법으로써 백성을 두려움에 떨게 하는 것보다 덕과 예로써 백성을 이끄는 것, 그래서 백성이 군주의 왕도정치를 칭송하게 하는 것이 낫다고 보았다. 그와 같이 치자(治者)를 친하게 여기고 칭송하는 상황을 노자는 친지예지(親之譽之)라고 표현한 것이다.

물론 엄정한 법규와 형벌이 이상적이지는 않더라도 질서유지를 위한 현실적인 방안일 수 있고, 그 법규와 형벌이 공정하다면 정당성을 갖기도 한다.

우리나라 대법원에는 정의의 여신상이 있는데 좀 독특한 모습을 하고 있다. 한복을 입고 있고, 오른손에 저울, 왼손에 법전을 들고 있다. 일반적으로 정의의 여신은 왼손에 저울, 오른손에 칼을 든 강한 이미지로 표현된다. 그런데 우리나라 대법원에 있는 정의의 여신상은 저울과 법전을 들고 있는 부드러운 모습이다. 특히 눈을 감은 일반적인 정의의 여신상과 달리 눈을 뜨고 있다.

이렇게 우리나라 대법원의 정의의 여신상이 일반적인 형상과 다른 모습을 하고 있는 것은 나름의 상징성과 의미가 있을 것이다. 여신상의 눈가리개가 자기 손의 저울과 칼, 법전마저도 못 보게 한다는 비판이 있는 것도 사실이기에 우리나라 대법원의 정의의 여신상에도 나름의 제작 의도와 상징성이 있을 것이다. 그런데 문제는 기획자나 제작자의 의도와 상징이 실제로 법을 통해 구현되는지에 대해 적지 않은 사람들이 의문을 품고 있다는 점이다.

1988년 10월에 인질극을 벌이다가 비참하게 생을 마감한 탈옥수 지강헌은 '유전무죄 무전유죄(有錢無罪 無錢有罪)'라는 메시지를 우리 사회에 던져 상당한 파문을 일으켰다. 법 앞에 만인이 평등하다는 원칙과 달리 범죄자가 행사할 수 있는 방어권에 차이가 있어서인지는 모르겠으나 범죄자의 사회적 지위나 경제력에 따라 처벌이 다르게 내려지는 것이 현실이다. 이 때문에 우리나라 대법원에 있는 정의의 여신상은 눈을 뜨고 있어 범죄자의 신분과 지위를 확인해 보고 어떤 형벌을 내릴지를 판단한다는 유머가 생기기까지 했다.

공정한 법 집행이 이루어진다면, 비록 법치가 이상적인 것은 아닐지 모르지만 2017년의 대통령 탄핵 심판으로 유명한 이정미 전 대법관이 퇴임사에서 인용한 《한비자》 〈유도(有度)〉 편의 구절대로 법치가 국가 운영에 나름의 기능과 역할을 할 수 있을 것이다. 그 《한비자》의 구절은 "법의 도리는 처음에는 고통이 따르지만 나중에는 오래도록 이롭다(法之爲道 前苦而長利)"이다.

인구나 경제의 규모가 춘추전국시대와는 비교할 수 없이 커진 현대 국가에서는 법률의 현실적인 효용성도 무시할 수 없다. 형률(刑律)을 내세워 피치자로 하여금 치자를 두려워하게(畏之) 하는 통치는 최선은 아닐지라도 나름의 현실적 정당성까지 무시할 수는 없기에 최악은 아니다.

최악의 상황은 백성이 치자를 모욕하는 모지(侮之)다. 백성이 지도자가 강제하는 법질서를 더 이상 신뢰하지 않게 되면 지도자에게 남는 마지막 수단은 공포정치로 백성을 억압하는 것이다. 그런 상황에서는 백성 또한 지도자를 모욕하게 된다.

우리 역사에서도 그런 상황을 쉽게 발견할 수 있다. 한 예로 임진왜란 당시를 돌아보자. 1592년 음력 4월 13일에 왜군 20만 명이 부산에 상륙했다. 방비가 허술했던 조선군은 연전연패했고, 왜군은 보름 만에 한양 가까이 다가왔다. 이에 선조는 4월 30일 새벽에 궁을 빠져나갔다. 선조는 파주, 개성을 거쳐 평양성으로 피신하고자 했다. 선조의 몽진(蒙塵)[61]은 비참했다. 백성은 선조에게 돌을 던지며 욕을 퍼부었다. 그런 상황에서 백성에게 지도자에 대한 존경심이나 신뢰가 있었겠는가?

4월 30일 한양을 떠나 5월 7일 평양에 도착한 선조는 "더 이상 북쪽으로 가지 않고 죽음으로써 평양성을 지키겠다"고 약속했다. 그러나 왜군이 대동강까지 몰려왔다는 소식을 듣자 선조는 다시 의주로 몽진했다. 선조는 거기에서 그치지 않았다. 죽어도 천자의 나라에서 죽겠다며 명나라로 망명하려고 했다. 나중에 선조는 그때 자신이 명으로 가려고 한 것은 명나라에 지원군을 요청하기 위해서였다고 변명했다. 유성룡을 비롯한 신료들의 반대로 선조가

---

61 머리에 먼지를 뒤집어쓴다는 뜻으로, 임금이 난리를 피해 안전한 곳으로 몸을 피하는 것을 이르는 말이다.

실제로 명나라로 망명하지는 못했지만, 선조는 이런 임금이었다.

전쟁이 끝나고 선조가 한양에 돌아와서 한 일도 국난을 극복한 백성을 격려하고 자신의 부족함을 속죄하는 것과는 거리가 있었다. 자신이 도성을 비우고 자신의 안위만을 걱정할 때 도성에 남아서, 또는 전국 각지에서 목숨을 걸고 나라를 지킨 백성의 공은 깎아내리고 명나라 원병(援兵)에게 국난 극복의 공을 돌리기에 급급했다. 《조선왕조실록》은 다음과 같이 기록하고 있다.

> 이번 왜란의 적을 평정한 것은 오로지 천병(명나라 군대)의 공에 연유한 것이다. 우리나라 장수나 사졸들은 천병의 뒤꽁무니를 좇아 다녔을 뿐이다.
>
> 今此平賊之事 專由天兵 我國將士 不過或隨從天兵之後[62]

조선 민중의 피와 고난으로 점철된 국난 극복의 과정에 대해 선조는 철저한 자기반성을 하기는커녕 외세의 원병에게 그 공을 돌리기에 급급했다. 그래야만 자신의 몽진이 도망이 아니라 명나라에 원군을 요청한 것이 되고 그것이 승리의 가장 큰 요인이 됐다는 논리가 성립되기 때문이었으리라.

이런 역사는 그로부터 350여 년 뒤인 1950년에 벌어진 한국전쟁에서 그대로 반복된다. 남한의 대통령 이승만은 평소에 "전쟁이 나면 점심은 평양에서, 저녁은 신의주에서 먹겠다"고 호언장담했다. 그러나 그런 장담과는 반대

62 《선조실록》, 선조 34년 3월 14일 기사.

로 그는 전쟁 발발 직후인 6월 27일 새벽 2시에 각료에게는 물론이고 육군본부에도 알리지 않고 기차를 타고 대전으로 피신했다. 대전에 도착한 이승만은 "우리 국군이 적을 물리치고 있으니 국민과 공무원은 동요하지 말 것이며, 대통령도 서울을 떠나지 않고 국민과 함께 서울을 지킬 것"이라는 담화를 녹음했다. 이 녹음은 27일부터 〈서울중앙방송〉에서 송출되기 시작했다. 하지만 그는 이튿날인 28일 새벽 2시 30분경에 인민군의 진출을 저지할 목적으로 한강 인도교를 폭파하기까지 했다. 아무런 사전 예고도 없었던 이 인도교 폭파로 인해 피난길에 오른 수백 명의 시민들이 살상되고 국군의 후퇴와 장비 수송이 결정적 타격을 받았다.

거짓말로 시민들을 안심시키고 몰래 서울을 빠져나간 이승만은 서울 수복 후 시민들에게 사죄했어야 했다. 그러나 서울에 돌아온 이승만은 야당과 정부 관료들의 대국민 사과 촉구에도 끝내 사과하지 않았다. 오히려 자신이 방송을 통해 한 말을 믿고 피난하지 못해 갖은 고초를 겪은 시민들을 대상으로 부역자 색출에 돌입했다. 선조는 국난 극복에 동참한 백성의 희생을 모욕했고, 이승만은 자신의 말을 신뢰한 국민을 모욕했다. 하지만 백성과 국민은 반대로 선조와 이승만을 모욕했을 것이다.

사마천이 지은 《사기》의 〈화식열전(貨殖列傳)〉에도 《도덕경》의 17장과 비슷한 맥락의 구절이 등장하는데, 그 내용이 상당히 흥미롭다. 사마천은 좋은 정치에 대해 노자와도 다르고 공자와도 다른 나름의 독특한 견해를 표명한다.

가장 잘하는 정치는 백성이 마음으로 따르게 하는 것이고, 그 다음은 이익으로 이끄는 것이고, 그 다음은 (도덕적 교훈을) 가르치고 훈계하는 것이고, 그 다음은 (법률로써) 가지런하도록 규제하는 것이고, 최악의 정치는 백성과 싸우는 것이다.

善者因之 其次利道之 其次教誨之 其次整齊之 最下者與之爭

나는 사마천이 이익으로 이끄는 정치를 최상은 아니지만 차상의 정치로 꼽은 것에 주목한다. "가장 좋은 것은 아랫사람들이 다스리는 사람이 있음만을 겨우 아는 것이다(太上不(下)知有之)"라는 노자의 말과 "가장 잘하는 정치는 백성이 마음으로 따르게 하는 것이다(善者因之)"라는 사마천의 말은 둘 다 백성의 '스스로 그러함'을 따름으로써 백성에게 어떠한 부담도 주지 않는다는 의미라는 점에서 별로 다르지 않다.

그러나 차상의 정치에 대해서는 둘이 상당한 차이를 보인다. 노자는 "그 다음은 다스리는 사람을 친하게 여기고 칭찬하는 것이다(其次親之譽之)"라고 하여 유가의 왕도정치에 가까운 정치를 차상(次上)으로 서술한 데 비해 사마천은 "이익으로 백성을 이끄는 것이다"라고 하여 마치 자본주의 사회의 이윤 동기로 이끄는 것을 차상의 정치로 서술하고 있다는 생각이 들게 한다. 사마천은 도덕적 교화를 이윤 동기를 통한 지배보다 뒤에 놓고 있다.

사마천이 이익으로 이끄는 정치를 비교적 높게 평가한 것은 〈화식열전〉 자체가 재화를 증식한 사람들에 관한 전기(傳記)이기에 자본주의적 사유가 깔려 있을 수밖에 없다는 데도 그 원인이 있을 것이다. 하지만 1848년의 '공산당 선언' 이후 69년만인 1917년에 세계 최초의 공산국가인 소련이 탄생했지만 그 뒤로 거의 한 세기에 걸친 세계적인 이념 대립과 체제 경쟁에서 대부분의 공산주의 체제가 붕괴하고 만 것은 평등하게 살자는 도덕적 구호가 이기적 이윤 동기를 넘어서지 못한다는 사실을 보여주는 현실의 사례일 수 있다. 사마천은 도덕적 당위가 본능적 이기심을 넘어설 수 없는 현실을 간파하고 있었던 것이다.

"신부족유불신(信不足有不信)"이라는 구절에 대해 주석가들이 다양한 의미로 해설하지만, 나는 "믿음이 부족하면 불신이 생겨난다"는 정도로 단순하게 풀이한다. 동요하지 말고 생업에 종사하라는 이승만 대통령의 방송을 믿고 피난하지 않았다가 고초를 겪은 국민이 이승만에 대한 신뢰를 어떻게 유지할 수 있었겠는가? 단순히 그를 더 이상 믿지 않는 것이 아니라 그가 하는 말을 반대로 뒤집어 받아들이게 되지 않았을까?

이승만의 "동요하지 말고 생업에 종사하라"고 했던 말은 2014년 4월 16일에 304명의 고귀한 생명을 앗아간 세월호 참사 당시에 선장이 퇴선 명령을 내리는 대신 선내 방송을 통해 반복한 말을 연상시킨다. 이른바 '세월호 7시간'에 대한 의혹도 더불어 떠오르게 한다. 이 사례에서 나는 "믿음이 부족하면 불신이 생겨난다(信不足有不信)"는 노자의 말이 무엇을 의미하는지에 대한 강렬한 깨달음을 얻는다. 그 7시간 동안 대통령이 무엇을 했는지에 대한 의문으로 지도자와 국민 간의 믿음이 부족해지자 의혹은 더욱 확대되어만 갔다. 국민이 대통령의 말을 믿지 못하는 데서 그치지 않고, 대통령 자신은 황당한 이야기들이라고 했지만 국민 사이에 종교의례설, 밀애설, 의료시술설 등 여러 가지 의혹이 퍼지면서 불신이 더욱 증폭되는 현상을 우리는 경험했다. 그런 의혹의 사실 여부를 떠나 그것은 이미 지도자에 대한 불신의 표현이었다. 단순히 못 믿는 차원이 아니라 불신이 확대 재생산되는 단계에 이른 것이었다. 그래서 나는 정작 중요한 것은 7시간 동안 대통령이 실제로 무엇을 했느냐에 관한 진실 게임이 아니라, 그때 이미 지도자와 국민 사이의 신뢰가 회복될 수 없는 단계에 이르렀던 점이라고 생각한다.

《논어》의 〈안연(顏淵)〉 편에는 정치와 백성의 신뢰에 관한 다음과 같은 구절이 나온다.

> 자공이 공자에게 정치에 대해 물었다.
>
> 공자가 대답했다. "양식을 풍족히 하고, 국방을 튼튼히 하며, 백성이 신뢰하게 하는 것이다."
>
> 그러자 자공이 다시 물었다. "부득이 하나를 버려야 한다면 셋 중에서 무엇을 먼저 버려야 합니까?"
>
> 공자가 말했다. "병(兵)을 버려라."
>
> 자공이 다시 물었다. "부득이 하나를 또 버려야 한다면 둘 중에서 무엇을 먼저 버려야 합니까?"
>
> 공자가 말했다. "식(食)을 버려라. 예로부터 누구에게나 죽음은 있었다. 그러나 백성은(의) 믿음이 없으면 설 수 없다."
>
> 子貢問政 子曰 足食 足兵 民信之矣 子貢曰 必不得已而去 於斯三者 何先 曰去兵 子貢曰 必不得已而去 於斯二者 何先 曰去食 自古皆有死 民無信不立[63]

---

63 '민무신불립(民無信不立)'에서 무신(無信)과 불립(不立)의 주체를 누구로 볼 것인가에 따라 다른 해석이 가능하다. 무신과 불립 둘 다의 주어를 민(民)으로 보아 "백성은 믿음이 없으면 설

정치 지도자에게 신뢰가 어떤 의미를 갖는지를 되새기게 하는 구절이다. 어떤 경우에도 포기해서는 안 되는 가치가 바로 국민과의 신뢰 관계다. 국방을 소홀히 하거나 굶더라도 포기할 수 없는 가치가 바로 피치자의 믿음인 것이다. 그런데 믿을 신(信)이 사람 인(人)과 말씀 언(言)이 합쳐진 글자라는 데서 보듯이 신뢰 관계의 구축과 붕괴는 대부분 인간의 언어에 그 근원을 둔다. 그래서 정치 지도자는 말을 신중히 하고 말을 귀하게 여겨야 한다. 실천하지도 못할 약속을 입 밖에 내는 순간 신뢰 관계가 무너질 수 있으므로 신중할 수밖에 없고, 늘 조심스러워야 하는 것이다.

"공성사수 백성개위아자연(功成事遂 百姓皆謂我自然)"이라는 구절은 "공이 이루어지고 일이 완수되어도 백성은 모두가 저절로 그리 되었다고 말한다"는 뜻이다. 앞에서 노자는 최고의 다스림은 아랫사람들이 치자가 있다는 것만을 겨우 아는 정치라고 말했다. 최고의 다스림을 펴는 치자가 하는 일이 있다면 그것은 백성이 그 일의 필요성을 느끼고 스스로 동참하도록 하는 것뿐이다. 그렇기에 그 일이 완수된 뒤에도 백성은 모두가 저절로 그리 되었다고 여긴다는 것이다.

정치인들은 대개 무엇인가를 해야 한다는 강박관념을 가지고 있다. 도덕적 개혁을 내세우기도 하고, 개별 국가의 이익 추구나 경제 성장을 주장하기도 한다. 그러나 노자는 순선을 가장한 도덕 혁명도 경계하고, 이익 추구를 선호

수 없다"로 옮길 수도 있고, 무신의 주어는 민(民), 불립의 주어는 지배자로 보아 "백성에게 신뢰받지 못하면 (지배자는) 설 수 없다"로 옮길 수도 있다. 공자의 본의는 후자에 가까울 것으로 나는 본다.

하지도 않는다. 그것은 이분법에 따른 피아(彼我), 이해(利害)의 구분과 대결로 나아가기 쉽기 때문이다. 노자는 오히려 정치 지도자들에게 세상을 바꾸겠다는 마음을 버리고 세상을 여여하게 바라보라고 권유한다. 진정한 변혁은 세상과의 공존을 우선적으로 요청하고 백성의 자발적 참여를 필요로 하기에 치자의 사적, 작위적 욕망을 개입시키지 않는다.

18장

도가 폐하여지니 인과 의가 나타난다

대도가 폐하여지니 인의가 있게 되고, 지혜가 나오니 커다란 거짓이 있게 되었다. 육친이 불화하니 효도와 자애가 있게 되고, 국가가 혼란스러워지니 충신이 있게 되었다.

大道廢 有仁義 智慧出 有大僞 六親不和 有孝慈 國家昏亂 有忠臣
대도폐 유인의 지혜출 유대위 육친불화 유효자 국가혼란 유충신

흔히들 난세에 영웅이 난다고 한다. 그러나 영웅이 출현하는 것은 이미 세상이 어지러워졌다는 의미일 수도 있다. 우리는 어지럽지 않아 영웅이 필요 없는 세상을 꿈꾸지 영웅이 등장해야만 바로 세워지는 그런 세상에서 살기를 희망하지 않는다.

지금은 프로야구에 가려 고등학교 야구가 별로 인기를 얻지 못하고 있지만, 한때 고교 야구는 전 국민의 관심을 집중시키는 스포츠였다. 그 시절에 전라북도의 소도시 군산에 있는 군산상업고등학교의 야구팀은 역전의 명수라는 닉네임으로 유명했고, 군산시는 몰라도 군산상고는 아는 사람들이 많을 정도로 인기가 있었다. 군산상고 야구부가 그렇게 유명해진 결정적 계기는 1972년 7월 19일에 치러진 부산고등학교와의 제 26회 황금사자기 야구대회 결승경기였다. 그 경기에서 9회 말까지 4 대 1로 뒤져 있던 군산상고 야구팀은 9회 말에만 4득점 해 5 대 4로 극적인 역전승을 거두었다. 그 경기는 지금까지도 기억하는 사람이 있을 정도로 야구 애호가들에게는 명승부로 남아 있다.

그런데 생각해보면 자신이 응원하는 팀이 뒤진 가운데 9회 말 투아웃 상황까지 몰리는 것을 가슴 졸이면서 보다가 그 팀이 막판에 극적인 결승타를 날려 역전승을 거두는 모습을 보는 것이 희열을 배가시킬지는 모르지만, 그 팀이 1회부터 넉넉한 점수 차이로 승리를 예약한 상태에서 마음 편하게 경기를 관람하는 것이 더 바람직할 수도 있다. 더군다나 스포츠 경기가 아닌 보통 사람들의 일상에서는 세상이 혼란해진 뒤에 9회 말 투아웃에 슈퍼스타급 선수가 역전 만루 홈런을 치듯이 세상을 바로잡는 것보다는 애초부터 혼란스럽지 않아서 영웅이 필요 없는 사회 상황이 유지되는 것이 더 바람직할 것이다.

이 장의 "대도가 폐하여지니 인의가 있게 된다"는 구절에서 대도란 무엇인가? 《도덕경》에서 도(道)는 여러 가지 의미를 갖고, 또 여러 가지 사물과 현상에 비유된다. 도는 오히려 규정을 거부하는 개념이라고 보는 것이 타당할 것이다. 그래서 여기에서 나오는 대도 역시 뭐라고 정의하기 어렵다. 그럼에도 불구하고 이 장에서 대도가 의미하는 바를 굳이 말로 표현한다면, 너와 나의 구분이 없는 상태, 다시 말해 대립물의 동일화가 이루어진 상태라고 할 수 있다. 피아가 구분되고, 나의 지역과 타향이 구분되며, 조국과 타국이 분리될 때 인(仁)과 의(義)가 생겨난다고 노자는 보았다.

세속적 의미의 지혜란 결국 뭔가를 조작해서 나 자신에게, 또는 우리 집단이나 인류에게 이익이 되도록 하는 과정에 필요한 지식이다. 자본주의적으로 표현하면 보다 적은 비용으로 더 많은 수익을 얻는 것, 적은 노력으로 많은 이득을 취하는 것이 지혜가 추구하는 것이다. 이러한 지혜를 중시하는 사람일수록 더 많이 기만하고 더 많이 조작하려고 할 것이다. 자본주의는 상품을 만드는 데 드는 비용을 최소화하면서도 그 상품이 사람들에게 귀중하고 값비싼 것으로 보이게 해서 수익을 창출하고 이익을 극대화하는 것을 원리로 하는 체제가 아닌가.

1428년에 진주(晉州)에 사는 김화(金禾)라는 사람이 아버지를 살해하는 사건이 발생한다. 이에 강상죄(綱常罪, 사람이 지켜야 할 도리에 어긋난 죄)로 엄벌하자는 주장이 일어났지만, 세종은 엄벌보다 세상에 효행(孝行)의 풍습을 널리 알릴 수 있는 책을 만들어 백성을 교화하는 것이 우선이라고 생각했다. 그런데 당시에 글을 모르는 백성이 많았기 때문에 그 내용을 한눈에 알아볼 수 있도록 글과 함께 그림으로도 전할 필요가 있었다. 이러한 목적으로 출판된 책이 바로 《삼강행실도(三綱行實圖)》다. 그런데 그 내용을 보면 어머니가 드실 반찬을 많이 먹는다는 이유로 아이를 땅에 묻거나, 자신의 넓적다리 살을 베어 부모에게 음식으로 제공하는 등의 내용이 글과 그림으로 표현돼 있다. 왜 그런 극단적인 행위를 홍보해서 백성으로 하여금 효의 가치를 존숭하게 하려고 했을까? 아비를 살해하는 극단적 사건이 있었기에 그럴 필요가 있었던 것이다. 가족끼리 화목하게 지내고 다툼이 없는 사회 풍토에서는 효도니 자애니 하는 가치를 굳이 강조할 필요가 없을 것이다.

수양대군은 1453년에 계유정난(癸酉靖難)을 일으키고 자신을 포함해 43명에게 '(나라의) 근심거리를 평정해 편안하게 했다'는 의미의 정난공신(靖難功臣) 칭호를 내릴 것을 단종에게 요청했고, 단종은 이를 그대로 수용했다. 1623년에 인조반정을 일으킨 인조는 53명에게 '사직을 편안하게 했다'는 의미의 정사공신(靖社功臣) 칭호를 내렸다. 그런데 어찌 보면 마땅히 왕이 돼야 할 사람이 왕이 됐다면 그런 공신들이 생겨날 이유가 없다. 그런 공신들이 한꺼번에 수십 명씩 생겨난 것은 정상적인 방법으로는 왕위에 오를 수 없는 사람이 비정상적인 방법으로 왕위에 오르거나 실권을 장악했음을 역설적으로 증명하는 것일 수도 있다. 공신(功臣), 즉 공이 큰 신하가 많은 세상보다는 애초부터 공신이 필요 없는 세상이 진정으로 백성이 꿈꾸는 삶의 터전일 것이다.

어머니가 드셔야 할 반찬을 많이 먹는다고 아이를 땅에 묻거나 자신의 살을 베어 부모에게 드리는 것이 실제로 효도가 되는지도 모르겠으나 그러한 극단적 상황을 주제로 한 글과 그림으로 효도를 홍보해야 했던 것은 당시에 육친 간 불화가 심했다는 반증일 수 있다. 또한 전국에 산재하는 효행비는 효자, 효녀가 실제로는 드물었다는 증거가 아닐까 싶다.

국가가 위태롭고 혼란해졌기 때문에 계백이 나오고 정몽주가 충신이 되어 죽어야 했던 것이다. 바람직한 세상은 극단적 상황에서 출현하는 효자나 충신이 많은 사회가 아니라 해가 뜨면 들에 나가 일하고 해가 지면 집에 돌아와 휴식하는, 그런 자연스럽고 여여한 모습의 사회일 것이다. 어쩌면 도란 세상의 자연스럽고 여여한 모습 그 자체일지도 모른다.

19장

지배자가 성(聖)과 지(智)를 끊으면 백성의 이익은 백배가 된다

성스러움을 끊고 지혜를 버리면 백성의 이익이 백배가 된다. 인(仁)을 끊고 의(義)를 버리면 백성이 효와 자비로움으로 돌아온다. 교활함을 끊고 이익을 버리면 도적이 없어질 것이다. 이 세 가지는 겉을 꾸미는 것에 지나지 않아 부족하다. 그러므로 (순수한 본래 마음에) 소속되는 바가 있게 하라. 흰 바탕을 드러내고 투박한 근원을 품으며, 사사로움을 줄이고 욕심을 적게 하라.

絶聖棄智　民利百倍　絶仁棄義　民復孝慈　絶巧棄利　盜賊無有
절성기지　민리백배　절인기의　민복효자　절교기리　도적무유
此三者以爲文不足　故令有所屬　見素抱樸　少私寡欲
차삼자이위문부족　고령유소속　현소포박　소사과욕

앞에서도 《도덕경》이라는 텍스트가 당시의 통치자들을 대상으로 한 서물이라는 점을 여러 차례 말했다. 이 장은 그 점을 더욱 분명히 한다. "성스러움을 끊고 지혜를 버린다(絶聖棄智)"와 "인을 끊고 의를 버린다(絶仁棄義)"의 주체가 누구여야 하는지를 생각해보라. '백성이 성스러움을 끊고 지혜를 버리면 백성의 이익이 백배가 된다'는 것은 자연스럽지 않다. 이 구절들은 "지배자들이 성스러움과 지혜를 버리고 인과 의를 버리면 백성의 이익이 백배가 되고 백성이 효와 자비로움으로 돌아온다"는 의미로 읽어야 문맥이 자연스럽다.

지도자가 스스로를 성스럽다고 생각하고 지혜롭다고 생각하는 순간 그는 훌륭한 지도자가 될 수 없다. 이는 우리 사회의 정치 지도자와 성직자들이 새겨들어야 할 구절이라고 나는 생각한다. 성직자가 스스로를 평신도보다 종교적, 정신적으로 더 성스럽거나 신과의 거리가 가까운 사람이라고 생각하는 순간 그는 진정한 성직자일 수 없다.

노자는 "최고의 선은 물과 같다(上善若水)"고 했고, 예수는 낮은 데로 임하는 모습을 몸소 보여주었다. 사회적 약자들에게 자신을 한없이 낮추고 소외된 사람들과 소통하려고 한 것이 바로 예수의 삶이 아니었던가? 스스로를 성스럽다고 여기는 생각은 낮은 데로 임하려는 자세와 거리가 멀다.

과거에 어떤 대통령은 "내가 해봐서 아는데"라는 말을 자주 해서 유행시키기까지 했다. 스스로가 잘 알고 있고 지혜롭다고 생각하는 지도자는 자신의 사유와 다른 생각과 가치를 받아들이기가 어렵다. 한 기업의 부서장에서부터 한 국가의 대통령에 이르기까지 지도자는 자신이 이끄는 집단의 구성원보다 자신이 더 지혜롭다고 생각하는 경향이 있다. 더구나 지도자는 구성원들에게 어떤 형태로든 영향력을 행사할 수 있다. 그래서 많은 구성원은 지도자에게 직언하기보다 지도자의 생각에 자신의 생각을 맞추려고 한다. 사마천은 《사기》 〈급 · 정열전(汲·鄭列傳)〉에서 이러한 세태를 다음과 같은 말로 비판한다.

> 오직 군주의 비위만 맞추려고 하여 군주가 하고자 하지 않는 일이면 비난하고, 군주가 하려고 하는 일이면 칭찬한다.
>
> 專阿主意 主意所不欲 因而毀之 主意所欲 因而譽之[64]

지도자가 적극적으로 직언을 구한다고 해도 구성원은 자신의 생각을 선뜻 드러내지 못한다. 하물며 자신이 지혜롭다는 생각으로 가득 차 조금의 여백도 없는 지도자에게 구성원이 충언을 하는 것은 불가능에 가깝거나 큰 용기가 필요한 일이다. 그렇기에 자신이 모든 것을 알고 있고 스스로를 지혜롭다고 생각하는 지도자는 자기만의 생각에 갇혀버리기 쉽다.

세상은 단순하지 않다. 감세와 증세, 금리인상과 금리인하 등에 관한 논쟁에서 각각의 주장은 모두 일정한 논리적 정당성을 갖고 있지만, 어느 한쪽의 논리만으로는 세상을 다 설명할 수 없다. 뒤의 29장에서 노자가 말하는 대로 천하는 "신령스러운 그릇(天下神器)"이어서 다양한 면을 포함하고 있으므로 어느 하나의 논리로 일순간에 변화시킬 수 있는 대상이 아니다. 그래서 60장에서는 노자가 "대국을 다스림에 작은 생선을 삶듯 조심스러워야 한다(治大國若

64 史記, 司馬遷撰(北京: 中華書局出版發行, 1959年), 第10冊 卷120 3110面.

烹小鮮)"고 말한다. 지도자가 자신이 지혜롭다고 생각하는 순간 자신의 논리와 비슷한 의견만 받아들이게 되고, 이런 지도자의 태도는 다시 그의 주변에서 직언하는 사람들을 사라지게 하며, 결국은 자신에게 영합하려는 사람들만으로 주변이 채워지는 악순환을 낳게 된다. "성스럽고 지혜롭다는 생각을 버리지(絶聖棄智)" 못한 지도자의 가장 극단적인 모습이 바로 신격화된 지도자다. 신격화된 지도자는 민생의 파탄을 낳을 뿐이다. '신이 된 인간'이야말로 인간세상에 가장 큰 비극을 불러오는 씨앗일 수 있다.

"인을 끊고 의를 버린다(絶仁棄義)"는 구절도 비슷한 맥락으로 이해할 수 있다. 지도자는 스스로가 인자하고 의롭다는 생각에서 벗어나야 한다. 지도자는 인(仁)할 수 없으며, 어떤 의미에서는 인하면 안 된다. 앞의 5장에서 노자는 "천지는 인하지 않다(天地不仁)"고 했다. 천지자연이 누군가에게 인하다는 것은 누군가에게는 인하지 않다는 의미일 뿐이다. 지도자가 인(仁)과 불인(不仁)을 초월한 보편주의로 백성을 대하면 백성도 보편적 사랑을 실천하게 될 것이다.

"절교기리 도적무유(絶巧棄利 盜賊無有)"는 "교활함을 끊고 이익을 버리면 도적이 없어질 것"이라는 뜻이다. 이 구절은 "얻기 어려운 재화를 귀하게 여기지 않으면 백성이 도적이 되지 않는다(不貴難得之貨 使民不爲盜)"는 3장의 구절과 관련된다. 《도덕경》은 이렇게 논리적 정합성이 높은 서물이다. 도적이란 남의 귀한 물건을 훔치거나(절도), 빼앗거나(강도), 속여 편취하는(사기) 자가 아니던가?

지도자가 교묘한 술수를 통해 자기에게 유리한 것만을 도모하면 백성도 어떤 수단을 통해서든 자신의 이득만을 극대화하려고 할 것이다. 우리 사회의 부동산 투기 광풍은 이러한 상황을 잘 보여주고 있다. 지도층이 잔재주를 부려 손쉽게 이득을 취하려고 하는 사회에서는 투기를 하지 않는 사람이 '정직하고 성실한 사람'으로 평가되기보다 '재테크에 능하지 않고 시대감각에 뒤떨어진 못난 사람'으로 취급되고 만다.

맹자는 나라를 이롭게 하는 방책을 묻는 양혜왕에게 "왕께서는 왜 하필 이로움을 말씀하십니까? 또한 인의가 있을 뿐입니다. 왕께서 '어떻게 하면 내 나라를 이롭게 할까'라고 말씀하시면 대부들은 '어떻게 하면 내 집을 이롭게 할까'라고 말할 것이고, 사(士)와 서인(庶人)들은 '어떻게 하면 내 몸을 이롭게 할까'라고 말할 것입니다. 그렇게 상하가 서로 이익만을 탐하면 나라가 위태로워질 것입니다."[65]라고 답했다.

정치 지도자가 옳은 일인지의 여부를 따지지 않고 이익만을 탐하면 백성은 이익의 노예가 되고, 각자 자신의 이익을 위해 서로 다투게 되며, 자신이 어렵고 불리한 상황에 처한 원인을 자신에게서 찾지 않고 정의롭지 못한 사회구조에서 찾으려고 하게 된다는 것이다. 맹자는 그래서 이익을 버리고 인(仁)과 의(義)를 앞세우라고 한다. 하지만 노자는 자신이 인하고 의롭다는 생각마저도 버리라고 한다.

백범 김구는 《백범일지》에서 "나는 우리나라가 세계에서 가장 아름다운 나라가 되기를 바란다. 가장 부강한 나라가 되기를 원하는 것은 아니다"라고 말했다. 지도자부터 백성까지 이익만을 탐하는 나라는 설령 경제적 풍요로움

---

65 王曰叟不遠千里而來 亦將有以利吾國乎 孟子對曰 王何必曰利 亦有仁義而已矣 王曰何以利吾國 大夫曰何以利吾家 士庶人曰何以利吾身 上下交征利而國危矣.《孟子》<梁惠王章句上>.

을 이룬다고 하더라도 문화적으로 풍요로운 나라가 될 수 없다는 백범의 지적은 여전히 유효하며, 《도덕경》의 이 구절과도 맥락을 같이한다.

"이 세 가지는 겉을 꾸미는 것에 지나지 않아 부족하다(此三者以爲文不足)"는 구절에서 '이 세 가지(此三者)'는 성지(聖智), 인의(仁義), 교리(巧利)다. 이 세 가지는 가식적으로 겉을 꾸미는 것이기에 그것만으로는 충분하지 않다. 그래서 "소속되는 바가 있게 하라"는 것이다. 이는 곧 성지, 인의, 교리가 인간 본연의 소박한 본성으로 돌아가게 하라는 것이다. '현소포박(見素抱樸)'의 소박(素樸)은 우리가 일상적으로 쓰는 소박(素朴)과 같은 말이다. 소박함으로 돌아가고 욕심을 적게 하라는 것이다.

우리의 자본주의 사회를 보라. 그야말로 욕망의 과잉이다. 법정 스님이 가르친 '무소유'의 삶까지는 아니더라도 나부터도 꼭 필요한 것들만 가지고 소박하게 살고 있지 않다. 욕망의 무한한 확대 재생산이 이루어지고 있다. 그런데 누군가의 과잉은 누군가의 결핍을 수반한다. 세상은 서로 연결돼 있기 때문이다. 나는 자본주의의 끝없는 팽창이 두렵고, 우리 욕망의 무한 질주가 두렵다. 이 땅의 지도자는 사람들의 욕망을 팽창시키는 데만 힘쓸 것이 아니라 어떻게 하면 절제의 미덕을 실현시킬 것인지를 고민해야 한다.

《도덕경》의 다의적이고 해체적인 성격에도 불구하고 내가 이 서물에 대해 비교적 자신 있게 이야기할 수 있는 점이 있다면 그것은 《도덕경》의 저술자가 강조하고 또 스스로 경계했던 것은 자신의 생각만이 옳고 선이 될 수 있다는 독선과 아집의 적대적 파괴성이 아니었나 싶다. 스스로를 성스럽고 지혜롭다고 생각하는 자는 타인의 생각을 수용하기 어렵다. 그런 사람일수록 독선에 빠지기 쉬운 법이다. 유가의 도덕적 신념이든, 기독교의 종교적 확신이든, 세상을 이롭고 부유하게 하겠다는 생각이든 자신의 사유를 도그마화하는 것에 내재하게 되는 위험성을 노자는 여러 방식으로 경고한다.

"성스러움을 끊고 지혜를 버리면 백성의 이익이 백배가 되고, 인을 끊고 의를 버리면 백성이 효와 자비로움으로 돌아온다(絶聖棄智 民利百倍 絶仁棄義 民復孝慈)"는 구절이 뜻하는 바와 같이, 자신이 생각하기에 도덕적으로 인간을 더 선하게 하겠다는 일반의지의 표현이나 공동선을 지향하는 보편적 명령이라 할지라도 그것을 선(善)과 이로움(利)을 실현시킬 수 있는 유일한 방편이라고 절대화하는 순간 스스로가 불선(不善)과 해(害)로 전락하고 만다는 것을 노자는 강조한다.

과거의 십자군 전쟁이나 현재의 종교 간, 문명 간 마찰과 갈등은 자신들의 사유를 절대선으로 인식하고 확장하고자 하는 욕망이 불러일으킨 역사적 갈등의 사례다. 다의적이고 해체적인 특성을 지닌 노자의 사상을 하나의 틀로 고정하기는 어렵다. 그것은 노자 철학 자체가 지양(止揚)하고자 한 바다. 그럼에도 불구하고 노자 사상이 보편적 진리나 절대선에 대한 집착이 가져올 수 있는 파괴적, 배타적 속성을 경계한다는 것은 비교적 분명해 보인다. 그러므로 "뜻을 얻었으면 그 말을 잊어야 한다(得意忘言)"는 《장자》 〈외물편〉의 어구가 표상하는 것처럼 종국에는 도그마화될 수 있는 자신의 텍스트마저도 버려야 한다는 것이 노자의 본의라고 나는 생각한다.

20장

구분 짓기의 배움을 끊어라

배움을 끊으면 근심이 없어진다. 공손한 대답(唯)과 공손치 못한 대답(阿)이 서로 얼마나 다른가. 선과 악의 차이는 또 얼마나 되는가. 사람들이 두려워하는 바를 나 또한 두려워하지 않을 수 없다. 빠져드는구나, 끝없이 거기에 탐닉하는도다. 뭇사람은 밝고 즐거워하여 큰 잔치를 즐기는 것 같고 봄날 누각에 올라 즐기는 것 같은데 나 홀로 담박하여 아무런 조짐도 없어 아직 웃어보지도 못한 어린아이와 같고, 떠다님이 돌아갈 곳이 없는 것 같도다. 뭇사람은 모두 남음이 있는데 나 홀로 모자란 것 같구나, 나는 어리석은 사람의 마음이로다. 혼돈스럽구나, 세상 사람들은 밝은데 나 홀로 어두워 혼란스럽고, 세상 사람들은 잘 살피는데 나 홀로 깨닫지 못해 어둡구나. 어둡기가 그믐날과 같구나. 쓸쓸함이여, 머무를 곳이 없는 것 같구나. 뭇사람은 모두 쓰임이 있으나 나 홀로 완고하여 비천한 듯하다. 나 홀로 사람들과 달리 먹여 살리는 어미를 귀하게 여긴다.

絶學無憂 唯之與阿 相去幾何 善之與惡 相去何若 人之所畏
절학무우 유지여아 상거기하 선지여악 상거하약 인지소외
不可不畏 荒兮其未央哉 衆人熙熙 如享太牢 如春登臺
불가불외 황혜기미앙재 중인희희 여향태뢰 여춘등대

我 獨 怕 (泊) 兮 其 未 兆　如 嬰 兒 之 未 孩　乘 乘 兮 若 無 所 歸

아 독 파 (박) 혜 기 미 조　여 영 아 지 미 해　승 승 혜 약 무 소 귀

衆人皆有餘　而我獨若遺　我愚人之心也哉　沌沌兮　俗人昭昭

중인개유여　이아독약유　아우인지심야재　돈돈혜　속인소소

我獨若昏　俗人察察　我獨悶悶　忽兮若晦　寂兮似無所止

아독약혼　속인찰찰　아독민민　홀혜약회　적혜사무소지

衆人皆有以　我獨頑似鄙　我獨異於人而貴食母

중인개유이　아독완사비　아독이어인이귀식모

이 장의 첫 어구 '절학무우(絶學無憂)'를 "배움을 끊으면 근심이 없어진다"라고 번역하는 데는 거의 이견이 없어 보인다. 그런데 나는 이 어구에서 배움을 끊는다는 절학(絶學)의 주체와 근심이 없어진다는 무우(無憂)의 주체가 서로 다르다는 것과 끊음의 대상이 되는 학(學)이 무엇인지를 이해하는 것이 중요하다고 생각한다. 절학의 주체는 선악과 피아의 이분법적 인식을 버려야 할 당시 지배층이고, 그렇게 하면 백성의 근심이 없어진다고 노자가 말한 것으로 이 어구를 이해해야 할 것이다.

이 어구는 반주지주의(反主知主義)를 표방하고 더 나아가 우민화 정책을 말하는 것처럼 여겨지기도 한다. 그런데 노자가 과연 모든 배움을 부정하고자 이 어구를 《도덕경》에 포함시킨 것일까? 우리는 이에 대한 노자의 생각을 그 다음 구절에서 엿볼 수 있다. 노자는 '예'라는 공손한 대답(唯)과 '응'이라는 공손치 못한 대답(阿) 사이에 어떤 차이가 있는지를 분별해내는 배움, 선악을 이분법적으로 구분해내는 배움을 지도자는 끊어내야 한다고 말하고 있다.

"유지여아 상거기하 선지여악 상거하약(唯之與阿 相去幾何 善之與惡 相去何若)"은 "공손한 대답과 공손치 못한 대답이 서로 얼마나 다른가, 선과 악의 차이는 또 얼마나 되는가"라는 의미다. 나는 이 구절을 보면 반말을 했다고 다투는 어린 학생들이나 어투를 문제 삼아 싸우는 사람들을 떠올리게 된다. 따지고 보면 에너지와 시간을 소비하며 다투고 싸울 일이 아닌데도 그렇게 하면서 감정을 허비한다는 생각이 들 때가 있다. 우리가 배우는 지식의 상당부분이 공대와 하대와 같은 미세한 차이를 구분해내기 위한 배움에 지나지 않는다면 그러한 지식은 절(絶)해야 할 대상이다.

여기에서도 《도덕경》이라는 텍스트가 당시의 지배계층을 대상으로 한 서물임을 고려하는 것이 중요하다. 이 구절이 일반 백성을 대상으로 한 것이라면 공대(恭待)와 하대(下待)에 큰 차이가 없고 선악(善惡)의 구분이 불분명하다는 표현은 조금은 선동적이고 혁명의 냄새마저 풍기게 된다. 그러나 그것이 지배계층을 향한 말이라면 하대(下待)하는 듯한 대답을 듣게 되더라도, 그리고 자신이 악이라고 생각하는 것을 보게 되더라도 각각 공대, 선과 그리 멀지 않으니 관용하라는 의미에 가깝게 된다. 노자는 선악의 차이가 그리 크지 않음을 지적함으로써 당시의 지배계층에게 피지배계층이나 다른 제후들의 이해관계나 입장을 관용적으로 바라보라고 요구한 것이다.

노자는 앞의 2장에서 "모두가 선이 선하다고만 알고 있지만 그것은 불선일 뿐이다(皆知善之爲善 斯不善已)"라고 말한 바 있다. 시비와 선악이 서로 연기되고 교차되기에 절대적인 선도, 절대적인 악도 존재하지 않는 것이 현실임에도 우리가 배우는 지식은 사물과 현상을 호오, 시비, 선악의 이분법으로 나누는 분별지(分別知)가 대부분을 차지한다. 노자는 바로 이러한 배움을 끊으라고 당시의 지배자들에게 말한 것이다. 그러므로 노자가 말한 "절학무우(絶學無憂)"는 반주지주의 선언이라기보다 이분법적 흑백논리에 대한 경고이며, 더구나 우민화 정책과는 거리가 멀다.

그 다음의 "사람들이 두려워하는 바를 나도 두려워하지 않을 수 없다(人之所畏 不可不畏)"는 구절은 도를 실천하는 사람이라고 해서 뭇사람과 크게 다르지 않음을 천명한 것이다. 이렇게 서로 크게 다르지 않음을 천명하고 만약 다른 점이 있다면 이런 것이다 하고 그 차이를 설명하는 구절들이 뒤에 이어

진다.[66]

"황혜기미앙재(荒兮其未央哉)"를 나는 "빠져드는구나, 끝없이 거기에 탐닉하는도다"라고 번역했다. 자전을 찾아보면 황(荒) 자에 '빠진다'는 뜻이 있고, 앙(央) 자에는 '다하다'라는 뜻이 있다. 나는 이 구절을 뭇사람이 끝없이 욕망을 추구하는 상황을 표현한 것으로 본다. 그래서 "모든 사람이 봄날 축제를 즐기는 것 같고 봄날 높은 누각에 올라 꽃놀이를 즐기는 것 같은데 나 홀로 담박하여 아무런 조짐도 없어 아직 웃어보지도 못한 어린아이와 같고, 돌아갈 곳이 없는 것 같다"로 풀이했다. "아직 웃어보지도 못한 어린아이와 같다"는 표현은 선악, 시비 등이 아직 구분되지 않은, 그러한 것들의 어떠한 징조도 보이지 않는 상태를 비유한 말이다.

노자는 이어 뭇사람은 모두 남음이 있는데 나 홀로 모자란 것 같고, 세상 사람들은 밝은데 나 홀로 혼란스럽고, 세상 사람들은 영민하게 잘 살피는데 나 홀로 어둡기가 그믐날과 같고, 홀로 쓸쓸하여 머무를 곳이 없는 것 같고, 뭇사람은 모두 쓰임이 있으나 나 홀로 완고하여 비천한 듯하다고 하는 등 자신이 뭇사람과 다른 점을 다양한 방법으로 서술하고 있다.

'불가불외(不可不畏)' 이후에 이어지는 이런 구절들은 모두 뭇사람이 시비, 선악, 호오의 분별적 지식에 매우 밝고 영민하나 자신은 그러한 구분이 드러나지 않는 영아의 상태이거나 그러한 구분에 밝지 않음을 상징적으로 표현한

---

66 장일순은 《무위당 장일순의 노자이야기》(서울: 삼인, 2003), 209쪽에서 "사람들이 두려워하는 바를 나도 두려워하랴"라고 번역하고 그 뒤에 나는 이렇게 뭇사람들과 다르다는 구절들이 오는 것으로 풀이하고 있다. 이 번역도 나름의 논리성이 있다. 그런데 "불가불외(不可不畏)"가 "나도 두려워하랴"로 잘 옮겨지지 않기에 나는 장일순의 번역을 따르지 않았다.

것으로 볼 수 있다.

"식모(食母)를 귀하게 여긴다"는 마지막 구절에서 식모란 과연 무엇인가? 모든 것을 먹여 살리는 식모는 다름 아닌 자연이고 도이다. 그래서 노자는 자신이 뭇사람과 달리 지엽적, 분별적 지식을 귀하게 여기지 않고 근원적인 자연과 도를 중시한다고 표명한 것이다. 이 구절에는 말단적이고 분별적인 지식이 아니라 모든 것을 공평하게 품어주고 먹여 살리는 자연의 도를 중하게 여긴다는 의미가 담겨 있다.

21장

덕의 포용력은 도를 따른다

비어 있는 덕의 포용력은 오직 도를 따른다. 도의 물(物) 됨은 오직 황홀할 따름이다. 황홀하도다, 그 가운데에 형상이 있다. 황홀함이여, 그 가운데에 만물이 있다. 고요하고 그윽함이여, 그 가운데에 정수가 있다. 그 정기는 매우 진실되고, 그 가운데에 믿음이 있다. 예로부터 지금에 이르기까지 그 이름이 사라지지 아니하니 이로써 만물의 근본을 살핀다. 내가 어떻게 만물의 시작이 그러함을 아는가? 바로 이로써 아는 것이다.

孔德之容 唯道是從 道之爲物 惟恍惟惚 惚兮恍兮 其中有象
공덕지용 유도시종 도지위물 유황유홀 홀혜황혜 기중유상
恍兮惚兮 其中有物 窈兮冥兮 其中有精 其精甚眞 其中有信
황혜홀혜 기중유물 요혜명혜 기중유정 기정심진 기중유신
自古及今 其名不去 以閱衆甫 吾何以知衆甫之然哉 以此
자고급금 기명불거 이열중보 오하이지중보지연재 이차

노자는 앞의 9장에서 "지니고 채우려는 것은 그만두는 것만 못하다(持而盈之 不如其已)"고 했고, 15장에서는 "이 도를 보존하고 있는 자는 가득 채우려고 하지 않는다(保此道者 不欲盈)"고 했다. 가득 채운다는 것은 무엇인가를 더 이상 받아들일 수 없게 된다는 것과 다르지 않다. 그래서 노자에게는 비움(虛)이 채움만큼 중요하다. 도를 지닌 자는 가득 채우려 하지 않는다는 것이다.

자기만의 사유로 가득 차 여백이 없는 사람은 자신의 사유와 다른 어떤 사유도 받아들이지 못한다. 일상에서 "꽉 막힌 사람"이나 "도무지 말이 통하지 않는 사람"으로 지칭되는 사람들은 대부분 이미 자신만의 결론을 자신의 내부에 꽉 채워 둔 사람이다. 이런 사람들에게는 타인의 말을 받아들일 여백과 여유가 없다. 이 장의 표현을 빌리자면 공덕(孔德, 비어 있는 덕)이 없는 사람인 것이다. 도는 비어 있어서 받아들이지 못할 것이 없고, 따라서 덕의 포용력은 모든 것을 받아들이는 도를 따를 수밖에 없다.

"도지위물 유황유홀(道之爲物 惟恍惟惚)"은 "도의 물 됨은 오직 황홀할 따름이다"라는 뜻이다. 여기에서 황홀하다는 것은 무엇을 의미하는가? 이에 대해 소자유는 "도는 있는 것도 아니고 없는 것도 아니다. 그래서 황홀하다는 말로 표현한 것이다(道非有無 故以恍惚言之然)"라고 주석했다. 도가 물(物)이 되면, 다시 말해 도가 실제의 현상이나 사물로 화(化)하면 그것은 오직 황홀할 따름이어서 인간의 언어로 표현하기 어렵다. 도는 황홀해서 있는 듯도 하고 없는 듯도 하다. 또한 밝기도 하고 어둡기도 하며, 모양이 없기도 하고 있기도 하다. 그래서 도는 '상이 없는 상(無狀之狀)'으로 표현되기도 한다. 황홀한 가운데 형상(象)이 있고, 황홀한 가운데 물(物)이 있다. 도는 대립물의 통일이기에 단가적인 인간의 언어로 포착되지 않는다. 그래서 황홀하다는 표현 말고는 달리 형용하기 어려운 것이다.

도(道)가 물(物)로 화하면 유무가 섞이고 명암이 섞인다. 하지만 그 가운데에 정수가 보존된다. 앞의 14장에서 본 "섞이어 하나가 된다(混而爲一)"는 어구가 상징하는 바와 같이 섞여 있어 잡종이지만 아무리 섞이더라도 도의 정수를 잃지는 않는다. 그 정수는 매우 진실되고, 그 가운데에 불멸하는 도에 대한 믿음이 있다.

그 다음 어구인 "이로써 중보를 본다(以閱衆甫)"에서 중보를 무엇으로 볼 것인지에 대해 소자유는 "보(甫)는 아름다움이다. 비록 만물의 아름다움이라고 하더라도 변화함을 면하지 못한다(甫美也 雖萬物之美 不免于變也)"라고 주석했고, 왕필은 "중보라는 것은 물의 시작이다. 무명(無名)으로써 만물의 시작을 말한 것이다(衆甫 物之始也 以無名說萬物始也)"라고 풀이했다. 따라서 이 어구는 소자유의 견해에 따르면 "내가 어떻게 만물이 변화의 연속선상에 있음을 아는가"라는 의미에 가깝고, 왕필의 견해에 따르면 "어떻게 만물이 무(無)에서 시작됨을 아는가"라는 뜻에 가깝다. 나는 보(甫) 자에 '비로소', '처음'이라는 의미가 있음에 주목해 보(甫)를 '만물의 시작'으로 풀이하는 것이 자연스럽다고 생각해서 이 구절을 "만물의 근본을 살핀다"로 옮겼다.

왕필은 뒤에 이어지는 "내가 어떻게 만물의 시작이 그러함을 아는가? 바로 이로써 아는 것이다(吾何以知衆甫之然哉 以此)"라는 구절을 "내가 어떻게 만물이 무에서 시작된다는 것을 알겠는가? 바로 이로써 안다고 말하는 것이다(言 吾何以知萬物之始於無哉 以此知之也)"라고 주석했다. 왕필은 무를 보다 근원적인 것으로 해석하는 귀무론적(貴無論的) 관점에서 이 구절을 해석하고 있다. 그러나 나는 이런 왕필의 해석에 동의하지 않는다. 유무가 상관되어 있다는 것이 노자의 본의에 가깝다고 생각하기 때문이다.

도는 있는 것 같기도 하고 없는 것 같기도 하여 황홀하다는 표현 말고는 딱히 뭐라고 설명하거나 한마디로 정의하기가 어렵다. 다시 말해 그것은 유이면서 무다. 그것은 유무의 혼성이기에 단가적 정의를 거부하지만, 무소부재하여 존재하지 않는 곳이 없고 예로부터 지금에 이르기까지 사라지지 않고 면면히 내려오고 있다.

도는 만물을 품어주기에 만물이 거기에서 나오지 않음이 없다. 도는 하나의 실체로 규정되지 않지만 어디에나 존재하는 보편자다. 제1 원인자로서의 신이 만물을 창조했다는 서양의 창조론적 사유와 대비되는 노자 철학의 면모를 이 장에서 다시금 확인할 수 있다.

22장

곧음 속에는 굽음이 있다

굽은 것은 온전하여지고, 구부리면 펴지고, 우묵하게 파이면 차게 되고, 낡으면 새로워지고, 적으면 얻게 되고, 많으면 미혹해진다. 그러하므로 성인은 상반되는 것들을 하나로 안아 천하의 법도로 삼는다. 스스로 자기를 드러내지 않으므로 밝고, 스스로 옳다고 하지 않으니 빛나며, 스스로 자랑하지 않으므로 공이 있고, 스스로를 과시하지 않으니 우두머리가 된다. 오직 다투지 않으므로 천하가 그와 다툴 수가 없다. 굽은 것은 온전하여진다는 옛말이 어찌 허언이겠는가. 진실로 온전히 하여 도(道)로 돌아갈지어다.

曲則全 枉則直 窪則盈 敝則新 少則得 多則惑 是以聖人抱一爲天
곡즉전 왕즉직 와즉영 폐즉신 소즉득 다즉혹 시이성인포일위천
下式 不自見故明 不自是故彰 不自伐故有功 不自矜故長 夫唯不爭
하식 부자현고명 부자시고창 부자벌고유공 부자긍고장 부유부쟁
故天下莫能與之爭 古之所謂曲則全者 豈虛言哉 誠全而歸之
고천하막능여지쟁 고지소위곡즉전자 기허언재 성전이귀지

《주역》의 〈계사전(繫辭傳)〉에는 "한 번은 음이 되고 한 번은 양이 되는 것을 도라고 한다(一陰一陽之謂道)"는 구절이 나온다. 낮만 계속되거나 밤만 계속될 수 없고, 사계절이 순환하는 것이 자연의 이치이고 도의 모습이다.

서양의 직선적, 종말론적 세계관으로는 잘 이해되지 않겠지만, 동양의 사유에서 삶과 죽음은 완전히 분리되지 않는다. 삶 속에 죽음의 그림자가 있고 죽음은 다시 삶의 씨앗을 잉태하듯이 모든 대립되는 현상은 별개로 존재하지 않는다. 이 장은 바로 그러한 점을 지적한다. 굽음과 곧음은 별개로 존재하지 않고, 직선과 곡선도 별개로 존재하지 않는다. 우리가 직진하는 것으로만 알았던 빛도 중력에 의해 휘어진다는 사실이 발견됐다.

중국 호남성을 겨울에 여행할 때의 기억이다. 중국 호남성은 우리나라에서 대나무로 유명한 담양보다 훨씬 저위도에 위치한 지역이어서 그런지 대나무가 상당히 많이 서식하고 있었다. 그런데 겨울에 호남성의 대나무는 곧게 서 있는 것이 아니라 대부분 휘어져 있었다. 겨울에 비가 오거나 눈이 오면 습기가 얼어붙으니 대나무가 그 무게를 견디지 못하고 굽어 있다가 봄이 와 얼음이 녹으면 다시 곧은 대나무의 모습으로 돌아간다고 안내자는 설명했다. 나는 그곳 대나무의 모습에서 《도덕경》의 이 구절을 떠올렸다. 곧게 서 있다고 해서 절개의 상징으로 여겨지는 대나무에도 굽음의 성향이 내재한다. 사실 대나무가 곧기만 하다면 그 많은 죽세공품이 만들어질 수 없을 것이다.

웅덩이가 깊게 파였다는 것은 거기에 물이 차오를 가능성이 있다는 의미이고, 가을에 수확한 열매가 봄에 씨앗이 되는 현실에서 "낡으면 새로워진다(敝則新)"는 어구의 의미를 실감하게 된다. 가진 것이 적다는 것은 더 얻을 수 있는 가능성을 함유하고, 가진 것이 많다는 것은 미혹되어 가진 것을 잃게 될 가능성을 함유한다. 많이 가진 사람은 단순하게 살 수 없다. 지켜야 할 것이 너무 많기에 의심도 많고 유혹도 많은 것이 당연한 이치이다.

나는 이 장의 구절들을 이렇게도 풀이할 수 있다고 생각한다. "스스로를 굽었다고 생각하는 자는 온전해질 수 있고, 스스로를 구부러졌다고 생각하는 자는 곧게 펴질 수 있고, 스스로를 비어 있다고 생각하는 자는 충만해질 수 있고, 스스로를 낡았다고 생각하는 자는 새로워질 수 있고, 스스로를 부족하다고 생각하는 자는 배움을 얻을 수 있고, 스스로가 박학다식하다고 생각하는 사람은 오히려 미혹되기 쉽다." 자신의 내부에 곡(曲)과 왕(枉)의 요소가 병존함을 인정하는 사람이야말로 전(全)해지고 직(直)해질 수 있다. 노자가 말한 곡전(曲全), 왕직(枉直), 와영(窪盈), 폐신(敝新), 소다(少多)가 반드시 물리적 현상과 상황만을 의미하는 것은 아니기에 이와 같은 해석도 가능할 것이다.

그래서 성인은 상반되는 것들을 하나로 안아 천하의 법도로 삼는다. 이 장에서 노자는 곡(曲)과 전(全), 왕(枉)과 직(直), 와(窪)와 영(盈), 폐(敝)와 신(新)이 서로 독립적, 대립적으로 존재하는 것이 아니라 각각 서로를 내면적으로 함장하고 있다고 했다. 노자가 말한 포일(抱一, 상반되는 것들을 하나로 안음)은 상반되는 대상들이 독립적으로 존재하는 것이 아니라 서로가 관련되어 있음을 전제하는 논리적 개념이다. 그것은 택일의 논리가 아니라 있는 그대로의 것들을 아우르는 포용의 논리다.

뒤의 25장에 "도는 자연을 본받는다(道法自然)"는 구절이 나오는데, 자연의 모습을 본받는 도의 입장에서는 곡(曲)과 전(全), 왕(枉)과 직(直)이 택일해야 하는 대상이 아니라 상관돼 있고 어떤 의미에서는 서로를 존재근거로 필요로 한다. 내가 전(全)이라고 생각했던 것과 직(直)이라고 생각했던 것에 곡(曲)과 왕(枉)이 이미 함장돼 있음을 인정한다면 내 생각이 순선(純善)하고 나의 가치가 절대선(絶對善)이라는 아집과 독선에서 벗어날 수 있을 것이다.

자연의 도는 택일의 논리가 아니라 상호 인정과 공존의 논리에 가깝다. 그래서 도를 실천하는 성인은 택일(擇一)이 아닌 포일(抱一)을 준칙으로 삼기에 "포일을 천하의 법도로 삼는다(抱一爲天下式)"라고 노자가 표현한 것이다.

프랑스 혁명 당시에 급진적이고 과격한 국민공회를 주도한 로베스피에르는 혁명의 이상에 충실하고자 한 인물이다. 1792년 12월 국민공회에서 루이 16세가 재판을 받게 되자 그는 "루이는 반드시 죽어야 한다. 왜냐하면 조국이 살아야 하기 때문이다."라고 주장했다. 그는 결국 루이 16세를 단두대로 보냈다. 그런 그에게 이 세상은 선과 악의 대결이었다. 그는 자신이 순선한 혁명의 이상에 충실하다고 자부했을 것이다. 그러나 자신만을 옳다고 여긴 그의 혁명정치는 반대파뿐만 아니라 자신과 생각을 달리하는 자코뱅당의 동료들까지 단두대로 보내는 공포정치로 변해갔다. 그리고 결국은 그 자신도 단두대에서 피를 뿌리는 것으로 생을 마감한다.

로베스피에르가 혁명의 이상에 충실하다가 그 제단에 자신의 피를 뿌린 순교자인지, 또 다른 권력의 화신이었는지에 대한 판단은 사람마다 다를 수 있다. 하지만 그의 사례는 자신만이 옳다는 독선과 결합된 절대선에의 집착과 선악의 이분법적 사유가 몰고 오는 역사적 비극이 어떠한 것인지를 보여준다는 점을 부인하기는 어려울 것이다. 이런 측면에서 나는 "부자시고창(不自是故彰)"을 "스스로만을 옳다고 여기지 않기에 빛난다"라는 의미로 새겨야 한다고 생각한다.

이어지는 "오직 다투지 않으므로 천하가 그와 다툴 수가 없다(夫唯不爭 故天下莫能與之爭)"는 구절은 어떻게 해석해야 할까? 자신만이 옳다는 생각에서 벗어난 사람은 선악과 시비를 다투려고 하지 않는다. 살아가면서 갈등을 겪지 않는 사람이 어디에 있겠는가? 갈등의 상황이야말로 일상이고, 일상은 어떤 의미에서 갈등의 연속이다. 갈등의 상황 속에서는 그것이 아주 크게 느껴져 언쟁을 하고 이해관계를 다투지만, 조금만 시간이 지나서 생각해보면 대부분의 경우가 사소한 일상이었음을 인식하게 되는 경우가 많다. 하물며 억겁의 시간 속에서 보거나 자연의 도라는 입장에서 보면 그 다툼이 큰 의미가 없음을 성인은 안다. 때문에 누가 그와 다투려 해도 다툼에 응하지 않기에 그와 다툴 수가 없다.

이 장의 마지막 구절 "고지소위곡즉전자 기허언재 성전이귀지(古之所謂曲則全者 豈虛言哉 誠全而歸之)"에서 우리는 노자가 사용한 "굽은 것은 온전해진다(曲則全)"는 표현이 그 자신이 생각해낸 것이 아니라 당시의 사람들이 이미 사용하던 어구였음을 알 수 있다.

철학은 철학자들의 전유물도 아니요, 식자층의 지적 유희에 머물러서도 안 된다. 어떤 철학이건 우리 모두의 일상과 동떨어져 존재한다면 그것은 식자층의 지적 유희에 지나지 않는다. 노자가 당시의 속담이나 금언을 인용하여 자신의 사유를 전개했다는 것은 철학이 우리의 일상과 어떻게 관련을 맺어야 하는지를 보여주는 하나의 사례다. 상징성 높은 《도덕경》을 저술한 노자도 자신의 사유를 일상과 연결시키려고 노력했다. 노자 철학에 대한 우리의 이해가 우리 자신의 일상을 떠나 존재한다면 우리가 《도덕경》을 읽어야 할 이유가 없다.

23장

그악스러움은 지속되기 어렵다

드물게 말함은 스스로 그러함이다. 회오리바람은 아침나절 내내 불지 않고, 소나기는 하루 종일 내리지 않는다. 누가 이렇게 하는가? 천지이다. 천지도 회오리나 소나기를 오래 지속시킬 수 없거늘 하물며 사람이 극단적 상황을 오래 지속할 수 있겠는가? 그러므로 도에 종사하는 자들이여, 도를 구하려는 자는 도와 같아져야 하고 덕을 구하려는 자는 덕과 같아져야 한다. 도와 덕을 잃어가는 자들은 그 잃음과 동화되어 간다. 도와 같아지려는 자를 도 또한 그를 즐거이 받아들이며, 덕과 같아지려는 자를 덕 또한 그를 즐거이 받아들인다. 도와 덕을 잃고자 하는 자를 (도와 덕을) 잃음 또한 즐거이 받아들인다. 믿음이 부족하면 불신이 있게 마련이다.

希言自然 飄風不終朝 驟雨不終日 孰爲此者 天地 天地尙不能久 而況于
희언자연 표풍부종조 취우부종일 숙위차자 천지 천지상불능구 이황우
人乎 故從事於道者 道者同于道 德者同于德 失者同于失 同于道者 道亦
인호 고종사어도자 도자동우도 덕자동우덕 실자동우실 동우도자 도역
樂得之 同于德者 德亦樂得之 同于失者 失亦樂得之 信不足 有不信
낙득지 동우덕자 덕역낙득지 동우실자 실역낙득지 신부족 유불신

김용옥이 지적했듯이 《도덕경》에 나오는 '자연(自然)'이라는 말을 영어 'Nature'에 해당하는 명사로 해석하는 것은 어색하다.[67] 우리가 오늘날 사용하는 '자연'이라는 말은 근대 자연과학이 서양에서 유입되면서 생겨난 번역어이므로 적어도 중국의 전국시대 이전으로 소급되는 《도덕경》의 저술 시기에 이 말이 'Nature'의 개념으로 사용됐으리라고 생각하는 것은 무리가 있다. 근대어로 표현한다면 '자연스럽다' 정도의 형용사로 번역하는 것이 노자의 본의에 가까울 것이다.

드물게만 자신을 드러내는 것이 도의 본성이다. 도는 간혹 회오리바람이나 소나기와 같은 격렬함으로 자신을 드러내기도 한다. 그러나 그러한 것은 그리 오래가지 못한다. 광풍과 폭우는 한나절이나 하루를 지속하기 어렵다. 누가 그렇게 하고 있는가? 바로 천지(天地)가 그렇게 하고 있다. 대자연도 극단적 상황을 장구하게 지속시킬 수 없다. 하물며 인간이 어떻게 극단적 상황을 오래 이어갈 수 있겠는가? 살다보면 즐거운 일도, 화나는 일도 겪게 마련이지만, 아주 기쁜 일이 생겼다고 하더라도 그 기쁨이 며칠을 지속하지 못하고, 격노의 상태도 그리 오래가지 않는다. 장구할 수 있는 것은 산들 부는 봄바람과 같은 삶의 자세다.

영생을 꿈꾼 진시황은 전국시대를 평정하고 통일 제국을 건설한 뒤에 폭압적인 정치를 행하다가 10여 년 만에 생을 마감했고, 그 제국도 몰락의 길을 걷기 시작했다. 앞 장에서 소개한 로베스피에르 역시 혁명의 순수성을 내

67 김용옥, 《노자와 21세기(2)》 (서울: 통나무, 1999), 272~274쪽.

세우며 비이성적 공포정치를 자행하다가 루이 16세가 처형된 다음 해에 그 자신도 형장의 이슬로 사라졌다. 진시황과 로베스피에르는 각각 어떤 세상을 꿈꾸었을까? 두 사람이 꿈꾼 세상은 아마 그들이 각각 살았던 시대의 차이만큼 상당한 거리가 있을 것이다. 그러나 두 사람은 휘몰아치는 광풍으로 모든 것을 일소하고자 하는 격정 속에서 살다가 광풍의 소멸과 함께 생을 마감했다는 점에서는 유사하다. 천지도 장구할 수 없거늘 하물며 인간이야(天地尙不能久 而況于人乎)…….

이어지는 구절 '도자동우도 덕자동우덕 실자동우실(道者同于道 德者同于德 失者同于失)'은 "도를 구하려는 자는 도와 같아져야 하고, 덕을 구하려는 자는 덕과 같아져야 한다. 도와 덕을 잃은 자는 잃음과 같아진다"는 뜻이다. 나는 이 구절을 읽을 때마다 《대반열반경》에 나오는 '일체중생 실유불성(一切衆生 悉有佛性)'이라는 구절이 떠오른다. 이는 "모든 중생은 불성을 지니고 있다"는 뜻이다.

불교의 가르침은 결국 너 자신이 부처가 되라는 의미가 아니겠는가? 나의 아내는 적어도 내게는 신실한 불교 신자의 모습을 보여준다. 매일 아침에 일찍 일어나 《천수경》이나 《금강경》 같은 경전을 독송한다. 하지만 나는 나의 아내가 정말로 신실한 불교 신자인지에 대한 판단을 유보한다. 아내가 부처의 가르침을 일상에서 실천하려고 노력하는지의 여부가 나의 판단준거가 될 것이다. 아내가 성불하면 좋겠지만 성불하지 못한다고 해도 나는 그녀가 일상에서 부처의 가르침을 실천하고 부처와 닮아가려 노력하는 모습을 실존적으로 보여준다면 그녀를 더욱 존경할 것이고 그녀를 진정한 불교 신자로 여길 것이다.

나는 "도를 구하려는 자는 도와 같아져야 하고 덕을 구하려는 자는 덕과 같아져야 한다(道者同于道 德者同于德)"는 구절을 현대적 표현으로 "불도를 구하려는 자는 부처와 같아져야 하고, 그리스도의 도를 구하려는 자는 그리스도와 같아져야 한다(佛者同于佛 基者同于基)"[68]로 바꾸어도 그 본질적 의미는 변하지 않는다고 생각한다.

노자의 관점에서 보면, 누군가가 《금강경》이나 《성경(Bible)》을 외우고 매일 사찰이나 교회에 가더라도 그의 실존이 구도자의 삶과 거리가 있다면 그는 진정한 불자(佛者)나 기자(基者, 기독교인)라고 할 수 없다. 종교의 진정한 가르침은 종교시설에만 갇혀 있는 것이 아니라 우리의 모든 일상과 함께하는 것이기 때문이다. 노자의 도는 무소부재(無所不在), 즉 있지 않은 곳이 없다.

이 장의 마지막에 나오는 "신부족 유불신(信不足 有不信, 믿음이 부족하면 불신이 있게 마련이다)"은 앞의 17장에서 이미 보았다. 이 구절이 이 장에 다시 나온 것은 착간(錯簡)이라고 주장하는 학자들도 있음을 밝혀 둔다.

---

68 Christ의 음역이 '기독(基督)'이다.

24장
까치발로는 오래 서 있지 못한다

발꿈치를 들고 발돋움하는 자는 오래 서 있지 못하고, 가랑이를 한껏 벌려 걷는 자는 오래 걷지 못한다. 스스로 자기를 드러내는 자는 밝지 못하고, 스스로 옳다고 하는 자는 빛나지 아니하며, 스스로를 자랑하는 자는 공이 없고, 스스로를 과시하는 자는 우두머리가 될 수 없다. 이런 것들을 도에서는 찌꺼기 음식이요 군더더기 행동이라고 한다. 만물도 그런 것들을 싫어한다. 그러므로 도를 지닌 자는 그러함에 처하지 아니한다.

跂者不立　跨者不行　自見者不明　自是者不彰　自伐者無功
기자불립　과자불행　자현자불명　자시자불창　자벌자무공
自矜者不長　其在道曰餘食贅行　物或惡之　故有道者不處
자긍자부장　기재도왈여식췌행　물혹오지　고유도자불처

24장은 현실의 구체적 사례들을 통해 인위적 유위(有爲)의 행위가 도와 거리가 멀 뿐더러 지속되기도 어렵다는 점을 다시 한 번 강조하고 있다. 아견(我見)이나 아상(我相)에 근거한 유욕의 행위는 오래 지속되기 어렵다. 지금 이 책을 읽고 있는 독자들은 까치발을 한 상태를 몇 분이나 지속할 수 있는지를 시험해 보라, 또는 한쪽 손이나 발을 들고 몇 분이나 버틸 수 있는지를 시험해 보라. 단 5분을 계속하기 어렵다는 사실을 실감할 것이다. 모두 자연스러움에서 벗어난 몸짓이기에 오랫동안 그 동작을 지속할 수 없다.

발돋움하는 것은 자연스러운 행위가 아니며, 남보다 높아지거나 돋보이고 싶어 하는 유위의 욕망을 상징한다. 가랑이를 한껏 벌려 걷는 것 또한 부자연스러운 행위인 동시에 남보다 빨리 가려는 욕망을 상징한다. 이런 유위의 욕망에 기인한 행위는 오래 지속하기 어렵다.

노자는 앞장에서 "회오리바람도 아침나절을 지속하지 못하고, 소나기도 하루를 지속하지 못한다. 무아(無我), 무욕(無欲)의 자연현상도 극단적 상황을 오래 유지하지 못하거늘 하물며 인간이야……"라고 했다. 이 장에서는 아견이나 아상에 근거한 인간의 유위가 오래 지속되지 못함을 구체적 현상을 들어 설명한다.

"스스로 자기를 드러내는 자는 밝지 못하고, 스스로 옳다고 하는 자는 빛나지 아니하고, 스스로를 자랑하는 자는 공이 없고, 스스로를 과시하는 자는 우두머리가 될 수 없다"는 구절은 앞의 22장에서 "스스로 자기를 드러내지 않으므로 밝고, 스스로 옳다고 하지 않으니 빛나며, 스스로 자랑하지 않으므로 공이 있고, 스스로를 과시하지 않으니 우두머리가 된다(不自見故明 不自是故彰 不自伐故有功 不自矜故長)"라고 반대로 서술된 바 있다.

나에게는 남보다 높아지고자 하는 기자(跂者)의 욕망이 없는가? 나는 남보다 앞서려고 하는 과자(跨者)의 욕망이 없는가? 기자의 까치발이래야 높이가 10센티미터에 지나지 않을 것이고 과자의 발걸음이래야 그 앞서는 거리가 그리 크지 않을 것이지만, 나를 포함한 대부분의 사람들은 사소한 이해관계 앞에서 기자, 과자의 삶을 살아가고 있다.

그러나 까치발로 서거나 성큼성큼 걷는 행위나 그렇게 해서 스스로를 과시하고 드러내고자 하는 욕망은 모두 도의 견지에서 보면 찌꺼기 음식이요 군더더기 행동에 지나지 않기에 만물은 그러한 것을 싫어한다. 그러므로 도를 지닌 유도자(有道者)는 그러한 찌꺼기나 군더더기에 처하지 않는다.

25장

만물은 서로 연관되어 있다

뒤섞여서 이루어진 물건이 있으니 천지보다도 앞서 생겨났다. 적막하고도 쓸쓸하도다! 홀로 서 있지만 변하지 않고 가지 않는 데가 없지만 위태롭지 않으니 천하의 어미가 될 수 있다. 나는 그 이름을 알지 못하여 그것을 글자로 나타내어 도라 하고, 억지로 이름 짓는다면 크다고 한다. 큰 것은 미치지 않는 곳이 없고, 미치지 않는 곳이 없기에 멀어지고, 멀어지기에 돌아온다고 한다. 그러므로 도가 크고 하늘이 크고 땅이 크며 왕 또한 크다. 넓은 세상에 네 가지 큰 것이 있는데 왕이 그 가운데 하나이다. 사람은 땅을 본받고 땅은 하늘을 본받고 하늘은 도를 본받고 도는 스스로 그러함을 본받는다(그래서 모두가 연결되어 있다).

有物混成　先天地生　寂兮寥兮　獨立而不改　周行而不殆
유물혼성　선천지생　적혜료혜　독립이불개　주행이불태
可以爲天下母　吾不知其名　字之曰道　强爲之名曰大
가이위천하모　오부지기명　자지왈도　강위지명왈대
大曰逝　逝曰遠　遠曰反　故道大　天大　地大　王亦大
대왈서　서왈원　원왈반　고도대　천대　지대　왕역대

域 中 有 四 大　而 王 居 其 一 焉　人 法 地　地 法 天　天 法 道

역 중 유 사 대　이 왕 거 기 일 언　인 법 지　지 법 천　천 법 도

道 法 自 然

도 법 자 연

노자는 앞의 4장에서 "나는 그 누구의 자식인지를 알 수가 없구나. 아마도 상제보다도 먼저인 듯하다(吾不知誰之子 象帝之先)"라고 말한 바 있다. 도는 단가적 존재가 아니기에 누구의 자식이라고 단정적으로 한정할 수 없다.

서양의 창조적(제조적) 세계관은 세상을 창조한 절대적 존재를 전제하지만, 노자의 세계관에서는 그러한 제1 원인자가 존재할 수 없다. 노자가 "유물혼성(有物混成, 뒤섞여서 이루어진 물건이 있다)"이라고 표현했듯이 도는 유와 무, 선과 악, 장과 단, 고와 하의 뒤섞임이요 잡종이어서 양가적 속성을 지닌다.

도는 비유비무(非有非無, 유가 아니면서 무도 아님)이면서 유이무(有而無, 유이면서 무임)이다. 그것은 개념적으로 단일화되지 않기에 이중부정이면서 이중긍정이고 개념화를 거부한다. 그것은 천지보다도 먼저 생겨났다. 자칫 "유물혼성이 천지보다 앞서 생겨났다"는 말을 "유물혼성이 천지를 생성시킨 원인자다"라는 의미로 이해할 수 있는데, 노자의 세계관에서는 이 말이 그런 의미가 될 수 없다. 여기에서 노자는 "천지보다 앞서 생겨났다"고 표현했다. 이것은 주재자가 창조한 것이 아니라 저절로 생겨났다는 의미다.

천지도 만물 중 하나일 뿐이다. 오히려 모든 것이 연기되고 상관된 혼돈의 상태로 얽혀 있는 것이 본래 자연의 모습이자 도의 모습이라는 의미로 이 구절을 해석해야 한다. 노자의 사유에서 질서는 선이고 무질서는 악이라는 이분법적 사유 자체가 성립되지 않는다. 도는 혼돈의 무질서인 동시에 질서(코스모스)를 함장하는 자연의 법칙 그 자체라고 봐야 한다.

"뒤섞여서 이루어진 물건이 있으니 천지보다도 앞서 생겨났다(有物混成 先天地生)"는 구절은 인간을 포함한 천지만물이 자연의 법칙에 따라 생겨나고 사라짐을 의미한다. 그리고 그 자연의 법칙은 누군가의 고안품이나 창조물이 아니라 저절로 생겨난 것이다.

"적혜료혜(寂兮寥兮, 적막하고도 쓸쓸하도다)"라는 구절은 도와 짝할 수 있는 무엇이 있을 수 없기에 그렇다는 것이다. "독립이불개(獨立而不改, 홀로 서 있지만 변하지 않는다)"는 변화를 거부한다는 것이거나 불변성을 의미하는 것이 아니다. 만물은 모두 변화한다. 변화하지 않는 것은 만물이 변화한다는 사실뿐이다. 여기에서 "홀로 서 있지만 변하지 않는다"는 이러한 변화의 항상성을 말하는 것이고 유와 무, 장과 단, 고와 하가 서로 연기되고 상관되어 있다는 사실 그 자체가 변하지 않는다는 것을 의미한다.

"주행이불태(周行而不殆, 가지 않는 데가 없지만 위태롭지 않다)"는 《장자》의 〈지북유(知北遊)〉 편에서 장자가 도가 어디에 있느냐는 동곽자의 질문에 "있지 않은 곳이 없다(無所不在)"고 한 대답처럼 도가 만물에 작용해 미치지 않는 데가 없음을 의미한다. 그리고 도는 만물이 공존하도록 할 뿐 만물을 모순적 상황으로 밀어 넣지 않으니 위태로워지지 않는다고 한 것이다.[69] 들판의 이름 없는 풀이 꽃을 피우고 씨앗을 퍼뜨리는 것도 도의 작용이요, 해와 달이 운행하는 것도 도의 작용이다. 도는 작용하지 않는 곳이 없다.

"가이위천하모(可以爲天下母, 천하의 어미가 될 수 있다)"에서 '어미'는 천하의 근본이나 운영 원리를 상징한다고 봐야 할 것이다. 이는 만물에 두루 미쳐 만물을 변화시키는 도의 작용이 항상적이라는 것이 천하의 근본 원리가 됨을 의미한

---

69 김형효는 《사유하는 도덕경》(서울: 소나무, 2004), 221쪽에서 불태(不殆)는 '위태롭지 않다', '의심스럽지 않다', '게으르지 않다', '지치지 않는다' 등의 의미를 모두 포괄하지만 '만물에 주행하면서도 지치지 않는다'라는 의미에 가장 가깝다고 밝히고 있는데, 참고할 만하다.

다. 나는 이 구절이 앞의 21장에 나오는 "상반되는 것을 하나로 안아 천하의 법도로 삼는다(聖人抱一爲天下式)"는 언명과 밀접하게 관련된다고 생각한다. 성인은 곡(曲)과 전(全), 왕(枉)과 직(直)을 하나로 안아 천하의 법도로 삼는다. "천하의 어미가 될 수 있다"는 것도 결국은 무의 항상성, 유의 작용성, 그리고 변화의 가능성이 서로 연기되는 관계에 있으며, 이것이 천하의 근본 원리가 된다는 의미다.

그 다음에 노자는 "나는 그 이름을 알지 못하여 그것을 글자로 나타내어 도라 하고, 억지로 이름 짓는다면 크다고 한다(吾不知其名 字之曰道 强爲之名曰大)"라고 말한다. 앞의 4장에서 노자가 "그것이 누구의 자식인지 알 수 없다(吾不知誰之子)"고 했듯이 도는 단가성의 실체가 아니기에 인간의 언어로 규정되지 않는다. 그것은 하나의 이름(名)으로 한정하고 규정할 수 있는 대상이 아니어서 단가적인 이름을 가질 수 없고, 따라서 그 이름을 알 수 없다는 것이다. 명가명비상명(名可名非常名), 즉 이름으로 한정될 수 있는 것은 항상된 이름이 될 수 없기에 도는 하나의 이름으로 한정되지 않는다. 이 점과 관련해 방동미(方東美)는 "노자의 도는 분명히 일체의 언어와 문자를 초월하고 일체의 개념을 초월한다"[70]고 언급했다. 그것은 인간의 언어로 쉽게 규정되지 않지만 문자화한다면 도(道)라고 할 수 있고, 억지로 이름 짓는다면 크다고 말할 수 있을 뿐이다.

"큰 것은 미치지 않는 곳이 없고, 미치지 않는 곳이 없기에 멀어지고, 멀어

70 방동미(方東美), 남상호 역, 《원시 유가 도가 철학》(서울: 서광사, 1999), 289쪽.

지기에 돌아온다고 한다(大曰逝 逝曰遠 遠曰反)"는 구절은 도는 크고, 장자가 말한 것처럼 존재하지 않는 곳이 없고(無所不在), 이르지 않는 곳이 없다(無所不至)는 것이다. 도는 만물에 두루 미치는 보편성이 있기에 '간다(逝)'라고 표현한 것이다. 도는 있지 아니한 곳이 없고, 가지 않는 곳이 없다는 의미다.

가는 것은 멀어지기 마련이고, 멀어지면 돌아오게 돼 있다고 노자는 지적하고 있다. 여기에서 '멀어진다'는 표현은 단순히 공간적으로 멀어진다는 의미가 아니다. 나의 개인적 경험이 이 구절을 이해하는 데 도움이 될지 모르겠다. 나는 군 생활을 하면서 겨울에 매복 작전이라고 해서 적이 침투할 것으로 예상되는 길목에서 조용히 숨어 경계하는 형태의 임무를 여러 차례 수행했다. 그런데 추운 겨울밤에 자신의 위치를 노출시키지 않기 위해 움직이지 않고 장시간 산 속에 숨어 있기가 쉬운 일은 아니었다. 칠흑 같은 어둠 속에서 빨리 날이 새서 따뜻한 내무실에 들어가 쉬고 싶은 마음이 간절하지만, 시간은 더디게만 흘러간다. 기다림의 시간은 길기만 하고 좀처럼 해는 밝아오지 않는다. 영하의 기온 속에서 밤을 새우며 빨리 날이 밝아오기만을 기다리는데 사위는 점점 더 어두워만 간다. 해가 밝아오기 바로 직전에 주위가 가장 어두워지고 기온은 가장 낮게 내려간다. 가장 어둡고 가장 추운 시간이 지나야 밝고 따뜻한 태양이 떠오른다. 《주역》의 '극즉반(極則反)'과 이 구절의 '원왈반(遠曰反)'은 바로 이러한 자연의 속성을 가리킨다.

가는 것은 멀어지게 마련이고 멀어지면 돌아온다는 노자의 말은 모든 현상이 무르익어 극에 달하면 다시 순환하여 돌아오게 된다는 의미다. 밤이 깊어질수록 새벽이 가까워지듯이 멀어져가는 현상은 궁극에 달하여 거기에 고착되는 것이 아니라 순환성을 보이며 다시 돌아온다는 것이다.

노자는 여기에서 "억지로 이름 짓는다면 크다고 한다"고 했는데, 세상에는 도(道), 천(天), 지(地), 왕(王)이라는 네 가지 큰 것(四大)이 있다. 그 가운데 하나가 왕, 즉 인간이다. 우리는 이 구절에서도 노자 철학을 단순히 자연 중심주의나 반문명주의로 규정할 수 없는 이유를 확인하게 된다. 노자의 철학도 결국은 당시 인간이 직면한 문제를 해결하기 위한 고민을 담고 있다.

나는 "인법지 지법천 천법도 도법자연(人法地 地法天 天法道 道法自然)"에서 '법(法)'을 '본받는다'로 풀었지만, 그것이 단순히 '모범으로 삼는다'는 의미만을 갖는 것은 아니다. 그것은 오히려 사람은 땅과 연기(緣起)되고 관련돼 있다는 의미에 더 가깝다. 땅이 없으면 인간은 발을 딛고 살아갈 수 없을 뿐더러 인간 자체가 대지와 대자연의 일부다. 나부터가 오늘도 자동차를 이용해 출근하고, 나무를 베어 만든 종이를 죄책감 없이 쓰고 심지어 허비한다. 이 모든 행위는 인간이 대지, 자연과 연결돼 있음에도 마치 독립적으로 존재하는 양 대지, 자연을 괴롭히는 것일 수 있다. 현대 사회에서 자동차나 종이를 사용하지 않고 살아갈 수는 없다. 하지만 나의 행위가 대지의 순환과정과 연관돼 있음을 아는 것과 그러한 인식조차 없는 것 사이에는 큰 차이가 있다. 현대의 인류가 직면한 문제 가운데 상당 부분이 인간도 생태계의 일부라는 인식의 결여에서 연유한 것이다.

지구상의 어떠한 생명체도 독립적으로 존재할 수 없으며, 만물은 서로 연기되어 있다. 단지 인간이 그런 사실을 잊은 채 살고 있을 뿐이다. 지구온난화에 따른 폭염을 냉방기의 힘에 의존해 극복할 수 있다고 생각하는 것은 근시안적이고 단세포적인 발상이다. 인간은 대지(지구)를 떠나 존재할 수 없을 뿐더러 대지와 상호작용하며 살아가야 한다. 그렇기에 대지를 괴롭히는 행위는 결국 자신을 괴롭히는 행위와 다르지 않다.

"땅은 하늘을 본받는다"도 같은 맥락에서 이해할 수 있다. 땅의 생명력도 결국은 하늘과의 관계 속에서 유지된다. 하늘에서 내려오는 태양에너지와 비가 있기에 땅 위의 만물이 생명력을 유지하고 생장할 수 있다. 이렇게 대지와 하늘도 서로 무관하게 존재하는 것이 아니라 밀접한 관계를 맺고 있다. 그리고 천지는 다시 인간과 긴밀하게 관련된다. 근래 들어 우리나라에서 심각한 사회적 쟁점이 된 미세먼지 문제를 예로 들어보자. 인간이 만들어낸 공해물질이 대기를 더럽히고, 더러워진 대기가 다시 인간에게 피해를 준다. 이렇게 천, 지, 인은 서로 밀접하게 관련되어 있다. 다만 인간이 그 관련성을 모르거나 알더라도 마치 그것이 자신과는 관계없는 것처럼 행동하는 것이 문제일 뿐이다.

하늘은 도를 본받고 도는 자연을 본받는다는 것도 천지의 모든 사물과 현상이 서로 연기되고 상관된다는 것이 근본 법칙임을 의미한다. 자연은 유와 무, 장과 단, 고와 하의 혼성(混成)이고 교차이며 그러한 상관성에 의거해 운영되는데, 이와 같은 대립물의 교차, 상관, 융합이 바로 도가 따르는 '스스로 그러함(自然)'의 모습이다.

위 구절들은 인간, 대지, 하늘, 자연이 모두 하나로 연결돼 있음을 지적하고 있다. 인간은 사회를 떠나 혼자 생활할 수 없는 것과 마찬가지로 천지를 떠나서도 존재할 수 없다. 나의 과잉은 타인의 결핍을 초래하기 쉽다. 그래서 노자는 "얻기 어려운 재화를 귀하게 여기지 말라(不貴難得之貨)"고 했다. 구성원들이 타인의 결핍과 불행을 보고 가슴아파하는 공감 능력이 부족하고 끝없는 축적의 욕망에만 사로잡힌 사회의 모습이 어떠할지는 쉽게 짐작할 수 있다. 우리 모두는 타인과의 관계를 벗어나서 살아갈 수 없다. 노자는 여기에서 더 나아가 인간이 천, 지, 자연과 연기되고 상관되어 있다는 것을 분명하게 밝히고 있다.

인간이 편리를 위해 필요 이상으로 플라스틱 제품과 자동차 등을 이용하면서 환경을 오염시키지만, 그것은 결국 인간 자신을 해치고 오염시키는 행위다. 서양의 이분법적 논리에서는 창조주와 인간이 분절되어 있고, 인간과 천지가 객관적 실체로 독립하여 존재하며, 나와 타인은 별개의 실체로 인식된다. 하지만 노자의 세계관에 따르면 나와 타인이 연기되어 있듯이 인간과 천(天), 지(地)도 서로 연기되고 상관되는 것이 스스로 그러한 자연(自然)의 모습이다. 그래서 이 장은 나와 우주 대자연은 하나라는 강렬한 메시지를 함축한다.

26장

성인은 근본을 떠나지 않는다

무거운 것은 가벼운 것의 뿌리가 되고, 안정됨(고요함)은 조급함(시끄러움)의 임금이 된다. 그러므로 성인은 종일 행군을 하여도 식량과 물자를 실은 수레를 떠나지 않는다. 비록 영화로운 볼거리가 있어도 초연하게 한가함에 처한다. 어찌 만승의 주인으로서 천하에 몸을 가벼이 놀리겠는가? 가벼우면 그 뿌리를 잃게 되고, 조급하면 그 임금 됨을 잃는다.

重爲輕根　靜爲躁君　是以聖人終日行　不離輜重　雖有榮觀
중위경근　정위조군　시이성인종일행　불리치중　수유영관
燕處超然　奈何萬乘之主　而以身輕天下　輕則失根　躁則失君
연처초연　내하만승지주　이이신경천하　경즉실근　조즉실군

"무거운 것은 가벼운 것의 뿌리가 되고, 안정됨(고요함)은 조급함(시끄러움)의 임금이 된다(重爲輕根 靜爲躁君)"는 노자 철학의 관점에서 볼 때 자연스러운 명제다. 왕필이 이를 "가벼운 것이 무거운 것을 실을 수 없고, 작은 것이 큰 것을 누를 수 없다"는 의미로 해석했다는 것 외에 더 많은 설명이 필요하지 않을 것이다.

그 다음 구절인 "그러므로 성인은 종일 행군을 하여도 식량과 물자를 실은 수레를 떠나지 않는다(是以聖人終日行 不離輜重)"에 대해서는 약간의 설명이 필요해 보인다. 나는 이 구절을 군사에 관한 상식을 이야기한 것으로 이해해도 무방하다고 생각한다. 그래서 나는 이 구절을 "그러므로 성인은 종일토록 군사 행군을 하여도 치중대를 떠나지 않는다"는 의미로 읽는다. 여기에서 치중(輜重)은 '식량과 물자를 실은 수레'인데, 식량과 보급품을 운반하는 군수부대 정도로 이해할 수 있다. 부대가 행군할 때 지휘자인 장군이나 임금은 보통 선두에 서지 않는다. 선두에 섰다가 적의 공격에 타격을 입게 되면 부대 전체가 지휘체계 붕괴로 궤멸될 우려가 있기 때문이다. 지휘자가 선두에 서는 것은 용기 있는 행동이기보다는 부대 전체를 보지 못하는 어리석음의 발로이기 쉽다. 소대장이나 중대장 정도가 선두에 서서 지휘하는 것은 그래도 이해할 수 있는 일이지만, 사단장이나 군단장이 선두에 서서 부대 전체를 지휘하는 것은 상식적이지 않다.

또한 보급부대는 항상 전투부대의 보호를 받으며 움직이는 것이 군사적 상식이다. 아무리 막강한 전투력을 지닌 부대라 할지라도 식량이나 탄약의 보급 없이는 전투력을 발휘할 수 없기 때문이다. 이런 의미에서 치중대는 군사력의 뿌리라고 할 수 있다. 앞 구절에서 무거움이 가벼움의 뿌리라고 했듯이 치중대는 부대 전체 전투력의 근원이다. 그래서 성인은 치중대를 떠나지 않는다.

치중대라는 것이 결국은 전체를 먹여 살리는 것과 밀접한 관련이 있다. 그래서 근본인 것이고, 성인은 그 근본을 떠나지 않는다. 노자는 20장에서 이미 "나 홀로 사람들과 달리 먹여 살리는 어미를 귀하게 여긴다(我獨異於人 而貴食母)"라고 말한 바 있는데, 이 구절과도 맥락상 연결된다.

"수유영관 연처초연(雖有榮觀 燕處超然)"은 두 가지 의미로 해석할 수 있다. "아주 영화로운 볼거리가 있다 하더라도 초연하게 한가함에 처한다"로도 해석할 수 있고, "영화로운 모습으로 살더라도 초연하게 한가함에 처한다"로도 해석할 수 있다. 둘 다 나름의 논리적 타당성이 있다. 첫째 해석은 휘황찬란한 경관에도 정신을 산란시키지 말고 뿌리인 고요함을 지키라는 의미이고, 둘째 해석은 영광스러운 자리에 있더라도 그 자리에 집착하거나 도취되지 말고 언제든지 고요함으로 돌아갈 수 있는 초연함을 잃지 말라는 의미에 가깝다. 그러나 마음을 헛된 것에 빼앗기지 말고 고요함을 지키며 근본에 힘쓰라는 의미로 수렴되기에 두 가지 해석 사이에 큰 차이는 없다. 나는 쉬운 풀이를 위해 자구대로 직역했지만 노자의 본의는 후자에 좀 더 가깝다고 생각한다.

"어찌 만승의 주인으로서 천하에 몸을 가벼이 놀리겠는가?"에서 '만승'은 《맹자》의 〈양혜왕장구상〉에 나오는 구절 "만승지국에서 그 임금을 죽이는 자는 반드시 천승의 집안이다(萬乘之國 弑其君者 必千乘之家)"에서의 '만승'과 같은 말이다. 승(乘)은 네 마리 말이 끄는 전투용 수레를 말하는데, 그런 승이 만 대라는 의미다. 결국 이 구절은 "대국을 이끄는 임금으로서 어찌 천하에 몸을 함부로 놀릴 수 있겠는가"라는 의미다. 성인은 치중대와 같은 근본에 머무르지 말단에 처하지 않는다. 말단에 처하면 근본을 잃기 쉽다.

소대장의 전술적 판단은 소대원들에게, 중대장의 전술적 판단은 중대원들에게 그 영향력이 한정된다. 그러나 군단장의 전략적 판단은 전투의 승패뿐만 아니라 국가의 존망과도 직결된다. 지위가 높고 책임이 무거울수록 몸가짐도, 의사결정도 진중하게 해야 한다. 만승지국의 임금으로서 '재미난 볼거리(榮觀)', '맛난 음식(五味)', '얻기 어려운 재화(難得之貨)' 등에 마음을 빼앗기거나 사사로운 이해관계나 감정에 따라 가벼이 움직이면 그 부정적 영향은 모든 백성에게 미치게 된다.

중국 최초의 통일 군주인 진시황은 지나치게 영생에 집착해서 일설에 의하면 건강을 위해 복용한 수은으로 인해 사망했다고 한다. 지금 진시황의 사망 원인을 정확히 고증하는 것은 불가능에 가깝지만, 영생에 대한 집착이 오히려 그의 명을 재촉했을 가능성은 충분히 있다고 본다. 진시황이 찾고자 한 불로초를 현대적 의미로 해석한다면 그것은 젊음을 유지하기 위한 각종 건강식품, 성형수술, 미용 등이 아닌가 싶다. 이런 것들을 모두 부정적으로 볼 필요는 없겠지만, 영생이나 불로에 집착하는 것이나 성형수술과 안티에이징 시술을 통해 세월을 무리하게 거스르고자 하는 것은 자연스러운 도에 배치되는 것이고, 따라서 비도(非道)이다. 진시황이 군주가 아니라 재력이 있는 개인일 뿐이었다면 그의 그런 행위가 기껏해야 개인적 불행을 초래하는 데 그쳤겠지만, 통일군주였던 그의 그런 행위는 나라를 혼란에 빠뜨리고 백성을 도탄에 몰아넣었다.

27장

성인은 만물을 포기하지 않는다

잘 행하는 자는 자취를 남기지 않고, 잘 말하는 자는 허물을 남기지 않으며, 잘 계산하는 자는 주판을 사용하지 않고, 잘 닫는 자는 빗장과 자물쇠가 없지만 열 수 없고, 잘 묶는 자는 끈으로 묶음이 없지만 풀 수 없다. 그러므로 성인은 항상 사람을 잘 구원하므로 사람을 버림이 없고, 항상 만물을 구원하기를 잘하므로 만물을 버림이 없다. 이를 일러 밝음을 받아 계승한다고 한다. 그러므로 선인은 불선인의 스승이요, 불선인은 선인의 자산이다. 그 스승을 귀하게 여기지 않고, 그 자산이 되는 것들을 사랑하지 않으면 비록 지혜롭다 하더라도 크게 미혹될 것이다. 이를 일러 묘함의 요체라 한다.

善行無轍迹 善言無瑕謫 善計不用籌策 善閉無關楗而不可開
선행무철적 선언무하적 선계불용주책 선폐무관건이불가개
善結無繩約而不可解 是以聖人常善救人 故無棄人 常善救物
선결무승약이불가해 시이성인상선구인 고무기인 상선구물
故無棄物 是謂襲明 故善人不善人之師 不善人善人之資 不貴
고무기물 시위습명 고선인불선인지사 불선인선인지자 불귀
其師 不愛其資 雖知大迷 是謂要妙
기사 불애기자 수지대미 시위요묘

선(善) 자는 '착하다'는 의미 외에 무엇을 '잘한다'는 의미로도 사용된다. 이 구절에 나오는 선행(善行), 선언(善言), 선계(善計), 선폐(善閉), 선결(善結)이란 말에서도 선 자는 무엇을 잘한다는 의미다.

첫 구절 "선행무철적(善行無轍迹)"은 "잘 가는 자는 자취가 없다"나 "잘 행하는 자는 자취가 없다"로 옮길 수 있는데, 나는 후자가 노자의 본의에 좀 더 가깝다고 생각한다. 선의로 기부를 하는 사람이 자신의 자취를 남기고자 하면 그 의미가 반감되는 경우가 많다.

전주의 노송동에는 '얼굴 없는 천사'로 불리는 누군가가 매년 수천만 원의 기부금을 공원이나 인적이 드문 곳에 놓아 두고 주민센터에 그 장소를 알려주는 방식으로 기부를 하고 있다. 나부터도 내가 기부하고 있다는 사실을 내세우려 하고, 설령 스스로를 드러내고자 하는 마음이 없다 하더라도 현실적으로 소득공제를 적용받기 위해 기부금 영수증이라도 요구하게 된다. 그런데 이 얼굴 없는 천사는 아무런 자취도 남기지 않는다. 불교에서 보시를 한다는 생각조차 잊는 것을 가리키는 무주상보시(無住相布施)의 경지에 가깝다. 어떻게 하는 것이 진정한 기부인지는 더 말할 필요가 없으리라. 노자의 논리가 난해한 것 같지만 사실 노자는 이렇게 당연하고 자명한 말을 하고 있다. 다만 우리가 그것을 삶 속에서 실천하지 못하고 있을 뿐이다.

《도덕경》이 당시의 지배계층을 향한 텍스트였음을 앞에서 수차례 밝혔다. 지금의 정치 지도자들을 보더라도 자신의 치적을 남기기 위해 가시적인 성과에 급급하고 근본을 망각하는 경우가 많다. 《도덕경》이 쓰인 때로 추정되는 전국시대 당시의 지배자들도 크게 다르지 않았을 것이다. 많은 제후들이 영토확장과 부국강병의 치적을 남기기 위해 군비확충과 전쟁에 치중했다.

진시황은 기원전 221년 분열돼 있던 중국을 통합해 통일왕조를 이루고는 자신의 무덤을 축조하고 그 안에 대량의 병마용을 제작해 둠으로써 지금까지 그 자취를 남기고 있다. 그 거대한 진시황릉은 지금은 유명한 관광지가 되어 중국 인민에게 막대한 관광수입을 안겨주고 있지만, 그것을 축조하는 과정에서 희생당한 사람들에게는 고통과 비극의 현장이었을 뿐이다. 진시황뿐 아니라 많은 사람들이 자신의 무덤을 크게 만들고 자신의 행적을 적은 비석과 문인석, 무인석 등을 세웠다. 그러나 《명심보감(明心寶鑑)》의 〈성심편상(省心篇上)〉에는 "길 가는 사람의 입이 비석보다 낫다(路上行人口勝碑)"는 구절이 나온다. 진정한 업적은 사람들의 마음속에 남겨지는 것이지 한낱 돌덩이에 새겨지는 것이 아니라는 것이다.

동학농민혁명이 시작된 전북 정읍의 태인면에 있는 피향정(披香亭)에는 아직도 농민 봉기의 원인을 제공한 조병갑(趙秉甲)이 세운 그의 아버지 조규순(趙奎淳)의 영세불망비가 한쪽 자리를 차지하고 있다. 전국에 산재한 수많은 공적비나 선정비의 주인공 가운데 정말로 공적이 있고 선정을 베푼 사람이 몇이나 될지 모르겠다. 정말로 공적이 있거나 선정을 베푼 사람은 굳이 그러한 돌덩어리로 자신의 자취를 남기려고 하지 않는다. 선정을 베푸는 관리는 그러한 비석을 세우는 과정이 백성에게 부담이 된다는 것을 알기에 그러한 행위를 하려고 하지 않는다. 선행무철적(善行無轍迹), 즉 진정한 선행은 자취를 남기지 않는다. 자취가 남는다면 아마도 그것은 사람들의 마음속 깊은 곳일 것이다.

나는 "선행무철적(善行無轍迹)"에서 행(行) 자에 지배계층의 지배 행위라는 뜻도 담겨 있다고 본다. 그렇다면 이 구절은 "잘 다스림은 자취를 남기지 않는다"로도 읽을 수 있다. 치적을 남기겠다는 정치 지도자의 사적 욕망은 오히려 세상을 혼란스럽게 만든다. 노자가 뒤의 29장에서 "천하를 갖고자 하는 자는 천하를 얻을 수 없다"고 한 것도 같은 맥락이다.

다음 구절 "잘 말하는 자는 허물을 남기지 않는다"에 대해 생각해보자. 말은 결국 무엇인가를 지시하기로 정해진 사회적 약속이지만, 그 약속 체계는 불완전하다. 인간은 사물과 현상을 언어라는 도구를 통해 인식하고 해석한다. 따라서 우리는 사물이나 현상을 직접 인식하는 것이 아니라 언어로 번역되고 재구성된 사물과 현상을 인식하게 된다.

프랑스의 철학자 자크 데리다(Jacques Derrida)는 언어의 기표(記表, signifier)와 기의(記意, signified)가 이원적으로 분리되어 존재하는 것이 아니고, 기표화 과정의 폐쇄적 반복만이 있을 뿐이며, 의미는 중심을 갖거나 고정돼 있지 않다"고 주장했다."[71] 여기에서 기표란 예를 들어 '집'이라는 표현수단이고, 기의는 기표에 의해 상징되는 의미체로서의 집이라고 생각해도 큰 무리는 없다.

데리다는 언어와 사물 사이의 일대일 대응관계에 대해 문제를 제기한다. 기표가 기의를 정확하게 상징하지 못하므로 언어에 의해 인식된 세계는 실제의 세계와 차이를 가질 수밖에 없다는 것이다. 다시 말해 집이라는 언어는 실체로서의 집을 엄밀하게 표현해내지 못한다.

그는 인간이 언어를 통해 기표가 상징하는 의미에 정확하게 도달하기 위해서는 또 다른 기표의 도움을 받아야 하는데 이런 과정은 끊임없이 반복되고,

71 Jacques Derrida, Positions, (Chicago: The University of Chicago Press, 1981).

결국은 뫼비우스의 띠처럼 처음과 끝을 알 수 없는 순환과정 속에 놓이게 되어 목적지에 도달할 수 없다고 본다. 아니, 정확하게 말한다면 목적지까지도 불분명한 상황 속에 놓이게 된다는 것이다.

우리가 국어사전에서 '집'이라는 단어를 찾아보면 '사람이 살기 위해 지은 건물', '가족이 생활하는 터전' 등의 해설이 나오지만, 이런 해설은 '사람', '건물', '가족', '터전' 등이 각각 무엇을 의미하는지를 분명히 한 뒤에나 그 의미를 명확히 할 수 있다. 그런데 '사람'이나 '건물' 등의 단어를 검색하면 또 다른 해설이 나오고, 그 의미를 명확히 하려고 하면 다시 다른 기표의 도움을 받아야 하는 상황에 처하게 된다. 이러한 과정은 끊임없이 반복된다. 따라서 인간의 언어는 기의에 결코 도달할 수 없다. 기표를 통해 기의에 도달할 수 없고, 기의는 기표를 통해 하나의 의미체로 고정될 수 없다. 따라서 우리는 언어를 통해 실체에 접근할 수 없다.

또 다른 측면의 문제 제기는 기표가 모든 개인에게 동일한 기의를 상징한다고 볼 수 없다는 것이다. 예를 들어 '사과'라는 단어를 통해 우리 모두가 동일한 모습의 사과를 머릿속에 떠올리는 것은 아니다. 각자의 경험과 지식이 반영되어 서로 다른 것을 연상하게 된다. 하나의 단어로 지시된 어떤 대상이 각자에게 다르게 인식될 수 있다는 것이다. 이는 곧 하나의 단어를 사용한다고 해도 화자(話者)가 지시하는 대상과 청자(聽者)가 인식하는 대상이 전혀 다를 수도 있음을 의미한다. 우리는 일상의 대화에서, 그리고 특히 외교적 문서나 언사에서 이와 비슷한 사례를 어렵지 않게 찾아볼 수 있다.

1992년에 중국과 대만은 "하나의 중국(一個中国)이라는 원칙에 상호 동의하되 그 표기는 중화인민공화국과 중화민국 각자의 해석에 따른 명칭을 사용

(一中各表)한다"는 이른바 '92공식(九二共識)'에 합의했다. 그런데 이 '92공식'에 대한 중국과 대만의 해석에 차이가 있다. 중국은 "하나의 중국에 대해 의견이 일치했다"고 이해하는 반면에 대만은 "각자의 해석에 따른 명칭을 사용한다"는 부분에 무게를 둔다. 동일한 문구를 중국과 대만이 각자의 입장에서 다르게 해석하고 이해하는 것이다.

이처럼 인간의 언어 자체가 불완전하다. 게다가 세상은 선과 악, 유와 무, 장과 단, 고와 하가 섞여 있어 단가적으로 정의 내리기가 쉽지 않다. 그래서 성인은 단가적이고 불완전한 언어로 대립물이 혼성된 실재를 이분법적으로 구분하려고 하지 않기에 성인의 말은 티를 남기지 않는다. 선악과 시비를 이분법적으로 구분 짓고자 한 인류사의 수많은 시도가 불러온 파국이야말로 티가 아니고 무엇이겠는가? 나는 악의 축이나 불량국가라는 단어에서 선악을 명료히 구분하려는 이분법적 논리의 냄새를 느낀다. 선과 악을 그렇게 구분하려는 시도는 상대를 파괴하려는 욕망과 연결된 것이고, 그러한 시도와 말은 티를 남긴다.

"잘 계산하는 자는 주판을 사용하지 않는다"는 구절에서 '잘 계산한다'는 것은 '정확하게 답을 찾아낸다'는 의미다. 세상은 선과 악, 시와 비로 명백하게 구분되거나 셈해지지 않는다. 세상은 계량적인 셈으로만 판단할 수 있는 대상이 아니므로 '계산을 잘하는 자(善計者)'는 주판을 사용하지 않는다는 것이다.

정치인은 어떤 정책을 추진할지를 판단할 때 그것이 얼마나 이치에 부합하고 공익을 증진시킬지를 따지기에 앞서 그것이 초래할 득표(得票)와 실표(失票)의 수를 비교한다. 이러한 행위가 바로 노자가 말한 '주판을 사용해 계산하는 행위(用籌策)'인 것이다.

또 하나 재미있는 점은 현대의 주책(籌策) 또는 주판은 컴퓨터라고 할 수 있는데, 컴퓨터의 작동원리는 기본적으로 2진법을 활용한다. 세상을 시와 비, 정과 오의 OX 문제로 단순화해 인식하는 것이 컴퓨터의 기본 속성이다. 노자는 세상이 선과 악, 시와 비, 장과 단, 고와 하의 혼성(混成)이라고 거듭 말하고 있기에 이분법적으로 세상을 계산하고 재단해내려고 하지 않는다. 따라서 노자의 입장에서 계산을 잘하는 사람은 주책을 사용하지 않는다. 아니, 세상은 주책으로 계산될 수 있는 대상이 아니다.

"잘 닫는 자는 빗장과 자물쇠가 없지만 열 수 없고, 잘 묶는 자는 끈으로 묶음이 없지만 풀 수 없다(善閉無關楗而不可開 善結無繩約而不可解)"에서 '관건(關楗)', 즉 '빗장과 자물쇠'는 내부와 외부를 분리하고 구분하기 위해 사용하는 물건이다. 문은 외부로부터의 침입을 막는 역할을 하기도 하지만 통행을 위한 통로이기도 하다. 나는 1장의 "항상 유욕으로써 그 요를 본다(常有欲以觀其徼)"는 구절에서 요(徼)가 경계의 넘나듦을 의미한다고 말한 바 있다. 문 역시 폐쇄성과 개방성을 동시에 갖는다. 그런데 문에 관건을 사용한다는 것은 개방성을 포기하고 폐쇄성만을 선택한다는 것을 의미한다. 도를 지닌 자는 결코 이런 단가적 선택을 하지 않는다. 그는 문을 열어야 할 때와 닫아야 할 때에 맞게 열거나 닫을 뿐이므로 폐쇄에 머무르기 위해 관건을 사용하지 않는다. 그럼에도 누구보다도 지켜야 할 것을 잘 지켜낸다. 아니, 그에게는 외부로부터 지켜내야 할 무엇이 존재하지 않는다.

《장자》의 〈대종사(大宗師)〉 편에는 "천하를 천하에 감추면 훔쳐 달아날 곳이 없다(藏天下於天下而不得所遯)"는 구절이 나오는데, 이 구절은 외부로부터 지켜내야 할 무엇인가가 존재하지 않는 상태이기에 빗장과 자물쇠가 필요하지 않다는 의미다. 빗장과 자물쇠를 이용해 내 것을 지키려고 한다는 것은 아상(我相), 아견(我見)에 집착하는 모습에 대한 비유일 수 있다. 아상, 아견에 집착하는 사람은 누구의 생각도 받아들일 준비가 돼있지 않고, 이중 삼중의 빗장을 걸어 놓고 자신만의 사유체계에 갇혀 산다. 그러나 도를 체득한 사람은 세상의 본질이 유와 무, 시와 비의 혼성이라는 것을 알기에 단가적인 생각에 유폐되지 않는다.

경제적 소유의 관점에서도 《도덕경》의 이 구절은 시사하는 바가 크다. 자원의 희소성이라는 주어진 전제 아래에서 무한한 축적의 욕망에 따른 과잉은 누군가의 결핍으로 이어진다는 점을 앞에서도 이야기했다. 빈부격차의 확대는 생존을 위한 절도나 강도와 같은 범죄를 증가시키고, 이는 사회 불안정을 야기한다. 브라질의 상황이 전형적인 예라고 할 수 있다. 브라질에서는 자동차 운전자가 신호대기 시에 차창을 내리지 않는 것이 불문율이고, 방탄차 판매량이 급증하고 있다고 한다. 금고를 가득 채우고 그 금고를 지키기 위해 빗장을 사용할 것인가, 빗장이 필요 없는 사회구조를 만들 것인가?

현실에서 각자가 고가의 방탄차를 개인적으로 구입해 자신을 보호할 것인지, 세금을 더 부담해 정부가 빈민의 자활을 돕게 함으로써 사회를 안정시킬 것인지는 전적으로 그 사회 구성원들의 선택에 달려 있다. 그러나 《도덕경》의 "잘 닫는 자는 빗장과 자물쇠가 없지만 열 수 없다(善閉無關楗而不可開)"는 구절이 어떤 상황을 이상적으로 그리고 있는 것인지는 더 이상의 부연을 필요로 하지 않을 것이다.

"잘 묶는 자는 끈으로 묶음이 없지만 풀 수 없다(善結無繩約而不可解)"는 구절에서 나는 우리 사회에 만연한 연고주의에 대한 통렬한 비판을 읽는다. 우리는 새로운 사람을 만나면 고향을 묻고, 졸업한 학교를 물으며, 성이 같으면 본관을 묻는다. 무엇이든 자신과 동질적인 요소를 발견해야만 안심이 되는 듯한 모습이다. 또한 우리 사회처럼 결사(結社)가 많은 사회도 그리 많지 않을 것이다. 동문회, 향우회, 화수회를 비롯해 각종 연(緣)으로 이어진 모임이 헤아릴 수 없을 정도로 많다. 문제는 그런 모임은 대부분 우리 집단과 타인 집단을 구분하려는 분별심에서 비롯된 경우가 많고, 또 우리 집단의 이해관계를 지키고자 하는 욕망에 근거하고 있다는 점이다.

우리는 앞의 25장에서 "사람은 땅을 본받고, 땅은 하늘을 본받고, 하늘은 도를 본받고, 도는 자연을 본받는다(人法地 地法天 天法道 道法自然)"는 구절을 통해 인간은 독립적으로 존재할 수 없고, 타인과는 물론이고 천, 지, 자연과도 연기됨을 살펴보았다. 인간이 온 우주와 연기되고 상관되기에 대지나 대기를 오염시키는 행위는 결국 자신을 해치는 행위에 지나지 않는다. 하물며 나와 시공간을 공유하는 타인을 고향, 출신학교, 본관, 종교 등을 가지고 차별화하거나 그런 차별화를 자기 집단의 이익 극대화 수단으로 삼는 결사는 이해관계가 소멸되면 필연적으로 해체될 수밖에 없다.

"끈으로 묶는다"는 것은 묶인 것과 묶이지 않는 것의 차별화를 의미한다. 그 결속은 다름에 대한 차별로 귀결된다. 도를 체득한 사람은 차별화를 전제로 한 묶기를 하지 않기에 풀어야만 할 무엇이 존재하지 않는다. 도의 차원에서는 인간과 천, 지, 자연이 모두 하나이기에 그러한 차별화를 위한 묶음의 행위가 필요하지 않다.

도는 차별적 인함을 베풀지 않는다. 그래서 노자는 "그러므로 성인은 항상 사람을 잘 구원하므로 사람을 버림이 없고, 항상 만물을 구원하기를 잘하므로 만물을 버림이 없다. 이를 일러 밝음을 받아 계승한다고 한다(是以聖人常善救人 故無棄人 常善救物 故無棄物 是謂襲明)"라고 말한다. 노자는 앞의 5장에서 "천지는 인하지 않다(天地不仁)"고 했고, 뒤의 79장에서는 "천도는 친함이 없다(天道無親)"고 한다. 나는 이 두 구절을 "천지는 호오(好惡)에 수반되는 편파성과 파당성이 없다"는 의미로 이해한다. 천하의 도를 체득한 성인은 선과 악, 호와 오를 이분법적으로 구분하지 않는다. 천지의 여여한 모습은 선과 악의 교차이자 공존이다. 도는 순선을 추구하지 않기에 오히려 선을 실현할 수 있다. 악을 궤멸시키고자 하는 순선의 욕망이 스스로를 타락시키고 세상을 혼란에 빠뜨릴 수 있음을 노자는 거듭 강조한다.

문제는 현실적으로 존재하는 흉악범과 같은 일반적으로 포용될 수 없는 악의 문제를 어떻게 처리해야 하는가에 있다. 자칫 노자의 가르침이 모든 것을 포용하라는 의미로 해석될 수도 있지만, 나는 노자가 악의 박멸을 추구하기보다 악과의 공존을 선택하라고 말한 것으로 이해한다. 노자는 선악을 분명하게 구분되는 것으로 보지도 않지만, 설령 객관적이고 절대적인 악이 존재한다 하더라도 그 악을 박멸하라는 단가적 처방을 내리지 않는다. 세상을 순선의 무균실로 만들려는 시도는 자칫 스스로를 타락시킬 수 있음을 알기 때문이다. 그는 악이 준동하지 못하도록 감싸고 달래어 악과 공존하는 방법을 선택하라고 한다. 따라서 그는 어떤 사람도 포기하지 않고, 버리지 않게 된다.

노자의 논의는 사람에만 국한되지 않고 만물로 확장된다. 인간은 해충, 독충, 유해조수(有害鳥獸) 등으로 만물을 분류하지만 그것은 인간의 주관이 개입된 판단에 지나지 않는다. 모든 존재는 나름의 존재이유가 있다. 왕필은

'천지불인장'으로 잘 알려진 《도덕경》 5장에 대한 주석에서 다음과 같이 말했다.

"천지가 짐승을 위하여 풀을 생(生)한 것은 아니지만 짐승은 풀을 먹고, 사람을 위해서 개를 생한 것은 아니지만 사람은 개를 먹는다."
(天)地不爲獸生芻 而獸食芻 不爲人生狗 而人食狗[72]

위의 번역은 직역인데, 이를 왕필의 의도에 부합하게 의역하면 이렇게 옮길 수 있을 것이다. "짐승이 풀을 먹지만 천지가 짐승을 위하여 풀을 생(生)하는 것은 아니고, 사람이 개를 먹지만 그렇다고 천지가 사람을 위하여 개를 생하는 것은 아니다." 풀이 짐승의 먹이가 되기 위해 존재하는 것이 아니고 개가 사람의 먹이가 되기 위해 존재하는 것이 아니듯이 모든 존재는 각기 나름의 존재이유가 있다. 따라서 성인은 이해(利害)의 관점으로 만물을 구분하지 않는다. 만물은 나름의 존재 이유가 있기에 도를 체득한 성인은 어떤 것도 쉽게 포기하지 않는다. 더욱이 성인은 만물과 인간이 상관되어 있음을 알기에 어떤 것도 쉽게 버리지 않는다.

"시위습명(是謂襲明, 이를 일러 습명이라고 한다)"에서 습명(襲明)을 어떻게 새겨야 할지에 대해 다양한 견해가 있다. 김형효는 노자의 사유구조 속에서 명(明)을 긍정으로, 암(暗)을 부정으로 인식하는 것은 있을 수 없다고 봤다. 그는 밝음

72 漢文大系 (9), 老子翼 卷之一, (臺北: 新文豊出版公司, 中華民國 67年), 11面.

을 천으로 싸고 입혀야 그 밝음의 광도가 줄어들면서 '어둡지는 않으나 어둠을 배제하지 않는' 도의 너그러움을 이룰 수 있다는 점에 주목했다. 그래서 그는 습명은 도가 지닌 명암의 이중성을 상관적 차이로 묶고 있음을 상징하기에 '밝음을 둘러싼다'는 의미로 풀이해야 한다고 했다.[73] 노자의 철학이 이분법적 사유를 거부한다는 측면에서 김형효의 견해는 나름대로 타당성이 인정된다.

그러나 노자가 앞의 16장과 뒤의 55장에서 "항상됨을 아는 것을 일러 밝음이라고 한다(知常曰明)"고 말하고, 33장에서는 "스스로 아는 자는 밝다(自知者明)"고 말한다는 점을 눈여겨볼 필요가 있다. 노자가 명암의 이분법적 사유를 거부하는 것은 분명하지만, 위의 언급들을 볼 때 그렇다고 명의 긍정적 기능을 부정하는 것으로 생각되지는 않는다. 따라서 나는 습명을 "항상됨을 아는 밝음을 계승한다"라는 의미로 번역해도 노자의 전체적인 사유구조와 배치되지 않는다고 생각한다. 뿐만 아니라 번역에서는 사유의 근본 논리를 침해하지 않는 한에서는 가급적 많은 사람이 이해할 수 있는 용어를 사용하는 것이 바람직하다는 생각에서 습의 '세습한다'는 의미를 살려 습명을 '밝음을 계승한다'로 새겼다.

이어지는 "그러므로 선인은 불선인의 스승이요, 불선인은 선인의 자산이다(故善人不善人之師 不善人善人之資)"라는 구절은 긴 설명을 필요로 하지 않는다. 선인은 불선인의 스승이 되고 불선인은 선인의 반면교사가 될 수 있기에 도

73 김형효, 《사유하는 도덕경》 (서울: 소나무, 2004), 239쪽.

는 누구도 버리거나 포기하지 않는다는 것이다. 이 구절은 앞의 구절에서 말한 고무기인(故無棄人, 그러므로 사람을 버림이 없다)에 대한 부연 설명으로 보면 될 것이다.

다음 구절 "그 스승을 귀하게 여기지 않고, 그 자산이 되는 것들을 사랑하지 않으면 비록 지혜롭다 하더라도 크게 미혹될 것이다. 이를 일러 묘함의 요체라 한다(不貴其師 不愛其資 雖知大迷 是謂要妙)"는 스승이 되는 선인을 귀중하게 여기지 않음이 미혹임은 물론이거니와 불선인조차도 자산이 될 수 있기에 선인과 불선인을 분별하는 것은 미혹됨일 뿐이라는 의미에 가깝다. 도는 선과 악을 이분법적으로 구분하지 않기에 선인만을 귀하게 여기는 것이 아니라 불선인까지 아끼고 사랑한다. 그러나 대부분의 사람들은 선인만을 귀하게 여기고 불선인을 포기하거나 버리고 만다. 하지만 이러한 이분법적 사유는 미혹을 불러올 뿐이라는 것이다.

서양의 논리학과 이분법적 사유로는 도저히 설명되지 않는 '하나가 아니지만 그렇다고 둘도 아닌(不一而不二)' 것을 오묘하다는 말 말고 다른 어떤 말로 표현할 수 있겠는가? 그래서 노자는 이것을 일러 묘함의 요체라 했다.

28장

위대한 다스림은 편가름이 없다

수컷다움을 알면서도 암컷다움을 지키면 천하의 계곡이 된다. 천하의 계곡이 되면 한결같은 덕이 떠나지 않아 갓난아이로 되돌아간다. 밝음을 알면서 어두움을 지키면 천하의 법식이 된다. 천하의 법식이 되면 한결같은 덕이 어긋나지 않아 무극으로 복귀한다. 영화로움을 알면서도 욕됨을 지키면 천하의 골짜기가 된다. 천하의 골짜기가 되면 한결같은 덕이 모자람이 없게 되니 질박한 통나무로 복귀하게 된다. 통나무가 쪼개지면 그릇이 된다. 성인은 그러한 이치를 이용하여 관청의 우두머리가 된다. 그러므로 위대한 다스림은 (편)가르기가 없다.

知其雄 守其雌 爲天下谿 爲天下谿 常德不離 復歸于嬰兒
지기웅 수기자 위천하계 위천하계 상덕불리 복귀우영아
知其白 守其黑 爲天下式 爲天下式 常德不忒 復歸于無極
지기백 수기흑 위천하식 위천하식 상덕불특 복귀우무극
知其榮 守其辱 爲天下谷 爲天下谷 常德乃足 復歸于樸
지기영 수기욕 위천하곡 위천하곡 상덕내족 복귀우박
樸散則爲器 聖人用之則爲官長 故大制不割
박산즉위기 성인용지즉위관장 고대제불할

이 장에서는 동일한 구조의 문장이 그 안의 단어를 달리하며 세 번 반복된다. 첫째 문장 "지기웅 수기자 위천하계 위천하계 상덕불리 복귀우영아(知其雄 守其雌 爲天下谿 爲天下谿 常德不離 復歸于嬰兒)"에서 웅(雄)은 양(陽), 자(雌)는 음(陰)을 각각 상징한다. 수컷의 특성은 상대적으로 적극적이고 능동적이며 드러내고 앞장서기를 좋아하고 지배욕구가 강하다. 반면에 암컷은 상대적으로 소극적이고 수동적으로 보이면서 스스로 감추고자 하며 겸손하고 수용적인 성향을 띤다.

이 첫 문장에서 "수컷다움을 알면서도 암컷다움을 지키면 천하의 계곡이 된다"는 것은 수컷의 지배욕구와 적극적 자기과시 성향을 알면서도 암컷의 겸손하고 수용적인 성향을 지킨다는 의미로 볼 수 있다. 따라서 그것은 남성적 가치를 이해하고 그 가치를 실현할 힘도 가지고 있지만 겸손하게 여성적 가치에 머무르고 있는 상태를 가리킨다. 지배욕구와 지배역량을 가지고 있지만 자기를 겸허하게 낮춘다는 의미인 것이다. 그렇게 하면 "천하의 계곡"이 된다고 한다. 여기에서 계곡이 상징하는 것은 무엇일까? 왕필은 이에 대해 "계곡은 물(物)을 구하지 않지만 만물이 스스로 거기로 돌아온다(谿不求物而物自歸之)"라고 하여 만물의 회귀처라고 풀이했다. 한편 여길보는 다음과 같이 주석했다.

> 계곡의 물(物) 됨은(역할은) 물(水)을 시내로부터 받아들여 강과 바다로 내보내는 것이다. 받아들이되 거부함이 없고 내보내지만 쌓아둠이 없다. 谿之爲物 受于谷而輸于江海 受而不拒 輸而不積

여길보는 계곡이 분별과 택일의 논리를 사용하지 않기에 물을 받아들임에 분별하고 거부함이 없으며 집착하여 쌓아두고자 하지 않으므로 자연스럽게 내보낸다고 하여, 계곡이 양과 음의 기능을 동시에 수행하고 있음에 주목했다. 왕필과 여길보 둘 다 계곡이 도의 작용을 상징한다고 본 것이다.

그 다음에 이어지는 "천하의 계곡이 되면 갓난아기로 복귀할 수 있다"는 구절에서 갓난아이는 음양이 구분되기 전의 상태로서 음양의 요소를 모두 간직하고 있음을 상징한다. 갓난아이는 아직 음양으로 확실히 분화되기 전이기 때문에 비웅비자(非雄非雌, 수컷도 아니고 암컷도 아님)의 상태를 가장 잘 나타내는 상징으로 사용된 것이다. "무극으로 복귀한다(復歸于無極)"와 "통나무로 복귀한다(復歸于樸)"에 나오는 '무극(無極)'과 '통나무(樸)'도 같은 맥락에서 음양으로 분리되기 이전의 상태, 그리고 다양한 그릇으로 전화되기 이전의 가능성과 양가성(兩價性)을 상징하는 것으로 이해할 수 있다.

"밝음을 알면서 어두움을 지키면 천하의 법식이 된다. 천하의 법식이 되면 한결같은 덕이 어긋나지 않아 무극으로 복귀한다. 영화로움을 알면서도 욕됨을 지키면 천하의 골짜기가 된다. 천하의 골짜기가 되면 한결같은 덕이 모자람이 없게 되니 질박한 통나무로 복귀하게 된다."는 구절은 논리적 맥락과 형식에서 앞 구절의 반복이다. 밝음은 낮의 활동성을 의미하기에 양을 상징하고, 어두움은 밤의 휴식과 비활동성을 의미하기에 음을 상징한다. 결국 웅과 자를 백과 흑으로 대체했을 뿐 동일한 논리적 형식과 맥락으로 봐도 무리가 없다. 영(榮)과 욕(辱)도 영은 적극적 추구의 대상이고 욕은 수동적 수용의 대상이라는 측면에서 양과 음의 상징이라고 볼 수 있다. 이 구절의 법식(法式)과 곡(谷)도 앞 문장의 계(谿)와 동일한 맥락에서 이해할 수 있다. 또한 무극(無極)

과 박(樸)은 앞 문장의 영아와 같이 음양으로 분화되기 이전의 양가성과 다양한 전화(轉化) 가능성을 지닌 상태를 의미한다.

"박산즉위기 성인용지즉위관장 고대제불할(樸散則爲器 聖人用之則爲官長 故大制不割)"에서 박(樸)은 무명, 무위와 같은 무의 세계요, 기능이 분화되기 전의 가능태다. 반면에 기(器)는 유명, 유위와 같은 유의 세계요, 현실적 쓰임새와 기능으로 전화된 상태를 의미한다. 무(無)의 가능성 안에서 다양한 기능이 있는 유(有)의 그릇이 생성되고 분화되어 나옴을 의미한다. 통나무가 그릇이 될 수는 있지만 그릇을 다시 통나무로 되돌릴 수는 없다.

"성인은 그러한 이치를 이용하여 관청의 우두머리가 된다(聖人用之則爲官長)"는 구절에서 지시대명사 지(之)가 가리키는 것은 무엇인가? 바로 무의 가능성 안에서 다양한 그릇이 만들어져 나오는 이치를 가리킨다. 이렇게 유무는 서로 연관되고, 통나무에서 나오는 다양한 그릇은 쓰임새가 다를 뿐 어떤 것이 더 유용하거나 더 가치가 있다고 볼 수 없다. 그 근본에서는 모두 동일한 것이기 때문이다. 성인에게는 선도 스승이 되고 불선도 반면교사로서 교훈과 자산이 될 수 있거늘 동일한 것으로부터 생성되어 나오는 그릇 가운데 어떤 것을 택일의 논리로 배제하거나 소멸시키지 않는다. 그것도 나름의 존재근거가 있는 것이고 공존의 대상이기 때문이다. 성인은 배제의 논리가 아닌 이러한 공존의 논리로 관의 우두머리가 된다고 노자는 말한다.

나는 마지막 구절 "고대제불할(故大制不割)"을 "그러므로 위대한 다스림은 (편)가르기가 없다"로 새겼지만, 이 구절은 다양한 해석이 가능하다. 제(制)를 무슨 뜻으로 보느냐에 따라 "위대한 만듦은 자르지 않는다"로 해석할 수도 있고, "위대한 제도는 가르기가 없다"로 해석할 수도 있다. 어느 것이 더 적절한 번역인지를 논하는 것도 쉽지 않다. 각각의 번역이 나름의 타당성과 근거가 있기 때문이다. 나는 이 구절의 번역에 내 개인적 소망을 담았음을 고백한다.

1948년의 남북 양쪽 정부 수립은, 아니 좀 더 근본적이고 냉정한 입장에서 말한다면 1945년의 외세에 의한 해방은 민족분단을 낳았다. 그렇게 남과 북이 갈라져 살아온 지 어느덧 80년이 되어 간다. 우리 민족은 해방의 그날까지도 민족분단을 꿈에도 생각하지 못했다. 민족분단은 민족의 운명을 우리 스스로 결정하지 못하는 상황에서 강대국들이 강요한 것이었고, 강대국들의 이해관계에 편승한 민족 내부의 분열 때문에 일어난 것이었다. 우리는 남과 북으로 갈라져 이산의 아픔과 동족을 서로 적대시하는 존재의 배반을 경험하며 살아가고 있다. 이처럼 남과 북이 갈라져 살아가는 것만으로도 가슴 아픈 현실인데 우리는 다시 동과 서로 편 가르기를 하고 있고, 앞으로 그 편 가르기가 또 어떤 양상으로 진행될지 걱정스럽다. 그래서 이 구절을 "위대한 다스림은 (편)가르기가 없다"로 옮긴 나의 번역은 나의 소망을 담은 것이기도 하다.

우리의 선거에서 후보자가 가장 손쉽게 당선되는 방법이 편 가르기다. 편 가르기가 국회의원이 되고 대통령이 되는 가장 손쉬운 방법이기에 이 땅의 지도자들은 동서 분열이 망국적 병폐라고 말했지만 실상은 많은 정치인이 그것에 기반을 두었고, 어떤 의미에서는 그들 자신이 지역감정 조장자였다. 나는 호남 사람이지만 김대중 전 대통령을 그리 좋아하지 않는다. 그는 자신이 지역감정의 희생자라고 주장했지만, 나는 그 자신도 어느 정도는 지역감정의 수혜자였다고 볼 뿐 아니라 그가 지역감정과 정면으로 맞섰다고 생각하지 않기 때문이다.

우리 사회는 아직도 지연, 학연을 비롯한 각종 연고를 기준으로 한 편 가르기가 상당한 힘을 발휘하고 있다. 그리고 많은 정치인이 이러한 편 가르기를 극복하기 위해 노력하기보다 때에 따라 자신의 이익을 위해 편 가르기를 이용해 온 것이 우리의 정치적 현실이다.

노자는 "성인은 배제의 논리가 아닌 공존의 논리로 관의 우두머리가 된다"고 말한다. 배제의 논리를 바탕으로 한 편 가르기에 편승하는 사람이 우리의 지도자가 돼서는 안 된다. 나는 남북통일의 추동력이 동서화합을 통해 강화될 수 있다고 믿는다. 편 가르기 정치로는 설령 통일이 된다고 해도 또 다른 분열의 불씨만을 키울 것이다.

정치 지도자들이 《도덕경》의 이 구절에 담긴 의미를 깊이 되새겨보길 바란다. 아니, 그전에 나부터, 그리고 우리 국민 각자부터 새롭게 깨우쳐야 한다. 2000년보다 훨씬 더 긴 세월을 격(隔)한 노자의 이 외침은 아직도 우리에게 유효하다. 또한 우리가 《도덕경》을 읽어야 할 이유 중 하나가 바로 이 구절에 있다. "대제불할(大制不割)." 위대한 다스림은 분열을 조장하지 않는다.

29장

천하는 함부로 다룰 수 없는 신비한 그릇이다

장차 천하를 갖고자 애쓰는 자는 천하를 얻을 수 없음을 나는 본다. 천하는 신령스러운 그릇이니 어떻게 함부로 할 수 없다. 뭔가를 함부로 하고자 하는 자는 실패할 것이요, 집착하는 자는 잃을 것이다. 만물의 이치는 앞서가는 것이 있고 뒤따르는 것이 있으며, 약하게 내쉬기도 하고 때로는 강하게 불기도 하며, 혹 강하기도 하고 혹 약하기도 하며, 때로는 위로 실리기도 하지만 때로는 아래로 무너져 내리기도 한다. 그러므로 성인은 극단의 심함과 사치스러움과 교만함을 버린다.

將欲取天下而爲之 吾見其不得已 天下神器 不可爲也 爲者
장욕취천하이위지 오견기부득이 천하신기 불가위야 위자
敗之 執者失之 故物或行或隨 或呴或吹 或强或羸 或載或隳
패지 집자실지 고물혹행혹수 혹구혹취 혹강혹리 혹재혹휴
是以聖人去甚 去奢 去泰
시이성인거심 거사 거태

"장차 천하를 갖고자 애쓰는 자는 천하를 얻을 수 없음을 나는 본다(將欲取天下而爲之 吾見其不得已)"는 구절에서 "천하를 갖고자 애쓰는" 것은 도법자연(道法自然, 도는 스스로 그러함을 본받는다)의 여여한 태도가 아니라 뭔가를 억지로 하려는 유위적 행위다. 천하를 얻기 위해 도의 운행원리를 벗어나 인위적으로 노력하는 자들은 결국 천하를 얻지 못한다는 것이다. 설령 일시적으로 성공한 것처럼 보이더라도 그것은 도의 근본원리를 벗어난 것이기에 장구할 수 없다. 왜 그런가? 바로 다음 구절에서 노자는 그 이유를 제시한다.

"천하는 신기(神器)여서 함부로 할 수 없다(天下神器 不可爲也)"는 것이 그 이유다. 여기에서 신기(神器), 즉 신령스러운 그릇은 무엇을 의미하는 것일까? 노자는 천하가 단가적으로 규정될 수 없고 단일한 개념으로 포착되지 않음을 거듭 강조했다. 천하는 유와 무, 강과 약의 상관이며 연루이기에 유나 무, 강이나 약의 단가적 특성으로 포착되지 않는다.

천하는 도공이 공방에서 자신의 의지에 따라 그릇을 넓적하게도, 동그랗게도 만들 듯이 마음대로 작위를 가할 수 있는 것이 아니다. 그래서 천하는 신기라는 것이다. 도공이 만드는 그릇은 밥그릇이거나 국그릇이거나 주병(酒甁)이거나 어느 하나의 용도로 제한된다. 그러나 천하는 단가적으로 제한되거나 개념화되지 않는다. 그래서 함부로 할 수 있는 대상이 아니다.

그런데 여기에서 한 가지 문제가 발생한다. "천하는 함부로 할 수 있는 것이 아니다(不可爲也)"라는 구절이 현상 유지를 주장하는 보수적 언명으로 읽힐 수도 있다는 점이 그것이다. 예를 들어 1970년대와 1980년대의 상황에서 유신독재와 인권탄압에 저항하고 노동자들의 노동조건 개선을 위해 활동하는 학생운동가나 노동운동가에게도 "천하는 신령스러운 그릇이니 어떻게 함부로 할 수 없다(天下神器 不可爲也)"는 논리가 적용될 수 있었다.

장준환 감독의 영화 〈1987〉에서 연희 역의 김태리가 이한열 열사로 분한 강동원에게 "그런다고 세상이 바뀌어요?"라고 외치는 장면이 나온다. "천하는 신령스러운 그릇이니 함부로 할 수 없다"는 《도덕경》의 구절을 바로 그러한 외침과 동일한 맥락에서 이해하려는 사람들이 여전히 있을 수 있다. 그것이 노자가 말하고자 한 것이라면 노자의 철학은 변화에 저항하는 현상 유지의 수구적 철학에 지나지 않게 된다.

거의 모든 사상은 사상가 자신이 처한 시대상을 반영한다. 사상가가 사회와 완전히 격리되어 존재할 수 없기 때문이다. 사상가의 철학을 이해하는 데는 당시의 시대상황을 이해하는 것이 대단히 중요하다. 상대주의적 진리관에 기반한 《도덕경》과 《장자》의 관용과 공존의 철학이 진정으로 의미하는 바를 알기 위해서는 그 텍스트가 쓰인 당시의 시대상황을 고려할 필요가 있다. 오늘날의 시각으로만 《도덕경》을 읽으면 한스 게오르크 가다머(Hans-Georg Gadamer)가 말한 '지평의 융합'에 도달하지 못할 것이다.

《도덕경》의 정확한 저술 연대를 추론하는 것은 새로운 문헌 증거가 나타나지 않는 한 현실적으로 어려운 일이다. 다만 앞에서 언급한 대로 늦어도 춘추시대 말기 또는 전국시대 초기에는 문서화됐을 것으로 추정된다. 그런데 그 시기에 《도덕경》의 저술자가 왜 그것을 저술했으며, 어떤 사람들을 독자로 염두에 두고 문서화했을지를 우리는 고려해야 한다. 《도덕경》뿐만 아니라 다른 고전을 읽을 때도 우리는 그런 점을 반드시 고려해야 한다.

카를 마르크스(Karl Marx)의 《공산당 선언》과 《자본론》은 19세기에 저술되어 20세기까지 폭넓은 영향을 미치며 세계사에 커다란 궤적을 남겼다. 그는 그런 저술을 통해 역사 발전의 보편 법칙을 찾아내고자 했지만, 그의 사상 또한 그가 살았던 산업혁명 이후 19세기 중반의 유럽 사회를 배경으로 한 것임은 물론이다. 그래서 본질적으로 마르크스도 자신이 처한 시대적 상황을 완전히 초월하지 못했다고 볼 수 있는데, 이것은 그의 한계라기보다 인간의 한계라고 봐야 할 것이다.

모든 저작은 집필자가 처한 시대적 상황을 반영하며, 시대적 상황을 완전히 초월한 저작은 있을 수 없다. 이런 의미에서 모든 저작은 시대의 거울이다. 이러한 점을 고려할 때 《도덕경》도 그것이 집필된 당시의 시대적 상황을 고려하면서 읽어야 정확하게 이해할 수 있을 것이다. 이것이 바로 가다머가 말한 '지평의 융합'이다.

또한 모든 저작은 대상 독자가 있다. 모든 집필자는 자신의 글을 누가 읽을 것인지를 염두에 두기 마련이다. 초등학생을 대상으로 한 교재를 저술하면서 전문용어를 쓰는 것도 이치에 맞지 않는 일이고, 전문가를 대상으로 한 논문을 저술하면서 기초적인 개념까지 일일이 설명하는 것도 이치에 맞지 않는 일이다. 그렇다면 《도덕경》의 저술자는 어떤 독자를 염두에 두었을까? 이를 살펴보기 전에 먼저 참고해야 할 통계 자료가 있다.

1985년에 발간된 〈중국인구연감〉을 보면 1922년 이전 출생자의 문맹률은 79.4%였고, 1933~37년 출생자의 문맹률은 52.2%였다. 지금으로부터 30여 년 전인 1980년대 중반에 60대 이상의 인구 가운데 80%가량이, 그리고 50세 전후의 인구 중 50%가량이 문맹자였다는 이야기다. 그렇다면 노자가 《도덕경》을 집필할 때 문자를 해독할 수 있는 사람들이 전체 인구에서 차지하는 비중이 얼마나 됐을까? 지금으로부터 2500여 년 전으로 추정되는 당시에 중국의 인구는 지금보다 훨씬 적었을 것이고, 당시의 생산력 수준을 감안하면 전체 인구 중에서 학문에 전념할 수 있는 식자층의 비율이 20세기보다 높았다고 볼 수 없다.

《맹자》에 정전제(井田制)에 관한 언급이 나오는데[74], 이로 미루어 맹자가 살았던 전국시대에 토지로부터 얻을 수 있었던 잉여 농산물은 대략 9분의 1 정도로 추측된다. 이 정도의 잉여 생산물로 많은 유휴 노동력을 부양할 수는 없었을 것이다. 이는 당시에는 소수의 귀족만이 문자를 해독하고 학문에 전념할 수 있었음을 간접적으로 증명한다. 그렇다면 노자의 《도덕경》은 지배층을 향한 호소였고, 지배층을 설득하기 위한 방편으로 저술됐을 가능성이 높다.

실제로 《도덕경》에는 왕(王), 후왕(侯王) 등의 표현이 16장, 25장, 32장, 37장, 39장, 42장, 66장, 78장의 8개 장에 나오며, 군주라는 의미로 사용된 인주(人主)라는 표현도 30장에 보인다. 《도덕경》이라는 텍스트가 애초에 어떤 사람들을 대상으로 쓰인 것인지를 고려하는 것은 중요하다.

"공손한 대답과 불경한 대답 사이의 거리가 얼마인가? 선과 악은 그 차이가 얼마인가?(唯之與阿 相去幾何 善之與惡 相去何若)"라는 20장의 구절도 공대(恭待)와 하대(下待)가 큰 차이가 없고 선과 악의 구분이 불분명하다는 의미이므로 그것이 일반 백성을 대상으로 한 것이라면 선동과 혁명의 냄새를 풍길 것이

---

74 "방 1리가 정이 되니, 정은 9백 묘다. 그 가운데가 공전이 되고 여덟 집에서 모두 백 묘씩을 사전으로 받으며 공동으로 공전을 경작한다. 공전의 일을 끝마친 후에나 감히 사전의 일을 다스린다." 方里而井 井九百畝 其中 爲公田 八家皆私百畝 同養公田 公事畢然後 敢治私事. 《孟子》 <滕文公章句上>.

다. 그러나 그것이 지배계층을 향한 주장이라면 하대(下待)와 악도 각각 공대와 선과 그리 멀지 않으니 그것을 관용하라는 의미에 더 가까울 것이다.

《논어》의 〈안연(顔淵)〉편에서 제경공이 공자에게 정치에 대해 묻자 공자가 "임금이 임금답고 신하가 신하다우며, 아비가 아비답고 자식이 자식다워야 한다(君君臣臣父父子子)"라고 대답하는 구절도 마찬가지다. 이 구절은 방점이 어디에 있느냐에 따라 의미하는 바가 크게 달라진다. 공자는 제경공이 임금답지 못하기 때문에 정치가 바로 서지 못하고 있음을 깨우쳐 주고 싶었을 것이다. 그런데 제경공은 오히려 신하가 신하답지 못하기에 이 지경에 이르렀다는 의미로 공자의 대답을 받아들였을 가능성이 높다. 동일한 말이라도 어떤 입장에서 보느냐에 따라 의미하는 바가 달라질 수 있는 것이다.

한비자(韓非子)[75]의 법가사상도 그렇다. 일반적으로 법치주의를 주장한 것으로 알려진 그의 법가사상은 군주의 절대 권력을 옹호하고 군주는 술수를 마다하지 않아야 한다고 주장한 것으로 해석됨에 따라 다소 부정적인 이미지를 갖게 됐다. 더구나 후일 유가의 덕치주의가 이상화됨에 따라 법치는 덕치에 비해 상대적으로 열등한 이미지를 갖게 됐다. 그러나 한비자가 살았던 당시의 시대 상황을 생각하면 그렇게 부정적으로만 볼 수 없는 측면이 있다. 그의 법가사상은 성문법을 두고 신상필벌을 분명히 하라는 것으로 요약될 수 있다. 그의 법가사상이 강력한 법 집행을 주장한 것은 사실이지만 그것은

75 한비자(韓非子)는 기원전 280년에 태어나 기원전 233년에 죽은 것으로 알려져 있으며, 한(韓)나라의 서공자(庶公子)였다고 하는데 서공자는 모계의 신분이 낮은 사람을 의미한다. 그는 진시황이 중국을 통일하기 직전 전국시대 말기의 사상가다.

군주의 자의적 통치를 배제하려는 것이었다. 그렇기에 그의 법가사상은 백성에게 예측 가능성을 보장하려는, 당시로서는 혁명적 발상이었다고 볼 수 있다.

한비자의 법가사상은 피지배자에게 법에 대한 절대적 복종을 일방적으로 강요하는 사상이라기보다는 법에 의거한 지배자의 통치권 행사만을 정당한 것으로 간주하는 사상에 가깝다. 이는 근대의 입헌주의를 연상시킨다. 이것이 그의 사상을 '법에 의한 강권통치'를 주장한 것으로만 볼 수 없는 까닭이다. 오히려 그의 법가사상은 지배자의 무제한적 권력 행사와 자의적 지배에 대한 견제로 봐야 한다. 다만 그동안 많은 지배자들이 한비자의 법가사상을 자신의 입장에서 해석하고 백성의 순응을 강제하는 논리적 근거로 사용했을 뿐이다.

《도덕경》이 저술됐을 때의 시대 상황을 고려할 때 노자는 보편적이고 절대적이며 영원불변한 것은 존재하지 않음을 강조함으로써 지배계층에게 자신의 생각만이 옳다는 아집을 버리라고 촉구한 것으로 볼 수 있다. 노자는 수신(修身)의 측면에서는 지배계층에게 관용의 자세를 견지할 것을 요구했고, 치국(治國)의 측면에서는 지배계층이 자신을 절대선으로, 타자를 절대악으로 설정하고 벌이는 전쟁에 반대했다.[76]

그런데 나와 다른 것을 인정한다는 의미의 관용은 자칫 모든 것이 나름의 가치가 있으니 모든 가치와 의견을 다 존중해야 한다는 극단적 상대주의나

---

76 노자는 다음에 이어지는 30장과 31장에서 반전주의(反戰主義)를 설파한다.

극단적 관용으로 흐를 우려가 있다. 그리고 이러한 극단적 관용이나 양시양비론(兩是兩非論)은 주로 현실을 옹호하고 유지하는 수단으로 이용되기 쉽다.

이러한 점을 허버트 마르쿠제(Herbert Marcuse)는 〈억압적 관용〉이라는 논문에서 정확하게 지적한다. 그는 '순수관용(Pure Tolerance)'이라는 용어를 사용해 인종차별, 군사적 억압, 독재, 환경파괴 등에 저항하지 않고 중립성을 외치며 순수관용을 주장하는 것은 단지 체제를 공고하게 만들 뿐이라고 비판했다.[77] 관용과 암묵적 동조를 혼동하기 때문에 발생하는 문제점을 마르쿠제는 정확하게 지적한다. 사실 피지배층이 지배계층에게 보이는 이해와 관용의 태도는 관용이 아니라 굴종일 가능성이 높다.

《도덕경》이 쓰인 당시의 시대 상황으로 미루어 볼 때 "천하는 신령스러운 그릇이니 어떻게 함부로 할 수 없다(天下神器 不可爲也)"는 구절은 이 텍스트의 주요 독자로 설정된 당시의 지배계층에게 다양성을 인정하라고 요구한 것이다. 이와 동시에 그것은 절대적인 것으로 가정된 지배계층의 신념에 따른 강압과 폭력, 그리고 세상을 인위적, 사적으로 작위하고자 하는 욕망에 대한 거부이자 경고였다고 보는 것이 합리적이다. 다만 당시의 시대 상황에서 이를 직접 표현하는 것은 필화(筆禍)를 초래할 수 있었기에 노자가 상징성이 높은 시의 형태로 다의적 해석 가능성을 열어두면서 서술한 것이 아닌가 생각된다.

천하는 신기이기에 뭔가를 함부로 하고자 하는 자는 실패할 것이고, 단가적 택일의 논리에 집착하는 자는 잃을 수밖에 없으며, 설령 일시적으로 얻는

---

77 R. P. Wolff, B. Moore. Jr. & H. Marcuse, A Critique of Pure Tolerance, (London: Jonathan Cape Ltd. 1969), pp. 95~137.

다 하더라도 장구할 수 없다. "집착하는 자는 잃는다(執者失之)"는 어구와 관련해 우리 주위에서 흔히 볼 수 있는 것이 이성(異性)에 대한 집착이다. 이성에 대한 집착은 본인의 입장에서는 간절한 사랑의 표현이자 절박한 마음의 증표로 여겨지겠지만, 상대편의 입장에서는 극단적 감정으로 느껴지기에 두려움마저 불러일으키기도 한다. 그것은 상대편에게 자연스러운 감정으로 받아들여지지 않으므로 본인이 집착하면 할수록 구애하는 상대편으로부터 더 멀어지는 경우가 많다. 극단의 집착은 대개 상실을 초래한다.

"만물의 이치는 앞서가는 것이 있고 뒤따르는 것이 있으며, 약하게 내쉬기도 하고 때로는 강하게 불기도 하며, 혹 강하기도 하고 혹 약하기도 하며, 때로는 위로 실리기도 하지만 때로는 아래로 무너져 내린다(故物或行或隨 或呴或吹 或强或羸 或載或隳)."는 구절은 만물이 상대적 가치를 담고 있고 서로 연기되고 상관되어 있음을 표현한 것이다. 행(行)과 수(隨), 구(呴)와 취(吹), 강(强)과 리(羸), 재(載)와 휴(隳)처럼 대립되어 보이는 것들이 모두 천하라는 신기 속에 함께 담겨 있음을 말하는 것이다.

경쟁적인 교육 풍토에서 모두가 앞서고자 하고, 자본주의 사회에서 모두가 풍요로워지기를 원한다. 그러나 앞서는 사람이 있으면 뒤처지는 사람이 있을 수밖에 없고, 누군가의 풍요로움은 다른 사람의 헌신과 희생을 수반할 수밖에 없다. 앞섬은 뒤처짐과, 강은 약과, 솟음은 무너짐과 공존해야 성립되며, 그렇게 공존하는 것이 세상의 여여한 모습이다.

이 장의 마지막 구절인 "시이성인거심 거사 거태(是以聖人去甚 去奢 去泰)"는 "그러므로 성인은 극단의 심함과 사치스러움과 교만함을 버린다"는 뜻이다. 이 구절에서 거사(去奢, 사치스러움을 버린다)와 거태(去泰, 교만함을 버린다)는 그 의미를 짐작하기가 어렵지 않으므로 부연 설명이 필요하지 않을 것이다. 거심(去甚, 극단의 심함을 버린다)은 약간의 설명이 필요하다. 거심이라는 말은 유학의 경전인 《중용(中庸)》에 나오는 다음 구절을 떠올리게 한다.

> 기뻐하고 노여워하고 슬퍼하고 즐거워하는 감정이 발하지 않은 것을 중(中)이라 하고, 발하였으나 모두 절도에 맞는 것을 화(和)라고 한다.
> 喜怒哀樂之未發 謂之中 發而皆中節 謂之和

이 구절은 희로애락의 감정이 밖으로 드러나지 않은 상태를 '중(中)'이라고 하고, 밖으로 드러나더라도 극단의 치우침 없이 모두 절도에 맞는 상황을 '조화를 이룸(和)'이라고 할 수 있다는 의미다. 슬픔이 지나치면 건강을 해치기 쉽고, 욕망이 지나쳐도 건강에 이롭지 않다. 왜 그런가? 모두 심함이 있기 때문이다. 그래서 나는 유교의 중용(中庸)과 노자의 거심(去甚)이 본질적으로 동일한 맥락의 다른 표현이라고 생각한다.

극단의 심함을 버린다는 것은 자신의 주장, 종교, 신념만을 옳은 것으로 여겨 선과 악, 시와 비의 이분법적 사고를 강요하지 않고, 극단적이고 원리주의적인 신념에 따른 행동을 하지 않는다는 의미로 이해할 수 있다. 명분과 이유가 무엇이든 회교 원리주의자들이 자행하는 자살 폭탄테러 같은 것을 그 사례로 들 수 있다. 문제는 이 세상에 원리주의자가 적지 않다는 점이다. 이 세상에 회교 원리주의자만 있는가? 기독교 원리주의자는 없는가? 유교 원리주의자, 불교 원리주의자는 없는가? 이 세상이 선과 악, 시와 비의 혼성이라는 것을 이해하는 사람이라면 그러한 광신적 테러를 결코 자행할 수 없을뿐더러 애초부터 맹목적 원리주의에 경도되지 않을 것이다.

거심(去甚)이란 자신의 신념에 대한 절대적 믿음으로 세상을 피아의 이분법으로 구분하고 타자로 설정한 대상을 배척하고 궤멸시키고자 하는 '타자화의 욕망'을 버리는 것이다. 나는 거심을 극단주의에 대한 거부로 이해한다. 거심이 극단적 사고와 행위를 거부하는 것이므로 거사(去奢)와 거태(去泰)도 거심에 포섭된다고 볼 수 있다. 사치스러움은 지나친 꾸밈이고 교만한 태도는 지나친 자기 과시라는 점에서 둘 다 극단적 행동이라고 볼 수 있기 때문이다.

결국 거심은 이분법적 택일의 논리를 강요하지 않고 나와 다른 것을 관용하고 다른 것과의 공존을 추구하는 톨레랑스나 자비심과 다르지 않다. 그래서 나는 이 장을 볼 때마다 67장에 나오는 "나는 세 가지 보물이 있어 그것을 보배로서 소중히 간직한다. 첫 번째는 자비로움이요, 두 번째는 검소함이요, 세 번째는 감히 천하보다 먼저 나서지 않음이다(我有三寶 寶而持之 一日慈 二日儉 三日不敢爲天下先)"라는 구절이 떠오른다.

나는 방금 거심(去甚)은 타인과의 공존을 추구하는 톨레랑스나 자비심과 다르지 않다고 했다. 거심은 첫 번째 보물인 자비로움과 다르지 않다. 거사(去奢)란 무엇인가. 바로 검소함이 아닌가. 거태(去泰)는 지나친 자기 과시나 자만심을 버린다는 의미이기에 감히 천하보다 먼저 나서지 않는 겸손함과 상통한다. 이 장에 나오는 거심(去甚), 거사(去奢), 거태(去泰)가 67장에 가서는 자(慈, 자비로움), 검(儉, 검소함), 불감위천하선(不敢爲天下先, 감히 천하보다 먼저 나서지 않는다)으로 용어가 바뀌어 등장하지만 그 맥락은 상통한다.

30장

천하는 무력으로 강해지지 않는다

도로써 임금을 보좌하는 사람은 무력으로써 천하를 강하게 하려 하지 않는다. 무력 사용은 다시 자신에게 돌아오기 마련이다(돌아오기를 좋아한다). 군대가 머무른 곳에는 가시덤불이 생겨나고, 대군을 일으킨 후에는 반드시 흉년이 든다. 용병을 잘하는 자는 겨우 목적(성과)을 이룰 뿐 감히 군사적으로 강함을 취하고자 하지 않는다. 군사적 성과를 이루더라도 뽐내지 아니하고, 군사적 성과를 거두더라도 자랑하지 않으며, 군사적 성과를 이루더라도 교만하게 굴지 않는다. 성과가 있었더라도 부득이해서 그렇게 된 것일 뿐이고, 성과가 있었더라도 더 강해지려 하지 않는다. 만물이 강장해지면 노쇠하게 되니 이를 일컬어 도에 어긋난다고 한다. 도에 어긋나는 것은 일찍 끝나버릴 뿐이다.

以道佐人主者 不以兵强天下 其事好還 師之所處 荊棘生焉 大兵之後
이도좌인주자 불이병강천하 기사호환 사지소처 형극생언 대병지후
必有凶年 善者果而已 不敢以取强 果而勿矜 果而勿伐 果而勿驕
필유흉년 선자과이이 불감이취강 과이물긍 과이물벌 과이물교
果而不得已 果而勿强 物壯則老 是謂不道 不道早已
과이부득이 과이물강 물장즉노 시위부도 부도조이

30장은 노자의 평화주의자로서의 면모를 잘 보여준다. 전쟁은 국가 간 이해관계가 얽힌 문제를 무력으로 해결하기 위한 최후의 수단이므로 그 자체가 이미 거심(去甚)의 대상이다. 그러므로 노자는 극단적 해결책인 전쟁에 동의하기 어려웠을 것이다.

노자가 살았던 시기를 정확하게 추정할 수 없기에 이 장이 구체적으로 어떤 역사적 상황에서 쓰였는지는 알기 어렵다. 그러나 일반적으로 알려져 있듯이 그 시기가 전란이 심해져가던 춘추시대 말기 또는 전국시대 초기였다고 한다면 "도로써 임금을 보좌하는 사람은 무력으로써 천하를 강하게 하려 하지 않는다. 무력 사용은 다시 자신에게 돌아오기 마련이다(以道佐人主者 不以兵强天下 其事好還)"라는 노자의 말이 어떤 사람이나 국가를 대상으로 한 것인지를 추론하는 것이 그리 어렵지 않다. 이 말은 당시에 주도권 다툼에서 밀려나 간신히 연명하고 있던 송(宋)나라나 노(魯)나라와 같은 약소국가의 지도층이 아니라 대륙의 통일을 향해 나아가던 진(秦)나라를 비롯해 5패7웅으로 일컬어지는 패권국가의 지도층을 대상으로 한 외침이었을 것이다.

오늘날의 국가 간 현실을 놓고 보아도 그렇다. "군사로써 세상을 강하게 하지(또는 강압하지) 않는다(不以兵强天下)"는 노자의 말이 세계 유일의 강대국인 미국과 겨우 명맥이나 유지하는 동티모르, 쿠르디스탄 같은 민족이나 나라 중 어느 쪽에 강한 메시지를 주는 것일지를 생각해보면 그 의미가 더욱 분명해질 것이다. 물론 약소국가가 테러나 국지적 폭력을 일으키기도 하므로 노자의 이 말이 그런 행위를 비판하기 위한 것일 수도 있겠지만, 이 말에 담긴 노자의 본의는 패권적 강대국에 대한 비판이라고 나는 본다. 노자는 폭력이 난무하는 춘추전국시대의 상황 속에서 패권적 지위를 차지하고 있는 국가의 지배계층에게 '나의 생각과 다른 생각'이나 '나의 가치와 다른 가치'를 무력으로 제압하려고 하지 말고 관용하면서 '남과 공존하라'는 메시지를 보낸 것이다.

사람들은 강한 군사력만이 나라의 안전을 지켜준다고 생각하는 경향이 있다. 물론 어느 정도는 타당한 생각이다. 그러나 이런 생각은 단순한 강대강의 논리, 상호불신의 논리, 대결의 논리로 흐를 위험이 있다. 무력적 수단을 많이 보유할수록 비례적으로 안전보장 수준이 높아진다는 생각은 너무나 단순한 논리다. 그것은 자신을 둘러싼 상대방에게도 동일한 논리로 작용한다.

나는 군사 전문가가 아니기에 사드(THAAD)라고 불리는 '고고도 미사일 방어체계'에 대한 지식이 부족해서 그 구체적 효용성을 논하기는 어렵다.. 그러나 우리가 사드를 배치하기 위해 내세우는 논리를 북한이나 중국도 우리에게 동일한 방식으로 내세울 수 있다. 그들은 사드에 대항할 새로운 무기체계를 개발하고자 할 것이다. 이는 다시 우리에게 또 다른 무기체계를 개발하도록 자극한다. 이런 식의 무력 과시는 군비경쟁으로 이어져 오히려 군사적 긴장을 높이는 결과를 초래할 수도 있다. 노자는 바로 이 점을 지적한 것이다.

"기사호환(其事好還)"은 직역하면 "그 일은 돌아오기를 좋아한다"가 된다. 왕필은 이 구절을 "도를 가진 자는 돌이켜 무위로 돌아가고자 힘쓴다. 그래서 그 일은 돌아가기를 좋아한다고 말하는 것이다(有道者 務欲還反無爲 故云其事好還也)"라고 주석했다. 그러나 나는 이 구절의 의미를 왕필과 같이 추상적으로 풀어야 할 필요는 없다고 본다. 이 구절은 "칼로 흥한 자는 칼로 망하고, 총으로 흥한 자는 총으로 망한다"는 의미로 보면 충분하다. 이식재는 다음과 같이 명쾌하게 주석했다.

남의 아비를 죽이면 사람들이 또한 죽인 자의 아비를 죽이고, 남의 형을 죽이면 사람들이 또한 죽인 자의 형을 죽인다. 이것을 일러 돌아오기를 좋아한다고 말하는 것이다.

殺人之父 人亦殺其父 殺人之兄 人亦殺其兄 是謂好還

우리가 겪은 민족상잔의 비극이 민족 내부에 얼마나 많은 상처와 증오를 남겼는지를 생각해보라. 전쟁과 전후 70년 가까운 세월은 우리 민족에게 고통과 비극의 시간이었다. 그리고 전쟁이 남긴 상처와 후유증은 아직도 아물지 않고 진행형이다.

세계의 화약고로 불리는 중동의 정세는 당장 내일 전쟁이 일어난다고 해도 이상하지 않을 정도로 서로에 대한 증오가 극에 달해 있고, 서로 상대방을 파괴하려는 욕구에 사로잡혀 있다. 이스라엘이 요르단 강 서안 지구 내에 팔레스타인 사람들의 접근을 금지하는 정착촌을 건설한 것은 그 자체가 정당성 시비를 초래할 수밖에 없는 문제이기도 하려니와 정착촌의 존재가 팔레스타인 사람들의 주거권, 직업 선택권, 이동의 자유, 자결권, 평등권, 재산권 같은 인권에 대한 수많은 억압과 폭력을 야기한다. 유대인과 아랍인의 서로에 대한 박해와 폭력은 또 다른 저항과 폭력을 불러오고 있다.

만약 노자가 현재 살아있어 이스라엘-팔레스타인 간 분쟁을 본다면 대부분의 사람들처럼 양비론(兩非論)을 설파할까? 나는 그러리라고 생각하지 않는다. 노자는 강자의 위치에 있는 유대인에게 팔레스타인인과 공존하기 위한 노력을 좀 더 기울일 것을 강하게 요구하리라고 나는 생각한다.

나치의 박해로 인해 거의 600만 명에 달하는 유대인이 희생당한 홀로코스트(Holocaust)[78]는 유대인만의 비극이 아니라 전 인류의 비극이다. 그럼에도 나는 유대인이 또 다른 박해자가 되지 않아야만 역사로부터 배운 민족으로서 인류 역사에 진정으로 기여할 수 있다고 생각한다. 그리고 모든 유대인이 "기사호환(其事好還)"이라는 노자의 경고에 귀를 기울이기를 간절히 소망한다. 남을 향한 파괴의 욕망은 다시 자신에게로 향하기 쉽기 때문이다.

노자는 뒤의 79장에서 "커다란 원한을 화해시켜도 반드시 원망이 남는다(和大怨 必有餘怨)"고 말한다. 남북한 사이에 종전 선언과 평화협정 체결이 논의되는 요즘이지만, 실제로 종전이 선언되고 평화협정이 체결된다고 하더라도 민족 내부의 상호 원망이 곧바로 완전히 소멸될 것으로 보기 어렵다. 아랍인과 유대인 사이의 새로운 평화협정만으로 그들 사이의 모든 원망이 소멸될 것으로 생각하는 것도 순진한 희망일 뿐이다. 중요한 것은 대원(大怨)을 화해시키는 것이 아니라 대원을 만들지 않는 것이다. 그래서 도로써 임금을 보좌하는 사람은 무력으로 천하를 강하게 하려고 하지 않는다. 군사적 행동은 대원을 잉태하기 마련이기 때문이다. 무력을 통해서는 진정으로 천하를 강하게 하거나 안정시킬 수 없다. 설령 안정을 얻는다 하더라도 커다란 원망을 남기기에 장구할 수 없다.

"군대가 머문 곳에는 가시덤불이 생겨나고, 대군을 일으킨 후에는 반드시 흉년이 든다(師之所處 荊棘生焉 大兵之後 必有凶年)"는 구절은 경험칙에 근거한 구체적 서술이다. 대단히 현실적이어서 더 이상의 설명이 필요 없을 정도다. 군

---

78 이 홀로코스트에서 유대인이 주로 희생됐지만, 그 밖에도 많은 수의 슬라브족, 집시 등도 희생됐다.

에 갔다 온 사람들은 부대가 훈련 목적으로 주둔한 장소의 환경이 어떻게 변하는지를 경험으로 알고 있을 것이다. 훈련을 위해 1~2주 동안 질서정연하게 주둔한 곳도 각종 쓰레기 투기와 주둔시설이나 군사장비의 설치, 운용의 결과로 황폐화되기 쉽다. 하물며 실제 전쟁을 위해 몇 개월에서 몇 년 동안 주둔한 지역이라면 그 오염과 황폐화 정도는 엄청날 것이다. 실제로 "잡초와 가시덤불이 가득하게 되고 만다(荊棘生焉)."

고대에 대군을 징집하는 것은 노동력을 징발하는 것과 같은 의미였다. 농사철에 농사를 지어야 할 농민을 징집해 놓고 풍년이 되기를 바라는 것은 모순이다. 《맹자》의 〈양혜왕장구상〉 편에는 "농사철을 어기지 않게 하면 곡식을 이루 다 먹을 수 없게 된다(不違農時 穀不可勝食也)"는 구절이 있다. 이 구절은 맹자가 살았던 전국시대 말기에 징병이 얼마나 빈번했는지를 반증한다. 농번기에 대군을 일으키고도 풍년이 되기를 기원하는 것은 터무니없는 일이다.

"용병을 잘하는 자는 겨우 목적을 이룰 뿐 감히 군사적으로 강함을 취하고자 하지 않는다(善者果而已 不敢以取强)"는 구절에서 선(善)은 용병을 '잘한다'는 의미로 쓰였다. 용병을 잘하는 자는 부득이한 경우에만 무력을 쓰되 목적을 빨리 이루려고 과감하며 목적을 이루면 전쟁을 바로 멈추지 군사력을 과시해 세상에 군림하려고 하지 않는다. 손자도 "전쟁을 오래 끌고도 나라가 이로웠던 적은 없다(夫兵久而國利者, 未之有也)"[79]고 말한다.

이 구절에 나오는 "과이이(果而已)"는 과(果)를 과감(果敢)으로 풀이하느냐 성

79 《손자(孫子)》 <전편(戰篇)>.

과(成果)로 풀이하느냐에 따라 두 가지로 해석할 수 있다. 먼저 과를 과감으로 보아 "과감하여 신속하게 전쟁을 종료할 뿐이다"로 해석할 수 있다. 두 번째는 과를 성과로 보아 "성과만을 겨우 거둘 뿐이다"로 해석할 수도 있다. 그러나 어떤 해석을 취하든 용병을 잘하는 자는 부득이하게 무력을 사용하지만 빨리 전쟁을 종식시키려고 하지 전쟁을 통해 강함을 과시하려고 하지 않는다는 의미에서 벗어나지 않는다. 그래서 군사적 성과를 이루더라도 뽐내지 않고, 군사적 성과를 거두더라도 자랑하지 않으며, 군사적 성과를 이루더라도 교만하게 굴지 않는 것이다.

바로 뒷장인 31장에는 "승이불미(勝而不美, 이겨도 승리를 찬미하지 않는다)"라는 구절이 나온다. 병(兵)은 상서롭지 못한 도구일 뿐이기에 군사적으로 성과를 냈다고 해서 뽐내거나 자랑할 일이 못 되는 것이다. 오히려 전쟁에서 희생된 사람들을 추모하고, 다시는 전쟁이 일어나지 않도록 자숙해야 한다. 전쟁을 나의 강함을 과시하거나 세상을 억압하는 수단으로 사용해서는 안 되며, 무력 사용은 부득이한 경우에 한정돼야 한다.

그러나 현실에서는 군사력 증강 자체가 목적이 된 나라도 있고, 전쟁이 있어야 경제가 활성화되는 나라도 있다. 이런 나라는 전쟁이 필요하기에 이웃나라와의 갈등을 끊임없이 촉발하고 증폭시킨다. 이런 나라는 부득이하여 무력을 사용하는 것이 아니라 전쟁이 필요하기에 끊임없이 갈등을 촉발하고 증폭시킨다. 이는 서구의 이분법적 세계관과 현대사를 이끌어가는 주요 국가의 전쟁과 연관된 산업구조가 빚어내는 현대사의 비극이라고 하지 않을 수 없다.

남북한 간의 관계가 악화 일로에 있을 때 차라리 전쟁을 한번 해야 한다는 말을 대수롭지 않게 하는 분들을 보았다. 나는 그 말에 전율할 수밖에 없었다. 노자는 전쟁은 "상서롭지 못한 것"이니 "부득이한 경우에만 무력을 사용하라"고 했다. 그의 말대로 전쟁은 쉽사리 입에 올리기도 어려운 말이어야 한다. 쉽게 전쟁을 말하는 사람일수록 전쟁의 참상을 모르거나, 안다고 하더라도 자신이나 자신의 가족은 전쟁의 피해로부터 멀리 떨어져 있다고 믿고 있을 가능성이 높다. 나는 전쟁을 운운하는 사람을 볼 때마다 공포를 느낀다. 우리 사회에 그렇게 생각하는 사람이 많아질수록 전쟁이 우리 곁으로 더 다가설 것이기 때문이다.

이 장의 마지막 구절 "만물이 강장해지면 노쇠하게 되니 이를 일컬어 도에 어긋난다고 한다. 도에 어긋나는 것은 일찍 끝나버릴 뿐이다(物壯則老 是謂不道 不道早已)"를 읽으면서 재미있는 상상을 하게 된다. 학창 시절에 성인영화를 관람하거나 술집에 가기 위해 더 나이 들어 보이려고 머리에 기름을 바르고 구두를 신고 한껏 어른티를 내던 때를 떠올리게 되는 것이다. 인간을 포함해 만물이 강장해진다는 것은 곧 늙는다는 것을 의미한다.

그러니 강장함을 과시해 늙음을 재촉할 필요는 없다. 많은 나라들이 군사력을 과시하고 천하에 군림하기 위해 강장해지려고 하던 전국시대에 노자는 그런 나라들이 오히려 쉽게 노쇠해지거나 국력에 맞지 않는 전쟁을 벌이다가 경제적으로 피폐해지고 정치적으로 혼란해지면서 빠르게 패망해가는 현실을 목도했을 것이다. 그래서 노자는 그런 것은 도에 어긋나는 것이어서 일찍 끝나버린다고 했다.

31장

승전은 경사가 아니라 애사일 뿐이다

무릇 아무리 훌륭한 병기라 하더라도 상서롭지 못한 기물일 뿐이어서 만물도 그것을 싫어한다. 그러므로 도를 가진 자는 거기에 처하지 않는다. 군자가 평소 거함에는 왼쪽을 귀하게 여기지만, 군대를 부릴 적에는 오른쪽을 귀하게 여긴다. 군대라는 것은 상서롭지 못한 도구이고 군자가 다룰 만한 도구가 아니다. 부득이하여(어쩔 수 없이) 그것을 사용한다고 하더라도 고요하고 담담함을 지키는 것이 상책이다. 전쟁에서 이겼다 하더라도 그것을 찬미하지 않는다. 승리를 찬미하는 것은 곧 살인을 즐기는 것이다. 무릇 살인을 즐기는 자는 천하에서 뜻을 얻을 수 없다. 길사에는 왼쪽을 높이고 흉사에는 오른쪽을 높이기에 편장군(부사령관)이 왼쪽에 처하고 상장군(사령관)이 오른쪽에 처한다. 상세(상급자)가 우측에 거함은 상을 당했을 때의 예로써 전쟁에 처함을 말한 것이다. 사람을 그렇게 많이 죽였다면 슬픔과 애통함으로 울어야 마땅하다. 전쟁에 이겼다 하더라도 상을 당했을 때의 예로써 처해야 한다.

夫佳兵者 不祥之器 物或惡之 故有道者不處 君子居則貴左 用兵
부가병자 불상지기 물혹오지 고유도자불처 군자거즉귀좌 용병

則貴右 兵者 不祥之器 非君子之器 不得已而用之 恬澹爲上
즉귀우 병자 불상지기 비군자지기 부득이이용지 염담위상
勝而不美 而美之者 是樂殺人 夫樂殺人者 不可得志于天下矣
승이불미 이미지자 시락살인 부락살인자 불가득지우천하의
吉事尙左 凶事尙右 偏將軍處左 上將軍處右 言居上勢則以
길사상좌 흉사상우 편장군처좌 상장군처우 언거상세즉이
喪禮處之 殺人衆多 以悲哀泣之 戰勝 以喪禮處之
상례처지 살인중다 이비애읍지 전승 이상례처지

전쟁의 역사는 인류의 출현과 때를 같이해 시작됐다고 할 수 있고, 인류는 거듭되는 전쟁을 겪으며 살아왔다. 그러한 전쟁에 대해 노자는 이 장에서 통렬하게 선언한다. "도를 가진 자는 거기에 처하지 않으며, 전승했더라도 그것은 슬픈 일"이라고.

나는 이 장의 맨 앞에 나오는 "부가병자 불상지기 물혹오지(夫佳兵者 不祥之器 物或惡之)"라는 구절에서는 병(兵)이 무기 또는 병장기를 의미하고, 조금 뒤에 나오는 "병자 불상지기 비군자지기(兵者 不祥之器 非君子之器)"라는 구절에서는 병(兵)이 군대를 의미한다고 보고 해당 구절들을 풀이했다.

《맹자》의 〈공손추장구상(公孫丑章句上)〉에는 다음과 같은 구절이 있다.

> 화살 만드는 사람이 어찌 갑옷 만드는 사람보다 인하지 않겠는가만, 화살 만드는 사람은 화살이 사람을 상하게 하지 못할까 두려워하고 갑옷 만드는 사람은 갑옷이 뚫려 오직 사람이 상하게 될까를 두려워한다. (사람을 살려 내야만 먹고살 수 있는) 무당(또는 의사)과 (사람이 죽어야만 먹고살 수 있는) 관 만드는 장인도 또한 그러하니, (생업으로 삼을) 기술을 선택함에 있어서는 신중하지 않을 수 없다.
>
> 矢人豈不仁於函人哉 矢人惟恐不傷人 函人惟恐傷人 巫匠亦然 故術不可不愼也

맹자가 여기에서 예로 든 화살 만드는 사람, 갑옷 만드는 사람, 무당(의사), 관 만드는 장인 등은 생계를 위해 해당 기술을 사용하는, 그야말로 어쩔 수 없어 그 기술을 사용하는 것(不得已而用之)에 해당한다. 그들은 모두 먹고 살기 위해 각자의 기술을 사용하지만 사람을 상하게 하는 기술이나 사람이 죽어야만 쓰이는 기술을 생업으로 삼은 사람(화살 만드는 사람과 관 만드는 사람)은 사람을 상하지 않게 하는 기술이나 사람을 살려내는 기술을 생업으로 삼은 사람(갑옷 만드는 사람과 무당(또는 의사))에 비해 인(仁)해지기가 어렵다는 것이다.

마찬가지로 현대의 무기상이나 군산복합체 운영자는 전쟁을 부추기고 긴장을 고조시켜야 많은 이익을 거둘 수 있기 때문에 인해지기가 어렵다. 과거의 화살 만드는 사람은 먹고 살기 위해 어쩔 수 없이 그런 일을 했지만, 지금의 무기상이나 군산복합체 운영자는 생계의 수단으로서가 아니라 축적의 수단으로 무기를 만들고 전쟁을 부추긴다는 점에서 과거의 화살 만드는 사람과 비교할 대상조차 되기 어렵다.

병기는 사람을 상하게 할 목적으로 만들어진 물건이기에 상서롭지 못한 것이고, 그래서 만물은 그런 것을 싫어한다고 노자는 말한다. 앞의 16장에서 노자가 "만물은 서로 자라게 한다(萬物竝作)"고 했는데, 그런 것이 도의 본래 모습이다. 만물은 작위적으로 서로를 해치지 않는다. 아프리카 초원의 사자는 허기를 채우고 생존하기 위해 사냥을 할 뿐이지 쾌락과 축적을 위해 살육하지는 않는다. 배가 부르면 옆에 사슴과 얼룩말이 노닐고 있어도 공격해 잡아두지 않는다. 이것이 자연의 모습이다. 그래서 자연을 본받는 도법자연(道法自然)의 도는 서로를 작위적으로 해치지 않는다. 도를 지닌 군자도 자신의 이익과 욕망을 위해 타인을 해치는 병(兵)에 처하지 않는다.

여기에서 군자라는 말은 정치권력을 지닌 권력자라는 의미도 갖고 있다. 병(兵)은 도(道)를 지닌 군자가 치세를 위해 사용하는 정책수단으로는 가장 졸렬한 것이다. 그래서 병은 군자의 도구가 아니라고 노자가 말한 것이다. 군자는 군대를 일으키더라도 어쩔 수 없어 그렇게 할 뿐이지 전쟁을 부추기고 전쟁을 수단으로 삼아 자신의 욕망을 충족시키려고 하지 않는다. 그래서 용병할 때도 고요하고 담담할 뿐이다. 승리했다고 해서 축하를 주고받거나 요란을 떨지 않는다. 그 승리는 수많은 전사자, 전상자와 그 가족들의 슬픔과 아픔이 만들어낸 결과일 뿐이다. 전쟁의 승리를 찬미하는 자들과 전쟁을 부추겨 자기 이익을 극대화하고자 하는 자들을 가리켜 노자는 "살인을 즐기는 자들"이라고 일갈한다.

나는 "부락살인자 불가득지우천하의(夫樂殺人者 不可得志于天下矣)"를 "살인을 즐기는 자는 천하에서 뜻을 얻을 수 없다"라고 번역했지만, 어떤 의미에서 이 구절은 "살인을 즐기는 자들이 천하에서 뜻을 얻지 못하게 해야 한다"로 이해돼야 한다. 자신의 이익과 기득권을 지키기 위해 대결을 부추기는 자들이 천하에서 뜻을 얻지 못하도록 우리 모두가 철저히 감시해야 한다.

우리는 전통적으로 왼쪽을 오른쪽보다 높여 왔다. 삼정승 가운데 좌의정이 우의정보다 직급이 높다. 사당이나 왕궁은 반드시 남쪽을 바라보게 지어진다. 이를 남면(南面)이라고 하는데, 남면한 사당의 신주나 왕궁의 왕좌에서 보면 동쪽이 왼쪽이 된다. 해가 떠오르는 동쪽은 생성과 번창을 의미하는 반면에 해가 지는 서쪽은 쇠락을 상징하기에 전통적으로 동쪽에 해당하는 왼쪽을 높여 왔다.

조선시대의 국립 교육기관인 향교(鄕校)에 가보면 요즘에는 공자를 모신 대성전(大成殿)과 강학당인 명륜당(明倫堂) 정도만 남아 있는 경우가 많다. 본래 향교에는 그 밖에도 여러 가지 구조물이 있었지만 일제 강점기에 철거됐거나 개발논리에 밀려 훼손된 채로 남아 있다. 전통 교육기관의 쇠락을 보면서 나는 보존돼야 하는 것들이 철저히 파괴돼 가는 모습의 일단을 보는 듯해 씁쓸함을 느낀다. 우리는 그동안 서구적 근대화에 너무 매몰돼 우리 내면의 가치를 도외시해온 것이다. 이제는 서구적 근대화에 대한 열등감을 극복하고 동서가 어우러지는 새로운 기틀을 짜야 하며, 바로 우리가 그런 역할을 할 시기에 살고 있다고 생각한다. 그것은 세계사적 변화가 우리에게 요구하는 바이기도 하다.

향교의 쇠락을 보면서 내가 느낀 감회를 이야기하다보니 논의가 조금 다른 방향으로 빠졌다. 다시 향교의 구조로 돌아가면, 과거에는 학생들이 기숙하는 공간이 강학당의 좌우 양쪽에 있었다. 이를 동재(東齋)와 서재(西齋)라고 했는데, 신분이 높거나 선배 격의 학생들이 동재에서 생활하고 신분이 낮거나 후배 격의 학생들이 서재에서 생활했다. 이렇게 우리에게는 동쪽에 해당하는 왼쪽을 상대적으로 숭상하는 관습이 있었다. 그런데 용병에 있어서는 사령관에 해당하는 상장군이 동쪽에 해당하는 왼쪽이 아니라 서쪽에 해당하는 오른쪽에 위치하고, 부사령관(또는 부관)에 해당하는 편장군이 왼쪽에 위치한다. 전쟁은 길사(吉事)가 아니라 흉사(凶事)이기에 오른쪽을 높이는 것이다.

노자는 지배계층에게 관용의 자세를 요구하면서, 그들이 자신을 절대선으로, 타자(他者)를 절대악으로 설정하여 벌이는 전쟁에 반대했다. 그런데 나와 다른 것을 인정하고 받아들인다는 의미의 관용은 자칫 모든 것이 나름의 가치가 있기에 모든 가치와 의견을 다 존중해야 한다는 극단적 상대주의로 흘러 현실을 옹호하고 유지하는 수단으로 이용될 여지를 함께 갖는다.

그러나 앞에서도 말했지만, 노자가 설파한 상대주의와 관용은 당시의 지배계층에게 다양성을 인정하고 자신만의 신념에 근거한 강압과 폭력에서 벗어나라는 것이었다. 그리고 노자는 선악이 공존하는 세상에서 독선적 신념에 근거한 전쟁의 비합리성과 편협성에 대해 경고한다. 노자의 상대주의는 결국 당시 사회 지배계층의 불관용에 대한 경고와 질책이었다고 볼 수 있다.

도법자연이라는 말처럼 도는 자연스러움을 본받는다. 그런데 전쟁은 서로 해치는 일이고 다수가 목숨을 잃게 되는 일이기에 슬픔과 애통함으로 울어야 할 일이다. 그것이 일상이 되면 안 되기에 부득이하게 군대를 동원하더라도 흉사에 해당하는 상례(喪禮)로써 전쟁에 임해야 한다고 노자는 말하는 것이다. 상례를 즐기는 사람이 있겠는가? 병(兵)은 즐김의 대상이 될 수 없고 되어서도 안 된다.

32장
도는 하나의 이름으로 정의되지 않는다

도는 항상 이름이 없다. (도를 닮은) 통나무가 비록 작지만 천하가 감히 그것을 신하로 삼을 수 없다. 제후와 왕들이 능히 통나무와 같은 도를 잘 지킨다면 만물이 스스로 따르게 되고 천지가 서로 화합하여 감로를 내리듯이 백성은 명령을 내리지 않아도 스스로 조화롭게 된다. 자르고 쪼개면 비로소 이름이 있게 된다. 이름이 이미 생겨나면 또한 장차 그침을 알아야 한다. 그침을 아는 것이 위태롭게 되지 않는 까닭이다. 비유하건대 도가 천하에 있는 것은 골짜기의 냇물이 강과 바다로 흘러들어가는 것과 같다.

道常無名 樸雖小 天下不敢臣 侯王若能守 萬物將自賓
도상무명 박수소 천하불감신 후왕약능수 만물장자빈
天地相合以降甘露 人莫之令而自均 始制有名 名亦既有
천지상합이강감로 인막지령이자균 시제유명 명역기유
夫亦將知止 知止所以不殆 譬道之在天下 猶川谷之於江海
부역장지지 지지소이불태 비도지재천하 유천곡지어강해

도(道)는 제한적인 기능을 하는 기(器)가 아니다. 통나무가 쪼개져 의자나 책상이 되면 그것은 의자나 책상이라는 이름을 갖게 되고, 앉거나 책을 보는 데 사용되는 제한적 기능만을 갖게 된다. 그러나 의자나 책상이 되기 전의 통나무는 그 무엇으로든 변화될 수 있는 가능태로서 한정적인 기(器)가 아니기에 이름이 없다. 그것은 대소(大小), 장단(長短), 미추(美醜)와 같은 인간의 이분법적 언어로 포착될 수 있는 성질의 것이 아니다. 도는 보편자이기에 다른 것들과 구분하기 위한 제한적인 이름(名)이 없다. 또한 "도상무명(道常無名)"이라는 구절은 도를 체화한 사람들은 이름을 알리고 명예를 얻으려는 집착이 없기에 항상 이름이 없다는 의미까지를 포괄한다.

앞의 28장에서 "통나무가 흩어져 그릇이 된다(樸散則爲器)"는 구절을 보았는데, 통나무(樸)는 제한적인 기(器)로 쪼개지지 않은 가능태를 상징하기에 무명이자 무형이고 무물이라고 할 수 있다. 그렇다고 해서 그것이 부정될 수 있는 대상인 것은 아니다. 무명이자 무형이라고 해서 깔보고 무시하여 통제하고 신하로 삼을 수 있는 대상이 아닌 것이다. 그것은 다양한 유명과 유형으로 변화할 수 있는 가능태다. 그것은 작아 보이지만 함부로 통제하고 작위할 수 없다. 그야말로 불감위(不敢爲)의 대상이어서 누구라도 그것을 함부로 할 수 없다.

"후왕약능수 만물장자빈 천지상합이강감로 인막지령이자균(侯王若能守 萬物將自賓 天地相合以降甘露 人莫之令而自均)"의 번역은 구두 방식에 따라 달라질 수 있다. 먼저 "제후와 왕들이 도를 잘 지킨다면 만물이 스스로 따르게 된다(侯王若能守 萬物將自賓)"에서 문장이 종결되고 "천지가 서로 화합하여 감로를 내리듯이 백성은 명령을 내리지 않아도 스스로 조화롭게 된다(天地相合以

降甘露 人莫之令而自均)"가 새로운 문장을 이루는 것으로 해석할 수 있다. 그러나 나는 이 부분 전체를 하나의 문장으로 보아 "제후와 왕들이 도를 잘 지킨다면 만물이 스스로 따르게 되고 천지가 서로 화합하여 감로를 내리듯이 백성은 명령을 내리지 않아도 스스로 조화롭게 된다"로 연결해서 해석해야 한다고 본다.

여기에서 "만물장자빈(萬物將自賓)"은 "만물이 스스로 손님 노릇을 하게 된다"고 직역할 수 있다. 손님 노릇을 한다는 것은 왕에게 모여들고 찾아든다는 것을 의미하고, 손님은 남의 집에 방문한 자로서 행동거지를 조심한다. 그러므로 나는 이 구절을 "만물이 스스로 따르게 된다"로 풀이했다. 후왕이 통나무와 같은 도를 지키고 분별적 작위를 하지 않으면 영(令)을 내리지 않아도 사람들이 스스로 균(均)해진다는 것이다. 여기에서 균(均)은 '조화를 이룬다'는 의미다.

나는 이 구절이 정치적인 의미를 지니고 있다고 생각한다. 전국시대 제후들의 관심사는 부국강병을 통한 통일제국 건설이었다. 그런데 부국이란 결국 인구 증가였고, 강병은 군사력 증강이었다. 이를 위해 제후들은 다양한 정책수단을 동원했을 것이다. 그러나 노자가 보기에 그러한 정책은 박(樸)을 지키는 정치, 다시 말해 불감위(不敢爲)의 정치가 아니라 자신의 사적 욕망을 실현하기 위한 것이었을 뿐이다. 그러한 통치행위는 오히려 전란으로 사람들을 내몰고 백성을 영(令)으로 옭아맬 뿐이었다. 노자는 당시의 제후들에게 자신의 의지에 따라 세상을 개조하겠다는 욕망을 버리고 만물병작(萬物竝作, 만물이 함께 서로를 자라게 함)의 자연스러운 도에 따르는 것이 오히려 사람들을 찾아오게 만들고 백성이 조화를 이루게 하는 정치가 된다고 이야기한 것이다.

“시제유명 명역기유 부역장지지 지지소이불태(始制有名 名亦既有 夫亦將知止 知止所以不殆)”는 “자르고 쪼개면 비로소 이름이 있게 된다. 이름이 이미 생겨나면 또한 장차 그침을 알아야 한다. 그침을 아는 것이 위태롭게 되지 않는 까닭이다.”로 번역된다.

통나무를 자르고 쪼개어 책상이나 의자를 만들면 비로소 이름이 생겨난다. 통나무는 가능태로서 무명(無名)이지만, 통나무를 쪼개어 사물을 만들면 거기에 해당하는 이름이 생겨나기에 유명(有名)이다. 그런데 이름을 가진 모든 존재는 그침을 알아야 한다. 다시 말해 유한한 존재임을 자각해야 한다. 하지만 단순하게 유한한 존재가 아니고 무한자인 통나무, 즉 도와 연결된 유명이고 유한자이다. 모든 존재는 자기 존재의 유한성을 인식해야 하지만, 그것은 단순한 끝이 아니라 무한한 도와 상관된 유한성이다.

“부역장지지 지지소이불태(夫亦將知止 知止所以不殆)”에서 앞의 지지(知止)는 존재의 유한성을 알아야 한다는 의미에 가깝고, 뒤의 지지(知止)는 그 그침이 단순한 끝이나 종말이 아니라 우주의 근본 원리인 도의 일부분임을 안다는 의미에 가깝다. 그침이 끝이 아니라 순환하는 도의 일부분임을 안다면 위태롭지 않다고 노자는 말한다.

마지막 구절 “비도지재천하 유천곡지어강해(譬道之在天下 猶川谷之於江海)”에서 도(道)는 강해(江海)에 비유돼 있고, 천하(천하의 개별 사물)는 천곡(川谷)에 비유돼 있다. 앞에서 우리는 동곽자가 장자에게 도가 어디에 있느냐고 묻자 장자가 “없는 곳이 없다(無所不在)”고 대답하는 장면을 보았다. 도는 우리가 밥 먹고 잠자고 생활하는 일상을 떠나 존재하지 않는다. 도가 천하의 모든 일상에 존재하는 것은 마치 모든 시내와 계곡물이 강과 바다로 흘러 들어가는 것과 같이 자연스럽고도 예외가 없는 현상이다. 각각의 계곡이나 시냇물이 개별적으로 존재하는 것 같지만 모두 강해로 흘러 들어간다는 점에서 같고, 바다의 입장에서 보면 모두가 동일한 물(水)일 뿐이다. 도의 입장에서는 모든 것이 '하나가 아니지만 그렇다고 둘도 아님(不一而不二)'을 노자는 계곡물(川谷)과 강해(江海)의 관계에 비유하여 표현하고 있다.

33장

스스로를 아는 자는 밝다

타인을 아는 자는 지혜롭고, 자기를 아는 자는 밝다. 타인을 이기는 자는 힘이 있고, 자기를 이기는 자는 강하다. 족함을 아는 자는 부유하고, (도를) 힘써 행하는 자는 뜻이 있다. 마땅히 있어야 할 자리를 잃지 않는 자는 오래 가고, 죽어도 없어지지 않는 자는 오래 산다.

知人者智 自知者明 勝人者有力 自勝者强 知足者富 强行者有志
지인자지 자지자명 승인자유력 자승자강 지족자부 강행자유지
不失其所者久 死而不亡者壽
불실기소자구 사이불망자수

“지인자지 자지자명 승인자유력 자승자강(知人者智 自知者明 勝人者有力 自勝者强)”을 제임스 레게(James Legge)는 다음과 같이 옮겼다.

> 타인을 아는 이는 분별력이 있는 사람이고, 스스로를 아는 이는 총명한 사람이다. 타인을 이기는 사람은 강(strong)하다. 그러나 자신을 이기는 사람은 더 강하다(mighty).
>
> He who knows other men is discerning; he who knows himself is intelligent. He who overcomes others is strong; he who overcomes himself is mighty.[80]

노자는 지(智, discerning)와 명(明, intelligent)을 구분했고, 유력(有力, strong)과 강(强, mighty)을 구분했다. 그런데 누가 보아도 이 구절에서 지(智)보다 명(明)에, 유력(有力)보다 강(强)에 방점이 있음을 부인하기 어렵다.

노자는 글자 그대로의 타인뿐만 아니라 나를 둘러싼 환경을 인식하고 이해하는 것만으로는 분별지(分別智)의 단계에나 도달할 수 있을 뿐이고, 더 근본적으로는 자신에 대한 반성적 탐구와 성찰이 필요하다는 점을 말하고 있다. 이식재는 이 구절을 다음과 같이 주석했다.

---

80 여기에서 discerning은 식별한다는 의미를 강하게 함축하고 있는 반면에 intelligent는 사고력이 뛰어나다는 의미가 좀 더 강한 말이다. 제임스 레게(James Legge)가 discerning이라는 말을 통해 표현하고 싶었던 것은 분별지(分別智)라고 볼 수 있다. James Legge, The Texts of Taoism, (Singapore: Graham Brash Ltd, 1891), p. 75.

앎이 밖에 있으면 지(智)가 되고 내부에 있으면 명(明)이 되며, 이김(勝)이 밖에 있으면 힘(力)이 되고 안에 있으면 강(强)함이 된다.

知在外爲智 在內爲明 勝在外爲力 在內爲强[81]

타인을 포함해 나를 둘러싼 외부 환경과 장애를 극복하는 것도 중요하지만, 자신을 이기는 것이야말로 진정한 강함이다. 우리가 학교에서 배우는 지식의 대부분은 외부의 사물과 현상에 관한 것이다. 그리고 우리는 그러한 지식을 많이 알고 있는 사람을 지식인이라고 생각한다. 우리가 학위를 받고 연구자가 되기 위해 거치는 모든 단계에서 앎의 대상은 나를 둘러싼 외부의 사물과 현상인 경우가 많다.

프랑스의 철학자이자 정신분석학자인 자크 라캉(Jacques Lacan)은 "인간은 타인의 욕망을 욕망한다"고 말했다. 대부분의 사람들은 자신의 욕망이 무엇인지도 정확히 분별해내지 못한다고 지적한 것이다. 예를 들어 많은 사람들이 의사나 법관이 되고 싶고 고위공직자가 되고 싶은 것이 자신의 욕망이라고 믿어 의심치 않는다. 그러나 의사나 법관, 고위공직자라는 지위가 주는 평판이나 그런 지위를 원하는 많은 사람들의 욕망이 사람들로 하여금 그러한 욕망을 갖도록 하는 강력한 동기로 작용하기도 하고 그 욕망을 더욱 강화시키는 요인이 되기도 한다.

별을 좋아해서 천문학자가 되기를 꿈꾸는 학생이 있다고 가정해보자. 그

---

81 漢文大系(九), 老子翼 卷之二, (臺北: 新文豊出版公司, 中華民國 67年), 31面.

런데 그 학생이 대학수학능력시험에서 자신도 예상하지 못한 높은 점수를 받게 되면 스스로는 단 한 번도 천문학과 이외의 전공을 생각해보지 않았더라도 이른바 인기학과인 의학과에 지원할지를 놓고 고민하게 된다. 이처럼 많은 사람들의 욕망을 그대로 자신의 욕망으로 수용해 버리는 경우가 현실에서는 적지 않다.

지식은 많이 쌓았지만 자신의 내면을 성찰하지 않는 사람들이 있다. 그런 태도는 자신은 이미 많은 지식을 알고 있다는 자만에 기인한 성찰의 결여이기 쉽다. 나는 "자지자명(自知者明)"을 "자신의 내면 성찰을 통해 스스로를 아는 자는 밝다"라는 의미로 풀 수 있다고 본다.

그런데 또 하나의 가능성이 있다. "지인자지 자지자명(知人者智 自知者明)"은 일반적으로 "남을 아는 자는 지(智)하나 자신을 아는 자는 명(明)하다"로 번역된다. 그러나 글자 그대로 번역하면 "남을 아는 자는 지(智)하고, 스스로 아는 자는 명(明)하다"라는 번역이 더 자연스럽다. 자습(自習)을 "스스로 익힌다"로 풀이하지 "스스로를 익힌다"로 풀지는 않는다. 따라서 축자적(逐字的)으로만 푼다면 자지자(自知者)는 '스스로 아는 자'의 의미에 더 가깝다. 그렇다면 스스로 아는 자는 밝다는 것은 무슨 의미일까?

사람은 나이가 들면서 결혼식장에 축하해주기 위해 가는 경우보다 장례식장에 조문하러 가는 경우가 자연스럽게 더 많아진다. 장례식장에서 고인의 유가족을 조문하면서 인생무상을 느끼게 되고 일상의 이해다툼이 부질없는 일임을 절감하지만, 일상에 돌아와서는 다시 작은 이해관계로 다툼을 반복한다. 바로 다음에 "지족자부(知足者富, 족함을 아는 자는 부유하다)"라는 구절이 나오지만, 이 구절을 내가 백 번 넘게 읽고 종이에 써서 집안의 어딘가에 걸어

두고 보는 것과 일상을 통해 그 의미를 깨닫는 것 사이에는 엄청난 간극이 있다. 자지자(自知者)에는 '스스로를 아는 자'라는 의미와 함께 '스스로 깨닫고 체득한 자'라는 의미가 함께 들어 있다고 나는 본다.

우리나라처럼 경쟁이 심한 사회는 많지 않다. 치열한 경쟁에서 타인을 넘어서고자 하는 욕구가 때로는 개인을 발전시키기도 하고, 어떤 의미에서 우리의 산업화 과정은 개인 간 경쟁을 부추겨 그것을 경제성장의 추동력으로 삼아 이루어진 측면도 있다. 경쟁이 없는 사회는 존재하지 않는다. 그것은 개인 간에만 그런 것이 아니라 집단 간, 국가 간에도 그렇다.

그런데 타인과의 경쟁보다 더 어려운 것이 스스로를 이겨내는 것이다. 나는 탄산음료를 즐겨 먹는 편이다. 탄산음료가 당(糖) 수치를 높인다는 것을 알고 난 후 그 섭취량을 줄이고 싶었지만 그것이 쉽지 않다. 나는 "식사(食事)는 곧 장사(葬事)"라는 말이 상징하듯 동물의 사체를 먹는다는 생각이 주는 내적 갈등이 있던 터에 불교 철학을 공부하는 선배에게서 보름 정도만 채식을 하면 몸이 가벼워지고 정신이 맑아진다는 말을 들었다. 그 말의 사실 여부를 떠나 보름쯤 채식을 해보자는 마음으로 여러 차례 시도해보았지만 번번이 실패하고 말았다. 또 야식이 건강에 좋지 않고 과식이 위에 부담을 준다는 것을 알지만 야식을 자제하기가 쉽지 않다. 그리고 내가 얼마나 색욕을 잘 절제하고 있는지에 대해서도 자신이 없다. 사실 타인을 이기는 것도 쉬운 일이 아니지만 자신을 이기기는 더 어렵기에 스스로를 이기는 자승(自勝)이야말로 진정한 강함이 될 수 있다.

누가 뭐래도 현재 미국은 강대국이다. 그야말로 '유력(有力)'한 국가라고 하지 않을 수 없다. 미국은 그동안의 갖가지 경쟁에서 승리했기에 '힘 있는

(有力)' 나라가 됐다. 그러나 세계사에 등장했던 대부분의 대제국이 그랬듯이 '팍스 아메리카나(Pax Americana)' 역시 다양한 위협을 받고 있다. 그런데 현재 미국의 패권을 위협하는 요인은 또 다른 강대국이 아니라 오히려 미국 내부에 있는지도 모른다. 《맹자》의 〈이루장구상(離婁章句上)〉에는 다음과 같은 구절이 있다.

> 사람은 반드시 스스로를 업신여긴 후에 사람들이 그를 업신여기고, 집(가문)은 반드시 스스로를 무너뜨린 후에 사람들이 그 집(가문)을 무너뜨리고, 나라는 반드시 스스로를 정벌한 후에 사람들이 그 나라를 정벌한다.
> 夫人必自侮然後 人侮之 家必自毁而後 人毁之 國必自伐而後 人伐之

스스로를 이기는 것이 개인에게만 어려운 것이 아니다. 모든 집단과 국가도 외부 세력과의 경쟁에서 이기는 것보다 스스로를 안정화하는 것이 더 어려울 수 있다. 강성한 집단이나 국가일수록 더 그렇다. 우리나라의 유수한 재벌 가문에서 형제자매 간, 심지어는 부자 간의 상속 분쟁이나 오너 일가의 일탈 행위가 재벌 기업에 위기를 초래하거나 사회 정의를 최우선적 가치로 내세우는 검찰이나 법원 내부의 비리가 폭로되어 그 조직에 대한 사회적 신뢰가 무너지곤 했던 일은 위기가 어디로부터 연유하는지에 대해 시사하는 바가 크다.

국가적 위기도 외부의 충격 때문이 아니라 내부의 요인 때문에 생겨나는 경우가 많고, 외부의 충격도 내부의 불안 요인이 불러들인 것인 경우가 상당히 많다. 노자가 즐겨 사용하지 않는 강(强)이라는 단어를 쓰면서까지 "자기 스스로를 이기는 자는 강하다(自勝者强)"고 강조한 이유가 여기에 있다.

"지족자부 강행자유지(知足者富 强行者有志)"는 "족함을 아는 자는 부유하고 (도를) 힘써 행하는 자는 뜻이 있다"로 풀이된다. 이 구절에 나오는 부(富)라는 것은 객관적 기준에 따라 판별되는 것일까, 주관적으로 인식되는 것일까? 이를테면 자산 10억 원 이상, 또는 30억 원 이상이면 부자라고 할 수 있다는 식의 절대적인 부자의 기준이 있는 것일까? 아니면 자신이 부자라고 생각하면 그 자체로 부자가 되는 것일까? 진실은 아마도 이 두 가지 극단적 인식의 중간 어디쯤에 있을 것이다.

문제는 많은 현대인이 자산을 증식하는 데만 골몰하는 나머지 지족(知足)이라는 삶의 가치에 무관심하거나 그것을 도외시한다는 데 있다. 끼니를 걱정하지 않으면서 주택과 승용차를 가지고 윤택한 생활을 영위하는 상태에서도 자산을 증식하고자 하는 욕망에 사로잡힌 사람들이 많다. 객관적인 기준으로 볼 때 부유한 사람들이 오히려 축적의 욕망에 사로잡혀 투자처를 알아보기 위해 여기저기를 기웃거린다. 우리나라에서는 그동안 전국을 휘몰아친 부동산 광풍이 금융질서를 혼란시키고 가계부채 문제를 심화시키곤 했다. 지난 몇 차례의 금융위기는 욕망이 쌓아 올린 우리 사회의 부가 사상누각에 지나지 않았음을 여실히 보여주었다. 이제는 우리 사회도 끝없는 팽창만을 추구할 것이 아니라 지족의 가치를 확산시키는 정신 변혁이 병행돼야 한다. 이것이 《도덕경》이 우리에게 주는 메시지 가운데 하나다.

'강행(强行)'은 우리가 신문기사 등을 통해 자주 접하는 말이다. 이 말의 본래 의미는 '어려움을 무릅쓰고 일을 행함'이다. 우리가 알고 있는 노자의 사유에 비추어 강행이라는 말이 등장한 것이 왠지 어색하게 느껴질 수도 있다. 앞의 3장에서는 노자가 "그 뜻을 약하게 하라(弱其志)"고 말하지 않았는가? 그러나 여기에서 강행은 자연스러움을 벗어나 무엇인가를 억지로 실천한다는 의미가 아니다. 도에 부합하는 일이라면 어려움을 무릅쓰고라도 지속적으로 실천하라는 의미에 가깝다. 도를 아는 것보다 어려움을 무릅쓰고 그것을 실천하는 것이 중요하며, 그렇게 하는 이야말로 진정으로 뜻이 있는(有志) 사람이라는 것이다.

왕양명이 지은 《전습록(傳習錄)》의 〈서애록(徐愛錄)〉에는 다음과 같은 구절이 나온다.

> 알고도 행하지 않는다는 것은 있을 수 없다. 알고도 행하지 않는 것은 알지 못하는 것일 뿐이다.
>
> 未有知而不行者 知而不行 只是未知

일제 강점기에는 우리 민족의 구성원 모두가 독립에 대한 강한 열망을 가지고 있었다. 그래서 많은 사람이 고향을 등지고 북간도에 가서 북풍한설을 맞으며 조국의 독립을 위해 헌신했다. 그러나 일부는 일제 통치에 순응하는 것을 넘어 적극 협력하기도 했다. 결국에는 친일로 돌아선 많은 지식인의 마음속에도 이민족의 지배에서 언젠가는 벗어나야 한다는 생각이 있었을 것이다. 과연 어떤 사람들이 진정으로 뜻 있는 사람들이었을까?

행위를 수반하지 않는 '뜻이 있음(有志)'은 존재할 수 없다. 그것은 관념적 유희일 뿐이다. 노자는 '강행자(强行者)'라는 말을 통해 이 점을 강조하고 싶었던 것이다.

다음에 나오는 "불실기소자구(不失其所者久)"는 그 앞의 "족(足)함을 아는 자는 부(富)하다"는 구절과 연관시켜 생각해보면 "분수를 알고 자신이 마땅히 있어야 할 자리를 잃지 않으면 오래간다"는 의미로 새길 수 있다. 왕필의 다음과 같은 주석은 이런 의미를 더욱 강조한다.

> 밝음으로써 스스로를 살피고 힘을 헤아려 행동하며 그 있어야 할 자리를 잃지 않으면 반드시 장구함을 얻을 것이다.
>
> 以明自察 量力而行 不失其所 必獲久長矣

"불실기소자구(不失其所者久)"는 자신의 역량과 그릇은 생각하지 않고 지위만 탐내다가 자신에게는 물론이고 사회에도 비극적인 상황을 초래하는 사람들에게 보내는 경고이기도 하지만, 현대적 의미로 해석한다면 어떤 자리에 앉힐 사람을 선택할 때 그 자리에 마땅한 사람을 선출해야만 그 개인도, 그리고 그 집단과 나라도 장구할 수 있다는 메시지이기도 하다.

소자유는 이 구절을 "물(物)의 변화는 무궁하지만 마음이 그 본성을 잃지 않으면 오래간다(物變無窮 而心未嘗失則久矣)"라고 주석했다. 도에 합치되는 인간의 본성을 잃지 않는 것이 중요하다는 의미를 상대적으로 강조한 것이다.

마지막 구절인 "사이불망자수(死而不亡者壽)"에서 '죽어도 없어지지 않는다(死而不亡)'가 영생을 뜻하는 것이 아님은 물론이다. 노자의 철학에서 생물학적 영생은 비도(非道)일 뿐이다.

공자는 기원전 551년에 태어나 기원전 479년에 죽은 것으로 알려져 있다. 하지만 그의 사상은 지금까지도 소멸하지 않고 전해지고 있다. 노자가 여기에서 말한 '죽어도 없어지지 않는 자(死而不亡者)'란 바로 이러한 것을 가리킨다. 지금 우리가 읽고 있는 《도덕경》도 2000년을 훨씬 뛰어넘어 21세기의 우리에게 말을 걸고 있다. 예수 역시 2000여 년 전에 유대인의 편협한 선민사상과 바리사이파의 율법주의를 벗어던지고 만민에 대한 사랑을 설파하다가 십자가에 못 박혀 죽었지만, 그의 메시지는 지금까지도 전해진다. 독자의 이해를 돕기 위해 성인으로 추앙받는 이들을 예로 들었으나, 비단 성인의 삶만 그런 것은 아니다.

수단에서 선교활동을 하다가 48세로 생을 마감한 고 이태석 신부[82]의 생물학적 삶은 끝났지만, 수단에서 그의 사진을 보며 눈물을 흘리는 주민들의 영상을 보면 그가 아직도 그들의 마음속에 살아 있는 것이 분명하다.

《장자》의 〈제물론〉 편에는 "일찍 죽은 아이보다 장수한 사람이 없고, 팔백 년을 산 것으로 알려진 팽조(彭祖)는 일찍 죽은 것이다"라는 역설적인 말이 나온다. 아마도 우주의 영겁 속에서 볼 때 시간의 장단을 비교한다는 것이 부질없음을 이야기한 것이리라. 생물학적 수명의 장단이 아니라 삶이 얼마나 도에 합치하느냐가 중요하다는 것을 노자는 강조했다. 어쩌면 예수가 말한 '영생(永生)'과 노자가 말한 '사이불망(死而不亡)하는 수(壽)'가 본질적으로는 동일한 맥락을 지닌 다른 표현일 수 있다.

82 이태석 신부(1962~2010)는 장래가 보장된 의사의 길을 버리고 사제가 되어 아프리카 수단의 톤즈로 파견되기를 자청해 그곳에 가서 교육과 의료 봉사에 헌신한 가톨릭 신부로 '한국의 슈바이처'라고 불린다. 2010년 1월 14일 48세의 나이에 대장암으로 선종했다.

34장

도는 좌와 우, 대와 소를 함께 품고 있다

대도는 범람하는 물과도 같아서 좌로도 우로도 갈 수 있다. 만물이 그것에 의지해서 생겨나지만 도는 (자신으로 인해 만물이 생겨난다고) 공치사하지 않는다. 공이 이루어져도 (공을 이루었다는) 이름(명예)을 가지려 하지 않는다. 만물을 사랑하여 기르지만 주인 노릇하려 하지 않는다. 항상 무욕하니 작다고 이름 붙일 수 있고, 만물이 거기(도)로 돌아가지만 주인이 누구인지를 모르니 크다고 이름 붙일 수도 있다. 그러므로 성인은 끝내 크게 되고자 하지 아니하므로 능히 그 큼을 이룰 수 있다.

大道汎兮 其可左右 萬物恃之以生而不辭 功成不名有 愛養萬物而
대도범혜 기가좌우 만물시지이생이불사 공성불명유 애양만물이
不爲主 常無欲 可名於小 萬物歸焉而不知主 可名於大 是以聖人
불위주 상무욕 가명어소 만물귀언이부지주 가명어대 시이성인
終不爲大 故能成其大
종불위대 고능성기대

이 장에서 노자는 대도(大道)는 범람하는 물과 같아서 어느 쪽으로도 갈 수 있다고 말한다. 넘실대는 물은 어느 쪽으로도 향할 수 있다. 그것은 무차별적이다. 우리가 5장에서 살펴본 "천지는 인하지 않다(天地不仁)"는 구절이 의미하는 것처럼 천지가 인간이라고 해서 더 인자하게 대하지 않듯이 대도는 왼쪽이나 오른쪽을 편파적으로 대하지 않는다. 도는 무차별적이어서 좌와 우, 상과 하를 가리지 않는다.

그 다음 구절 "만물시지이생이불사 공성불명유(萬物恃之以生而不辭 功成不名有)"에서는 '사(辭)'를 어떻게 옮길 것인가가 그 해석에 핵심적인 요소가 된다. 사(辭)에는 '말하다, 타이르다, 청하다, 사퇴하다, 간섭하다' 등의 뜻이 있다. 나는 이식재의 주석에 크게 의지해 이 구절을 번역했다. 이식재의 주석은 다음과 같다.

> 만물이 도로 말미암아 생겨나지 않음이 없지만 도는 그 능함을 말하지 않는다. 만물이 도로 말미암아 이루어지지 않음이 없지만 도는 그 이루어진 공에 대하여 자신의 공이라는 이름표를 붙이지 않는다.
> 萬物非道不生 而道未嘗言其能也 萬物非道不成 而道未嘗自名其功也

위의 주석에서 "도는 그 능함을 말하지 않는다"는 "도는 그것을 자신의 공이라고 내세우지 않는다"로, "도는 그 이루어진 공에 대하여 자신의 공이라는 이름표를 붙이지 않는다"는 "도는 그 이루어진 것이 자신의 공능 때문이라고 하여 그 공을 독점하지 않는다"로 각각 이해하면 될 것이다.

우리는 앞의 17장에서 "공이 이루어지고 일이 완수되어도 백성은 모두가 저절로 그리 되었다고 말한다(功成事遂 百姓皆謂我自然)"라는 구절을 살펴본 바 있다. 노자는 현실의 정치도 백성이 모두 저절로 그리 되었다고 느끼게 하는 것이 최선이라고 말한다. 도는 자신이 만물을 생겨나게 하고 만물을 이루어 주었다는 분별적 의식을 갖지 않는다.

이어 노자는 도가 작다고 할 수도 있고, 크다고 할 수도 있다고 말한다. 도는 만물을 사랑하여 길러 주지만 그것에 대한 독점적 권리를 주장하지 않는 것으로 보아 물질에 대한 소유욕이나 세상에 대한 지배욕이 없으므로 작아 보일 수 있고, 그래서 작다고 이름 붙일 수 있다. 또한 만물이 거기로 돌아가지만 그렇게 하는 주인이 누구인지 모를 정도로 광대하고 무량하므로 크다고 할 수도 있다. 아니 크다고 표현하기보다는 무한하다는 표현이 더 적절할 것이다. 다시 말해 도는 작다거나 크다거나 하는 언어로 한정될 수 있는 것이 아니다. 불일이불이(不一而不二, 하나가 아니지만 둘도 아님)하면서 불소이부대(不小而不大, 작지 않지만 크지도 않음)한 것이 도이다.

마지막 구절 "그러므로 성인은 끝내 크게 되고자 하지 아니하므로 능히 그 큼을 이룰 수 있다(是以聖人終不爲大 故能成其大)"는 사적 욕망에 기반한 작위적 의식에 대한 경고다. 우리는 앞의 7장에서 "천지가 장구할 수 있는 까닭은 스스로를 고집하여 살고자 하지 않기 때문에 오래살 수 있다(天地所以能長且久者 以其不自生 故能長生)"는 구절을 살펴보았다. 천지가 장구할 수 있는 것은 스스로 살고자 고집하지 않기 때문이듯이 성인이 위대함을 이룰 수 있는 것은 위대해지고자 하는 작위적 의식이 없기 때문이다. 자신의 치세 기간에 뭔가 획기적인 것을 이루어서 자신의 이름을 후세에 남기고자 하는 권력자의 작위적 의식이 어떤 결과를 가져오는지를 우리는 경험으로 안다. 성인은 그러한 사사로운 욕망에 사로잡히지 않기 때문에 위대함을 이룰 수 있다.

35장

도는 담백하다

큰 형상을 잡으면 천하가 저절로 움직인다. 천하가 저절로 움직여도 해(害)가 없고, 편안하고 평온해지며 태평해진다. 아름다운 음악과 맛있는 음식은 지나가는 손님의 발을 멈추게 하지만, 도가 사람의 입 밖으로 나옴에는 담백하여 그 맛이 없다. 그것을 보려 해도 볼 수 없고, 들으려 해도 들리지 않는다. 그러나 그것을 아무리 써도 다함이 없다.

執大象 天下往 往而不害 安平泰 樂與餌 過客止 道之出口
집대상 천하왕 왕이불해 안평태 악여이 과객지 도지출구
淡乎其無味 視之不足見 聽之不足聞 用之不可旣
담호기무미 시지부족견 청지부족문 용지불가기

"집대상 천하왕(執大象 天下往, 큰 형상을 잡으면 천하가 저절로 움직인다)"에서 대상(大象)이란 무엇일까? 이에 대해 소자유는 다음과 같이 주석했다.

> 도는 있음도 아니요 없음도 아니다. 그러므로 그것을 일러 큰 형상이라고 한다.
> 道非有無 故謂之大象

대상이란 곧 도의 모습이고, 따라서 대상을 대도(大道)로 바꾸어 읽어도 무방하다. 그렇다면 "집대상 천하왕(執大象 天下往)"은 어떻게 풀어야 할까? 크게 보아 두 가지 방식으로 해석할 수 있다. 먼저 이식재는 다음과 같이 주석했다.

> 어리석은 자는 가서 돌아올 줄 모르고, 지혜로운 자는 가서도 해가 되지 않는다. 가서 돌아올 줄 모르는 것은 도를 잃고 사물을 따르는 것이다. 가서도 해가 되지 않는다는 것은 도와 더불어 함께함이다.
> 愚者往而不返 智者往而不害 往而不返者 失道而從物也 往而不害者與道俱也

이식재는 "대도를 잡고 천하에 나아간다"는 의미로 풀이한 것이다. 한편 왕필의 주석은 다음과 같다.

> 임금이 만약 그것(대도)을 잡고 있으면 곧 천하가 가게 된다(저절로 운행한다).
> 主若執之 則天下往也

왕필은 왕(往)의 주어를 천하로 보아 "대도를 잡고 있으면 천하가 나아간다"는 의미로 새겼다. 나는 노자가 3장에서 "함이 없으면 곧 다스려지지 않음이 없다(無爲則無不治)"고 하고 37장에서는 "도는 항상 함이 없으나 하지 않음이 없으니 후왕들이 능히 그것을 지키면 만물이 스스로 화(化)한다(道常無爲而無不爲 侯王若能守之 萬物將自化)"고 한다는 점에 비추어 왕필의 주석에 근거해 "(임금이) 대도를 잡고 있으면 천하는 저절로 움직인다"는 의미로 해석했다. 대도를 지키고만 있으면 천하가 저절로 움직여도 해를 입지 않고, 천하가 편안하고 평온해지며 태평해진다.

이어지는 구절 "아름다운 음악과 맛있는 음식은 지나가는 손님의 발을 멈추게 하지만, 도가 사람의 입 밖으로 나옴에는 담백하여 그 맛이 없다"에서 아름다운 음악과 맛있는 음식은 감각적 자극을 상징한다. 노자는 3장에서 "얻기 어려운 재화를 귀하게 여기지 말라(不貴難得之貨)"고 하고 12장에서는 "쾌락을 위한 사냥이 사람의 마음을 발광하게 한다(馳騁畋獵令人心發狂)"고 하여 감각적 쾌락과 자극을 경계했다. 감각적 자극은 지나가는 손님을 일시적으로 멈추게 할 수는 있지만, 그것은 지속될 수 없고 더 강한 자극을 요구하게 된다. 감각적 자극은 장구할 수 없다. 발걸음을 멈춘 과객도 그 음악과 음식이 다하면 떠나고 더 이상 머물지 않는다. 도는 항상되고 장구한 반면에 감각적 자극은 그럴 수 없다.

"도가 사람의 입 밖으로 나옴에는 담백하여 그 맛이 없다"는 구절은 41장의 "수준이 높지 않은 선비가 도를 들으면 그것을 크게 비웃는다"는 구절을 떠올리게 한다. 도가 뭐 그리 시시한 것이냐고 생각해서 그것을 비웃는다는 것이다. "도가 없는 곳은 없다"는 장자의 말에 동곽자가 도가 비천하고 더러운 곳에 있을 리 없다고 의심하는 것과 유사하다. 나는 탄산음료를 즐겨 마신다. 그것은 맹물이나 보리차 등에 비하면 악여이(樂與餌, 아름다운 음악과 맛있는 음식)의 이(餌)에 해당할 것이다. 그러나 탄산음료가 몸에 좋을 리 없다. 그래서 그것을 줄이려고 하지만 자꾸만 내 발걸음을 멈추게 한다. 여러분은 탄산음료와 맹물 중 어느 것이 도에 더 가깝다고 생각하는가? 나는 아직도 하사(下士)일 뿐이다. 맹물이 도에 더 가깝다는 것을 알면서도 탄산음료 마시기를 절제하지 못하고 있다.

몸이 불편해 병원에 가면 의사가 맵거나 짜지 않으며 달지도 않게 먹으라고 조언하는 경우가 많다. 맵거나 짜지 않으며 달지도 않게 먹으라는 것은 한마디로 '맛이 없게(無味)' 먹으라는 의미다. 맵거나 짠 것이 잠시 사람의 발걸음을 멈추게 하지만 그런 음식에 길들여진 사람은 더 강한 미각적 자극을 탐하게 된다. 도는 감각적 자극과는 거리가 멀다. 그것은 오히려 무미건조하며, 그래서 사람들이 그런 것이 어떻게 도가 될 수 있는가 하고 의심을 품기 쉽다.

도에 관한 이야기는 극적(劇的)일 수 없다. 노자가 32장에서 도를 통나무(樸)에 비유했듯이 도는 보통 사람들이 보기에 볼품이 없고 도에 관한 이야기는 재미있거나 현란하지 않다. 도에는 사람들의 귀를 솔깃하게 하는 이야기가 없는 것이다. 그러나 도는 물이나 공기와 같이 항상 우리 곁에 존재한다. 다만 무색, 무취, 무미하여 우리가 그 존재를 잘 인식하지 못할 뿐이다. 도는 물이나 공기와 같이 아무리 써도 다함이 없어 우리가 그 귀중함을 모르고 살아가지만, 그것 없이는 단 하루도 살아갈 수 없다.

36장

동일한 사태의 끝없는 지속은 스스로 그러함이 아니다

장차 오므라들게 하려면 반드시 그것을 펴주고, 장차 약하게 하려면 반드시 그것을 강하게 해주어야 한다. 장차 그것을 폐(廢)하려면 반드시 그것을 흥(興)하게 하여야 하고, 장차 빼앗으려 하면 반드시 먼저 주어야 한다. 이것을 일러 미명(微明)이라고 한다. 부드러움이 굳셈을 이기고, 약함이 강함을 이긴다. 물고기는 깊은 연못을 벗어나서는 안 되고, 나라의 이로운 기물은 다른 사람에게 보이면 안 된다.

將欲歙之 必固張之 將欲弱之 必固强之 將欲廢之 必固興之
장욕흡지 필고장지 장욕약지 필고강지 장욕폐지 필고흥지
將欲奪之 必固與之 是謂微明 柔勝剛 弱勝强 魚不可脫於
장욕탈지 필고여지 시위미명 유승강 약승강 어불가탈어
深淵 邦之利器不可以示人
심연 방지이기불가이시인

이 장의 앞부분에서는 장흡(張歙, 팽창과 수축), 강약(强弱), 흥폐(興廢), 여탈(與奪)에 관한 4쌍의 문장이 이어진다. 노자는 무엇을 강조하기 위해 동일한 구조의 문장을 네 번이나 반복한 것일까?

《주역》〈계사전하(繫辭傳下)〉 편에는 "자벌레가 몸을 굽히는 것은 몸을 펴고자 하기 때문이다(尺蠖之屈 以求信也)"라는 구절이 있다. 멀리 뛰기 위해서는 몸을 움츠려야 한다는 것을 우리는 학창시절 체육시간의 수업 경험으로 이미 몸으로 알고 있다.

끝없는 수축이나 팽창, 다시 말해 팽창 없는 수축이나 수축 없는 팽창은 가능하지 않다. 현실에 팽창 없는 수축과 수축 없는 팽창은 존재하지 않는다. 수축과 팽창을 포함해 동일한 사태의 영원한 반복이란 현실에서 있을 수 없다. 수축이라는 사태는 팽창을 전제한다. 노자는 상반되는 것으로 보이는 사태나 현상도 상관되어 있음을 강조하고자 한 것이다.

우리는 2장에서 "유무는 서로를 생성하고, 난이는 서로를 이루어주며, 장단은 서로를 형성시키고, 고하는 서로 기울고, (인간의 소리와 자연의 소리인)음성은 서로 조화를 이루고, 전후는 서로를 뒤따른다(有無相生 難易相成 長短相形 高下相傾 音聲相和 前後相隨)"는 구절을 보았다. 유와 무, 난과 이, 장과 단, 고와 하, 음과 성, 전과 후가 각각 독립적으로 존재하지 않고 서로를 존재의 근거로 필요로 하는 대대적 존재이듯이 무엇이 수축되는 현상은 그것이 팽창돼 있음을 전제할 때만 성립할 수 있는 사태다. 장과 흡, 강과 약, 흥과 폐, 여와 탈은 각각 분리된 독립적 사태가 아니라 도의 대칭적 측면임을 설명하고 있다. 따라서 36장의 이 구절은 2장과 밀접한 관련이 있다. 다만 2장은 유무, 장단과 같은 존재의 상관성이라면 36장의 이 구절은 수축과 팽창, 강해지고 약해지는 사태와 현상도 상관되어 있음을 말하고 있을 뿐이다.

노자는 이런 것을 미명(微明)이라고 한다고 했는데, 미명은 무엇인가? 글자 그대로 풀면 미묘한 밝음, 미세한 밝음, 희미하게 밝음 정도로 볼 수 있다. 나는 미명을 새벽의 동트기 전 상황이나 반대로 저녁의 해질 무렵과 같이 명(明)과 암(暗)을 동시에 내포한 상태를 가리키는 말로 본다. 동트기 전 상황은 밝지 않다. 그러나 밝음의 요소를 가득 내포하고 있기에 어둡다고만 할 수도 없다. 해질 무렵은 아직 어둡지 않다. 그러나 어둠의 요소를 가득 내포하고 있기에 밝다고만 할 수도 없다. 미명은 어둠과 밝음을 동시에 포함하는 상황을 상징한다.

우리는 1장의 "항상 유욕으로써 그 요(徼)를 본다(常有欲以觀其徼)"는 구절에서 관기요(觀其徼)를 "그 경계를 왔다 갔다 함을 본다"는 의미로 새긴 바 있다. 지금 우리가 대면한 미명이라는 말도 어둠과 밝음의 요소를 동시에 지니면서 그 경계를 왔다 갔다 하는 상황을 가리킨다.

그 다음에 이어지는 "부드러움이 굳셈을 이기고, 약함이 강함을 이긴다(柔勝剛 弱勝强)"는 자칫 유약(柔弱)을 긍정하고 강강(剛强)을 부정하는 구절로 여겨질 수 있다. 그러나 노자는 "유무는 서로를 생성하고, 난이는 서로를 이루어주며, 장단은 서로를 형성시킨다"고 말할 뿐 유와 무, 난과 이, 장과 단을 결코 대립적인 것으로 인식하지 않는다. 다만 전국시대 당시의 지배자들이 강강(剛强)만을 숭상했기에 노자가 여기에서 유약이 강강을 이길 수도 있다고 이야기한 것이다. 이런 측면에서 이 구절의 승(勝)을 '이긴다'는 의미와 함께 '탄다(乘)'는 의미도 지닌 것으로 봐야 한다는 김형효의 주장은 참고할

만하다.[83]

사람이 공기가 없으면 잠시도 살아갈 수 없듯이 물고기는 물을 떠나서는 생존할 수 없다. 노자는 앞의 33장에서 "마땅히 있어야 할 자리를 잃지 않는 자는 오래 간다(不失其所者久)"고 했다. 물고기가 '있어야 할 곳(其所)'은 물속이고 사람은 공기를 호흡하며 살아가야 하듯이 도를 떠나서는 인간이 살아갈 수 없음을 말한 것이다. 그 도는 강강만을 숭상하지 않고 유약과 강강의 교차이자 혼성이다.

"방지이기불가이시인(邦之利器不可以示人, 나라의 이로운 기물은 다른 사람에게 보이면 안 된다)"에서 이(利)는 크게 두 가지 뜻이 있다. 하나는 '이롭다'는 의미이고, 다른 하나는 '날카롭다'는 의미다. 왕필은 이 장에 대한 주석에서 다음과 같이 서술했다.

> 이기란 나라를 이롭게 하는 기물이다. 다만 사물의 본성에 근거할 뿐 형벌에 의지하여 사물을 다스리지 않는다. 이로운 기물이란 눈에 보이는 것이 아니다.
>
> 利器 利國之器也 唯因物之性 不假形(刑)以理物 器不可覩

왕필은 "국가의 이기(利器)란 형률로써 나라를 다스리는 것이 아니라 모든 사람과 사물이 자연스러운 본성에 따라 그 있어야 할 자리에 있도록(各得其所)

83 김형효, 《사유하는 도덕경》(서울: 소나무, 2004), 294쪽.

하는 것"이라고 풀이했다. 나라를 다스림에 있어 인(人)과 물(物)의 본성에 따라 통치함으로써 물고기가 물속에 있으면서도 물의 존재를 잘 느끼지 못하고 인간이 대기 중에 있으면서 기압을 잘 느끼지 못하듯이 백성이 통치에 수반되는 부담을 느끼지 않도록 하는 것이 바로 국가의 이기라는 것이다.

이식재는 "이 장을 해설한 많은 사람들이 이 장의 근본에 따르지 않고 병가의 잡설을 뒤섞는 경우가 많다(此篇世之解者 不循其本多 以孫吳之兵說雜之)"고 하여 병가적 해석에 대해 비판적인 입장을 취했다. 그러나 나는 반드시 그렇게 볼 필요는 없다고 생각한다. 노자가 살았던 당시의 국가에 이로운 기물이 날카로운 병기였을 가능성이 있기 때문이다. 실제로 이(利) 자는 '이롭다' 외에 '날카롭다'는 의미를 함께 지닌다.

"불가이시인(不可以示人)"과 관련하여 미국의 한반도 내 핵 배치에 관한 정책적 태도는 시사하는 바가 있다. 미국은 한반도에 핵무기가 배치돼 있는지의 여부에 대해 시인도 부인도 하지 않는 NCND(Neither Confirm Nor Deny)의 태도를 취하고 있다. 이런 정책적 태도는 그 정당성 여부를 떠나 자국의 군사기밀은 유지하면서 상대방에 대해 강한 심리적 압박과 위협을 가하는 효과를 거두기 위한 것이다. 무기가 억지력을 갖는 것은 그것 자체가 효과적인 무기여서가 아니라 상대방이 그것이 어떤 무기인지를 잘 모르기 때문인 경우가 많다.

노자는 앞의 30장에서 "도로써 임금을 보좌하는 사람은 무력으로 천하를 강하게 하려 하지 않는다(以道佐人主者 不以兵强天下)"고 했고, 31장에서는 "무릇 아무리 훌륭한 병기라 하더라도 상서롭지 못한 기물일 뿐이다(夫佳兵者 不祥之器)"라고 했다. 노자가 이 장에서 "나라의 이로운 기물을 다른 사람들에게 보이지 말라"고 한 것은 나라의 무기체계를 함부로 사용해 전쟁을 일으킴으로써 다른 나라 사람들에게 보이지 말라는 의미를 함축한다고 봐야 한다.

타인을 살상할 수 있는 이기(利器, 날카로운 병장기)는 자신에게는 이로운 것일지 모르지만 상대방에게는 위협적인 것일 수밖에 없다. 그러므로 이기를 갖추어 상대방의 침입에 대비하는 것은 필요하지만, 그것은 깊숙이 감추어 두어야 할 것이지 전쟁을 통해 드러내놓고 자랑할 것은 못 된다.

물고기가 연못을 벗어나서는 안 되듯이 타인을 살상할 수 있는 이기는 병기고를 벗어나서는 안 된다. 병기고를 벗어나 전장(戰場)에 나와 사람들에게 노출되는 순간 그것은 불행을 낳는다. "불가이시인(不可以示人, 다른 사람에게 보여서는 안 된다)"이라는 구절은 전쟁을 일으켜 남에게 자신의 병장기를 드러내지 말라는 의미이므로 반전(反戰)의 메시지를 내포하고 있다고 나는 본다. 군사의 일은 기사호환(其事好還), 즉 다시 자신에게 돌아오기를 좋아한다는 노자의 말은 지금도 유효하다.

37장

도는 억지로 뭔가를 이루려 하지 않는다

도는 항상 함이 없으면서도 하지 않음이 없다. 제후와 왕이 만약 이를 지키면 만물이 장차 스스로 변화될 것이다. 변화하면서 욕망이 생기면 나는 장차 무명(無名)의 통나무로써 그것들을 진정시킬 것이다. 무명의 통나무는 또한 욕심을 내지 않으니 욕심을 내지 않아 고요하면 천하가 장차 스스로 바르게 될 것이다.

道常無爲 而無不爲 侯王若能守 萬物將自化 化而欲作 吾將鎭之
도상무위 이무불위 후왕약능수 만물장자화 화이욕작 오장진지
以無名之樸 無名之樸 亦將不欲 不欲以靜 天下將自正
이무명지박 무명지박 역장불욕 불욕이정 천하장자정

노자는 3장에서 "무위를 행하면 다스려지지 않음이 없을 것이다(爲無爲則無不治)"라고 했다. '무위지치(無爲之治)'는 사적 욕망에 기반한 '유위지치(有爲之治)'에 대비되는 개념이다. 이 장의 '도상무위(道常無爲, 도는 항상 함이 없다)' 역시 같은 맥락으로 볼 수 있다. 도는 억지로 뭔가를 이루려 하지 않는다. 아름다운 봄꽃이 피게 하는 것도 자연과 도의 작용이지만, 그것이 시들어 떨어지게 하는 것도 자연과 도의 작용이다.

도는 봄꽃이 아름답다고 해서 그것을 영속시키려고 하지 않는다. 아니, 봄꽃이 아름답다는 생각조차 없다. 도는 사적 욕망이나 인위적 작위가 없다. 다만 순리에 따를 뿐이다. 그래서 왕필은 "항상 함이 없는 자는 스스로 그러함을 따른다(常無爲者 順自然也)"라고 주석했다. 도는 억지로 함이 없지만 만물이 순리에 따라 운행되도록 하므로 하지 않음이 없는 것이다.

제후와 왕들이 무엇인가를 억지로 이루려고 하지 않고 무위하면서도 하지 않음이 없는 도를 잘 지킨다면 인간을 포함한 만물이 장차 스스로 변화되고 교화되어 마땅히 있어야 할 자리에 있게(各得其所) 될 것이다. 이식재는 "후왕약능수 만물장자화 화이욕작 오장진지이무명지박(侯王若能守 萬物將自化 化而欲作 吾將鎭之以無名之樸)"을 "스스로 화(化)한다는 것은 곧 나와 만물이 도가 아님이 없게 된다는 것이다(自化則我與萬物莫非道也)"라고 주석했다. 제후와 왕들이 도를 지키면 모두가 마땅히 있어야 할 자리에 있게 되어 만물이 도와 합치된다고, 다시 말해 만물이 스스로 질서화된다고 풀이한 것이다.

스스로가 화(化)하는 과정은 법률에 의한 강제가 아니요, 그렇다고 자본주의 사회의 자유방임주의(laissez-faire)와 같은 분별적 이윤 동기를 통한 다스림도 아니다. 노자의 무위 개념을 일부 경제학자들이 정부의 경제 개입에 반대하는 자유방임주의의 논리적 근거로 삼기도 하지만, 그들의 그런 태도는 노자 사상에 대한 몰이해를 드러내는 것이거나 단장취의(斷章取義)의 오류에 가깝다. 노자는 자본주의가 근거하고 있는 개별적 욕망과 이해관계 자체에 대해 근본적으로 긍정적이지 않다. 자본주의는 개인의 욕망을 부추겨 사회 운영의 동력으로 삼는 체제다. 노자는 "그 마음(욕망)을 비우라(虛其心)"고 하고 "얻기 어려운 재화를 귀하게 여기지 말라(不貴難得之貨)"고 할 뿐 사회를 경쟁적 이익 추구의 장으로 만들라고 하지 않았다. 그러한 욕망이 추구하는 것은 편협하고 분별적인 개인의 이익일 뿐 보편적 자연의 도가 아니기 때문이다.

스스로 화(化)하는 과정에서도 작위의 욕망이 생겨난다. "화이욕작(化而欲作)"에서 욕작(欲作)은 "욕망(欲)이 작동(作)한다"로 해석할 수도 있고, "작위(作)하고자 욕망(欲)한다"로 해석할 수도 있다. 도는 만물이 제자리에 있도록 할 뿐 분별적 욕망을 일으키지 않는다. 그러나 후왕의 다스림은 언제든 자기중심적, 지엽적, 분별적인 욕망을 추구하는 것으로 전락할 가능성이 있다. 노자는 "이러한 욕망이 생겨나면 나는 이름 없는 통나무로 진정시킬 것이다(吾將鎭之以無名之樸)"라고 했다.

유명(有名)은 피아의 분별을 전제로 한다. 이름은 결국 뭔가를 구분하기 위한 수단이기 때문이다. 여기에서 '이름 없는 통나무'란 너와 나의 구별이 없는 무욕의 상태를 의미한다. 통나무는 귀한 가구가 되고자 하는 욕망이 없다. 그것은 무엇으로 변화하기 전의 가능태이기에 너와 나의 구별이 없다. "화이욕작 오장진지이무명지박(化而欲作 吾將鎭之以無名之樸)"은 스스로 화(化)하는 과정에서 자기중심적 욕망이 생기면 너와 나의 구분이 없는 통나무의 무욕으로, 다시 말해 나, 우리 집단, 우리나라와 같은 모든 자기중심주의를 거부하는 무욕으로 그것을 진정시킬 것이라는 의미다.

무명의 통나무는 자기중심적 욕망을 드러내지 않는다. 땔나무로 쓰여 사람이 사는 집을 따뜻하게 해주게 되든, 산에 버려져 서서히 자연의 일부로 돌아가게 되든 괘념치 않는다. 이렇게 자기중심적 욕망을 드러내지 않고 고요하면 천하는 스스로 바르게 된다고 노자는 말한다.

노자가 보기에 당시 집권자들의 자기중심적 영토확장과 부국강병의 욕망은 지엽적이고 분별적인 것에 지나지 않았다. 도의 관점에서는 전국시대 진(秦)나라의 인구가 많아지고 영토가 넓어지건, 초(楚)나라의 인구가 많아지고 영토가 넓어지건 전혀 다르지 않다. 인간을 포함한 만물이 각자의 위치에서 자기 역할을 하며 지내면 될 일이지 누군가가 천하통일을 꿈꾸며 부국강병을 추구하는 자신이 패권자가 돼야만 도가 실현된다고 주장한다면 거기에는 어떠한 논리적 정당성도 있을 수 없다. 오히려 그런 욕망을 내는 자가 없으면 천하가 스스로 바르게 된다고 노자는 말한다. 문제는 너와 나를 구분하고 우리 집단과 다른 집단을 구분하려는 끝없는 타자화의 욕망이요 자기중심성의 욕망이라는 것을 노자는 거듭 말하고 있다.

덕경

德經

38장

상덕은 덕스럽고자 고집하지 않는다

상덕은 덕스럽지 않기에 덕이 있다. 하덕은 덕을 잃지 않으려고 애쓰기에(덕에 집착하기에) 덕이 없다. 상덕은 함이 없어서 작위가 없고, 하덕은 억지로 하려고 하니 작위가 있다. 상인(上仁)은 (당위에 호소하여) 이루고자 하나 작위가 없고, 상의는 (당위에 호소하여) 이루고자 하면서 작위가 있다. 상예는 (당위에 호소하여) 이루고자 하는데 응함이 없으면 팔을 걷어붙이고 끌어당긴다. 그러므로 도를 잃은 후에 덕이 생겨나고, 덕을 잃은 후에 인이 생겨나며, 인을 잃은 후에 의가 생겨나고, 의를 잃은 후에 예가 생겨난다. 무릇 예라는 것은 충(忠)과 신(信)의 얇아짐이요 어지러움의 시작이다. (남보다) 먼저 깨닫는 것은 도의 화려함이지만 어리석음의 시작이기도 하다. 이 때문에 대장부는 그 두터움에 처하지 그 엷고 박절함에 처하지 아니하고, 그 실질에 거하지 꾸밈에 거하지 않는다. 그러므로 저것을 버리고 이것을 취한다.

上德不德　是以有德　下德不失德　是以無德　上德無爲而
상덕부덕　시이유덕　하덕불실덕　시이무덕　상덕무위이
無以爲　下德爲之而有以爲　上仁爲之而無以爲　上義爲之而
무이위　하덕위지이유이위　상인위지이무이위　상의위지이

有以爲 上禮爲之而莫之應 則攘臂而仍之 故失道而後德

유이위 상예위지이막지응 즉양비이잉지 고실도이후덕

失德而後仁 失仁而後義 失義而後禮 夫禮者 忠信之薄

실덕이후인 실인이후의 실의이후예 부예자 충신지박

而亂之首也 前識者 道之華而愚之始也 是以大丈夫處其

이난지수야 전식자 도지화이우지시야 시이대장부처기

厚 不處其薄 居其實 不居其華 故去彼取此

후 불처기박 거기실 불거기화 고거피취차

도덕경은 총 81장으로 이루어져 있는데, 1~37장을 도경(道經)이라고 하고 38~81장을 덕경(德經)이라고 한다. 도경은 주로 도의 본질과 본체에 관해 서술하고, 덕경은 도의 용(用)에 관해 주로 서술한다. 과거부터 덕(德) 자는 득(得) 자와 통용됐는데(德者得也), 덕경은 어떻게 하면 덕을 얻을 것인가에 관한 설명이라고 볼 수 있다. 따라서 도경은 도의 체(體), 덕경은 도의 용(用)에 관한 내용이 각각 주를 이룬다고 봐도 대오(大誤)는 없을 것이다.

나는 덕경의 첫 구절인 "상덕부덕 시이유덕(上德不德 是以有德)"을 진정으로 덕이 있는 사람은 덕스럽고자 하지 않고 유덕자라는 세간의 평판에 집착하지 않기에 덕이 있다는 의미로 이해한다. 노자는 2장에서 도에 대해 "만물이 스스로 자라기에(또는 자라나게 하지만) 그렇게 했다고 자랑하지 않는다(萬物作焉而不辭)"고 했고, 34장에서는 "만물이 그것에 의지해서 생겨나지만 도는 자기 덕분에 만물이 생겨난다고 공치사하지 않는다(萬物恃之以生而不辭)"고 했다. 도는 만물을 이루어주고도 자기 공과 덕을 내세우지 않는다. 도를 내면으로 체화하여 덕을 지닌 유덕자(有德者) 또한 자기 공을 내세우거나 자신의 행위가 세간에서 덕스럽다고 평가되는지에 집착하지 않는다.

미국의 경제학자인 소스타인 베블런(Thorstein Veblen)은 저서 《유한계급론(The Theory of the Leisure Class)》에서 고가의 사치품이 그 실용적 가치에 비해 가격이 높음에도 불구하고 부유층이 선호하는 이유를 다음과 같이 설명했다. "부유층이 고가의 사치재를 선호하는 것은 자신은 그 정도의 돈을 지불할 능력이 있음을 타인에게 보이기 위한 과시적 동기에 따른 것일 뿐이다." 베블런은 그러한 소비 행태에 '과시적 소비(conspicuous consumption)'라는 이름을 붙였다. 천민자본주의에 대한 통렬한 비판이 아닐 수 없다.

인간에게는 경제적 부를 과시하려는 욕구만 있는가? 지위와 권력을 과시하고 싶은 욕망으로 가득 차 있는 것이 나를 포함한 대다수 사람들의 모습이다. 또한 사람들은 자신이 덕이 있다는 평판을 듣기 위해 유덕을 가장하지만, 그것은 과시적 현덕(顯德, 덕을 드러냄)에 지나지 않는다. 진정한 유덕자는 선을 행하고 덕을 베풀더라도 자신이 선행을 하고 덕을 베푼다고 생각하지 않는다. 상덕은 자신이 덕스럽다고 여기지도 않고, 덕스럽다는 평판에 집착하지도 않는다. 그래서 덕이 있는 것이다.

《중용》에는 "숨은 것처럼 잘 드러나는 것이 없고, 미세한 것처럼 잘 나타나는 것이 없다. 그러므로 군자는 홀로 있을 때에도 삼간다."(莫見乎隱 莫顯乎微 故君子 愼其獨也)라는 구절이 있다. 이 구절은 개인 행위의 사회적 결과나 타인의 평가가 아닌 개인의 도덕적 실존을 강조한다. 그러나 하덕자(下德者)는 자신이 하는 행위의 본질보다는 자신이 하는 행위나 자신의 인격이 타인에게 어떻게 인식될 것인지를 먼저 염려한다. 자신이 하는 행위의 정당성을 살피기보다 타인의 시선을 먼저 의식하기에 남들이 보지 않는 곳, 남들이 알 수 없는 곳에서는 자신이 하는 행위에 어떠한 거리낌도 없다. 나도 이에서 크게 벗어나 있지 않다. 그래서 나는 하덕자일 뿐이다.

하덕(下德)은 상덕(上德)과 달리 유덕하다는 평판을 잃지 않으려고 하기에 덕이 없다. 앞에서도 언급했지만, 장일순은 "오른손이 하는 바를 왼손이 모르게 하라"는 예수의 말은 자선 행위의 익명성을 이야기한 것이 아니라 자선을 베풀 때 자선을 베푼다는 생각조차 없게 하라는 의미에 가깝다고 말한다.[84] '무엇을 누구에게 베풀었다'는 생각까지 소멸시킨 불교의 무주상보시(無住相布施)도 이와 비슷하다. 하덕자는 자신의 행위가 어떻게 평가받을지에 마음을 두기에 아무리 자선을 베풀어도 그것은 일면 강요된 자선행위일 뿐이다. 강요된 자선이라도 자신의 경제적 축적물을 타인에게 양도하는 것은 의미 있는 일이고, 강요된 자선이라도 베풀지 않는 것보다는 낫다고 말하는 이들도 있다. 물론 타당한 의견이다. 그러나 도를 체화한 덕의 관점에서 보면 그것은 상덕일 수 없고 하덕일 뿐이고, 우리가 지향해야 하는 이상적인 유덕자의 모습은 아니다.

이처럼 상덕은 억지로 함이 없으니 작위가 없고, 하덕은 억지로 유덕해지려고 하니 작위가 있을 수밖에 없다(上德無爲而無以爲 下德爲之而有以爲). 상덕은 억지로 덕을 행하려고 힘쓰지 않아도 자연스럽게 덕에 부합하는 경지를 말한다. 아직 상덕에 이르지 못한 하덕자는 끊임없이 목표를 세우고 거기에 자기 행동을 부합시키려고 노력해야 한다. 따라서 작위가 개입될 수밖에 없다. 노자는 유가적 도덕에 대해 부정적이다. 그것은 억지로 무언가를 강제하는 것으로서 뒤에 나오는 "팔을 걷어붙이고 끌어당겨야만 성취될 수 있는 것"이라고 생각했다. 노자는 유가가 내세우는 인의예지(仁義禮智)에 대해 긍정적인 평가를 내리지 않았다.

《논어》〈위정(爲政)〉 편에는 불혹(不惑), 지천명(知天命) 등 나이를 나타내는

84 장일순, 《무위당 장일순의 노자이야기》(서울: 삼인, 2003), 146쪽.

표현으로 우리에게 잘 알려진 다음과 같은 구절이 있다.

> 공자가 말했다. 나는 열다섯 살에 학문에 뜻을 두었고, 삼십에는 자립했고, 사십에는 의혹되지 않았고, 오십에는 천명을 알았고, 육십에는 귀가 순해져 사리를 들으면 깨우치게 되었고, 칠십에는 마음이 하고자 하는 바를 그대로 따르더라도 법도를 넘지 않았다.
>
> 子曰 吾十有五而志于學 三十而立 四十而不惑 五十而知天命 六十而耳順 七十而從心所欲不踰矩

노자는 공자의 사유에 대해 긍정적이지만은 않았지만, 공자 역시 범인(凡人)을 뛰어넘은 사람이다. 그렇기에 나이가 들어갈수록 스스로 발전한 과정을 위와 같이 표현할 수 있었을 것이다. 유가적 사유에 대한 노자의 부정적인 평가에도 불구하고 나 같은 범인에게는 공자의 그런 경지도 쉽지 않다. 내가 사십에 미혹됨이 없었는지, 오십에는 천명을 알았는지 자신이 없다. 그래서 나는 위와 같은 공자의 이야기를 열다섯에는 학문에 뜻을 두어야 하고, 삼십에는 자립해야 하고, 사십에는 헛된 유혹에 넘어가지 않아야 하고, 오십에는 천명을 알아야 하고, 육십에는 사리를 들으면 깨우쳐야 하고, 칠십에는 마음이 욕망하는 바를 따르더라도 법규를 위반하지 않게 돼야 한다는 의미로 받아들인다. 오십에 "천명을 알게 됐다"가 아니라 "천명을 알 정도가 되도록 노력해야 한다"는 의미로 받아들이는 것이다.

나는 특히 "칠십에는 마음이 하고자 하는 바를 그대로 따르더라도 법도를 넘지 않았다"는 구절에 주목한다. 나는 칠십이 되지 않아서 그런지 모르겠지만, 아직도 어떻게든 돈을 많이 벌고 싶고 아름다운 여자를 보면 색욕이 동하기도 함을 부인할 수 없다. 그런데 공자는 칠십이 돼서는 마음이 욕망하는 바대로 해도 법도를 벗어나지 않았다고 했다. 나는 과연 그 나이에 이르면 공자와 같은 정도의 인품을 이루어낼 수 있을까?

노자는 어떻게 평가할지 모르겠지만 나는 "마음이 하고자 하는 바를 그대로 따르더라도 법도를 넘지 않는다(從心所欲不踰矩)"라는 공자의 말이 "상덕은 함이 없어서 작위가 없다(上德無爲而無以爲)"는 노자의 말과 같은 맥락의 서술이라고 본다. 상덕은 뭔가를 억지로 하려고 하지 않음에도 도를 실현해내는 품성을 간직하고 있는 경지를 말하는 것이다.

상덕자는 도를 체화한 이상적인 사람임이 분명하다. 그런데 대부분의 사람들은 하덕자다. 그래서 억지로 유덕해지려고 하고, 작위적으로나마 덕스럽게 되려고 한다. 작위적으로 덕에 집착하는 것이 자연스럽게 덕이 발현되는 것에 비해 더 바람직스럽다고 할 수는 없지만, 그렇다고 해서 그러한 작위적 노력이 모두 악이 되는 것은 아닐 것이다. 나와 같은 대부분의 사람들은 하덕자이지만 상덕자가 되기 위해 끊임없이 노력하며 살아가야 한다. 공자도 처음부터 마음이 욕망하는 대로 행해도 법도에 어긋나지 않았던 것은 아니지 않은가? 그것은 공자도 나이 칠십이 돼서야 겨우 도달할 수 있었던 경지가 아니던가! 문제는 하덕자가 자신을 상덕자로 착각하고 아무런 노력도 하지 않는 것이다.

노자가 2장에서 "천하가 모두 아름다운 것이 아름다운 줄로만 알지만 이것은 추악함일 뿐이고, 모두 선이 선하다고만 알고 있으나 이것은 불선일 뿐이다(天下皆知美之爲美 斯惡已 皆知善之爲善 斯不善已)"라고 했듯이 모두가 선이라고 생각하는 것조차 불선이 될 수 있다. 하물며 스스로를 상덕자라고 생각하는 것이야말로 하덕자의 전형적인 태도다.

나는 38장의 이 구절이 상덕과 하덕을 이분법적으로 나눈 것이라고 생각하지 않는다. 상덕은 도를 체화한 이상적 상태이고 하덕은 아직 상덕에 이르지 못한 상태이지만, 하덕이 그 자체로 악인 것은 아니다. 하덕은 인간이 극복해야 할 숙명적 상태이자 상덕에 이르는 과정이라고 봐야 한다. 노자가 유덕(有德)과 무덕(無德)이라는 표현을 사용하지 않고 상덕(上德)과 하덕(下德)이라는 표현을 사용한 것은 우연이 아니다.

노자는 자신이 상덕자가 아닐 수 있다는 것을 다시금 생각해보라고 우리에게 권하고 있다. 노자는 2장에서 자신이 추악함이나 악이 될 수도 있다는 사실을 인정하라고 요구했는데, 38장의 이 구절에서는 자신이 아직도 더 노력해야 하는 하덕자의 모습을 가지고 있음을 인정하라고 우리에게 요구한다. 노자가 보기에 진정으로 문제가 되는 것은 하덕의 상태에 머물러 있는 것 자체가 아니라 하덕자임에도 자신을 상덕자로 여기는 자만심을 품고 자기 성찰을 하지 않는 당시 지배자들의 태도였을 것이다.

상덕은 무위(無爲)하지만 하덕은 뭔가를 억지로 이루고자(爲之) 한다. 상덕은 이름을 알리려고 하거나 남보다 앞서려고 하는 욕망이 없다. 그래서 노자는 32장에서 "도상무명(道常無名, 도는 항상 이름이 없다)"이라고 했다. 그러나 하덕은 억지로 이루어내고자 하는 욕망을 품고 있다. 이런 점에서 유가의 인의예(仁義禮)는 노자의 관점에서는 하덕일 뿐이다. 노자는 억지로 뭔가를 이루어내고자 하는 하덕을 다시 상인(上仁), 상의(上義), 상예(上禮)의 세 가지 형태로 구분하여 다음과 같이 서술한다.

"상인은 (당위에 호소하여) 이루고자 하나 작위가 없고, 상의는 (당위에 호소하여)

이루고자 하면서 작위가 있다. 상예는 (당위에 호소하여) 이루고자 하는데 응함이 없으면 팔을 걷어붙이고 끌어당긴다(上仁爲之而無以爲 上義爲之而有以爲 上禮爲之而莫之應 則攘臂而扔之)."

김형효는 "상인위지이무이위(上仁爲之而無以爲)"를 "상인은 당위하나 작위가 없다"로 풀고 있는데[85], 이는 하덕의 하나인 상인(上仁)이 당위에 의존함을 지적한 것이라고 할 수 있다. 나는 김형효의 풀이를 참고해 이 구절을 자연스러운 도의 발현이 아니라 당위에 의존해 뭔가를 실현해 내고자 함을 강조하는 의미로 풀었다. 상인은 당위에 의존해 이루고자 하는 바를 이루어내려고 하나 작위가 없지만, 상의는 당위에 의존하면서 작위가 있다. 그리고 상례는 당위에 의존하면서 그것에 응해오지 않는 사람들을 강압적으로 자신이 추구하는 방향으로 이끌고자 덤벼든다.

여기에서 노자는 위지(爲之, 당위에 호소하여 이루고자 한다)와 유이위(有以爲, 작위가 있다)를 구분한다. 간단히 말해 당위와 작위를 구분하는 것인데, 노자가 말하는 당위(爲之)와 작위(有以爲)는 각각 무엇을 의미하는 것일까?

고조선의 팔조금법(八條禁法)에도 남의 물건을 훔친 자는 데려다 노비로 삼으며, 속죄하고자 하는 자는 1인당 50만 전(錢)을 내야 한다는 조항이 있을 정도로 절도는 처벌의 대상이 된 지 오래다. 하지만 절도의 수단과 방법은 후세로 오면서 오히려 더 교묘해지면서 대담해지고 있다. 노자가 말하는 위지(爲之)는 "도둑질하지 말라", "사람을 때리지 말라", "살인하지 말라"와 같은 도

85 김형효, 《사유하는 도덕경》 (서울: 소나무, 2004), 302쪽.

덕률에 의존하는 것을 의미한다. 따라서 위지(爲之)는 상인(上仁), 상의(上義), 상예(上禮)가 모두 도덕률에 의지하고 있음을 가리킨다.

그러면 무이위(無以爲)와 유이위(有以爲)는 어떻게 다를까? "도둑질하지 말라"는 당위적 도덕률이다. 그러나 빅토르 위고의 《레 미제라블》에서 장 발장은 굶주린 조카들을 위해 빵을 훔치다가 19년 동안 교도소에 갇힌다. 나는 위고가 이 작품을 통해 "도둑질하지 말라"는 도덕률은 무조건적으로 지켜져야 하는 것인가라는 의문을 제기했다고 생각한다.

《장자》의 〈외물(外物)〉 편에는 가난한 장자가 감하후(監河侯)에게 곡식을 빌리러 가는 장면이 묘사돼 있다. 나중에 세금을 받아 곡식을 빌려주겠다는 감하후에게 장자는 수레바퀴 자국의 고인 물에 갇힌 붕어가 한 모금의 물이면 살 수 있거늘 나중에 서강(西江)의 물을 끌어다 붕어를 맞이하는 것이 무슨 의미가 있겠느냐는 우화로 감하후에게 대응한다. 한 모금의 물, 한 조각의 빵이면 살 수 있고 그것이 없으면 죽는 상황에 처해 있다면 우리는 어떤 선택을 해야 할까? 당위적 도덕률은 원칙적으로 옳은 명제일 수밖에 없다. 그런데 그것을 지키는 것이 생존을 위협하는 상황에서도 우리는 그것을 지켜야만 하는가?

"도둑질하지 말라"는 명제는 동서고금을 막론하고 대다수 사람들이 동의하는 보편타당한 도덕률에 가깝다. 그러나 그것이 대다수가 동의하는 도덕률이라고 할지라도 근본적으로는 모든 인간이 도둑질하지 않아도 기본적 생존권을 보장받을 수 있는 사회구조의 실현이 선행돼야 할 것이다. '레 미제라블(Les Miserables)'은 우리말로 '불쌍한 사람들'로 번역될 수 있다. 위고는 절도라는 행위의 부도덕성을 비난하기에 앞서 누가 사회의 불쌍한 사람들을 만들어내는지에 근본적인 관심을 기울여야 한다고 말하고 싶었으리라.

노자가 말하는 상인(上仁)은 사회가 "도둑질하지 말라"는 당위적 도덕률에 호소하기는 하지만 모든 사람이 기본적인 생존권을 위협받지 않아서 그 도덕률을 강제하는 작위에 의존하지 않아도 도둑질과 생존 사이에서 갈등하지 않는 상황에 가깝다. 상의(上義)는 사회가 도덕률에 호소하면서 사람들로 하여금 생존과 도덕률 사이에서 갈등하게 하는 상황에 가까울 것이다. 마지막 상예(上禮)는 사회가 도덕률에 의존하면서 생존을 위해 도둑질하는 사람들을 형벌로 다스리고 교도소에 가두어 질서를 유지하는 상황을 가리키는 것으로 볼 수 있다.

노자는 이어 "도를 잃은 후에 덕이 생겨나고, 덕을 잃은 후에 인이 생겨나며, 인을 잃은 후에 의가 생겨나고, 의를 잃은 후에 예가 생겨난다(故失道而後德 失德而後仁 失仁而後義 失義而後禮)"고 말한다. 노자가 오늘날 살아 있다면 "예를 잃은 후에 법이 생겨난다(失禮而後法)"는 말을 추가했을지도 모르겠다. 지금의 세태는 "예를 잃어 법의 통제에 의존한다"는 표현이 적당한 사회가 아닐까 싶다. 노자가 살았던 시대와는 비교할 수 없을 정도로 복잡하고 규모가 커진 사회구조가 그 원인이기도 하겠지만, 우리 사회가 도와 덕은 물론 인의예(仁義禮)와도 상당한 거리를 두고 있는 것은 아닌지 돌아볼 필요가 있다.

그나마 법치 질서가 유지되는 사회는 최악의 상황은 아니다. 법규와 형벌마저 사회에서 효력을 발휘하지 못하면 그야말로 강압과 폭정만이 남게 된다. 지배계층이 행사하는 권력과 강제하는 법규에 백성이 의문을 갖는 사회에서 유효한 통치수단은 강압밖에 없다. 도덕성과 정통성을 잃은 동서고금의 많은 권력자들이 법을 가장한 폭압에 의지했던 것을 보면 법치마저도 위협받을 때 사회가 어떻게 변화되는지를 우리는 쉽게 짐작할 수 있다.

"무릇 예라는 것은 충과 신의 얇아짐이요 어지러움의 시작이다(夫禮者 忠信之薄而亂之首也)"라는 구절에서 나는 최근 사회문제화되고 있는 사이버 범죄를 떠올린다. 근래 들어 인터넷상의 사이버 범죄가 급증하고 있어 이에 대한 처벌 규정을 새롭게 정비하고 강화해야 한다는 목소리가 높다. 사이버 범죄가 없어서 그에 대한 처벌 규정이 필요 없는 사회가 처벌 규정이 완벽해서 좀처럼 사이버 범죄가 발생하지 않는 사회보다 바람직한 모습임은 굳이 설명할 필요도 없다. 노자가 살았던 당시에 사이버 범죄는 존재하지 않았겠지만, 사람들 간의 상호 신뢰가 무너지고 서로를 속여 이익을 취하려고 하는 사례가 많아지면서 그에 대응하는 법규가 필요하게 됐을 것이다. 법규는 사회적 병리 현상이 발생함에 따라 생겨나며, 범죄행위에 대한 사후적 대응인 경우가 대부분이다. 법규가 점점 더 많아지는 것은 사회의 도와 덕은 물론이고 인과 의마저 약화되어 가기에 좀 더 강력한 작위적 통제가 필요하게 됐음을 의미한다. 이는 충과 신이 엷어지고 사회가 어지러워지기 시작했음을 말해준다.

"남보다 먼저 깨닫는 것은 도의 화려함이지만 어리석음의 시작이기도 하다(前識者 道之華而愚之始也)"는 구절에 나오는 '전식자(前識者)'를 남회근(南懷瑾)은 선지자, 또는 신통력이 있어 사전에 어떤 일이 일어날지를 아는 자로 새기고[86], 김형효는 분별적 지식으로 미리 따지는 자로 풀며[87], 장일순은 남보다

86 남회근, 설순남 역,《노자타설》하권 (서울: 부키, 2013), 142쪽.

87 김형효,《사유하는 도덕경》(서울: 소나무, 2004), 302쪽.

먼저 아는 자로 새긴다.[88] 나는 장일순과 같이 남보다 먼저 깨달은 자의 의미로 단순하게 이해한다. 남보다 먼저 깨닫는 것은 도의 화려함이기도 하지만 자신이 남보다 먼저 깨달은 선지자, 선각자임을 내세우고 우월의식을 가지면 그 순간 그것은 어리석음의 시작이 되고 만다는 것이다.

성직자가 자신이 사부대중이나 일반 신도에 비해 먼저 깨달음을 얻은 사람이므로 신과의 거리가 더 가깝고 천국이나 극락에 더 많이 다가선 사람이라는 우월의식을 갖는 순간 비록 그가 먼저 깨달았다 할지라도 그 깨달음은 오히려 어리석음의 시발점이 되고 만다. 깨달음은 과시의 대상이 될 수 없다.

덕을 실천하는 대장부는 도타움에 처하고 세간의 "덕스럽다", "의인이다"라는 얄팍한 평판에 처하지 않는다. 대장부(大丈夫)라는 말은 《맹자》의 〈등문공장구하(滕文公章句下)〉 편에도 아래와 같이 등장한다.

> 부귀가 음탕하게 하지 못하고 빈천이 뜻을 바꾸게 하지 못하며 위무가 절개를 굽히게 하지 못하면 이런 사람을 일러 대장부라고 한다.
> 富貴不能淫 貧賤不能移 威武不能屈 此之謂大丈夫

부유해지면 여색을 탐하게 되고 가난해지면 자신의 뜻을 바꾸어 위력 앞에서 비굴해지는 것이 나를 포함한 보통 사람들의 모습이다. 그런데 맹자는 부귀(富貴), 빈천(貧賤), 위무(威武)로 인해 내면의 양심이 바뀌지 않는 사람을 대장

88 장일순, 《무위당 장일순의 노자이야기》 (서울: 삼인, 2003), 380~381쪽.

부라고 했다. 맹자가 말하는 대장부가 그러한 모습을 보여 의인이라는 세간의 평판을 들으려 하는 사람이 아니듯이 노자가 말하는 대장부 또한 화려한 명성이나 지위를 탐하지 않는다. 대장부는 내면을 성찰하여 소박하고 꾸밈이 없는 자연스러운 도를 행할 뿐이다. 그래서 그는 내면의 소리에 귀를 기울이지 외물에 마음을 빼앗기거나 외부의 평판에 이끌려 자신을 인위적으로 꾸미려고 하지 않는다.

39장

도는 상반되는 것들을 함께 아우른다

예로부터 (택일이 아니라 서로 얽혀) 하나가 됨을 얻은 것이 있으니 하늘은 하나를 얻어 맑고, 땅은 하나를 얻어 안정되고, 신은 하나를 얻어 신령하고, 골짜기는 하나를 얻어 가득 차고, 만물은 하나를 얻어 생겨나고, 후왕은 하나를 얻어 천하의 법도가 되었으니 그에 이르게 하는 것은 (서로 얽혀 있는) 하나다. 하늘이 맑지 않으면 장차 쪼개질까 두렵고, 땅이 안정되지 못하면 장차 (재난이) 발생할까 두려우며, 신이 신령함이 없으면 장차 신통력이 그칠까 두렵고, 골짜기가 가득 참이 없으면 장차 말라버릴까 두려우며, 만물이 생겨남이 없으면 장차 소멸될까 두렵고, 후왕이 법도가 됨으로써 고귀함이 없으면 장차 무너질까 두렵다. 그러므로 귀함은 천함을 근본으로 삼고, 높음은 아래로써 기반을 삼는다. 이런 까닭으로 후왕들이 스스로를 일러 고과불곡〔외로운 자, 덕이 부족한 자, 익지 아니한 자(먹지 못하는 자)〕이라 부른다. 이것은 천함을 근본으로 삼은 것이 아니겠는가? 그렇지 아니한가? 그러므로 수레를 세려다가 수레 없음에 이르게 된다. 옥처럼 빛나기만을 바라지도 말 것이며, 돌과 같이 천하게만 되려고도 하지 말지어다.

昔之得一者 天得一以淸 地得一以寧 神得一以靈 谷得一以盈
석지득일자 천득일이청 지득일이녕 신득일이영 곡득일이영

萬物得一以生 侯王得一以爲天下貞 其致之一也 天無以淸將

만물득일이생 후왕득일이위천하정 기치지일야 천무이청장

恐裂 地無以寧將恐發 神無以靈將恐歇 谷無以盈將恐竭 萬物

공열 지무이녕장공발 신무이영장공헐 곡무이영장공갈 만물

無以生將恐滅 侯王無以貞而貴高 將恐蹶 故貴以賤爲本 高以下

무이생장공멸 후왕무이정이귀고 장공궐 고귀이천위본 고이하

爲基 是以侯王自謂孤寡不穀 此其以賤爲本邪 非乎 故致數輿無輿

위기 시이후왕자위고과불곡 차기이천위본야 비호 고치수여무여

不欲琭琭如玉 落落如石

불욕록록여옥 낙낙여석

이 장은 노자 주석가들도 제각각 다양한 주석을 내놓을 만큼 번역하고 이해하기가 쉽지 않은 장이다. 득일(得一)이 무슨 의미인지부터가 쉽지 않은 문제다. 득일은 하나를 얻는다는 것인데, 일단 도를 얻는다는 의미로 이해하고 넘어가자. 그렇다면 "예로부터 도를 얻은 것(사람)이 있다"라는 의미로 "석지득도자(昔之得道者)"라고 하면 될 텐데 노자는 왜 굳이 "석지득일자(昔之得一者, 예로부터 하나가 됨을 얻은 것이 있다)"라고 했을까?

노자는 앞의 10장에서 정신적 넋인 혼(魂)과 육체적 넋인 백(魄)이 분리되지 않고 하나로 포괄되어 각각 개별자로 분리되지 않는 상태를 "혼백을 싣고 하나로 껴안는다(載營魄抱一)"고 표현한 바 있고, 22장에서는 굽은 것과 온전한 것, 파여 비어 있는 것과 가득 찬 것, 낡은 것과 새로운 것이 각각 별개로 존재하는 것이 아니라 상관되기에 성인은 상반되는 것들을 하나로 안아 천하의 법도로 삼는다(是以聖人抱一爲天下式)고 말한 바 있다. 10장과 22장에 나오는 '포일(抱一)'이라는 표현은 개별적으로 존재하는 것으로 보이는 유와 무, 선과 악, 호와 오, 미와 추가 각각 서로 다르지만 그렇다고 독립적으로 존재하는 것이 아니라 서로 연관되기에 양자를 하나로 안아 품음을 가리킨다고 볼 수 있다. 포일이란 대립물을 모두 품속에 품어 안음을 상징한다.

이 장의 득일(得一)은 모든 대립물이 10장과 22장에서 노자가 말한 대로 포일(抱一, 상반되는 것들을 하나로 안음)되어 서로를 품고 있음을 "득(得)하여 알게 됐다"는 의미에 가깝다. 하늘은 자신이 땅과의 관계 속에서만 드높을 수 있음을 알기에 맑을 수 있고, 땅도 하늘과의 포일적 관계 속에서 운행되기에 안정될 수 있음을 안다. 하늘과 땅도 각각 개별적 존재가 아니라 상호관계 속에 존재한다는 것을 알기에 맑을 수 있고 안정될 수 있다는 것이다.

"신은 하나를 얻어서 신령하다(神得一以靈)"는 구절에서 신(神)을 서양의 하느님(God)의 의미로 해석할 수도 있고, 정신(Spirit)의 의미로 해석할 수도 있다. 이것을 하느님의 의미로 보면, 앞에서도 언급했지만 노자 철학의 관점에서는 제1 원인자로서의 신이 존재할 수 없으므로 이 구절은 신조차도 피조물과의 관계 속에서만 신령할 수 있다는 의미로 새길 수 있다. 그리고 신을 육체와 대비되는 정신의 개념으로 파악한다면, 이 구절은 정신도 육체와의 관계 속에서만 신령스러울 수 있다는 의미를 강하게 함축할 것이다.

신이 세상을 창조했다는 제조론적(창조론적) 세계관에 따르면 신이 피조물을 창조하기 전에 신만 존재하는 시간이 있었을 것이다. 그렇다면 피조물 없이 신만 존재하는 그 시간에 신은 과연 어떤 존재이고 그의 신령스러움은 무슨 의미가 있단 말인가? 결국 신의 신령스러움도 피조물과의 관계 속에서만 그 의미가 발현되는 것이리라.

신(神)을 정신의 신령스러움으로 파악하더라도 비슷한 맥락으로 이해할 수 있다. 1960~70년대에는 거의 모든 초등학교 운동장에 "건강한 신체에 건전한 정신이 깃든다"는 표어가 걸려 있었다. 그 표어를 만들어낸 사람이 《도덕경》을 읽었는지는 모르겠으나, 어쨌든 그 표어는 육체와 정신이 서로 밀접하게 관련돼 있음을 의미하는 것이었다. 인간 정신의 신령스러움도 결국 신체 활동의 결과라는 점을 인정한다면 육체와 정신이 서로 관련돼 있다는 것을 부인하기 어렵다.

골짜기의 가득 참과 비어 있음도 마찬가지다. 골짜기는 가득 차 있기만을 고집하지 않는다. 오히려 골짜기는 비어 있기에 가득 찰 수 있다. 골짜기는 텅 비어 있기에 뭔가를 가득 채울 수 있는 가능성을 갖는다. 골짜기는 비어 있지만 빔이 채움의 가능성을 함장한다는 것을 알기에, 다시 말해 빔과 가득 참은 서로 관련된다는 것을 알기에 비어 있음만을 고집하거나 가득 채움만을 고집하지 않는다. 비가 오면 골짜기에 물이 가득 찰 수 있는 것은 그것이 평소에 비어 있기 때문이다. 비어 있음은 채움의 가능태다.

만물은 하나를 얻어 생겨난다. 만물은 택일이 아닌 포일의 공능에 의해 생겨난다. 만물은 음양의 조화로 태어나고 유무 사이에서 전환되기를 끊임없이 반복한다. 바로 뒤에 이어지는 40장에는 "돌아감이 도의 움직임이다(反者道之動)"라는 구절이 나오는데, 이는 음과 양, 유와 무가 반복하며 돌아가는 것이 도의 움직임이라는 의미를 내포한다. 만물은 대립물의 포일에 의해 끊임없이 생겨났다가 사라지기를 반복한다. 따라서 "만물은 하나를 얻어 생겨난다(萬物得一以生)"는 "만물은 하나를 얻어 돌아가고 복귀한다(萬物得一以歸)"로 바꾸어 읽어도 무방할 것이다.

후왕(侯王) 역시 모든 대립물이 포일(抱一)된다는 것을 앎으로써 천하의 모범이 될 수 있다. 후왕은 자신만이 선이라는 독선에 빠져서는 안 된다. 선과 악, 미와 추가 상관돼 있다는 것을 인식함으로써 천하를 포괄하고 모범이 될 수 있다. 자신의 사유와 지배이념만이 선이고 미라고 생각하는 순간 그는 천하의 보편적 지배자가 될 수 없다. 천하의 법도가 되기 위해서는 선과 악, 미와 추가 서로 연관되어 있음을 인정해야 한다.

"그에 이르게 하는 것은 하나다(其致之一也)"에서 하나는 결국 세상의 음과 양, 유와 무, 선과 악, 미와 추가 각각 별개로 존재하는 택일의 대상이 아니라 서로 대대적(待對的)으로 관련되어 있음을 상징한다. 앞의 여러 구절에서 노자는 천지(天地)가 대립물의 포일을 운행 원리로 삼고 있으며, 사람 또한 천지를 본받아 대립물의 포일을 인정함으로써 세상의 법도가 될 수 있다고 말했다. 모든 대립물은 그 반대편에 자신을 상감(象嵌)한다. 음과 양, 선과 악, 생성과 소멸까지도 그 존재 기반으로 서로를 품고 있다. 단가적 택일이 아닌 포일(抱一)이야말로 세상의 여여한 모습이다.

앞에서 우리는 "하늘은 하나를 얻어 맑다(天得一以淸)"는 구절을 살펴보았다. 그 구절의 의미를 고려할 때 "하늘이 맑지 않으면 장차 쪼개질까 두렵다(天無以淸將恐裂)"는 구절은 하늘이 포일의 도를 잃어 맑음이 없으면 장차 쪼개질 것이라는 의미로 이해해야 할 것이다. 그런데 하늘이 포일의 도를 잃는다는 것은 어떤 상황을 가리키는 것일까?

나는 이 구절을 보면 백두산 천지에 갔던 기억을 떠올리게 된다. 나는 백두산 천지에 오를 때 민족분단의 비극을 아프게 실감했다. 내 민족의 땅을 우리 영토가 아닌 중국 땅을 거쳐 올라가야 하는 현실에서 민족분단의 비극을 절감할 수밖에 없었다. 그리고 내 땅, 네 땅을 구분하기에 앞서 가까운 거리에 있는 곳을 바다 건너로 돌아서 가야만 하는 상황에서 이념대립이 가져온 배타의 불행한 현실을 통감해야 했다. 민족 구성원 모두가 멀리 돌아 가지 않고 자연스러운 경로를 통해 자유롭게 왕래하는 때가 빨리 오면 좋겠다.

백두산에는 크게 4개의 등반코스가 있는 것으로 알려져 있다. 그중 동쪽 코스는 북한을 통해서만 오를 수 있기에 민족이 분단된 상태인 지금은 누구나 쉽게 오를 수 있는 길이 아니다. 나머지 서쪽, 남쪽, 북쪽 코스는 모두 중국을 통해 오를 수 있다. 그런데 백두산이 워낙 거대하다 보니 남쪽 코스 출입구에서 북쪽 코스 출입구로 가려면 약 120여 킬로미터를 이동해야 하는 등 코스 간 거리가 멀어 하루에 서쪽, 남쪽, 북쪽 중 두 개의 코스를 오르는 것은 불가능한 것은 아니지만 현실적으로는 어렵다.

나는 2018년 가을에 이틀에 걸쳐 서쪽과 북쪽 코스를 올랐다. 첫날 서쪽 코스를 오를 때는 날씨가 쾌청해 천지에서 북한 지역을 육안으로 볼 수 있었다. 다음 날 북쪽 코스로 천지에 오르려고 했을 때도 출발점인 이도백하(二道白河) 시가지의 날씨는 쾌청했다. 그런데 차를 타고 백두산 정상 가까이로 가자 초가을임에도 눈이 내리면서 날씨가 점차 악화되기 시작했다. 결국 천지에는 올라가지 못하고 장백폭포 앞까지만 갈 수 있었다. 장백폭포까지 올라가는 동안 땅에서는 수증기가 솟아오르고 하늘에서는 눈이 내려 장백폭포 앞에 도달했는데도 폭포가 보이지 않을 정도로 시야가 흐렸다.

속설에 천지는 3대가 덕을 쌓아야만 볼 수 있다고 한다. 아마도 그만큼 백두산 정상 부근의 기상이 불규칙하다는 의미일 것이다. 중국 사람들은 백두산은 7~8월에 와야 그나마 천지를 볼 가능성이 높은데 7~8월에도 천지를 볼 확률은 절반밖에 안 된다고 말했다. 비가 오거나 안개가 끼는 날이 많기 때문일 것이다.

나는 백두산의 북쪽 코스를 오르던 그날 하늘에서는 눈이 내리고 땅에서는 수증기가 솟아오르는 장면을 보고 마치 하늘과 땅의 기운이 뒤섞이는 듯한 느낌을 받았다. 천기(天氣)와 지기(地氣)가 서로 교차하고 융합하고 있는 것이 아닌가 싶었다. 그것은 물론 나의 주관적인 느낌이었지만, 기상학적으로 봐도 하늘의 기운과 땅의 기운이 끊임없이 서로 영향을 주고받으며 기상현상을 만들어내고 있을 것이고, 해발고도가 높은 천지는 그러한 현상을 낮은 곳보다 더 뚜렷하게 보여준 것이리라.

하늘은 일반적으로 햇볕을 내리쬐고 비를 내려준다. 뭔가를 발산하므로 양의 상징이다. 반면 땅은 빗물을 저장하고 만물을 보호하여 생장하게 하므로 음의 상징이다. 그런데 양의 상징인 하늘은 항상 발산하기만 하고 음의 상징인 땅은 항상 저장하기만 하는가? 백두산에서 내가 본 광경은 하늘과 땅이 서로 어떻게 영향을 주고받는지를 극명하게 보여주었다. 하늘은 잔뜩 흐려 음기를 머금고 있었고, 땅은 끊임없이 습기를 하늘로 발산하고 있었다. 하늘과 땅은 이렇게 서로에게 영향을 주고받으며 자신의 공능을 발휘한다.

하늘은 맑기만을 고집하지 않기에 진정으로 맑을 수 있다. 천지(天地)가 뒤섞이고 있기에 흐린 날도 있지만 맑은 날이 더 많다. 그런데 하늘에 맑음이 없다면(여기에서 맑음은 흐림을 함장한 맑음이다) 생태계의 균형이 깨졌다는 뜻일 것이다. 그래서 노자가 하늘에 맑음이 없으면 장차 쪼개질까 두렵다고 한 것이다. 땅도 저장만 하지 않고 수증기를 발산하기도 하기에 안정을 유지할 수 있다. 신도 피조물과의 관계 속에서 신령할 수 있는 것이고, 정신도 육체와의 관계 속에서 신령할 수 있다. 그러한 관계성이 사라져 버리면 자연히 신령함도 사라지고 만다.

계곡은 보통 비어 있지만 그것은 단순한 비어 있음이 아니라 가득 참의 가능성을 함장한 비어 있음이다. 계곡에 가득 참이 없고 말라 있기만 하다면 계곡의 생성력은 고갈된다. 만물은 생성과 소멸을 반복한다. 생성함이 전혀 없다면 소멸되고 말 것이다. 후왕(侯王)이 천지의 도를 본받아 모범됨이 있고 고귀함이 있어야 함에도 천지의 도를 본받지 못하고 대립물의 상관관계를 이해하지 못하면 곧 전복되고 말 것이다. 결국 천지는 대대상관적(待對相關的) 관계에 있고 그런 것이 천지의 도이기에 후왕도 그 도를 체화해야만 천하의 법도가 될 수 있고 고귀함을 잃지 않게 된다. 그래서 노자는 후왕들에게 천지의 도는 택일이 아니라 포일의 논리에 따름을 새기라고 한 것이다.

노자는 자연의 도를 이야기한 뒤에 현실 정치에 대해 이야기한다. 천(天)과 지(地), 허(虛, 빔)와 실(實, 채움)만 서로 연관되는 것이 아니라 인간 세상의 지존이라고 할 수 있는 후왕도 천(賤)함과 연관된다. 그러나 지위가 높은 사람들은 대개 자신은 존귀한 존재라는 생각에 빠져 있다.

"한 집안의 배부르고 따뜻함은 천 집안의 원망이 된다(一家飽暖 千家怨)"라는 경구가 있다. 나의 존귀함은 결국 많은 사람들의 희생과 헌신이 있기에 가능하다. 학생이 있어야 교사가 존재할 수 있고, 사졸이 있어야 장군이 존재할 수 있으며, 백성이 있어야 후왕이 존재할 수 있다. 존귀한 사람일수록 자신은 비천한 사람들과 상관이 없다고 생각하기 쉽지만, 천지가 서로 관련되듯이 귀한 자와 천한 자도 자신의 존재를 서로에게 상감한다. 물리적 고하(高下)나 사회적 지위의 고하도 마찬가지다. 따라서 후왕들은 자신의 존귀함이 백성의 희생과 헌신에 기반함을 알아야 하기에 자신을 "외로운 자, 부족한 자, 익지 못한 자(孤寡不穀)"라고 스스로 낮추어 왔다고 노자는 말한다.

"고치수여무여(故致數輿無輿)"라는 구절은 해석하기가 어렵고, 노자가 이 구절을 통해 무엇을 말하고자 했는지를 분명히 알기가 쉽지 않다. 나로서는 여러 주석가들의 풀이를 통해 그 뜻을 미루어 짐작할 뿐이지만, 어느 주석가의 설명도 명료한 느낌을 주지는 않는다.

이 구절에 대한 주석은 두 가지로 나뉜다. 첫째는 수레의 부품을 세다 보면 전체로서의 수레를 보지 못한다는 의미로 푸는 것이다. 김형효나 장일순의 풀이가 이에 해당한다.[89] 이른바 환원론의 오류를 지적한 것이다. 둘째 해석은 남회근의 견해인데, 과거에 수레는 현재의 승용차처럼 귀중품이었는데 지배계층이 수레를 너무 많이 갖게 되면 오히려 수레가 없는 것과 마찬가지 상황이 된다는 의미로 파악하는 것이다.[90]

이 두 가지 가운데 어느 해석이 더 적절한지 판단하기가 쉽지 않다. 다만 나는 앞에서 노자가 후왕들에게 천한 사람과 하부계층 사람에 대한 관심을 주문했다는 점에 주목해 후자가 노자의 본의에 좀 더 가깝다고 추론한다. 춘추전국시대에 기층 민중은 절대빈곤에 허덕이는데 지배계층이 사치를 일삼는다면 그들 자신의 존립기반인 민중의 지지를 상실할 뿐만 아니라 자신의 재산이나 생명도 지킬 수 없게 된다고 경고한 것이라고 나는 생각한다.

나는 이 구절을 보면 제선왕(齊宣王)이 자신은 선왕(先王)의 음악이 아닌 지금의 속된 음악을 과도하게 좋아한다고 말하자 맹자가 음악과 사냥을 좋아하는 것이 문제가 아니라 백성과 함께 즐기지 않고 자신만 독점적으로 그것에 탐닉하는 것이 문제라고 답하는 장면이 떠오른다.[91] 지나친 빈부격차는 사회불안의 원인이 되기 쉽다. 노자는 셀 수 없을 만큼 많은 수레를 갖게 되면 사회가 불안해져서 결국 자신의 수레를 지킬 수 없는 상황으로 치닫게 될 수 있다고 경고한 것으로 보인다. 사회구조적 불균형과 일부 계층의 지나친 축적은 사회의 기반 자체를 파괴할 수 있다는 점을 노자는 지적한 것이다.

나는 이 구절에서 사회구조적 차원의 불균형에 대한 경고와 함께 개인적

---

89 김형효, 《사유하는 도덕경》 (서울: 소나무, 2004), 320~321쪽. 장일순, 《무위당 장일순의 노자 이야기》 (서울: 삼인, 2003), 385쪽.

90 남회근, 설순남 역, 《노자타설》 하권 (서울: 부키, 2013), 155~156쪽.

91 《맹자(孟子)》 <양혜왕장구하(梁惠王章句下)>.

차원의 함의도 읽게 된다. 나는 2019년 6월경 평소 좋아하던 선배와 함께 지리산 천왕봉에 오른 적이 있다. 오랜만의 산행이어서 그런지 하산할 때 조금 힘이 들었다. 나는 그때까지 평소에 산행을 할 때 스틱을 들지 않고 가벼운 복장에 운동화를 신었다. 그런데 그날에는 함께 간 선배가 자신의 스틱을 빌려주어 스틱을 짚으며 하산했다. 스틱을 사용하는 것이 체력적으로도, 안전상으로도 많은 도움이 된다는 것을 실감했다. 내려오면서 그 선배는 나에게 앞으로 등산을 할 때는 꼭 스틱을 준비하라고 조언했다. 그러면서 이런 말을 덧붙였다. "내가 등산을 좋아한다는 것을 아는 주위의 여러 사람들이 스틱을 선물해줘서 집에 스틱을 꽤 많이 가지고 있지만 내가 사용하는 것은 하나뿐이니 결국 하나만 소유하고 있는 것과 마찬가지야."

선배의 그 말을 듣고 나는 "수레를 세려다가 수레 없음에 이르게 된다"는 《도덕경》의 구절을 떠올렸다. 승용차를 여러 대 소유해봐야 한 번에 한 대의 승용차만 이용할 수 있고, 여러 채의 주택을 소유해봐야 한 채의 집에서만 살게 된다. 속언에 "부자도 세 끼, 가난한 사람도 세 끼"라는 말이 있듯이 소유가 증가하는 만큼 효용이 증가하지 않을뿐더러 행복이 소유의 증가에 비례해 커지는 것도 아니다.

"불욕록록여옥 낙낙여석(不欲琭琭如玉 落落如石)"을 나는 "옥처럼 빛나기만을 바라지도 말 것이며, 돌같이 천하게만 되려고도 하지 말지어다"로 번역했는데, 어떤 이들은 "옥과 같이 찬란하게 되지 말고 돌처럼 되어라"로 번역하기도 한다. 나는 노자가 천과 지, 유와 무, 귀와 천이 각각 서로 관련됨을 거듭 말했으므로 옥(玉)과 석(石)도 상관적 관계에 있는 것으로 인식했다고 본다. 따라서 노자가 이 구절을 옥이 되지 말고 돌이 되라는 의미로 서술하지는 않았을 것으로 추론한다. 나는 귀중한 옥을 돌이 감싸고 있는 것에서 보듯이 옥과 돌은 서로 관련을 맺고 있다는 점을 노자가 강조하고자 한 것으로 본다. 그러므로 귀인을 상징하는 옥으로만 존재하려고 하지도 말고, 천인을 상징하는 돌로만 존재하려고도 하지 말라는 의미로 이 구절을 이해한다.

40장

만물은 돌아가기를 반복한다

돌아감은 도의 움직임이요, 약함은 도의 작용이다. 천하의 만물은 유(有)에서 생겨나고, 유(有)는 무(無)에서 생겨난다.

反者道之動 弱者道之用 天下之物生於有 有生於無

반자도지동 약자도지용 천하지물생어유 유생어무

이 장에서 반(反) 자는 '돌아가다', '반복되다'의 뜻과 '상반되다'의 뜻을 함께 가진 것으로 보인다. 따라서 "반자도지동(反者道之動)"은 "돌아감이 도의 움직임이다"라고 옮길 수도 있으며 "반복되는 것이 도의 움직임이다"라고 번역할 수도 있다. 나는 이 구절을 상반되는 것들이 서로 얽혀 조화를 이루고 있지만, 그것들이 결국은 돌아가기를 반복한다는 의미로 이해한다.

이 구절은 16장에 나오는 "만물은 무성하게 피고 지지만 모두가 그 뿌리로 돌아간다(夫物芸芸 各歸其根)"라는 구절과 관련된다. 16장에서 설명했듯이 만물은 피고 지기를 반복하면서 형태를 변화시키지만 각자는 모두 그 뿌리로 돌아가기 마련이다. 뿌리로 돌아감이 무엇을 의미하는지는 여러분이 직관적으로 이해할 것이다. 여름 한 철 잎으로 무성했던 나무도 가을이 되면 잎을 떨구고 겨울을 대비하지만 그것은 사라짐이 아니다. 다양한 사물이 번성하지만 결국은 다 쇠락의 단계로 접어든다. 그러나 그것은 사라짐이 아니요 흩어짐이고 돌아감일 뿐이다. 돌아감의 반복(순환)이야말로 도의 움직임이고, 이에서 벗어나는 존재는 없다.

그렇다면 "약자도지용(弱者道之用)"은 어떻게 해석해야 할까? 우리는 15장에서 "누가 능히 탁함으로써 더러움을 진정시켜 서서히 맑게 할 수 있겠는가? 누가 능히 편안히 오래 움직여 서서히 생겨나게 할 수 있겠는가(孰能濁以靜之徐淸 孰能安以久動之徐生)?"라는 구절을 보았다. 도의 작용은 미약한 듯이 보이지만 자연스러운 작용으로 서서히 무언가를 이루어낸다. 등산을 하다보면 폭포는 아니더라도 물이 계곡에 떨어지는 것을 본다. 그때마다 우리는 물이 떨어지는 곳에 어김없이 웅덩이가 파여 있는 것을 보게 된다.

도의 작용은 그와 같다. 노자는 30장에서 "도로써 임금을 보좌하는 사람은 무력으로써 천하를 강하게 하려 하지 않는다(以道佐人主者 不以兵强天下)"고 했다. 도의 작용은 강한 무력으로 천하를 일순에 변화시키려는 욕망과 거리가 멀다. 강압을 사용하는 것이 변화를 이루는 지름길로 보이기도 하지만, 자연스럽지 못한 변화는 오히려 반작용을 불러오고 부자연스럽고 여여하지 못한 변화의 욕망은 장구할 수 없다. 도의 작용은 강함에 의한 일순간의 변혁이기보다 계곡에 떨어지는 물이 서서히 웅덩이를 만드는 것과 같은 서생(徐生, 천천히 생겨나게 함)에 가깝다. 그래서 노자가 "약함은 도의 작용(弱者道之用)"이라고 말한 것이다.

이어지는 구절 "천하지물생어유 유생어무(天下之物生於有 有生於無)"는 2장에 나오는 "유무상생(有無相生, 유와 무는 서로를 생성한다)"에 대한 부연 설명으로 보아도 무리가 없다. 따라서 이 구절은 무(無)가 유(有)의 원인자임을 말하고 있는 것이기보다는 무와 유가 상관됨을 다시금 강조한 것이다. 나는 유무의 상관성을 형이하학적으로 설명하기 위해 앞에서 점과 선의 관계를 예로 들었다. 점은 질량과 크기가 없고 위치만 표시하는 비실존의 존재다. 그런데 무수히 많은 점들이 모여 길이를 갖는 선이 된다. 존재하지 않는 점들이 모여 선을 이루는 것처럼 유는 무에서 생겨난다.

"유가 무에서 생겨난다(有生於無)"는 구절은 기독교에서 하느님이 세상을 창조했다고 가르치는 것처럼 제1 원인자인 무가 유를 낳았다는 의미가 아니다. 이 구절은 유가 그 존재근거인 무에 의지하고 있음을 표현한 것이다. 만물은 모두 유로부터 생겨나오는 것처럼 보인다. 하늘에서 비가 내리고, 땅에서는 싹이 움튼다. 모든 생물은 씨앗에서 자라 나왔거나 부모에게서 태어났다. 그래서 노자는 "천하의 만물은 유에서 나온다(天下之物生於有)"고 했다. 그러나 그

유는 무에 의지한다. 무는 우리의 감각기관으로 인식되지 않는다. 그러나 유가 생기하게 하는 도의 공능은 우리가 인식할 수 없는 무에 근거한다.

씨앗이 발아하여 열매를 맺지만, 그 열매는 씨앗이 만들어낸 것이기에 앞서 씨앗이 열매가 되도록 하는 도의 공능에 의해 열매로 생장할 수 있다. 나와 아내는 함께 자녀를 낳았지만 우리 부부가 자녀를 만들어낸 것이 아니라 자연이라고도 할 수 있고 도라고도 할 수 있는 것의 공능에 의지해서 우리 부부가 그렇게 할 수 있었을 뿐이다. 그리고 그 공능은 무에서 연유한 것이고 그것을 인간이 감각기관으로 인식할 수 없기에 노자는 그것을 "없음(無)"이라고 표현한 것이다.

41장

하사(下士)는 일상의 도를 들으면 크게 비웃는다

뛰어난 선비는 도를 들으면 힘써 행하고, 중간 정도의 선비는 도를 들으면 마음에 있는 것 같기도 하고 없는 것 같기도 하며, 하급의 선비는 도를 들으면 크게 (비)웃는다. (비)웃지 않으면 도라고 하기에 부족하다. 그러므로 옛사람들이 세운 말에 이런 말들이 있으니 밝은 도는 어두운 듯하고, 나아가는 도는 물러나는 듯하며, 평평한 도는 울퉁불퉁한 듯하다. 상덕(높은 덕)은 (깊이 파인) 골짜기 같고, 위대한 결백은 욕됨과 같으며, 광대한 덕은 부족한 듯하다. 확고하게 세워진 덕은 구차한 것 같고, 질박한 진리는 느슨한 듯하다. 큰 네모에는 각진 구석이 없고, 큰 그릇은 늦게 이루어지며, 큰 소리는 거의 들리지 않고, 큰 형상은 형체가 없다. 도는 숨어 있어 이름이 없다. 무릇 도는 잘 빌려주어 이루어지게 한다.

上士聞道 勤而行之 中士聞道 若存若亡 下士聞道
상사문도 근이행지 중사문도 약존약망 하사문도
大笑之 不笑 不足以爲道 故建言有之 明道若昧
대소지 불소 부족이위도 고건언유지 명도약매
進道若退 夷道若類(纇) 上德若谷 大白若辱 廣德若不足
진도약퇴 이도약뢰(뢰) 상덕약곡 대백약욕 광덕약부족

建 德 若 偸　質 眞 若 渝　大 方 無 隅　大 器 晩 成　大 音 希 聲

건 덕 약 투　질 진 약 투　대 방 무 우　대 기 만 성　대 음 희 성

大 象 無 形　道 隱 無 名　夫 唯 道　善 貸 且 成

대 상 무 형　도 은 무 명　부 유 도　선 대 차 성

뛰어난 선비는 도(道)를 들으면 힘써 행하지만, 중간 정도의 선비는 반신반의하여 마음에 두는 듯 그렇지 않은 듯하며, 하급의 선비는 크게 비웃어버린다고 노자는 말한다. 자신의 마음속에 도가 어떤 모습으로 그려지고, 도인은 어떤 모습으로 상상되는가? 혹시 자신이 생각하는 도인의 모습이 축지법을 쓰고, 불 속을 유유히 걸어 다니며, 날카로운 못을 딛고 서 있는 모습은 아닌지 생각해보자. 자신이 생각하는 도인이 허공을 날아다니고 축지법을 쓰는 모습이라면 그는 하급의 선비에 속할 가능성이 높다.

앞에서도 언급했지만 《장자》의 〈지북유(知北遊)〉 편에는 도가 어디에 있느냐는 동곽자의 질문에 장자가 "있지 않은 곳이 없다(無所不在)"고 대답하는 장면이 나온다. 장자에 따르면 도는 우리의 모든 일상에 존재하기에 특별한 무엇이 아니다. 하지만 하급의 선비는 도가 하늘을 날아다니고 불구덩이를 굴러다녀도 화상을 입지 않는 특별한 방법이라고 생각한다. 그런데 장자는 땅강아지가 살아가는 모습이나 우리가 배설하는 똥이나 오줌에도 도가 있다고 하니 도를 뭔가 특별한 것으로 기대했던 하급의 선비는 크게 웃어버리고 만다.

요즘은 거리에서 사람들을 모아 놓고 약이나 생활용품을 판매하는 상인을 잘 볼 수 없지만, 내가 어렸을 적만 해도 하굣길에 그런 상인을 흔히 볼 수 있었다. 그런데 기억을 떠올려보면 그런 상인은 대개 이마로 못을 박거나 유리조각 위를 걸어 다니는 기행을 보여주며 홍보수단으로 삼곤 했다. 나는 그 모습이 놀랍고 신기해서 상인이 힘이 세거나 그에게 무슨 비법이 있을 것으로 생각했다. 그런데 지금 생각해보면 그것은 뭔가 속임수를 써서 지나가는 사람들을 끌어 모으려는 얄팍한 상술에 지나지 않았다. 나는 지금도 물론 하사

(下士)의 수준에 머물러 있지만 그런 것을 신기해하던 초등학생 시절의 내 모습은 확실한 하사였다. 그리고 초등학생 눈에 신기해 보이던 상인의 상술 역시 하사의 기행일 뿐이었다. 하급의 선비는 사람들의 눈과 귀를 사로잡을 수 있는 괴이함을 도로 여긴다. 그들은 도의 일상성과 편재성(遍在性)을 이해하지 못하고 진실된 도를 들으면 비웃어버린다.

노자는 35장에서 "아름다운 음악과 맛있는 음식은 지나가는 손님의 발을 멈추게 하지만, 도가 사람 입 밖으로 나옴에는 담백하여 그 맛이 없다(樂與餌過客止 道之出口 淡乎其無味)"고 했다. 초등학생이 하굣길에 약장수의 상술에 정신이 팔려 귀가해야 하는 일상을 망각하듯이 하사는 아름다운 음악과 맛있는 음식에 정신을 빼앗기고 뭔가 특별한 것을 기대한다. 하지만 도는 일시적 괴이함이 아니라 장구한 '스스로 그러함'일 뿐이다.

도의 일상성을 모르는 중간 정도의 선비는 도가 그런 시시한 것에 지나지 않느냐며 반신반의하고, 하급의 선비는 비웃어버리는 것이다. 만약 하사가 비웃지 않고 "그래, 이 정도는 돼야 도라고 할 수 있지"라고 말한다면 그것은 오히려 일상의 여여한 도라고 하기에 부족한 것일 가능성이 높다.

《장자》의 〈양생주(養生主)〉 편에는 문혜군(文惠君)이 소를 잡는 포정(庖丁)의 뛰어난 솜씨를 보고 어떻게 그런 경지에 이를 수 있었냐고 묻자 포정이 소를 잡는 도에 관해 설명하는 장면이 나온다. 문혜군은 포정의 말을 듣고 "나는 이제야 양생의 도를 터득했노라(得養生焉)" 하고 감탄한다. 이 이야기는 사람들이 비천하게 생각하는 백정의 일에도 도가 있음을 상징하기 위한 우화라고 나는 생각한다.

나의 아내는 독실한 불교신자다. 나도 그녀를 따라 가끔 사찰에 가는데, 스님들이 발우공양(鉢盂供養)을 하면서 음식물을 조금도 남기지 않는 모습을 보고 진정으로 수도하는 사람의 모습이라고 느낀 적이 있다. 《명심보감》의 〈성심하(省心下)〉 편에는 "몸에 한 오라기 실을 걸치더라도 항상 베 짜는 여인의 수고로움을 생각하고, 하루 세 끼 밥을 먹거든 매번 농부의 고통스러움을 생각하라(身被一縷 常思織女之勞 日食三飧 每念農夫之苦)"는 구절이 있다. 내가 입는 옷, 내가 먹는 음식물을 만들기 위해 땀 흘려 일하는 사람들의 수고로움과 고통을 생각한다면 누구도 물자를 아무렇게나 쓰거나 낭비하지 못할 것이다. 더구나 내가 남긴 음식을 먹지 못해 죽어가는 많은 생명체가 있음을 체득한 사람이라면 음식을 남기지 않으려고 노력할 것이고, 불가피하게 음식물을 남기더라도 죄스러운 마음이 가슴 한구석을 차지할 것이다.

편리함을 위해 일회용품을 소비하면서도 마음에 가책을 느끼면서 어떻게 하면 조금이라도 덜 소비할 수 있을지를 생각하는 사람과 아무런 생각 없이 편리함만 추구하는 사람 사이의 차이는 작지 않다. 도는 우리가 밥을 먹거나 잠을 잘 때라고 해서 멀리 떨어져 있지 않다.

기독교에서 신은 항상 우리에게 임해 있어서 우리가 어떤 일을 해도 다 안다고 하는 것처럼 노자의 도 역시 우리의 모든 일상에 함께한다. 《중용》에는 "도라는 것은 잠시도 떠날 수 없는 것이니 잠시라도 떠날 수 있다면 도가 아니다(道也者 不可須臾離也 可離 非道也)"라는 구절이 있다. 중용의 이 구절도 도의 일상성과 항상성을 강조한 것이다. 우리의 일상에 도가 아닌 것이 없다. 다만 모든 일상에 깃들어 있는 도를 우리가 인식하지 못할 뿐이다.

스님들이 발우공양하는 모습을 보면서 "아, 저런 모습에서도 배울 것이 있구나" 하고 본받기를 힘써 행하면 상사(上士)일 것이고, "밥 먹으면서 잔반 하나 남기지 않는 저런 시시한 것에 도가 깃들어 있다는 말인가" 하고 비웃으면 하사(下士)가 되는 것이다.

앞의 22장에서 우리는 노자가 "굽은 것은 온전하여진다는 옛말이 어찌 허언이겠는가(古之所謂曲則全者 豈虛言哉)"라고 하여 당시에 일반화된 '굽은 것은 온전해진다(曲則全)'라는 속담을 사용해 자신의 철학적 사유를 표현했음을 보았다. 이 장의 "옛사람들이 세운 말에 이런 말이 있다(建言有之)"라는 어구 역시 노자가 세간에 널리 퍼진 경구를 활용했음을 알려준다. 노자가 이처럼 일상의 격언이나 경구를 인용한 것은 도라는 것이 일상과 유리된 것이 아님을 강조하기 위한 것이 아니었나 하는 생각도 든다.

이어지는 구절에서 노자는 밝음과 어두움, 나아감과 물러남, 평평함과 울퉁불퉁함, 높음과 깊음, 결백과 욕됨 등 상반되는 것들이 서로를 품고 있음을 이야기한다. 노자는 4장에서 이미 "그 빛과도 조화를 이루고 먼지와도 함께한다(和其光 同其塵)"고 했다. 도는 화광동진(和光同塵), 즉 밝은 빛과도 조화하고 더러운 먼지와도 함께한다는 것이다. 밝은 도는 밝기만을 고집하지 않기에 진정으로 밝을 수 있고, 앞으로 나아가는 도는 나아감만을 고집하지 않기에 진정으로 앞으로 나아갈 수 있다. 세상 만물은 차이의 동거, 대립물의 교차를 그 본질로 하기에 밝기만을 고집하거나 나아감만을 고집하지 않는 것이 도의 모습이다.

서양의 논리학으로 보면 명과 암, 유와 무, 장과 단은 각각 명확하게 구분되는 개념이겠지만, 노자의 관점에서 보면 이 세상의 만물은 이중적인 존재이며 대립물을 기반으로 해서 존재한다. 하사는 밝음 속에 어둠이 공존한다고 하면 말도 안 되는 소리라며 웃어버린다. 그러나 만물의 실상은 대립물의 교차이자 공존이다. 교수자와 학습자의 관계도 그렇다. 교수자와 학습자는 서로를 성장시킨다는, 《예기(禮記)》〈학기(學記)〉 편에 나오는 교학상장(敎學相長) 구절이 의미하는 바와 같이 교수자와 학습자 역시 서로의 존재기반이자 끊임없이 영향을 주고받는 관계다.

우리는 현실 정치에서 사적 이익이나 당리당략에만 골몰하는 세력이 결국은 목적을 달성하지 못하고 오히려 다수의 지지로부터 멀어진다는 것을 경험으로 안다. 노자는 이러한 현실을 7장에서 "사사로움이 없기에 능히 그 사사로움을 이룰 수 있다(非以其無私邪 故能成其私)"고 표현했다. 일상에서도 자기 이익에만 급급한 사람이 처음에는 그것을 취하는 것 같지만 결국에는 도태되거나 고립되고 마는 현실을 우리는 종종 목도한다.

노자가 "밝은 도는 어두운 듯하다"라고 했듯이 '진정한 이익은 손해 보는 것 같음(眞益若損)'이야말로 세상의 이치일 수 있다. 노자는 세상 만물이 이중적이고 대립물과 상관적 관계를 이루고 있음을 다양한 어구로 표현하고 있다.

대방(大方)은 큰 사격형이다. 사각형은 꺾인 모서리가 네 군데 있어야 하지만, 진정으로 큰 사각형은 구석진 곳을 찾기 어렵거나, 그런 곳이 있다고 하더라도 인간의 감각기관으로는 파악되지 않는다고 노자는 말한다. 이는 방위나 소리에도 적용되는 이치다. 방위에 동서남북이 있지만, 동쪽의 어디에 모서리가 있어서 북쪽, 남쪽과 구분되는가? 인간에게 소리로 들리는 가청주파수(可聽周波數)는 대략 20헤르츠(Hz)부터 2만 헤르츠까지다. 다시 말해 인간은 20헤르츠 미만의 작은 소리나 2만 헤르츠를 초과하는 큰 소리는 들을 수 없다. 지구가 회전하면서 내는 소리는 어마어마하게 클 것이다. 그러나 그런 대음(大音)은 들리지 않아 인간의 감각기관으로는 도무지 파악할 수 없다.

'대방무우(大方無隅)' 이후의 구절들은 인간이 자신의 감각이나 가치관에 비추어 미약하다고 판단하는 것이 사실은 위대한 것일 수 있음을 가리킨다. 인간의 식견으로는 소기(小器)이거나 작은 소리에 지나지 않는다고 판단되는 것 속에 위대한 가르침이나 진리가 숨어 있을 수 있다. 그러므로 하찮다고 생각되는 일상을 쉽게 넘겨서는 안 된다.

도는 대방(大方), 대기(大器), 대음(大音), 대상(大象)이지만 구석진 곳이 없는 것 같고, 아직 이루어지지 않은 것 같고, 들리지 않는 것 같고, 형태가 없는 것 같다. 도는 잘 보이지도, 들리지도 않으며 숨어 있는 것 같기에 이름 붙이기가 어렵다. 도는 단순한 무(無)로 보이지만, 그것은 그저 없음이 아니라 그 공능을 잘 빌려주어 모든 유가 자신을 드러낼 수 있도록 할뿐더러 무진장하기에 아무리 빌려주어도 그 공능이 고갈되지 않는다. 그것은 소리가 없는 것 같지만 실제로는 대음(大音)이요, 형태가 없는 것 같지만 실제로는 위대한 대상(大象)의 모습을 지니고 있다. 노자의 도와 기독교의 신을 동일한 맥락에서 비교할 수는 없지만 독자의 이해를 돕기 위해 기독교의 관점을 빌린다면, 노자가 말하는 도는 자신의 모습을 현시하지 않아 존재하지 않는 것 같지만 사실은 모든 곳에 존재하고 모든 것을 주재하는 하느님과 유사하다.

42장

강해지려고만 하는 자는 명을 누리지 못한다

도는 하나를 낳고, 하나는 둘을 낳고, 둘은 셋을 낳고, 셋은 만물을 낳으니 만물은 음을 업고 양을 안고 있으며, 텅 빈 기로써 조화를 이룬다. 사람들이 싫어하는 바는 오직 고아와 과부와 먹지 못함(또는 익지 아니함)인데 왕공은 이런 말을 자신의 호칭으로 삼는다. 그러므로 만물은 덜어내면 더해지기도 하고, 더하고자 하면 손해가 되기도 한다. 사람들이 가르치는 바를 나 또한 가르치고자 한다. 강하고 힘센 자는 (편안한) 죽음을 얻지 못하니 나는 장차 이로써 가르침의 근본을 삼고자 한다.

道 生 一　一 生 二　二 生 三　三 生 萬 物　萬 物 負 陰 而 抱 陽
도 생 일　일 생 이　이 생 삼　삼 생 만 물　만 물 부 음 이 포 양
沖 氣 以 爲 和　人 之 所 惡　唯 孤 寡 不 穀　而 王 公 以 爲 稱
충 기 이 위 화　인 지 소 오　유 고 과 불 곡　이 왕 공 이 위 칭
故 物 或 損 之 而 益　或 益 之 而 損　人 之 所 敎　我 亦 敎 之
고 물 혹 손 지 이 익　혹 익 지 이 손　인 지 소 교　아 역 교 지
强 梁 者 不 得 其 死　吾 將 以 爲 敎 父
강 양 자 부 득 기 사　오 장 이 위 교 부

이 장의 첫 구절 "도생일 일생이 이생삼 삼생만물(道生一 一生二 二生三 三生萬物)"을 이해하려고 할 때 가장 관건이 되는 것은 생(生) 자를 어떤 의미로 파악하느냐다. 나는 이 구절을 번역하면서 독자가 원문에 더 쉽게 다가갈 수 있도록 직역해 "도는 하나를 낳고, 하나는 둘을 낳고, 둘은 셋을 낳고, 셋은 만물을 낳는다"라고 풀기는 했지만, 여기에서 생(生) 자는 단순한 창조의 개념과 다르다. 나는 노자의 도는 기독교의 창조론적 신과 다르다는 점을 앞에서 누차 말했다. 《도덕경》의 81개 장 5500여 자 전체가 논리적인 모순이 없고 일관성이 있다. 따라서 이 장의 생(生) 자 역시 기독교의 창조 개념과는 의미가 다르다고 봐야 한다.

도가 하나를 낳는다는 것은 도가 하나를 만들어낸다는 의미이기보다 도에는 하나를 생기시키는 공능이 있다는 의미에 가깝다. 그런데 여기서 일(一)은 단순한 하나가 아니라 대립물을 함께 품고 있는 포일(抱一)이요 섞여서 하나가 되는 혼이위일(混而爲一)의 하나를 의미한다. 도는 하나를 품고 있는데 도가 품고 있는 그 하나는 고정적, 단가적 하나가 아니라 혼이위일(混而爲一)의 하나이며, 그것에는 둘을 생기시키는 공능이 있다.

도가 품고 있는 일(一)은 현실 세계에서 유와 무, 장과 단, 고와 하, 난(難)과 이(易) 등으로 다시 분리된다. 그러나 분리된 이(二)는 음과 양, 장과 단이 서로 다르지만 뗄 수 없는 관계를 맺고 있는 것처럼 개별적 대립물로서 독립적으로 존재하는 것이 아니다. 또한 이(二)는 긴 막대기가 짧은 막대기와의 비교를 통해서만 성립되고 피조물 없이는 창조주가 존재론적 의미를 가질 수 없듯이 서로 밀접한 관계를 맺고 있기에 불일이불이(不一而不二, 하나가 아니면서 둘도 아님)인 이(二)다. 따라서 일(一)은 이(二)를 품으며 이(二)를 생기시킨다.

현실적인 사례를 들어보자. 여기에 자석이 하나 있다고 가정하자. 자석은 왜 서로를 끌어당기거나 밀어내는 성질을 가지고 자석으로 기능하는가? 더 크게는 지구 자체가 하나의 큰 자석인데 왜 지구는 자성을 갖는가? 그 이유를 명확하게 제시하기는 쉽지 않다. 자석이 자석으로서의 공능을 갖는 것은 그야말로 보이지 않는 도의 작용이라고 말할 수밖에 없을지도 모른다.

자석은 N극과 S극으로 나뉜다. 자석은 생겨나면서부터 그렇게 나뉘어 있다. 자석을 반으로 자르면 잘라진 두 개의 자석은 다시 각각 N극과 S극으로 구분된다. N극만 또는 S극만 있는 자석은 존재할 수 없다. 여기에서 우리는 이 장의 서술이 도가 일(一)을 생겨나게 하는 원인자이고 일(一)이 이(二)를 생겨나게 하는 원인자라는 의미가 아님을 직관적으로 알 수 있다. 자석이 자석으로서의 공능을 갖는 것은 도의 작용이며, 자석은 도의 공능에 의해 생기함과 동시에 N극과 S극으로 구분된다. 일과 이는 순차적으로 창조된 것이 아니라 자신의 존재를 상대편에 상감하는 상관적, 동시적 관계의 존재다. 따라서 이 장의 생(生) 자는 '낳는다'는 의미이기보다 '생기시킨다', '품고 있다'는 의미에 가깝다.

이식재(李息齋)는 "도는 하나를 낳고, 하나는 둘을 낳고, 둘은 셋을 낳고, 셋은 만물을 낳는다(道生一 一生二 二生三 三生萬物)"는 구절을 다음과 같이 주석했다.

> 하나가 있음에 이르면 곧 둘이 있음이요 양이 있음은 곧 음이 있음이다. 음이 있고 양이 있음은 곧 또한 음양의 섞임이 있음이다. 그러므로 둘이 있으면 곧 셋이 있음이요, 셋에 이르러서는 있지 아니함이 없다.

만물이 양을 품고 있음이 하나요 음을 지고 있음이 둘이고 음양이 섞이어 텅 빈 기가 조화를 이룸이 셋이다. 만물 가운데 무엇이 이 셋을 갖추지 않았으랴.

及其有一卽有二 有陽卽有陰 有陰有陽則 又有陰陽之交 故有二則有三 至于三則無所不有矣 萬物抱陽一也 負陰二也 陰陽交而沖氣爲和三也 萬物孰不具此三者[92]

우리는 위에서 일(一)이 단가적 일이 아니고 포일의 일임을 보았다. 이식재도 이 점을 지적한 것이다. N극이 없고 S극만 있는 자석이나 S극이 없고 N극만 있는 자석이 존재할 수 없듯이 음이 없는 양이나 양이 없는 음은 존재할 수 없다. 이식재는 이 점을 양이 있음은 곧 음이 있음이라고 표현했다. 음양이 있다는 것은 곧 음양의 섞임이 있다는 것이고, 그 섞임이 바로 삼(三)이다. 음양과 음양의 섞임으로 이루어지지 않은 물(物)은 없다. 따라서 도가 포일의 하나를 생기시키고, 포일의 하나는 둘을 생기시키고, 둘은 다시 그 섞임까지 포함해 셋을 생기시킨다. 그리고 만물은 음양과 그 섞임에 의지하지 않음이 없기에 삼이 만물을 생기시킨다고 한 것이다.

"충기이위화(沖氣以爲和, 텅빈 기로써 조화를 이룬다)"에서는 충(沖) 자의 이중성에 주목해야 한다. 충(沖) 자는 비어 있다는 의미와 함께 중간이라는 의미가 있

92 漢文大系(九), 老子翼 卷之三, (臺北: 新文豊出版公司, 中華民國 67年), 13面.

다. 이 구절에서는 음양을 나누는 중간이면서 음양을 자연스럽게 이어주는 빈 공간이라는 의미를 함께 지닌다. 다시 말해 충(沖) 자는 음양의 단절과 연속적인 섞임을 동시에 의미한다.

이어 노자는 "사람들이 싫어하는 바는 오직 고아와 과부와 먹지 못함(또는 익지 아니함)인데 왕공은 이런 말을 자신의 호칭으로 삼는다"고 말한다. 왕공(王公)은 세속적인 관점에서 가장 높은 지위에 있는 가장 부유한 사람이다. 그런데 지위와 권력, 재력이 막강함에도 왕공은 자신을 부르는 호칭으로 사람들이 싫어하는 것을 사용한다. 지존(至尊)의 위치에 있지만 지비(至卑)의 호칭을 스스로 사용하는 것이다. 왜 그럴까? 노자는 그 이유를 바로 뒤에서 이야기한다.

왕공은 세상의 가장 큰 권력자이기에 끝없는 욕심으로 뭔가를 계속 채우려고만 하면 오히려 덜어진다는 점을 알아야 한다. 소유의 욕망만으로 세상을 지배하고자 하면 오히려 세상이 혼란에 빠지고 만다. 최고 지배자이지만 오히려 고과불곡(孤寡不穀)으로 자신을 낮추고 자기 욕망을 줄이고자 할 때 천하가 조화를 이룰 수 있다. 자연의 도는 균(均)을 지향하기에 지존의 왕공은 욕망 확장이 아닌 절제를 지향함으로써 도에 가까워질 수 있다.

우리는 앞에서 노자가 일상 언어로 자신의 철학적 사유를 전개함을 보았다. 이 장의 "사람들이 가르치는 바를 나 또한 가르치고자 한다(人之所敎 我亦敎之)"는 구절도 비슷한 맥락으로 이해할 수 있다. 노자가 살았던 당시에도 "강하기만 한 것은 쉽게 부러진다"거나 "강해지기만을 고집하는 자는 제 명에 죽지 못한다"는 의미를 담은 속담이나 격언이 있었을 것이다. 나는 노자가 그러한 속담이나 격언을 자신의 철학적 사유를 전개하는 데 인용한 것으로 추측

한다.

노자의 눈에는 왕공들이 대부분 고과불곡을 입에 올리면서도 실제로는 부국강병만을 추구하여 '강해지고 굳세어지기(强梁)'만을 지향하는 것으로 보였을 것이다. 그래서 노자는 강함만을 추구하는 사람은 제 명에 죽지 못한다는 속언을 사용해 강고함과 이익만을 추구하지 말고 강함과 약함, 이익과 손해는 함께 간다는 점을 새기라고 말한 것이다. 만물이 음양의 조화와 섞임으로 이루어져 있듯이 세상은 강함만으로 다스려지지 않고 굳셈만으로 안정되지도 않는다는 것이다.

이 장의 마지막 부분은 현대어로는 "칼로 흥한 자는 칼로 망하고, 총으로 흥한 자는 총으로 망한다는 말이 있다. 나도 이 말을 근본 가르침으로 따르고자 한다." 정도로 옮길 수 있을 것이다.

43장

말하지 않는 가르침을 행하는 자가 드물구나

세상의 지극히 부드러운 것이 세상의 지극히 굳센 것을 부리고 (형체가) 없는 것이 틈 없음에 들어가니 나는 이로써 무위의 유익함을 안다. 말하지 않는 가르침과 무위의 유익함, 이에 이르는 자가 천하에 드물다.

天下之至柔 馳騁天下之至堅 無有入於無間 吾是以知無
천하지지유 치빙천하지지견 무유입어무간 오시이지무
爲之有益 不言之教 無爲之益 天下希及之
위지유익 불언지교 무위지익 천하희급지

노자는 앞의 8장에서 "최고의 선은 물과 같다(上善若水)"고 했다. 이 장에서는 "세상의 지극히 부드러운 것이 세상의 지극히 굳센 것을 부린다"고 한다. '세상의 지극히 부드러운 것'으로 노자가 자주 비유하는 것이 물이 아닐까 싶다. 물은 앞에 장애물이 있으면 빙 돌아 흘러가고, 큰 웅덩이나 제방이 있으면 그것이 가득 찰 때까지 기다렸다가 흘러간다. 그리고 처마에서 떨어지는 물이 단단해 보이는 땅에 구멍을 낸다. 천하에서 가장 유약해 보이는 물이 단단한 바위를 뚫어낸다. 일상에서도 공격적 남성성이 강한 듯하지만 온유한 여성성을 이기지 못하는 경우를 자주 본다.

지극히 부드러운 것, 즉 지유(至柔)의 대표적인 예가 물이라면 형체가 없는 것, 즉 무유(無有, 있지 아니함)에는 어떤 것이 있을까? 공기나 허공이 무유의 사례가 아닐까 싶다. 무유는 형체가 없기에 틈이 없는 곳에도 들어간다. 석탄을 캐는 지하 막장에도 희박하지만 공기가 존재하는 현상을 떠올리면 이해하기가 쉬울 것이다. 그러나 나는 노자가 그런 물리적 현상만을 말하고자 한 것은 아니라고 본다. 틈이 없는 곳에 들어간다는 표현은 자신만이 옳다고 여기는 아상(我相)이 없으면 미치지 못할 곳이 없다는 의미를 강하게 함유한다. 아상이 있다는 것은 집착이 있다는 것인데, 자신을 내려놓지 않으면서 타인의 마음속으로 들어가는 것은 불가능에 가깝다. 이 구절에서 형체 없음이란 내면의 집착이나 아집 등이 없는 상태를 비유적으로 표현한 것으로 나는 이해한다.

노자는 지극한 부드러움이 견고한 것을 부리고 형체가 없는 것이 틈이 없는 곳에 들어가는 것을 보고 인위적으로 하지 않음이 유익함을 안다고 했다. 물은 위에서 아래로 흐른다. 그것은 작위가 아니라 그야말로 스스로 그러함, 즉 자연(自然)이다. 수압을 높게 하면 단번에 강철을 뚫을 수 있을지는 모르지만, "회오리바람은 한나절을 지속하지 못한다(飄風不終朝)"는 말처럼 그러한 작위는 지속되지 못한다. 그러나 위에서 아래로 흐르는 폭포의 자연스러움은 바위를 뚫는다. 폭포수가 바위를 뚫는 데는 작위가 없다. 거기에는 바위를 뚫고야 말겠다는 고집이나 집착이 없지만 결국은 뚫어낸다. 무엇을 억지로 해내고야 말겠다는 유위의 욕망은 장구할 수 없다. 유위의 욕망이 없는 무위야말로 장구한 이익이 된다.

"불언지교 무위지익 천하희급지(不言之敎 無爲之益 天下希及之)"에서 '불언지교(不言之敎, 말하지 않는 가르침)'에는 앞의 2장에서 언급했듯이 크게 두 가지의 교육학적 함의가 있다. 도는 단가적인 인간 언어로 포착되지 않기에 언어를 통한 가르침은 한계가 있다는 함의와 말로 가르치는 것이 아니라 행동으로 솔선하라는 함의가 그것이다.

많은 교사가 학교 현장에서 묵묵히 주어진 역할을 다하고 있다. 내가 본 한 교사는 신학년이 시작되기 전 겨울방학에 출근해 1년간 지도할 학급의 교실을 호텔방처럼 깨끗하게 청소해 놓는다. 신학년이 되어 새 교실에 들어온 학생들은 다른 반의 교실을 보면서 어떤 생각을 하게 될까? 그 교사는 화장실이 더러우면 누가 화장실 당번인지, 누가 청소를 게을리 했는지를 묻지 않고 자신이 직접 맨손으로 화장실 변기를 모조리 깨끗하게 청소해 놓는다. 아무도 하려고 하지 않는 화장실 청소를 담임교사가 직접 맨손으로 하는 모습을 보는 학생들은 어떤 마음을 갖게 될까? 물론 그 교사의 지도방식이 모두 옳다고는 할 수 없다. 노자도 도(道)라고 말할 수 있는 도는 상도(常道)가 아니라고 하지 않았던가? 그러나 내가 보기에 그 선생님은 자신의 위치에서 말하지 않는 가르침, 즉 불언지교(不言之敎)를 행하는 교사였다.

지식을 가르쳐주는 교사보다 지식을 탐구하는 모습을 보여주는 교사야말로 진정한 가르침을 주는 교사일 수 있다. 초등학생 때부터 각종 사교육을 받기 위해 정신없이 학원을 전전하게 하고 뭔가를 더 가르쳐주지 못해서 안달인 교육 현실에서 말하지 않는 가르침과 함이 없음의 유익함이 무엇을 의미하는지는 많은 사람이 쉽게 느낄 것이다. 지금도 말하지 않는 가르침, 함이 없음의 유익함을 실천하는 사람은 많지 않기에 이 장에서 노자가 주는 교훈은 지금도 유효하다.

44장
집착은 상실과 동행한다

명예와 몸 중에서 무엇이 더 (나와) 가깝고, 몸과 재화 중에서 무엇이 더 소중하며, 얻음과 잃음 중에서 어느 것이 나에게 병이 될까? 그러므로 심한 애착은 반드시 크게 소비하여 잃음이 있고, 너무 많이 저장하면 반드시 크게 잃는다. 만족을 알면 욕되지 아니하고, 그칠 줄 알면 위태롭지 않아서 오래갈 수 있다.

名與身孰親　身與貨孰多　得與亡孰病　是故甚愛必大費
명여신숙친　신여화숙다　득여망숙병　시고심애필대비
多藏必厚亡　知足不辱　知止不殆　可以長久
다장필후망　지족불욕　지지불태　가이장구

친구끼리 서로 모욕했다고 다퉜다거나 흉기로 위협했다는 이야기를 들으면 많은 사람들이 바보 같은 짓이라고 비웃는다. 그런데 그런 사람들이 명예나 돈을 얻기 위해 자기 몸을 망치기도 한다. 몸과 명예 중에서, 그리고 몸과 돈 중에서 무엇이 더 소중한가? 사람들은 명예나 돈을 추구하다가 건강을 잃기도 하고 감옥에 가기도 하지만, 건강을 잃으면 모든 것을 잃은 것이나 마찬가지다.

우리나라는 치안 상황이 좋은 편이지만, 우리나라에 비해 경제적으로 열악한 나라는 물론이고 선진국으로 알려진 서유럽 국가 중에도 치안 상황이 우리보다 안 좋은 경우가 많다. 실제로 유럽에 가 본 사람들은 소매치기를 주의하라는 경고를 주위에서 한두 번은 들었을 것이다. 치안이 불안정한 나라에서는 소매치기나 강도를 만나기 쉽다. 자신이 외국 여행 중에 강도를 만나 가진 돈을 주면 살고 주지 않으면 죽거나 다칠 수 있는 위험한 상황에 처했다고 가정해보라. 돈을 지킬 것인가, 생명을 지킬 것인가?

물론 나는 이 장에서 노자가 단순히 명예와 재화를 버리고 몸을 지키라고 말한 것은 아니라고 본다. 당시의 사람들이 몸을 망쳐가면서까지 부와 명예를 추구하기에 몸이 더 소중하다고 말했지만, 노자의 본의는 명예와 재화를 추구하면서도 몸을 해치거나 근본을 벗어나지 말라는 의미에 더 가까울 것이다. 몸과 명예, 몸과 재물은 양자택일의 대상이 아니다. 다만 당시 사람들이 명예와 재물만을 중시하기에 경고의 메시지를 보냈을 따름이다.

이러한 점은 그 다음 구절 "득여망숙병(得與亡孰病)"에서 더욱 분명히 드러난다. 얻음과 잃음 중에서 어느 것이 병이 되는가? 잃음은 병이 되고 얻음은 약이 되거나, 그 반대로 얻음은 병이 되고 잃음은 약이 되는가? 득(得)과 실(失)

역시 서로 영향을 주고받는다. 춘추전국시대에 제후들은 서로 영토를 빼앗기 위해 전쟁을 불사했다. 그런데 전쟁으로 몇 개의 성을 얻은 나라와 그 성을 빼앗긴 나라 중에서 어느 나라가 병통을 얻었을까? 성을 빼앗은 나라가 반드시 더 풍요로워졌다고는 할 수 없다. 성을 빼앗은 나라는 오히려 그 성을 지키기 위해, 또는 더 많은 성을 빼앗기 위해 고민해야 하고, 더 많은 군비지출로 빈곤해져서 고통스러워졌을지도 모른다. 많은 사람이 뭔가를 얻기 위해 심지어 목숨까지 걸고 매달리지만, 그것을 얻고 나서 그만큼 고민이 늘어나고, 또 그것을 잃지 않기 위해 번민하면서 그 얻음이 결국 병통이 되는 경우를 우리는 현실에서도 보게 된다.

심한 애착은 큰 소비(낭비)를 불러온다(是故甚愛必大費). 뭔가를 광적으로 좋아한다면 그것을 얻기 위해 많은 시간과 노력, 경제력을 소비할 수밖에 없다. 그러나 아무리 좋아하는 대상이라도 나중에는 결국 내려놓을 수밖에 없다. 커다란 애착은 그에 따르는 대가를 치러야 한다. 물건에 대한 집착이든 사람에 대한 집착이든 그것이 일상적인 선호가 아니라 일상적이지 않은 집착이라면 큰 대가를 치르게 된다.

많이 저장하면 반드시 크게 잃는다는 구절을 보면서 나는 삶의 변함없는 한 양태를 떠올리게 된다. 어떤 사람은 살면서 1억의 재산을, 어떤 사람은 10억의 재산을, 어떤 사람은 100억의 재산을 모았다고 가정해보자. 1억을 모은 사람은 죽으면서 1억을 잃게 되고 10억을 모은 사람은 10억을, 100억을 모은 사람은 정확히 100억을 잃게 된다. 무엇을 저장하고 축적한다는 것은 종국에는 그만큼 잃게 됨을 의미한다.

유와 무, 난과 이, 장과 단이 각각 서로에게 자기 존재를 상감하듯이 부유와 빈곤, 과잉과 결핍도 독립적으로 존재하지 않는다. 나의 부유함은 타인의 빈곤함에 뿌리를 두며, 나의 과잉은 타인의 결핍을 기반으로 가능할 뿐이다.

만족을 모르는 끝없는 축적 욕망, 확장 욕망에 사로잡힌 제후나 왕공이 오히려 패전으로 욕됨을 받기도 한다. 제후나 왕공만 그러한 것이 아니라 족함을 모르고 끝없는 확장의 욕망을 추구하는 사람들은 결국 욕됨을 불러온다. 풍선에 바람을 계속 불어넣으면 풍선이 터져버리듯이 끝없는 확장의 욕망은 결국 파국을 초래한다.

그러므로 무한한 축적에만 몰두할 것이 아니라 그칠 줄을 알아야 한다. 그칠 줄을 알면 극단으로 치닫지 않기에 위태로워지지 않고, 그래서 장구할 수 있다. 끝없는 축적의 욕망은 '스스로 그러함(自然)'이 아니기에 장구할 수 없다. 《주역》에 나오는 극즉반(極則反)이라는 말이 의미하는 바처럼 모든 것은 극단으로 치달으면 반대로 전화되고 말기에 그칠 줄을 알아야 위험에 빠지지 않을 수 있다.

45장

위대한 웅변은 어눌한 듯하다

크게 이룸은 모자라는 것 같으나 그 쓰임은 끝이 없고, 크게 충만함은 빈 것 같으나 그 쓰임은 다함이 없다. 매우 곧은 것은 굽은 듯하고, 대단한 기교는 졸렬한 듯하며, 위대한 웅변은 어눌한 듯하다. 빠르게 움직이면 추위를 이기고 고요하면 더위를 이기니 맑고 고요함이 천하의 올바름이 된다.

大成若缺 其用不敝 大盈若沖 其用不窮 大直若屈 大巧若拙
대성약결 기용불폐 대영약충 기용불궁 대직약굴 대교약졸
大辯若訥 躁勝寒 靜勝熱 淸靜爲天下正
대변약눌 조승한 정승열 정정위천하정

모자람이 전혀 없는 것이 이룸이요 빔(虛)이 없는 것이 가득 참(盈)이라고 사람들은 생각하지만 이룸과 모자람, 가득 참과 비어 있음은 별개로 존재할 수 없다. 폭포는 자신을 끝없이 비워내기에 가득함을 유지할 수 있고 폭포로서의 쓰임도 끝없이 이어진다. 인간이 물을 가두기 위해 인위적으로 만든 제방도 비워내지 않고 채우기만 하면 결국 무너져 내릴 뿐이다. 비움이 전제돼야만 큰 충만함이 이루어지고 그 충만함의 쓰임이 장구할 수 있다.

매우 곧은 것은 굽은 듯하다(大直若屈). 수학적으로 직선은 두 점 사이를 연결하는 최단 길이의 선이다. 그런데 지구 자체가 타원형이기에 우리가 마음속으로 상상하는 그런 직선은 존재할 수 없다. 우리가 직선이라고 생각하는 것은 그 굴곡의 정도가 미미해서 잘 식별되지는 않지만 실제로는 곡선일 수밖에 없다. 노자가 이런 과학적 사실을 말한 것으로 보이지는 않지만, 이처럼 현대 물리학의 관점에서도 직선에는 굽음의 요소가 내재되어 있다.

"매우 곧은 것은 굽은 듯하고, 대단한 기교는 졸렬한 듯하며, 위대한 웅변은 어눌한 듯하다(大直若屈 大巧若拙 大辯若訥)"는 구절은 곡(曲)과 직(直), 교(巧)와 졸(拙), 변(辯)과 눌(訥)이 각각 동일하다는 의미가 아니라 직선과 곡선이 상관되는 것처럼 별개로 인식되는 것들이 실제로는 서로 관련돼 있다는 의미에 가깝다. 대직(大直), 대교(大巧), 대변(大辯)은 굽음, 졸렴함, 어눌함과 같은 요인을 완전히 배제하지 않기에 진정한 곧음, 뛰어난 기교, 위대한 웅변이 될 수 있다.

"위대한 웅변은 어눌한 듯하다(大辯若訥)." 이 구절을 볼 때마다 내 머릿속에 떠오르는 현대사의 한 장면이 있다. 경찰이 쏜 최루탄에 맞아 숨을 거둔 이한열의 장례식이 1987년 7월 9일에 그의 모교인 연세대학교에서 거행됐다. 지금은 고인이 된 문익환 목사는 이한열의 장례식에서 "광주 2천여 영령"과 함께 25명의 이름을 하나하나 절규했다. 그 연설에는 어떤 논리도, 미사여구도 없다. 다만 "전태일 열사여!"로 시작해서 "이한열 열사여!"로 마무리된다. 하지만 그 연설은 많은 사람에게 큰 울림을 주었다. 그가 민주 영령들의 이름을 하나씩 부를 때마다 사람들은 눈시울을 붉혔다. 어눌한 듯한 문익환 목사의 그 연설은 어떤 웅변보다도 나의 뇌리에 강하게 각인돼 있다.

많은 성인과 선사(禪師)가 "진리가 무엇인가?" 또는 "도가 무엇인가?"라는 질문에 직접 답하지 않았다. 이는 그들이 진리나 도가 무엇인지를 몰랐기 때문이라기보다는 진리나 도의 양가성을 인간의 단가적인 언어로 설명할 수 없음을 알았기 때문일 것이다. 인간의 언어는 시와 비, 유와 무를 단가적으로 구분하기에 양가적인 도에 다가서기 어렵다. 이것은 인간의 언어가 가진 본질적 한계다. 이것은 침묵이 그 어떤 웅변보다 큰 울림을 줄 수 있는 이유이고, 많은 성인이나 선사가 도나 진리를 직접 정의하거나 언급하지 않은 이유이기도 할 것이다.

"빠르게 움직이면 추위를 이기고 고요하면 더위를 이긴다(躁勝寒 靜勝熱)"는 구절은 상식에 부합한다. 군 생활을 경험한 사람들은 이 말이 무엇을 의미하는지를 금세 알 것이다. 혹한의 겨울에 야외훈련에 나가면 체감온도가 실제 온도보다 훨씬 낮다. 야외에서 기온을 높이는 것이 불가능하다면 추위에 대응하는 방법은 몸을 움직여 열을 발생시키는 것뿐이다. 반대로 삼복더위에 기온을 낮출 수 없다면 몸의 움직임을 최소화하는 것이 합리적인 방법이다.

김형효는 이 구절의 승(勝) 자가 '이긴다'라는 의미와 함께 '탄다(乘)'라는 의미도 함께 가지고 있기에 추위와 운동이, 더위와 고요함이 함께 공존한다는 사실을 상징한다고 풀이했는데[93], 이는 참고할 만한 견해다.

"맑고 고요함이 천하의 올바름이 된다(淸靜爲天下正)"는 구절을 나는 맑고 고요함이야말로 천하의 본래 모습임을 말한 것으로 이해한다. 도는 억지로 뭔가를 꾸미려고 하지 않는다. 자연은 어떠한 작위적 욕망도 개입시키지 않고 물을 흐르게 하고 꽃을 피게도 지게도 하기에 맑고 고요할 수 있다. 인간도 욕망에 흔들리지 않는 평상심을 유지해야 천하를 바르게 볼 수 있고 도와 합일할 수 있다. 맑고 고요함이야말로 천지자연의 모습이고 도를 지닌 사람의 모습이다.

평상심을 유지한다는 것이 쉬운 일 같아 보이지만 그렇지 않다. 나는 일상에서 얼마나 평상심을 유지하고 있는지를 스스로 돌아보게 된다. 매일이 욕망과의 싸움이요 번민의 연속이다. 노자는 도를 체득하거나 도에 이른다는 것은 결국 본래의 맑고 고요한 평상심을 유지함으로써 천지자연과 하나가 되는 것이라고 말한다.

93 김형효, 《사유하는 도덕경》 (서울: 소나무, 2004), 355~358쪽.

46장

천하에 도가 있으면 우마(牛馬)는 논밭을 간다

천하에 도가 있으면 달리는 말을 멈추게 하여 논밭에 거름을 주고, 천하에 도가 없으면 군마가 가까운 교외에서 새끼를 낳고 기른다. 죄는 탐욕스러움보다 큰 것이 없고, 화는 만족을 모르는 것보다 큰 것이 없으며, 허물은 얻고자 욕심 부리는 것보다 큰 것이 없다. 그러므로 만족을 아는 족함이라야 항상 풍족하다.

天下有道 卻走馬以糞 天下無道 戎馬生于郊 罪莫大于可欲
천하유도 각주마이분 천하무도 융마생우교 죄막대우가욕
禍莫大于不知足 咎莫大于欲得 故知足之足常足矣
화막대우부지족 구막대우욕득 고지족지족상족의

이식재는 이 장의 처음 네 구절을 "천하에 도가 있으면 병사가 백성이 되고, 천하에 도가 없으면 백성이 병사가 된다(天下有道 則能使兵爲民 天下無道 則能使民爲兵)"고 주석했다. 사람만 그러한가? 천하가 무도하면 들판의 말은 모두 전쟁을 위한 군마로 동원된다. 《손자병법》의 첫머리는 다음과 같은 글귀로 시작된다.

> 군사의 일은 국가의 대사다. 사람들이 죽고 사는 곳이고 나라가 존속하고 망하는 길이니 살피지 않을 수 없다.
>
> 兵者 國之大事也 死生之地 存亡之道 不可不察也[94]

전쟁이란 사람이 죽고 사는 문제요 국가의 존망이 달린 문제다. 사람이 죽고 사는 문제보다 시급한 문제가 있겠는가? 전쟁이 나면 한 나라의 모든 군사력은 물론 경제력, 외교력, 물자와 인력이 총동원되기에 다른 부분을 돌볼 겨를이 없다. 이식재가 "천하에 도가 없으면 백성이 병사가 된다"고 주석했듯이 전쟁이 나면 들판의 소나 말이 농사에 투입될 여지가 없어진다. 소는 물자를 실은 수레를 끌게 되거나 병사들의 군량으로 쓰일 것이고, 준마는 모두 전차를 끄는 군마로 동원될 것이다.

그럼 왜 전쟁을 일으키는가? 욕심이 전쟁을 가져온다. 영토를 확장해 인구를 증가시키겠다는 욕망, 자신이 패자가 되어 천하를 호령하겠다는 욕망이

---

94 《손자(孫子)》 <계편(計篇)>.

백성을 전란의 도탄 속에 빠뜨린다. 개인이 재산을 무한히 증식하겠다는 욕망은 기껏해야 자기 재산을 잃거나 가문의 경제기반을 무너뜨리는 데 그치지만, 춘추전국시대 제후들의 부국강병에 대한 무한한 욕망은 전쟁으로 이어져 백성을 굶주림과 죽음의 공포 속으로 몰아넣었다. 고과불곡(孤寡不穀, 외로운 자, 덕이 부족한 자, 익지 아니한 자 또는 먹지 못하는 자)이라고 자신을 낮추어 부르는 것이 아니라 백성을 실제로 고과불곡으로 만들어 버렸다. 그러한 불행은 모두 탐욕에서 비롯되는 것이기에 노자는 이 장에서 탐욕이 가장 큰 죄요, 만족을 모르는 것이 가장 큰 화요, 얻고자 하는 욕망이 가장 큰 허물이라고 말한다.

"그러므로 만족을 아는 족함이라야 항상 풍족하다(故知足之足常足矣)." 나는 이 구절을 볼 때마다 경제성장률을 마치 국민의 행복 증가율이나 행복 증진 수준으로 이해하는 듯한 인식 태도를 생각하게 된다. 우리가 역사상 오늘날과 같은 풍요를 누린 적이 있는가? 우리가 지금 역사상 가장 풍요로운 시대에 살고 있다면 그에 걸맞게 가장 행복하게 살고 있는지를 생각해봐야 할 것이다. 풍요로워질수록 행복해질 것이라고 전제한 근대 서양의 경제학은 이제 더 이상 우리 현실을 설명해주지 못한다. 이제는 인식을 전환해 경제성장률이 높아지면 모두가 그만큼 더 행복해질 것이라는 서양 경제학 이론의 전제 자체가 허구이거나 적어도 현실을 완벽하게 설명해주지 못한다는 것을 마음에 새겨야 할 필요가 있다.

이제는 경제성장을 통한 욕망 충족의 극대화가 아니라, 어떻게 하면 욕망을 줄이면서도 행복하게 살 수 있을지를 고민해야 할 때다. 그래서 나는 선거 때마다 나오는 "경제를 회복시키고 활성화시키겠다"는 후보자들의 공약이 그리 달갑지 않다. 나는 오히려 지금의 생산 수준에서 어떻게 하면 더 많은 사람의 행복을 증진시킬 수 있을지를 고민하는 지도자를 보고 싶다. 잘살게 해주겠다면서 이루어질 수 없는 장밋빛 환상을 부추기거나 충족될 수 없는 욕망을 부채질하는 정치인에게 속아 넘어가서는 안 된다. 이제는 어떻게 하면 욕망을 줄여가면서도 모두가 행복한 삶으로 조금씩 다가설 수 있게 할지를 고민해야 할 때라고 나는 생각한다.

47장

자신의 내면을 보라

문을 나오지 않아도 천하를 알고 창문으로 엿보지 않아도 하늘의 도를 본다. 그 나감이 멀어질수록 그 앎은 더욱 적어진다. 이런 까닭에 성인은 나다니지 않고도 알고 보지 않고도 이름 붙일 수 있으며 하지 않아도 이룬다.

不出戶 知天下 不窺牖 見天道 其出彌遠 其知彌少 是以聖人
불출호 지천하 불규유 견천도 기출미원 기지미소 시이성인
不行而知 不見而名 不爲而成
불행이지 불견이명 불위이성

95 Stevan Davies, The Gospel of Thomas, (Woodstock, Vermont: Skylight Paths Publishing, 2002), p. 89. 김용옥이 지은 《도마복음 한글역주 3》(서울: 통나무, 2010)의 207쪽에는 다음과 같은 영어 번역문이 실려 있다. "Jesus said, 'One who knows everything but lacks in oneself lacks everything.'" 두 번역에 차이가 있는 것은 인용의 출처가 다르기 때문인 것으로 보인다. 나는 Stevan Davies의 번역이 인용된 구절의 의미를 보다 직접적으로 나타낸다고 생각해서 그의 번역을 인용했다.

우리의 학교 교육과정 가운데 상당부분은 내면적, 성찰적 탐구보다 인간을 둘러싼 환경과 외물의 탐구에 치우쳐 있다. 이런 교육의 영향으로 우리는 자기성찰보다 외물탐구에 보다 익숙해져 있고, 교육이나 배움은 외적 지식의 습득이라고 생각하는 경향이 있다. 진정한 교육이나 배움이 과연 그러한 것일까? 교육의 목적과 가치를 외적 지식 축적에 두어야 하는지, 내면 성찰과 수양에 두어야 하는지는 해묵은 논쟁거리다.

그와 같은 논쟁이 오래 지속된다는 것 자체가 외적 지식 탐구와 내면 성찰 모두가 교육의 중요한 지향임을 반증한다. 문제는 우리의 교육 현장이 이 두 영역을 조화시키지 못하고 외적 지식 탐구에 치우쳐 있다는 점이다. 자신을 돌아보고 인간의 본성이 무엇인지, 그리고 어떻게 사는 것이 의미 있는 삶인지에 대한 성찰과 탐구는 학교에서 상대적으로 경시된다. 이 장의 "문을 나오지 않아도 천하를 알고, 창문으로 엿보지 않아도 하늘의 도를 본다(不出戶 知天下 不窺牖 見天道)"는 구절은 문 밖의 지식만을 탐구하고자 하고, 창문 밖의 상황만을 보려고 하며, 스스로에 대해서는 성찰하려고 하지 않는 세태에 대한 비판으로 읽힌다.

1945년에 이집트의 나그함마디에서 발견된 《도마복음》 67장에는 다음과 같은 구절이 나온다.

> "예수께서 말씀하셨다. 자기 스스로를 알지 못하면서 그 외의 모든 것을 아는 자는 아무 것도 모르는 자다."
>
> Jesus said, "One who knows everything else but who does not know himself knows nothing."[95]

앞의 33장에 나오는 "타인을 아는 자는 지혜롭고, 자기를 아는 자는 밝다(知人者智 自知者明)"는 구절은 바로 이 《도마복음》 67장의 구절과 근본적으로 같은 맥락이다. 아무리 많은 지식을 습득했더라도 자신을 바로 보지 못하면 어느 것도 안다고 할 수 없다는 예수의 말은 스스로에 대한 고민과 성찰이 없는 지식이 과연 인간에게 어떤 의미가 있는지를 깊이 생각해보게 한다. 지식이 중요하지 않은 것은 아니지만, 현재 우리의 학교 교육과정은 지나치게 외향적 지식 축적에 매몰되어 인간의 존재가 지닌 의미를 진지하게 고민하거나 삶의 의미에 대해 질문하도록 유도하지 못하고 있다. 위에서 인용한 구절들은 모두 현재의 주지주의적인 교육관에 입각한 학교 교육이 향내적(向內的) 교육을 소홀히 하고 있는 우리의 현실에 대한 비판으로 연결될 수 있다. 그리고 사회 전체로 보면 우리 사회의 지적 관심 대부분이 인간의 내면을 향하지 않고 외부적 환경과 욕망에 집중되고 있음에 대한 일갈이다.

"문을 나오지 않아도 천하를 알고, 창문으로 엿보지 않아도 하늘의 도를 본다. 그 나감이 멀어질수록 그 앎은 더욱 적어진다."(不出戶 知天下 不窺牖 見天道 其出彌遠 其知彌少) 이 구절에 대해 강신주는 "노자 철학이 기본적으로 내성(內省, introspection)이라는 방법에 기초한다는 사실을 우리에게 명확히 알려준다"[96]고 설명했고, 김형효는 "성인의 본성은 이미 마음 깊은 곳에 갖추어져 있는데, 인간의 무명이 그것을 보지 못하고 헤맬 뿐"[97]이라고 풀이했다.

96 강신주, 《장자&노자 도에 딴지걸기》 (파주: 김영사, 2006), 98쪽.

97 김형효, 《사유하는 도덕경》 (서울: 소나무, 2004), 276쪽.

한편 소철(蘇轍)은 이에 대해 "성인은 성(性, 본성)을 회복하면 족(足)하나 이를 모르고 밖으로 나가 구하고자 하니 이 때문에 멀리 갈수록 아는 것이 더욱 적어진다"[98]라고 주해했다. 소철은 자신의 본성에 대한 탐구 없이 외물에 얽매여 지식을 갈구하는 것만으로는 부분적 인식과 지식만을 얻을 수 있을 뿐 진정한 진리와 세상의 본체에 다가설 수 없음을 말한 것이다. 이식재(李息齋) 또한 이 장에 대한 주석에서 "밖으로 나가서 천지를 구하는 자는 그 모양을 구하는 것인데 천지는 모양으로는 다 알 수 없고 오직 이치로써만 알 수 있을 뿐이다. 그러므로 멀리 갈수록 그 앎이 적어진다."[99]라고 하여 이 구절이 외향적 지식 탐구만으로는 진리에 도달할 수 없다는 의미라는 의견을 밝히고 있다.

소철과 이식재 둘 다 외물에 치우쳐 밖에서만 진리를 구하려고 해서는 진리를 얻을 수 없다는 점에 주목함으로써 인간 본성에 대한 탐색과 내면 성찰에 힘써야 한다는 의미로 이 장을 주해했다. 이현주는 여기에서 한걸음 더 나아가 "문밖을 나서지 않고도 천하를 아는 게 아니라 문밖을 나서지 않고서(또는 않아야) 천하를 안다. 밖으로 나가면 천하를 모른다. 우리가 마땅히 알아야 할 천하는 밖이 아니라 안에 있기 때문"[100]이라고 서술했다.

---

98 不知聖人復性而足 乃欲出而求之 是以彌遠而彌少也. 漢文大系(九), 老子翼 卷之三, (臺北: 新文豊出版公司 中華民國 67年), 18面.

99 出而求天地者 求其形也 天地不可以形盡 而可理盡 故其出彌遠 其知彌少. 漢文大系(九), 老子翼 卷之三, (臺北: 新文豊出版公司 中華民國 67年), 18面.

100 이현주, 《날개를 단 노자》 (서울: 두레, 2010), 343쪽.

신라의 고승 의상은 "티끌 하나에도 온 우주가 깃들어 있다(一微塵中含十方)"고 했다. 티끌 하나에도 우주가 깃들어 있는데 도가 인간과 멀리 떨어진 고원한 곳에 있다고 생각하고 외물에만 정신이 팔려 있을 수는 없다. 인간의 내면에 도와 진리가 구비돼 있거늘 어디에 가서 그것을 찾아 헤맨단 말인가? 그것이 '도'로 표현되든, '부처'로 표현되든, '신'으로 표현되든 모두 자기 내면에 이미 구비돼 있다는 것이다. 선종한 김수한 추기경에게 어린 아이가 "하느님은 어디에 계세요?"라고 물었을 때 추기경은 하늘을 가리키지 않았다. 그는 아이의 가슴을 가리키며 "네 마음속에 계시단다"라고 답변했다.

도가 심산유곡에만, 부처가 사찰에만, 신이 교회에만 존재한다고 생각하는 것은 종교적 맹신을 넘어 사유의 폭력에 가깝다. 노자가 이 구절을 통해 진정으로 하고자 한 말은 자기 내면에 존재하는 도의 싹을 찾기 위해 노력하고, 스스로를 반성적으로 사유하라는 것이리라. 이런 점에서 노자의 가르침은 "모든 중생은 불성이 있다(一切衆生悉有佛性)"는 불교의 가르침과 맞닿는다.

도와 진리를 찾아 오지로 떠나는 여행이나 사물을 과학적으로 분석해내는 일이 의미가 없지는 않겠지만, 내면적 성찰이 없는 지식은 맹목적인 쌓음에 지나지 않기에 노자는 "문밖으로 나가지 않고(不出戶)" "창문으로 엿보지 않는다(不闚牖)"고 한 것이다. 내면적 성찰 없이 외재적 지식만을 얻기 위해 문밖으로 나가고 창밖을 엿보아서는 지천하(知天下, 천하를 앎)하거나 견천도(見天道, 천도를 봄)할 수 없기에 노자의 관심은 내면으로 향한다. 노자의 관점에서 출호(出戶, 문밖으로 나감)와 규유(闚牖, 창밖을 엿봄)를 통한 지식습득은 뒤의 48장에 나오는 용어를 빌리면 위학(爲學, 학문을 함)은 될지언정 위도(爲道, 도를 닦음)가 될 수는 없다.

이 장은 21세기를 살아가는 우리에게 많은 가르침을 준다. 과거 우리의 선조들은 출호와 규유를 위해 많은 시간을 들이고 많은 비용을 지불해야 했다. 과거에는 바깥세상과 접촉하고 새로운 정보를 얻기 위해 부득이하게 문 밖으로 나가고 창밖을 내다봐야 할 필요가 있었다. 그러나 오늘날에는 나부터도 시간이 나면 습관적으로 스마트폰을 꺼내어 인터넷을 검색해서 이 세상에서 무슨 일이 벌어지고 있는지를 알아보고 궁금하던 정보를 얻는다. 21세기는 세상과의 단절이 문제가 되는 것이 아니라 과도하게 외부와 연결되어 있고 자신의 시선을 외부에만 고정하는 것이 더 큰 문제가 되는 시대다. 우리는 더 편리한 소통수단을 더 많이 갖게 됐지만 동시에 훨씬 더 외로워졌다. 유발 하라리(Yuval Noah Harari)는 저서에서 다음과 같이 말했다.

> 스위스에 사는 사촌과 이야기하기는 어느 때보다 쉬워졌는데 아침식사를 할 때 남편과 대화하기는 더 힘들어졌다. 눈은 끊임없이 나 대신 스마트폰에 가 있다.[101]

우리의 시선은 내가 아닌 타인이나 내면이 아닌 외부에 연결된 스마트폰으로 향해 있다. 소통수단이 정교해지고 편리해졌지만 정작 사람들은 서로 소통하지 못하게 됐음을 하라리는 지적한다. 소통수단이 없으면 소통할 수 없다. 그러나 소통수단의 정교화가 곧 소통을 의미하지는 않는다. 하라리의 지

---

101 유발 하라리(Yuval Noah Harari), 전병근 옮김, 《21세기를 위한 21가지 제언》 (파주: 김영사, 2018), 141쪽.

적은 소통이라는 본질을 도외시하고 그 수단만을 정교화하는 것으로는 진정한 소통에 도달할 수 없다는 뜻이다.

우리가 인터넷이라는 정보의 바다에서 건져 올리는 정보의 파편들이 우리 자신의 삶에, 그리고 우리 내면의 성찰과 성장에 얼마나 도움을 주는지를 한번 생각해보자. 내가 인터넷을 검색해서 알게 된 사회의 소소한 일상사, 그리고 스포츠 경기 결과가 내 삶에 긍정적인 영향을 미치고 나의 내면적 성장에 기여하고 있다고 확신할 수 없다. 멀리 나갈수록 앎이 적어진다는 노자의 서술은 외면적 지식과 외부의 욕망대상에 침잠할수록 내면적 성찰과 반성적 사유가 엷어짐을 지적한 것이다.

48장

지식공부와 수행공부

학문을 한다는 것은 매일 보태는 것이고, 도를 닦는다는 것은 날마다 덜어내는 것이다. 덜어내고 또 덜어내면 인위적으로 함이 없음에 이르게 된다. 인위적으로 함이 없으면 하지 않음이 없게 된다. 그러므로 천하를 얻음은 항상 인위적 함이 없음으로써 해야 한다. 인위적 함이 있음에 이르게 되면 천하를 취하기에 부족하다.

爲學日益 爲道日損 損之又損之 以至于無爲 無爲而無不爲矣
위학일익 위도일손 손지우손지 이지우무위 무위이무불위의
故取天下 常以無事 及其有事 不足以取天下
고취천하 상이무사 급기유사 부족이취천하

배운다는 것은 일반적으로 지식과 경험을 계속 쌓는 것을 의미한다. 책과 경험을 통해 지식을 쌓는 것이 무익하거나 유해하지는 않다. 그러나 노자는 지식과 경험을 쌓는 데서 멈추어서는 도의 경지에 다다를 수 없다고 말한다. 소철은 이 장을 다음과 같이 주석했다.

> 도를 모르면서 배우기에 힘쓰면 보고 듣는 것이 날마다 많아지되 그것을 하나로 꿰뚫음이 없어서 단지 배운 것을 쌓아두는 것에 불과하다.
> 不知道而務學 聞見日多 而無以一之 未免爲累也[102]

소철은 궁극적 도에 대한 탐색 없이 단편적인 견문과 지식만 축적하는 것으로는 도의 경지에 이를 수 없다는 의미로 이 장을 풀었다. 아무리 많은 지식을 알아도 그것을 일이관지(一以貫之)할 수 있는 철학과 가치가 정립되지 않았다면 그것은 쓸모없는 지식의 축적일 뿐이라는 것이다. 여길보 또한 "위학자(爲學者)는 도를 듣지 못한 자이다. 도를 듣지 못하고서 (밖에서) 구하기만 하니 (외물로부터) 지식을 얻지 못하면 박식하다 여기지 않는다. 따라서 날마다 보태기만 한다(爲學者 未聞道者也 未聞道而求之則 不得不博 故日益)"[103]고 이 장을 풀이했다. 소철과 여길보 모두 근본적 철학과 사유 없이 외물에 대한 관심과 지식에만 머무르는 것으로는 도에 도달할 수 없다고 주석한 것

102 漢文大系(九), 老子翼 卷之三, (臺北: 新文豊出版公司 中華民國 67年), 19面.

103 漢文大系(九), 老子翼 卷之三, (臺北: 新文豊出版公司 中華民國 67年), 19面.

이다.

우리는 보통 학교교육이라고 하면 지식 전달이 우선이라고 생각하는 경향이 있다. 그러나 《도덕경》의 이 장은 미국의 교육학자 브루너(Jerome Seymour Bruner)가 말한 '지식의 구조'를 주요한 교육 내용으로 하는 근대 교육의 교수-학습 모델이 지배적 위치를 차지하고 있는 요즘 학교 현실의 한계를 분명하게 지적한다.

나는 이 장의 방점이 위학(爲學)보다 위도(爲道)에 찍혀 있는 것은 사실이지만, 그렇다고 노자가 위도만을 강조한 것은 아니라고 생각한다. "학문을 한다는 것은 매일 보태는 것이고, 도를 닦는다는 것은 날마다 덜어내는 것이다(爲學日益 爲道日損)"라는 구절은 학(學)의 과정이 무의미하니 지식을 더하지 말라는 배움에 대한 부정이라기보다는 배움을 통한 충만은 버리는 과정으로 이어지는 위도의 단계로 도약해야 한다는 말이다. 이 점은 그 다음의 "버리고 또 버려 무위의 경지에 이른다(損之又損之 以至于無爲)"는 구절을 통해 더 명확해진다. 배움을 통한 채움이 없다면 무엇을 버리겠는가? 버림은 무엇을 채운 후에나 가능하다. 그렇다면 노자는 무엇을 버리라고 한 것일까? 이 질문에 대해 구마라습(鳩摩羅什)은 다음과 같은 주석을 통해 우리에게 하나의 실마리를 제공한다.

> 악(惡)은 비(非)요 선(善)은 시(是)다. 이미 그름을 버리고 또 옳음을 버렸으니 버리고 또 버렸다고 말하는 것이다. 시비를 모두 잊고 정(情)과 욕심을 이미 단절시키니 덕과 도가 부합하여 무위에 이를 뿐이다.
> 惡者非也 善者是也 既損其非 又損其是 故曰 損之又損 是非俱忘 情欲

既斷 德與道合 至于無爲已[104]

노자가 버리라고 한 것은 시(是)와 비(非), 선(善)과 악(惡)의 구분이라고 구마라습은 분명하게 말한다. 노자는 당시의 식자층이나 지식인들이 자신의 지식이나 견해를 권위화, 진리화하고 있기에 이를 부정하고 탈권위화하라고 요구한 것이다. 이런 점에서 나는 "학문을 한다는 것은 매일 보태는 것이고, 도를 닦는다는 것은 날마다 덜어내는 것이다(爲學日益 爲道日損)"라는 구절에 나오는 위학과 위도를 상반된 별개의 과정이 아니라 연속되는 과정으로 이해해야 한다고 생각한다. 즉 배움에 따르는 옳고 그름에 대한 분별의 욕망을 버리는 것이 도를 행하는 것이고 이것이 배움을 더욱 완성하는 과정인데, 이를 위해서는 배움이 선행돼야 한다는 의미가 이 구절에 내포돼 있다.

뒤의 56장에 나오는 "지자는 말하지 않고, 언자는 알지 못한다(知者不言, 言者不知)"는 구절에서 지자가 아무것도 모르기에 말할 수 없는 사람을 의미하지는 않는다. 불교의 선(禪)이 아무 생각도 없는 멍한 상태나 혼침(昏沈)을 추구하는 것이 아니듯이 노자의 '도 닦음(爲道)'도 모든 지식과 배움을 부정한다는 의미가 아니다. 노자는 현실 정치에 대한 관심을 버리지 않았기에 그의 '말하지 않음(不言)'이 단순한 소극적 무언(無言)일 수 없듯이 그가 말한 위도(爲道)는 단순히 원래부터 배움이 없이 비워진 상태를 가리키는 것이 아니라 이미 채워진 것을 비워내는 과정이기에 진행형이며, 따라서 성취해내면 그것으로 끝나

104 漢文大系 (9), 老子翼 卷之三, (臺北: 新文豊出版公司, 中華民國 67年), 19面.

는 하나의 단계가 아니다.

선가(禪家)에서는 불립문자(不立文字)와 교외별전(敎外別傳)이라고 해서 깨달음은 문자나 언어에만 의지하지 않는다는 점을 강조한다. 그러나 불립문자가 언어나 문자를 통한 교의 전수나 가르침 전체를 부정하는 것일 수는 없다. 그것은 언어나 문자에 대한 집착을 거부하는 것이지 모든 가르침과 학(學)을 거부하는 것이 아니다.

노자 역시 배움 전체를 부정했다기보다는 배우되 배운 것의 편파성과 지엽성을 깨달아 세상을 앎과 모름, 강과 약, 선과 악으로 양분하려는 우리의 본능적 편 가르기를 경계하라고 말한 것이다.

노자의 관점에 따르면 학(學)의 내용은 단순히 우리가 알아야 할 것들의 축적이 아니기에 나의 배움이나 지식이 가진 철학적, 정치적 한계를 인정하는 태도를 체화하는 방향으로 나아가야 한다. 노자는 우리에게 모든 지식이나 의견의 국지성, 편파성을 인식하고 더 나아가 타인을 지배하고 타자화하려는 욕망의 위험성을 깨달음으로써 도의 단계로 나아갈 것을 주문한다.

"위도일손(爲道日損)"이 단지 배움에 대한 거부가 아니듯이 그 다음에 나오는 "무위(無爲)" 역시 단지 함이 없음을 가리키는 것이 아니다. 우리는 앞에서 노자의 무위가 단순히 함이 없는 것이 아니라 자연의 순리에 어긋나는 행위를 자신의 욕망에 근거해 추구하지 않는 것임을 살펴본 바 있다. 자연은 봄이면 싹을 틔우고, 여름이면 나무를 무성하게 하고, 가을이면 열매를 맺고, 겨울이면 잎을 떨군다. 그 과정에서 싹을 틔우겠다거나 열매를 맺게 하겠다는 유위의 욕망을 개입시키지 않는다.

자연의 도는 글자 그대로 만물이 본성대로 스스로 그렇게 되도록 한다. 만물이 자연의 도에 의지하지 않는 바가 없지만, 자연의 도에는 사적 욕망은 물론 뭔가를 이루고야 말겠다는 유위의 욕망도 개입되지 않는다. 노자는 천하를 취함에 있어서도 자연의 도를 본받아 자신의 욕망을 실현하고자 하는 유위의 욕망을 개입시키지 말라고 한다. 자연의 도는 그야말로 무욕, 무위의 도다. 그런데 인간은 자기 욕망을 타인에게 투영하고자 한다.

사회 변화는 개인의 변혁 의지나 욕망을 타인과 사회 전체에 강요하고 투영해서 일어난다기보다 대중이 그것을 원할 때 이루어지는 경우가 많다. 유위의 욕망을 통해 천하를 취하고자 했던 많은 노력이 결실을 맺지 못한 것은 그것이 자연의 도에 합치하지 않았기 때문이다. 유위의 욕망이 잠시 실현된다고 하더라도 그 욕망의 강요가 장구할 수는 없다.

취천하(取天下, 천하를 취함)라고 하면 대부분의 사람들이 왕조의 건국, 혁명, 권력의 세습, 선거를 통한 집권 등을 떠올린다. 그런데 나는 여기에서 노자가 말한 취천하가 우리가 일반적으로 생각하는 권력 장악만을 의미하는 것은 아니라고 생각한다.

역사적 사례를 통해 취천하가 무슨 의미인지를 생각해보자. 서학(西學)으로 불리는 천주교가 이 땅에 수용된 것은 늦게 잡아도 1783년 이전의 일이다. 그 정확한 시기를 추정할 수는 없지만, 1784년에 이승훈이 조선인으로서는 최초로 영세를 받기 전에 이미 조선에는 서학에 대한 자생적 연구 모임이 있었던 것이 분명하다. 그리고 1845년에 조선인 최초의 사제 김대건 신부가 서품됐다. 우리는 당시에 기독교(천주교)가 종교가 아닌 서학으로 불렸음에 주목할 필요가 있다. 우리 선조들에게 수용된 기독교는 종교라기보다는 봉건적 신분제의 모순이 극에 달한 현실을 개혁해 나갈 새로운 철학 체계이

자 이데올로기에 가까웠다. 그러나 서학은 제사 문제와 자치교회 인정 문제 등에서 외래 종교의 한계를 드러내게 된다. 무엇보다도 서학은 몰락했거나 권력으로부터 소외된 양반 지배계층에 의해 향유됐다는 점에서 근본적 한계를 지니고 있었다.

조선 민중은 새로운 사상을 필요로 했고, 1860년경에 최제우(崔濟愚)가 창시한 동학(東學)은 바로 이러한 시대적 상황에서 태동한 사상이다. 동학은 자생 종교로서 외래 종교의 외생성을 극복할 수 있었고, 민중 속에 깊이 파고들 수 있는 평등사상을 지니고 있었다. 동학은 수탈당하던 호남지역 민중의 저항의식과 만나 동학농민혁명이라는 거대한 파도를 일으켰다.

동학과 서학은 모순이 극에 달한 조선 사회를 개혁해 나갈 사상으로 대두됐다는 공통점을 가지고 있었지만, 서학은 외래 종교의 성격상 토착화에 많은 시간을 필요로 했다. 반면에 동학은 빠르게 민중 속으로 파고들어 1894년 동학농민혁명의 정신적 기반이 된다. 그런데 동학농민혁명 당시에 전봉준, 김개남 등이 이끄는 남접과 최시형이 이끄는 북접 사이에 적지 않은 노선 차이가 있었다. 복잡한 교리 논쟁과 노선 차이가 있었지만 여기에서는 간단하게만 그 차이를 기술하려 한다.

쉽게 말해 남접은 강경하고 급진적인 사회 변화를 지향했지만 북접은 좀 더 온건한 노선을 지니고 있었다. 이러한 노선 차이는 1894년 9월에서 10월 사이의 삼례 봉기에 북접의 합류가 늦어지게 된 원인으로 지적된다. 그리고 이로 인해 동학농민군의 서울 진격이 지연되어 청일전쟁의 와중에서도 일본군이 동학농민군에게 전투력을 집중할 수 있었다고 북접을 비판하는 사람들도 있다. 물론 그런 비판도 타당성이 없는 것은 아니다. 그러나 나는 전봉준과 최시형이 꿈꾼 세상이 서로 달랐다는 점에도 주목할 필요가 있다고 생각한다. 전봉준은 혁명적 수단을 통한 급격하고도 가시적인 사회 변화를 꿈꾸었지만, 최시형은 동학이라는 사상과 철학 체계를 기반으로 해서 점진적 의식변화를 통해 더디더라도 근본적으로 사회의 틀을 바꾸고자 했다. 노자의 관점에서 보면 전봉준의 노선은 상대적으로 유위의 욕망을 더 적극적으로 투영하고자 한 것이라고 할 수 있다. 전봉준의 급진적 사회변혁 운동은 좌절됐지만, 인내천(人乃天)으로 상징되는 동학의 평등사상은 지금도 우리 사회에 면면히 이어지고 있다.

예수는 2천 년 전에 메시아를 자처하면서 등장했지만 유대인들에게 그리 환영받지 못했다. 로마의 지배 아래 있었던 당시 유대인들이 생각한 메시아는 로마의 지배로부터 단번에 자신들을 해방시켜 줄 정치적 해방자의 모습이었을 것이다. 그러나 예수는 유대교의 선민사상과 율법에 찌든 보수주의를 혁파하고 새로운 정신혁명, 사상혁명을 이루어내려고 하는 모습에 가까웠을 것이다. 결국 예수는 유대인들에 의해 부정당하고 십자가에 못 박혀 죽는다. 그러나 장기적으로 볼 때 '세상을 취한(取天下)' 쪽은 급진적, 정치적 해방을 추구한 유대교의 열혈당원이나 율법을 중시한 바리사이파가 아니라 정신혁명을 추구한 예수가 아닌가 싶다.

예수가 죽은 뒤에 그의 복음은 로마제국의 영역을 넘어 전 세계에 전파됐고, 이제 예수가 죽은 지 2천 년이 지났지만 지구상의 많은 지역에서 여전히 그 울림이 지속되고 있다. 노자가 말한 취천하란 우리가 일반적으로 생각하는 단순한 권력장악이 아니라 세상을 근본적으로 변화시킬 패러다임 변화를 뜻하는 것일 수도 있다. 이런 점을 고려한다면 인위적 유위의 욕망으로는 천하를 취하기에 부족하다는 말이 무엇을 의미하는지가 좀 더 분명해질 것이다.

49장

성인은 고정된 마음이 없다

성인은 고정된 마음이 없으니 백성의 마음을 자신의 마음으로 삼는다. 선(善)한 자를 내가 선하게 대하고 선하지 아니한 자도 내가 선하게 대하니 덕이 선하기 때문이다. 진실한 자를 내가 진실하게 대하고 진실하지 못한 자 또한 내가 진실하게 대하니 덕은 진실하기 때문이다. 성인이 세상(천하)에 나아가서는 두려운 마음으로 천하를 위하여 그 마음을 섞는다(천하와 하나가 된다). 백성이 모두 눈과 귀를 기울이지만 성인은 백성을 어린아이처럼 여긴다.

聖人無常心 以百姓心爲心 善者吾善之 不善者吾亦善之
성인무상심 이백성심위심 선자오선지 불선자오역선지
德善矣 信者吾信之 不信者吾亦信之 德信矣 聖人在天下
덕선의 신자오신지 불신자오역신지 덕신의 성인재천하
惵惵爲天下渾其心 百姓皆注其耳目 聖人皆孩之
접접위천하혼기심 백성개주기이목 성인개해지

"성인무상심 이백성심위심(聖人無常心 以百姓心爲心)"은 "성인(聖人)은 자신의 생각만 옳다고 여기는 고집스런 마음이 없다"로 새길 수 있다. 이를 불교 용어로 표현하면 "성인은 아상(我相)이 없다"가 될 것이고, 프로이트 심리학의 용어를 빌리면 "성인은 강한 에고(Ego)가 없다"가 될 것이다. 자신의 생각만이 옳다는 아상에의 집착은 필연적으로 선악의 이분법적 사유를 배태한다. 자신의 생각만을 선으로 간주하면 세상을 이분법적으로 바라보게 되고, 자신의 사유와 반대되는 사유를 자신의 의견으로 획일화하고자 욕망하게 된다. 그 수단은 설득일 수도 있고, 더 나아가 폭력적 강압일 수도 있다.

그러나 앞에서도 말했지만 선(善)과 악(惡), 유(有)와 무(無), 장(長)과 단(短), 고(高)와 하(下), 난(難)과 이(易)는 각각 서로에게 자신을 상감한다. 긴 것은 짧은 것에 그 존재를 의지한다. 짧은 것이 없으면 긴 것이 존재할 수 없다. 선과 악도 다르지 않다. 선과 악이 많은 사람의 생각처럼 그렇게 이분법적으로 명확하게 구분되는지도 분명하지 않으며, 설령 분명하게 구분된다고 하더라도 선과 악의 공존이 있는 그대로의 세상이 보여주는 자연스런 모습이다.

세상을 선만 있는 무균실로 만들고자 하는 의도는 필연적으로 악을 상정하게 된다. 그리고 선에의 집착은 악으로 간주하는 것 또한 창궐하게 하며, 더 나아가서는 완고함과 폭압을 통해 스스로가 악이라고 생각했던 것에 스스로를 빠뜨리고 만다. 그렇기에 성인은 자신만을 선으로 생각하는 완고함이 없고, 오직 백성의 마음을 자기 마음으로 삼는다. 선악의 공존이 세상의 본래 모습이기에 도(道)는 유(有), 장(長), 고(高)만을 고집하지 않고, 고정된 선(善)에 집착하지 않는다. 도를 체득한 성인 또한 그렇다.

《맹자》의 〈만장장구상(萬章章句上)〉에는 "하늘은 우리 백성이 보는 것으로부터 보며, 하늘은 우리 백성이 듣는 것으로부터 듣는다(天視自我民視 天聽自我民聽)"는 구절이 있다. 간단히 말해 하늘은 백성이 보는 대로 보고, 백성이 듣는 대로 듣는다는 것이다. 하늘은 고정된 경향성이 없고, 백성이 어떻게 느끼느냐를 기준으로 삼는다는 것이다. 이는 이 장의 "성인은 고정된 마음이 없다"는 구절과 상통한다.

이어지는 구절에서 노자는 선자(善者)와 불선자, 신자(信者)와 불신자를 구별하지 않는다고 말한다. 우리는 앞의 27장에서 "성인은 항상 사람을 잘 구원하므로 사람을 버림이 없다(聖人常善救人 故無棄人)"는 구절을 살펴보았다. 성인은 세상이 유와 무, 선과 악의 공존이요 교차라는 것을 알기에 유만을 고집하거나 선만을 고집하지 않으며, 어떤 것도 포기하지 않고 모든 것을 다 품어준다. 앞에서 본 "천지는 인하지 않다(天地不仁)"는 구절처럼 도는 만물 중 어떤 것에 대해서도 편파적이지 않다. 천지가 꽃을 더 사랑해서 꽃에 애정을 베푸는 것도 아니요, 독충을 미워해서 독충에 해를 끼치는 것도 아니다. 예쁜 꽃이나 혐오스런 독충이라는 것 자체가 인간 중심의 편협한 개념일 뿐이다.

천지가 모든 것을 품어주듯이 천지의 도를 체득한 성인도 모든 인간을 구원하는 존재이기에 선인만 구원하고 불선인을 버리지 않는다. 노자의 관념에서 선자, 신자만 편애하는 구원자는 파당적이지 않은 자연의 도를 구현하는 성인이 아니며, 성인은 그러한 지엽성에 빠지지 않는다. 성인의 도는 선량한 자, 좋은 자, 자신의 신념에 우호적인 자만을 구원의 대상으로 여기지 않는다. 따라서 성인은 선자는 물론이고 불선자도 선하게 대하며, 신자만이 아니라 불신자도 진실하게 대한다. 선은 불선과, 신은 불신과 상관됨을 알기에 성인은 어떤 사람도 버리거나 포기하지 않는다. 자연의 도를 체득한 성인은 자신만의 생각에 갇혀 선과 악, 신과 불신을 구분하고, 악이나 불신으로 설정한 대상을 일소하고자 하지 않는다.

역사적으로도 악과 불신으로 설정한 대상에 대한 증오에 기반한 일소의 시도들이 성공한 것으로 보이지 않는다. 대립물의 공존과 교차가 세상의 여여한 모습이기 때문일 것이다. 세상을 선(善)과 신(信)만 존재하는 무균실로 만들고자 하는 시도는 그 목적이 실현될 수도 없을 뿐더러 오히려 그 과정에서 또 다른 강압과 폭력을 야기한다.

2001년 9월 20일에 미국의 조지 부시(George W. Bush) 대통령은 박수갈채를 받으며 '테러와의 전쟁'을 선포했다. 부시 대통령을 포함한 많은 사람들이 선악의 이분법적 사유에 기반해 테러리스트들을 박멸하고야 말겠다는 사명감에 불타올랐다. 그리고 그 뒤로 지금까지도 미국의 그러한 정책 기조는 크게 달라지지 않았다. 그런데 테러와의 전쟁이 시작된 지 20여 년의 세월이 흐른 지금에 와서 볼 때 그 전쟁이 과연 성공적이었고, 테러리스트들은 절멸됐는가? 오히려 테러는 전 세계로 확산됐고, 테러의 위협이 많은 사람들의 일상에 더 가까워졌다. 노엄 촘스키는 이러한 현실에 대해 다음과 같이 비판했다.

> 테러리스트를 죽이는 속도보다 충직한 테러리스트들이 새로이 만들어지는 속도가 더 빠를 수도 있는 상황을 초래했습니다.
> 부시 전 대통령은 알카에다를 목표물로 삼았습니다. 아프가니스탄, 이라크, 리비아와 그 너머를 잇달아 수차례 공격함으로써 미국은 아프가니스탄의 조그만 지역에 국한되어 있던 이슬람 테러리즘을 서아프리카

에서 레반트 지역[105]으로, 그리고 다시 동남아시아 지역에 이르기까지 사실상 전 세계로 확산시키는 데에 성공했다.[106]

촘스키는 테러와의 전쟁이 오히려 테러를 확산시키고 테러 집단을 강화시켰다고 일갈한다. 악을 일소하겠다는 박멸의 욕망이 오히려 악을 창궐하게 했을 뿐만 아니라 그런 욕망을 품은 자신들마저도 타락시키고 있음을 촘스키는 지적한 것이다.

프랑스 혁명 당시 로베스피에르의 순선(純善)에의 욕망이 공포정치로 전락하고 만 역사적 사실을 앞에서 이야기했는데, 우리 역사에서도 유사한 사례를 찾을 수 있다. 조광조(趙光祖, 1482~1519)의 도학정치(道學政治)는 순선을 표방하며 신진사류의 이상을 실현하려고 한 것이었다. 조광조와 신진사류가 개혁 방안으로 '반정공신 위훈 삭제(反正功臣 僞勳 削除)'를 요청하자 기성 귀족인 훈구세력은 강하게 반발했다. 이에 더하여 당시의 임금 중종도 조광조 일파의 도학적 언동에 염증을 느끼고 있었던 터라 홍경주 등 훈구세력의 건의를 받아들여 조광조 일파를 치죄하게 했다. 결국 조광조의 급진적 도학정치는 실패로 끝나고 말았으며, 그는 중종에게서 사약을 받게 된다. 조광조는 사후 선조 초에 신원(伸寃: 억울하게 입은 죄를 풀어줌)되어 영의정에 추증되고 문묘에 배향

105 레반트 지역은 처음에는 소아시아와 시리아의 해안 지역만을 가리켰으나 점차 그리스부터 이집트에 이르는 동부 지중해 연안 지역까지 포함하는 개념으로 확대됐다.

106 노엄 촘스키(Noam Chomsky), 임래영·황선영 역, 《촘스키, 절망의 시대에 희망을 말하다》(수원: 사일런스북, 2017), 26쪽.

되어 명예를 회복한다. 그러나 중종 당시에 그의 도학정치가 현실 정치에서 성공하지 못한 데는 이념적 순수성과 순선에 대한 지나친 집착이 하나의 원인이 됐다고 볼 수 있다.

로베스피에르와 조광조는 각각 나름대로 악이 배제된 순선의 사회를 만들려고 했지만, 노자 철학의 관점에서 볼 때 그것은 세상의 여여한 모습이 아닐 뿐더러 그들 자신이 꿈꾸는 세상을 만드는 과정에서 많은 사람들을 배제하거나 버려야만 하기에 그들 스스로가 악으로 전락할 위험마저 내포하는 것이었다. 악이나 불신에 대한 효과적인 대응은 그것에 대한 증오나 그것과의 전면적인 투쟁이 아니라 그것을 세상의 일부로 받아들이되 그것이 준동하지 못하도록 달래는 노력일지도 모른다.

많은 사람들이 악과 불신을 절멸시키려는 시도에 지지를 보내고 열광하지만, 그러한 시도는 그다지 성공적이지 못했던 것이 우리의 역사적 경험이다. 그리고 설령 그런 시도가 어느 정도 성공을 거둔다고 하더라도 엄청난 희생을 수반할 가능성이 높다. 노자는 이 점을 간파하고 있었다. 그가 보기에 악과 불신을 박멸의 대상으로 삼기보다는 달램의 대상으로 삼는 것이 나았다. 그래서 노자는 이 장의 끝에서 "성인은 백성을 모두 어린아이처럼 대한다(聖人皆孩之)"고 말한 것이다.

자식을 이기는 부모는 없다고 한다. 부모는 자녀가 일탈하지 않고 자신에게 주어진 길을 제대로 가주기를 희망한다. 그리고 자녀가 무언가를 성취하면 부모는 기뻐한다. 그러면서도 자녀가 선하지 못하거나 신뢰할 수 없는 모습을 보인다고 해서 자녀에 대한 지지를 거두지 않으며, 끝까지 자녀를 포기하지 못하는 것이 일반적인 부모의 모습이다. 성인 또한 선인만을 자녀처럼 여기고 지지하며 구원하는 것이 아니며 설령 불선인이라고 해도 잠시 일탈한 자식처럼 대하기에 노자가 "성인은 백성을 어린아이처럼 여긴다(聖人皆孩之)"고 한 것이다.

이 장에서 노자는 선자와 불선자, 신자와 불신자를 구분해 서술하고 있지만, 어떤 의미에서 그것들은 명확히 구분되지 않는다는 것이 노자의 본의에 가까울 수 있다. 예를 들어 우리 민족이 국권을 잃고 조국독립을 위해 노력할 때 일본인을 상대로 소매치기나 강도질을 해서라도 독립운동 자금을 마련하기 위해 애쓰는 동포가 있었다면 그 동포는 악인인가 선인인가? 현실에서는 영화나 TV 드라마 속의 인물들처럼 선악이 명확히 구분되지 않는다. 오히려 서로 존재를 상감하기에 선과 악이 경계가 불분명한 가운데 교차되는 경우가 많다. 그래서 노자는 악과의 전면 대결이 아닌 공존을 통한 견제와 해결을 권고한 것이다.

50장

삶과 죽음은 별개의 사태인가

나오면 살고, 들어가면 죽는다. 살려고 버둥거리는 무리가 열에 셋이고, 죽음의 무리가 열에 셋이며, 사람의 삶을 움직여 사지로 가는 무리가 또한 열에 셋이다. 왜 그러한가? 그 삶을 지나치게 두터이 하려 하기 때문이다. 듣건대 삶을 잘 다스리는 자는 육지로 다녀도 코뿔소와 호랑이를 만나지 않고, 군에 입대하여도 적의 갑옷과 무기를 피할 일이 생기지 않는다. 코뿔소도 그 뿔을 들이받을 곳이 없고, 호랑이도 그 발톱을 둘 곳이 없으며, 무기도 그 칼날을 들이댈 곳이 없다. 왜 그러한가? 죽음의 자리가 없기 때문이다.

出生入死 生之徒十有三 死之徒十有三 人之生動之死地者
출생입사 생지도십유삼 사지도십유삼 인지생동지사지자
亦十有三 夫何故 以其生生之厚 蓋聞善攝生者 陸行不遇
역십유삼 부하고 이기생생지후 개문선섭생자 육행불우
兕虎 入軍不避甲兵 兕無所投其角 虎無所措其爪 兵無所容
시호 입군불피갑병 시무소투기각 호무소조기조 병무소용
其刃 夫何故 以其無死地
기인 부하고 이기무사지

첫 구절 "출생입사(出生入死, 나오면 살고, 들어가면 죽는다)"는 무슨 의미일까? 우리는 1장에서 "항상 무욕으로써 그 오묘함을 보고, 항상 유욕으로써 그 요(徼)를 본다. 이 양자는 함께 나왔지만, 그 이름을 달리한다(常無欲以觀其妙 常有欲以觀其徼 此兩者同出而異名)"는 구절을 보았다. 무욕과 유욕은 함께 나왔지만 그 이름을 달리할 뿐이다. 노자는 삶과 죽음도 무욕과 유욕처럼 본질적으로는 별개가 아니라 하나이지만 출입에 따라 달라질 뿐이라는 의미로 "출생입사"라는 표현을 사용한 것으로 보인다.

그 다음에 이어지는 구절 "생지도십유삼 사지도십유삼 인지생동지사지자 역십유삼 부하고 이기생생지후(生之徒十有三 死之徒十有三 人之生動之死地者 亦十有三 夫何故 以其生生之厚)"의 번역은 그리 어렵지 않지만, 주석가들은 이 구절에 다양한 주석을 달았다. 특히 생지도(生之徒)와 사지도(死之徒)에 대한 해석이 다양하다. 나는 주로 소자유(蘇子由)의 주석을 참고했다. 소자유는 생지도(生之徒), 사지도(死之徒), 지사지자(之死地者)를 다음과 같이 주석했다.

> 물질을 쓰고 정(精)을 취하여 스스로 (육신만을) 기르는 자를 생의 무리(살려고 발버둥치는 무리)라고 하고, 성색취미(聲色臭味, 육체적 욕망)만을 탐하여 스스로를 해치는 자를 죽음의 무리라고 한다. (……) 지을 줄은 알지만 그만둘 줄을 모르고, 말할 줄은 알지만 침묵을 모르며, 생각할 줄은 알지만 잊을 줄을 몰라 소진됨에까지 나아가면, 이를 이른바 움직여서 죽는 자리로 가는 무리라고 한다.
>
> 用物取精以自滋養者 生之徒也 聲色臭味以自戕賊者 死之徒也 (……) 作而不知休 知言而不知默 知思而不知忘 以趣于盡 則所謂動而之死地

者也[107]

오늘날 우리의 세태에 빗대면 '생지도'는 '육신이 건강해지는 것에만 관심을 두어 보양식과 체력 보전에 과도하게 집착하는 무리'에 해당하고, '사지도'는 '온갖 육체적 쾌락에만 탐닉해 스스로를 해치는 무리'에 해당한다고 볼 수도 있다. 또한 '지사지자'는 '끊임없이 노동하고 번뇌하면서 자신을 소진시키는 무리'에 해당한다고 볼 수 있겠다. '일중독자(Workaholic)'는 '지사지자'의 대표적 사례가 아닐까 싶다.

이들 세 무리는 행동양식은 다르지만 모두 생을 지나치게 중시하고 대상에 집착한다는 점에서 대동소이하다. 건강에 대한 과도한 집착이나 육체적 욕망에 대한 탐닉은 둘 다 치우침이기에 도를 체득한 덕자(德者)의 모습일 수 없다. 세 번째 무리, 즉 지을 줄은 알지만 그만둘 줄을 모르는 사람들은 자신을 소진시켜 버리는 데까지 이른다, 그렇게 하는 것이 자신의 미래를 보장해준다고 생각하기 때문이거나 자신의 일을 삶의 일부로 바라보지 않고 명예나 경제적 부를 삶보다 더 중시하기 때문이다. 노자는 이런 무리를 염두에 두고 앞의 44장에서 "명예와 몸 중에서 무엇이 더 가까운가(名與身孰親)?"라고 물었다. 어쨌든 세 무리는 모두 어느 한쪽으로 치우친 극단적 행위양식을 보인다는 공통점을 가지고 있다.

이 장의 마지막 구절인 "죽음의 자리가 없다(其無死地)"는 무슨 의미일까?

107 漢文大系(九), 老子翼 卷之三, (臺北: 新文豊出版公司, 中華民國 67年), 22面.

나는 스스로 돌아보면 건강에 좋다면 뭐든지 먹어보려고 하고, 성색취미(聲色臭味)의 육체적 욕망에 사로잡혀 살아가고 있으며, 명예나 경제적 부를 앞세우면서 본성을 해치는 삶을 살고 있다. 아마도 노자가 보기에 "그 삶을 지나치게 두터이 하는(以其生生之厚)" 사람에 가까울 것이다. 하기야 죽음 앞에서도 당당한 사람이 몇이나 될지 모르겠다. 우리의 육신이나 삶이란 잠시 왔다가 떠나는 것임을 모두가 알지만, 그것을 자연스럽게 받아들이기가 그리 쉬운 일은 아니다.

이 장의 맨 처음 구절에서 노자는 "나오면 살고, 들어가면 죽는다(出生入死)"라고 해서 삶과 죽음이 다르지 않음을 강하게 언명했다. 그러나 나와 같은 범인은 삶과 죽음을 별개로 인식하기에 삶에 집착하고 매달린다. 여기에서 "죽음의 자리가 없다"는 것은 죽지 않는다는 의미보다는 "삶과 죽음이 다르지 않다는 것을 알기에 삶에 집착하지 않는다"는 의미로 봐야 할 것이다. 대부분의 사람들은 살려고 발버둥치고, 삶에 집착하기에 비굴해지며, 생을 보전하기 위해서는 못할 일이 없는 것처럼 행동한다. 하지만 삶에 집착하지 않고 죽음에 초연한 사람은 죽음 앞에서도 당당할 것이다. 예수는 십자가에 못 박히면서도 "저들이 지금 무슨 짓을 하는지 저들 자신은 모른다"고 하면서 오히려 자신의 생명을 앗아가려는 사람들의 죄를 용서해달라고 빌었다. 기독교에서는 예수가 부활했다고 믿지만, 나는 그가 실제로 육신을 가진 생명체로 부활하지 않았다고 하더라도 그의 가르침이 지금까지 살아 있으니 그는 죽지 않았다고 생각한다.

죽음의 자리가 없다는 것은 불로장생이나 육신의 부활을 의미하는 것이 아니라 삶과 죽음의 이분법적 사고에서 벗어나 육신의 삶에 집착하지 않는 모습을 의미하는 것으로 볼 수 있다. 다만 이 장을 이해할 때 한 가지 주의할 점은 노자가 삶과 죽음을 이분법적으로 구분하지 않고 삶에 대한 집착을 경계했다고 해서 삶을 가볍게 여기라고 이야기한 것은 아니라는 사실이다. 노자는 삶에 지나치게 집착하거나 반대로 삶을 경시하는 태도를 버리고 주어진 삶을 여여하게 바라보고 삶과 죽음 모두를 자연의 일부로 인식하라고 우리에게 말할 뿐이다.

두보(杜甫)는 친구의 아들 소혜(蘇徯)가 유배되어 절망에 빠져 지내는 것을 보고 그를 격려하기 위해 지은 〈군불견간소혜(君不見簡蘇徯)〉라는 시에서 "장부는 관 뚜껑을 덮어야 모든 일이 결정된다(丈夫蓋棺事始定)"고 했다. 이는 인간에 대한 진정한 평가는 그가 죽어서 아무런 말도 할 수 없고 영향도 미칠 수 없을 때 시작되는 것이니 희망을 잃지 말라는 의미와 함께 하루하루를 당당하고 떳떳하게 살아가라는 의미를 동시에 가진 말이다.

내가 언제 죽을지를 안다면 오늘의 과오를 반성하고 참회할 시간이 있을지 모르지만, 인간은 자신의 삶이 언제 어떻게 될지를 예견하기 어렵다. 오늘의 과오를 반성하거나 참회할 시간이 없을지도 모른다. 하루하루에 최선을 다하고 떳떳하게 살아야 할 이유다. 죽음 앞에 떳떳하다는 것은 일상의 떳떳함을 전제로 해서만 가능한 일이다. 다만 노자는 사람들이 삶에 지나치게 집착하므로 삶과 죽음이 별개가 아니라는 가르침을 통해 그들을 깨우쳐주고자 하는 의도에서 "죽음의 자리가 없다"는 표현을 사용한 것으로 보인다.

51장

도는 생기시키고 덕은 기른다

도가 생기시키고, 덕이 기른다. 그래서 만물이 형체를 갖게 되고, 기세가 그것을 이루어준다. 이 때문에 만물이 도를 높이고 덕을 귀하게 여기지 아니함이 없다. 도의 높음과 덕의 귀함은 벼슬을 얻었기 때문이 아니라 언제나 저절로 그러한 것이다. 그러므로 도는 만물을 생기시키고 기르며, 성장시키고 양육하며, 안정시키고 돈독하게 하며, 기르고 감싸 덮어준다. 생기시키지만 소유하지 않고, 이루어지게 하지만 거기에 기대지 않으며, 자라게 하지만 지배하지 않으니 이것을 일러 그윽한 덕이라 한다.

道生之　德畜之[108]　物形之　勢成之　是以萬物莫不尊道
도생지　덕축(휵)지　물형지　세성지　시이만물막부존도
而貴德　道之尊　德之貴　夫莫之爵　而常自然　故道生之　畜之
이귀덕　도지존　덕지귀　부막지작　이상자연　고도생지　축지
長之　育之　亭之　毒之　養之　覆之　生而不有　爲而不恃　長而不宰
장지　육지　정지　독지　양지　복지　생이불유　위이불시　장이부재
是謂玄德
시위현덕

콩 심은 데 콩 나고 팥 심은 데 팥 나는 것은 너무 당연한 이치이고 자연스러운 과정이다. 그러나 왜 콩 종자는 콩이 되고 팥 종자는 팥이 되는가를 생각해보면 그것은 그야말로 도의 작용이라고 할 수밖에 없다. 그러나 콩 종자를 심었다고 해서 모두 다 콩으로 성장하는 것은 아니다. 보살핌이 없으면 썩어 없어지거나 제대로 싹을 틔우지 못한다. 도의 생기 작용을 지상에서 현실화시키기 위한 노력이 필요하다. 그것이 바로 도를 체화한 덕의 작용이다. 그래서 도는 만물을 생기시키고, 도를 체화한 덕이 만물을 길러주기에 만물이 형체를 갖게 된다.

나는 "도생지 덕축지 물형지 세성지(道生之 德畜之 物形之 勢成之)"의 과정을 이렇게 이해한다. 우리가 심은 사과 씨가 사과가 되는 것은 도의 공능이다. 그러나 사과 씨는 도를 체화한 덕의 보살핌이 있어야 싹을 틔우고 자란다. 사과 씨가 사과가 되게 하는 도의 공능과 덕의 기름이 있기에 사과 씨가 사과라는 열매로 형체를 갖게 된다. 그러나 오늘 맺은 열매를 바로 먹을 수는 없다. 그 열매를 먹을 수 있게 되려면 기세가 생겨나 그것이 성장해야 한다.

만물이 생겨나는 것은 도의 작용이고, 그것을 길러주는 것은 덕의 작용이다. 도와 덕의 작용이 있기에 만물이 형체를 갖추고 기세를 이루어 성장하는 것이다. 때문에 만물은 도를 높이지 않음이 없고, 덕을 귀하게 여기지 않음이 없다. 그런데 도가 높고 덕이 귀한 것은 무슨 벼슬에 의지해서가 아니다. 도가 만물을 생기시키고 덕이 만물을 길러주는 것은 인위적 조작 없이 항상

---

108 '德畜之(덕축지)'에서 畜의 독음을 '기를 휵'으로 해야 한다는 견해도 있다.

스스로 그러한 자연스러운 과정일 뿐 억지로 이루려 하는 작위가 개입할 여지가 없다. 따라서 도는 스스로 그러함에 의지하여 만물을 생기시키고 길러 준다.

우리는 5장에서 "천지는 인하지 않다(天地不仁)"는 구절을 살펴보았다. 천지는 인간에게 보다 인자해서 인간을 길러 주고 모기는 해충이라고 해서 모질게 대하지 않는다. 천지는 만물을 공평하게 생기시키고, 길러주며, 성장시킨다.

10장에서는 "낳으면서도 소유하지 않고, 일을 하지만 자랑하지 않으며, 자라게 하지만 지배하지 않으니 이것을 일러 그윽한 덕이라 한다(生而不有 爲而不恃 長而不宰 是謂玄德)"는 구절을 보았다. 자연은 봄꽃을 피웠다고, 가을에 수확을 가져다주었다고 공을 내세우지 않고, 성장시키지만 그것이 나의 공능이라고 자랑하지 않으며, 겨울에 나뭇잎을 떨구면서도 스스로를 잔인하다고 여기지 않는다. 그것이 자연의 모습이고 도의 모습이다. 인간의 관점에서 볼 때 한없이 너그럽기도 하지만 한없이 잔혹하기도 한 모습이어서 도무지 종잡을 수가 없다. 그러나 그것이 자연의 여실한 모습이기에 그윽한 덕, 알 수 없는 덕, 현묘한 덕이라고 할 수밖에 없다.

52장

구원은 어디에 있는가

천하에 시초가 있어서 천하의 어머니가 되었다. 이미 그 어미를 얻었으니 그 아들을 알고, 이미 그 아들을 알고 다시 그 어미를 지키면 죽을 때까지 위태롭지 않다. 구멍을 막고 그 문을 닫으면 종신토록 지치지 않을 것이다. 구멍을 열고 일을 더하면 종신토록 구제받지 못한다. 작은 것(사소한 것)을 보는 것을 밝음이라 하고, 부드러움을 지키는 것을 강함이라 한다. 빛을 활용하여 그 밝음에 복귀하면 몸에 재앙을 남기는 일이 없다. 이를 일러 (도의) 항상됨을 계승한다고 한다.

天下有始　以爲天下母　旣得其母　以知其子　旣知其子
천하유시　이위천하모　기득기모　이지기자　기지기자
復守其母　歿身不殆　塞其兌　閉其門　終身不勤　開其兌
부수기모　몰신불태　색기태　폐기문　종신불근　개기태
濟其事　終身不救　見小曰明　守柔曰强　用其光　復歸其明
제기사　종신불구　견소왈명　수유왈강　용기광　복귀기명
無遺身殃　是謂襲常
무유신앙　시위습상

노자는 42장에서 "도는 하나를 낳고, 하나는 둘을 낳고, 둘은 셋을 낳고, 셋은 만물을 낳는다(道生一 一生二 二生三 三生萬物)"고 했다. 나는 42장에 나오는 생(生) 자의 의미가 단순한 창조 개념과는 다르다고 했다. 노자의 도는 기독교의 신이 세상을 만들어내듯이 하나(一)를 제조해내지 않는다. "도가 하나를 낳는다"는 것은 도가 하나를 만들어낸다는 의미이기보다는 도에 하나를 생기시키는 공능이 있다는 의미에 가깝다.

이 장의 "천하에 시작이 있었다"는 말 또한 천하를 창조해낸 서양의 인격신과 같은 제1 원인자가 있었다는 의미가 아니다. 유무가 상생하는 도의 공능이 만물을 낳았으니 그것이 천하의 어미가 된다는 뜻에 가깝다. 유무상생의 도가 만물을 낳았으니 도와 만물은 동떨어진 것이 아니고, 만물 속에 이미 도가 깃들어 있다는 것이다.

우리가 자식을 낳았다고 생각하지만 인간이 어떻게 자식을 만들어낼 수 있겠는가? 다만 우리는 우주의 공능으로부터 부여받은 생식 기능을 실행한 것에 지나지 않는다. 한 송이 꽃을 피우기 위해서는 온 우주가 힘을 보태야 한다. 그래서 꽃 한 송이가 바로 우주요 우리 모두는 우주의 일부이자 우주와 하나다. "그 어미를 얻었으니 그 아들을 알고, 이미 그 아들을 알고 다시 그 어미를 지키면 죽을 때까지 위태롭지 않다"는 구절은 결국 나 자신이 우주와 하나요 도와 하나임을 알고 도를 지키면 평생 위태롭지 않다는 의미일 것이다.

우리는 47장에서 "문을 나오지 않아도 천하를 알고, 창문으로 엿보지 않아도 하늘의 도를 본다(不出戶 知天下 不窺牖 見天道)"는 구절을 보았다. 도를 외부에 존재하는 것으로 생각하여 문밖을 기웃거려서는 도를 구할 수 없기에 노자는

"그 나감이 멀어질수록 그 앎은 더욱 적어진다(其出彌遠 其知彌少)"고 했다. 이에 비추어 나는 이 장의 "구멍을 막고 그 문을 닫으면 종신토록 지치지 않을 것이다. 구멍을 열고 일을 더하면 종신토록 구제받지 못한다(塞其兌 閉其門 終身不勤 開其兌 濟其事 終身不救)"는 구절을 우리의 감각기관을 모두 열어 외부의 구원자를 찾는 것으로는 수고롭기만 할 뿐 구원받을 수 없다는 의미로 본다. 진정한 구원은 자기 내부에 있는 것이지 외부의 누군가가 나를 구원해 줄 것이라고 생각해서 모든 감각기관을 동원하여 찾아본들 종신토록 수고스럽기만 할 뿐 구원받을 수 없다는 것이다.

노자는 이 장의 첫 구절에서 "천하에 시초가 있어서 천하의 어머니가 되었다(天下有始 以爲天下母)"고 했다. 우리는 모두 그 어머니의 자식이다. 그래서 우리는 모두 같은 어머니를 가진 존재다. 내가 우주와 분리되어 존재하는 것이 아니라면 주변의 한 그루 나무와도 완전히 분리되어 존재할 수 없다. 나와 타인은, 아니 나와 우주 만물은 동일한 존재근거를 공유하며, 구원은 나 자신의 내부에서 시작된다. 욕망의 눈을 열어 외부를 지향하는 대신에 자신의 내부를 직관할 때 구원받을 수 있기에 구원받기 위해 여기저기 기웃거리며 자신을 수고스럽게 할 필요가 없다는 것이다.

불교 경전《천수경》에는 "내가 만약 지옥으로 가게 되면 지옥이 스스로 소멸될 것이다(我若向地獄 地獄自消滅)"라는 구절이 있다. 공자가《논어》의〈선진(先進)〉편에서 "삶도 알지 못하거늘 어찌 죽음을 알겠는가(未知生 焉知死)"라고 했듯이 사후 세계가 존재하는지는 인간으로서는 불가지(不可知)의 영역이지만, 만약 지옥이 실재하여 지옥에 간다면 왜 가게 되는 것일까? 그 원인은 자신에게 있는가, 아니면 구원자에게 있는가?《천수경》의 구절은 지옥이 마음의 산물이거나, 설령 지옥이 실제로 존재한다고 하더라도 실존이 떳떳하다면 지옥마저 소멸시킬 수 있고 아귀(餓鬼)까지 포만시킬 수 있다는 의미이자 인간 실존이 우선함을 강조한 것으로 볼 수 있다. 구원은 외부가 아닌 자신의 내면에서 찾아야 한다는 노자의 사유는《천수경》의 이 구절과 상통한다.

우리는 41장에서 "뛰어난 선비는 도를 들으면 힘써 행하고, 중간 정도의 선비는 도를 들으면 마음에 있는 것 같기도 하고 없는 것 같기도 하며, 하급의 선비는 도를 들으면 크게 (비)웃는다. (비)웃지 않으면 도라 하기에 부족하다."라는 구절을 보았다. 도는 일상과 멀리 떨어져 있지 않다. 그런데 하사(下士)들은 특별히 하늘을 날아다니고 치유의 기적을 행해야만 도라고 생각하기에 뭐 그런 시시한 일상에 도가 있느냐고 비웃는다. 이 장의 "작은 것(사소한 것)을 보는 것을 밝음이라 한다(見小曰明)"는 구절은 바로 이 점을 말하는 것이다. 여기에서 소(小)는 단순히 작은 것이 아니라 보통 사람이 지나치기 쉬운 사소한 것이라는 의미가 강하다. 도가 우리의 일상과 떨어져 존재하는 것이 아니기에 소소한 일상에도 도가 있음을 아는 것을 밝음이라 한다는 것이다.

"부드러움을 지키는 것을 강함이라고 한다(守柔曰强)"는 무슨 뜻일까? 이 구절을 대하면 나는 자신을 돌아보게 된다. 나는 나이가 들면서 점점 더 자신의 생각에 갇히고 다른 사람의 의견을 수용하지 못하는 경직된 사유에 매몰돼 간다고 느끼게 된다.

노자는 10장에서 "기를 집중하여 부드러움에 이르러 어린아이처럼 될 수 있는가?"라고 했고, 20장에서는 "나 홀로 담박하여 아무런 조짐도 없어 아직 웃어보지도 못한 어린아이와 같다"고 했으며, 28장에서는 "한결같은 덕이 떠나지 않아 갓난아이로 되돌아간다"고 하는 등 '영아(嬰兒)'라는 단어를 세 번 사용했다. 모두가 음으로도 양으로도 변할 수 있는 유연성과 비확정성을 상징하기 위한 것으로 보인다. 이 구절의 '유(柔)' 또한 비슷한 맥락으로 이해할 수 있다. 음으로도 양으로도 변화할 수 있는 유연성이야말로 강함이 될 수 있다. 나처럼 자신의 생각에 갇혀 타인의 생각을 잘 받아들이지 못하는 것을 불교 용어로 표현한다면 '아상(我相)'이라고 할 수 있을 것이다. 아상에 갇혀서 자신이 옳다고 믿는 생각 외에는 어떠한 사유도 받아들이지 못하는 경직됨을 강함이라고 착각하지만, 정작 강함은 어린아이처럼 유연한 사고에서 나오는 경우가 많다.

사람들이 비웃는 사소한 일상 속에 도가 존재한다는 것을 아는 지혜로 일상을 살아간다면 몸에 재앙을 남길 일이 없다. 이것을 일러 "도의 항상성을 계승한다(是謂襲常)"고 한다. 그런데 이 구절에서 '습상(襲常)'을 어떻게 풀이할 것인지에 대해 해석자마다 차이가 있다. 장일순은 습(襲)을 '들어간다'는 의미로 보고 상(常)을 '도(道)'로 보아 "도로 들어간다"로 풀이했다.[109] 김형효는 27장의 습명(襲明)을 밝음의 광도를 약간 줄이기 위해 밝음을 둘러싼다는 의미로 읽었듯이 습상(襲常)은 무의 상도(常道)가 어두운 은적과 고요만을 의미하는 것이 아니라 세상을 밝히는 지혜의 빛을 함께 품고 있기에 도가 밝지도 어둡지도 않은 특성을 지니고 있음을 상징하는 어구라고 풀었다. 다시 말해 무의 상도는 단순한 없음과 비어 있음, 고요만을 의미하는 것이 아니라 세상을 밝히는 지혜의 빛을 품고 있기도 하다는 것이다. 따라서 그는 노자가 밝

109 장일순, 《무위당 장일순의 노자이야기》 (서울: 삼인, 2003), 500쪽.

지도 어둡지도 않다는 이중 부정의 뜻을 나타내기 위해 습상이라는 용어를 사용한 것으로 본다.[110] 나는 김형효의 풀이가 도의 이중성이 잘 드러나게 해준다는 점에서 타당성이 있다고 생각한다.

다만 나는 습(襲) 자에 무엇을 '이어받다', '세습하다'는 뜻이 있으므로 "도의 (어둠과 밝음이 섞여 있는) 항상성을 계승한다"는 번역이 더 간명하면서도 많은 사람이 이해하기 쉽다고 생각하여 이처럼 옮겼다. 노자 사유의 근본 원리를 침해하지 않는 한에서는 가급적 많은 사람이 쉽게 이해할 수 있는 용어로 풀이하려 했다는 점도 밝혀둔다.

---

110 김형효, 《사유하는 도덕경》 (서울: 소나무, 2004), 401~402쪽에서 재요약 인용.

53장

도를 잃으면 세상은 황폐해진다

만약 나에게 조금이라도 지혜가 있다면 대도를 행하되 오직 크게 자랑함을 두려워한다. 대도는 심히 평이하나 백성은 좁고 빠른 지름길을 좋아한다. 조정은 심히 깨끗하고 정돈되어 있는데 밭은 심하게 황폐해졌고 창고는 텅 비어 있다. 그런데도 (위정자들은) 화려한 옷을 입고 날카로운 칼을 차고 있으며, (맛있는) 음식을 물리도록 먹고 재화는 남아돈다. 이를 일러 도적의 괴수라 한다. 이러한 것들은 도가 아니다.

使我介然有知　行于大道　惟施是畏　大道甚夷而民好徑
사아개연유지　행우대도　유시시외　대도심이이민호경
朝甚除　田甚蕪　倉甚虛　服文綵　帶利劍　厭飮食　資貨有餘
조심제　전심무　창심허　복문채　대이검　염음식　자화유여
是謂盜竽　非道哉
시위도우　비도재

도에 대한 지혜가 조금이나마 있는 사람이라면 대도(大道)를 행하지 않을 수 없다. 도가 아닌 것은 장구할 수 없음을 알기 때문이다. 그러나 대도를 행하고 있다는 생각을 갖는 순간 그것은 대도가 아니다.

노자는 《도덕경》에서 네 번(2장, 10장, 51장, 77장)이나 "행하나 자랑하지 않는다(爲而不恃)"고 말한다. 도는 만물을 생성시키지만 소유함이 없고(生而不有), 순리에 따라 이루어지게 하지만 그것을 자랑하지 않는다(爲而不恃). 그래서 도에 대한 지혜가 조금이라도 있는 사람은 대도를 행할 뿐 자기가 대도를 행한다는 생각을 앞세우지 않는다. 오히려 자신이 도를 행하고 있음을 자랑하고 과시하게 될까봐 두려워한다. 최고의 보시는 누구에게 무엇을 베푼다는 생각조차 없는 무주상보시(無住相布施)이듯이 진정한 대도행(大道行)은 자신이 도를 행한다는 생각조차 없는 것이기에 타인에게 과시하는 마음이 생길까봐 두려워한다는 것이다.

"대도심이이민호경(大道甚夷而民好徑)"에 대한 왕필의 주석은 다음과 같다.

> 대도는 심히 평이하나 백성은 좁고 빠른 지름길을 좋아한다. 이것은 대도는 탁 트여 있어 바르고 평탄한데 백성은 오히려 그 대도를 버리고 따르지 않으며 삿된 지름길을 따르기를 좋아함을 말한다.
>
> 大道甚夷而民好徑 言大道蕩然正平 而民猶尙舍之而不由 好從邪徑[111]

111 漢文大系 (9), 老子翼 卷之三, (臺北: 新文豊出版公司, 中華民國 67年), 29面.

대도는 평이하다. 그러나 우리는 욕망을 빨리 실현할 수 있는 지름길을 찾는다. 나부터도 남보다 앞서거나 남보다 높은 지위를 얻고 싶은 욕망으로 가득 차 있고, 또 그러한 욕망을 어떻게 하면 실현시킬 수 있을까를 고민한다. 그러나 그것은 자연의 스스로 그러함이 아니라 개인의 삿된 욕망을 개입시킨 것일 때가 많다. 민족분단은 하나의 민족으로 수천 년을 살아온 역사를 왜곡시키려고 한 소수의 권력욕에 그 책임의 일부가 있다고 볼 수 있다. 1980년 5월 18일 광주의 비극도 소수 권력자들이 자신의 욕망을 실현시킬 삿된 첩경을 찾는 과정에서 일어난 비극으로 볼 수 있다. 이러한 역사적 비극은 평탄한 길이 아니라 사적 욕망과 결합된 샛길이었고, 민족사에 아픈 상처를 남겼다.

"조심제(朝甚除)"부터는 번역상 크게 논란을 일으킬 구절이 없다. 다만 조심제(朝甚除)에서 제(除)를 어떻게 볼 것인가에 대해 약간의 논의가 필요하다. 이와 관련해 나는 왕필의 주석에 의지했다. 왕필은 "조(朝)는 궁실이고, 제(除)는 청결하고 좋음이다(朝宮室也 除潔好也)[112]"라고 풀이했다.

다시 말해 '조심제'는 왕궁이나 조정을 대단히 깨끗하고 화려하게 꾸민다는 말이다. 왕궁을 지나치게 화려하고 아름답게 꾸미는 데 정신이 쏠려 있으면 백성이 의지해 먹고 살 밭은 황무지가 되고 창고는 텅 비게 된다는 것이다. 이는 사실 너무나 당연한 말이다. 왕궁을 아름답게 꾸미려면 백성을 동원하고 세금을 거둬들여야 한다. 농사를 지어야 할 백성이 왕궁을 새로 짓거나 수리하는 데 동원되니 백성에게 농사지을 시간이 부족해진다. 그래서 백성이

112 漢文大系 (9), 老子翼 卷之三, (臺北: 新文豊出版公司, 中華民國 67年), 29面.

경작하지 못하는 토지가 많아지고 경작하는 땅도 제대로 가꾸지 못하게 된다. 그리고 왕궁을 꾸미기 위한 재원을 마련하려고 세금을 더 거둬들이니 백성의 소득 중에서 세금을 내고 남는 이른바 가처분소득이 줄어든다. 또 국가 세입 중 상당 부분이 민생과는 관계없는 왕궁 축조에 사용된다면 국가 재정이 빈약해지는 것은 당연한 귀결이다.

한 사회의 위정자나 지배계층이 화려한 복식에 장식용 칼을 차고 맛있는 음식을 물리도록 먹으며 넘치도록 재화를 소유하면 어떤 일이 벌어질까? 그 사회의 모든 구성원이 화려한 옷을 입고 맛있는 음식을 물리게 먹을 수 있는 사회는 그동안 존재하지 않았고, 앞으로도 상당기간 존재하지 않을 것이다. 모두가 비단옷을 입고 맛있는 음식을 먹으면 좋겠지만, 그것이 현실적으로 어렵다면 지배계층은 어떤 삶의 태도를 지녀야 할까? 맹자는 제선왕(齊宣王)에게 다음과 같이 말한다.

> (즐거움을) 얻지 못했다고 하여 윗사람을 비난하는 것은 잘못이다. 그러나 백성의 윗사람이 되어 백성과 더불어 즐기지 못하는 것 역시 잘못이다.
> 不得而非其上者 非也 爲民上而不與民同樂者 亦非也[113]

《맹자》의 이 구절에서 방점은 앞 구절이 아니라 뒤 구절에 있다. 뒤 구절은 여민동락(與民同樂, 백성과 더불어 즐김)하는 지도자의 자세를 강조한다. 로마제국

113 《맹자(孟子)》 <양혜왕장구하(梁惠王章句下)>.

후기에 지배계층이 사치와 향락에 빠진 것이 로마제국 멸망의 원인이 됐다는 것은 잘 알려진 사실이다. 좋은 옷을 입고 맛있는 음식을 먹고 싶은 것은 인간의 자연스러운 욕망이다. 그 자체가 문제라고 할 수는 없다. 문제는 맹자가 살던 전국시대의 지배계층이나 로마제국 후기의 지배계층이 즐거움을 피지배계층과 나누려고 하지 않았다는 데 있다.

이 장 끝부분의 "(맛있는) 음식을 물리도록 먹고, 재화는 남아돈다. 이를 일러 도적의 괴수라 한다."는 구절에 나오는 도우(盜竽)가 판본에 따라서는 도과(盜夸)로 돼 있기도 하다. 도우는 도적의 괴수라는 의미이고, 도과는 도적질을 자랑한다는 의미이므로 큰 차이는 없다. 재화와 용역이 유한한 현실에서 누군가의 과잉은 누군가의 결핍을 의미한다. 그러니 지배계층의 지나친 향락과 사치는 비도(非道)일 수밖에 없다. 노자는 앞의 29장에서도 "성인은 극단의 심함과 사치와 교만을 버린다(聖人去甚 去奢 去泰)"고 하여 사치는 도가 될 수 없다는 입장을 밝혔다.

1589년 기축옥사(己丑獄事)의 도화선이 된 '모반사건'의 주인공 정여립(鄭汝立)은 평소 천하공물론(天下公物論)을 주장했고, 더 나아가 하사비군론(何事非君論, 어찌 섬기면 임금이 아니겠느냐는 의견)까지 주장함으로써 역신(逆臣)으로 몰렸다. 그러나 그가 실제로 모반을 꾀했는지도 불분명하고, 실제로 모반을 시도했다고 하더라도 그것이 단순한 정권욕에 따른 것이었는지, 아니면 사회개혁을 위한 혁명가적 발상에 따른 것이었는지를 이제 와서 분명히 하기는 어려워 보인다. 다만 군주가 모든 것의 중심에 있다는 생각이 지배적이었던 16세기에 천하가 공적인 물건이라는 그의 신념은 당시로서는 혁명적 발상이었음이 분명하다. 그러나 그것은 시대를 너무 앞서 나간 사유였기에 받아들여지기가 어려웠다.

나는 이 장을 단지 물질적 사치나 독점만을 경계한 것이 아니라 공물인 천하를 자신의 욕망에 근거해 사유화하고 독점하려는 행위에 대해서도 경고한 것으로 읽는다. 노자는 "천하신기(天下神器)", 즉 천하는 신령스러운 그릇이라고 했다. 천하는 개인의 욕망대로 사유화할 수 있는 대상이 아니라는 것이다. 모든 독점과 세상을 사유화하려는 욕망은 노자의 입장에서 비도(非道)일 뿐이다.

54장

내 몸을 보듯이 타인의 몸을 본다

잘 세운 것은 뽑히지 않고 잘 안은 것은 벗어나 빠뜨림이 없으니 자손이 제사를 받들어 그치지 않는다. 그 도를 몸에서 닦으면 그 덕이 곧 참되고, 그 도를 집안에서 닦으면 그 덕이 여유가 있게 되며, 그 도를 마을에서 닦으면 그 덕이 오래가고, 그 도를 나라에서 닦으면 그 덕이 풍성해지며, 그 도를 천하에서 닦으면 그 덕이 곧 널리 퍼진다. 그러므로 몸으로써 몸을 보고, 집안으로써 집안을 보고, 마을로써 마을을 보며, 나라로써 나라를 보고, 천하로써 천하를 본다. 내가 어떻게 천하의 그러함을 알 수 있는가? 바로 이로써 아는 것이다.

善建者不拔　善抱者不脫　子孫祭祀不輟　修之于身　其德乃眞
선건자불발　선포자불탈　자손제사불철　수지우신　기덕내진
修之于家　其德乃餘　修之于鄕　其德乃長　修之于邦　其德乃豊
수지우가　기덕내여　수지우향　기덕내장　수지우방　기덕내풍
修之于天下　其德乃普　故以身觀身　以家觀家　以鄕觀鄕　以邦
수지우천하　기덕내보　고이신관신　이가관가　이향관향　이방
觀邦　以天下觀天下　吾何以知天下之然哉　以此
관방　이천하관천하　오하이지천하지연재　이차

"잘 세운 것은 뽑히지 않는다(善建者不拔)"는 말이 단순히 물리적 건축물만을 의미하는 것은 아니다. 여길보가 "물(物)로 세운 것은 뽑히지 않은 것이 없다(凡物以建而立者 未有不拔者也)"고 주석했듯이 설령 아직까지 서 있는 수천 년 전의 건물이라 하더라도 세월의 흐름 앞에서 영구할 수는 없다. 여기에서 선건자(善建者)란 아마도 도가 잘 세워져 있음을 상징하는 말일 것이다. 마찬가지로 선포자(善抱者) 역시 인간이 아무리 잘 안아도 빠뜨림이 있고 그 안음에서 벗어나는 사람이 있겠지만, 도의 감싸 안음은 빠뜨림이 없다는 의미를 함축한다.

그렇다면 어떻게 세워야 뽑히지 않을 수 있고, 어떻게 안아야 빠뜨림이 없을 수 있는가? 인간이 세운 모든 건축물은 종국에는 없어지고, 인간의 안음에는 한계가 있다. 그러나 자연은 꽃과 잎을 구분하지 않고, 이로운 곤충과 해로운 곤충을 구분하지 않기에 빠뜨림이 없다. 그래서 나는 선건자와 선포자는 작위가 없는 자연의 스스로 그러함을 의미하기에 무위지도(無爲之道, 인위적 작위가 없는 도)로 세우고 안는 것을 가리킨다고 본다.

잘 세워진 도는 아무도 뽑아버릴 수 없고, 도로써 잘 포용하는 사람이 있다면 그는 아무도 빠뜨리지 않는다. 이것이 도의 실용적 효능이다. 그리고 잘 세우고 잘 안은 사람에 대해서는 "자손들이 제사를 그치지 않는다(子孫祭祀不輟)"고 노자는 말한다. 지금도 성균관이나 향교에 가면 음력 2월과 8월의 상정일(上丁日: 첫 정일)에 석전제(釋奠祭)를 올리고, 가톨릭 성당에서는 항상 예수에 대한 제사인 미사를 올리지 않는가? 도를 잘 세운 자는 자손들이 그를 위한 제사를 그치지 않는다는 말의 의미를 이런 예에서 짐작할 수 있을 것이다.

다음에 이어지는 구절 "수지우가 기덕내여 수지우향 기덕내장 수지우방

기덕내풍 수지우천하 기덕내보(修之于家 其德乃餘 修之于鄕 其德乃長 修之于邦 其德乃豊 修之于天下 其德乃普)"에서 반복해 사용되는 지시대명사 지(之)가 가리키는 것은 선건자와 선포자가 상징하는 무위지도(無爲之道)라고 볼 수 있다. 무위지도를 몸에서 닦으면 그 덕이 참되고, 무위지도를 집안에서 닦으면 그 덕이 여유가 있게 되며, 그 도를 마을에서 닦으면 그 덕이 오래가고, 그 도를 나라에서 닦으면 그 덕이 풍성해지며, 그 도를 천하에서 닦으면 그 덕이 천하의 보편적인 것이 된다는 의미이다.

그런데 무위지도, 즉 함이 없는 도는 무엇을 가리키며, 무위지도를 몸에서 닦고, 집안에서 닦고, 천하에서 닦는다는 것은 무슨 뜻일까? 무위지도가 단순히 아무것도 하지 않음을 의미하는 것은 아닐 것이다. 무위지도는 다양한 맥락으로 해석될 수 있기에 하나로 정의하기가 어렵다. 어쩌면 도의 불확정성이야말로 "도가도비상도(道可道非常道)"라는 말이 의미하는 바이기도 할 것이다.

그럼에도 불구하고 굳이 말한다면, "그 도를 몸에서 닦는다(修之于身)"는 나와 남을 작위적으로 구분하지 않는 도를 닦는다는 의미가 강하다. 우리는 앞에서 만물이 도의 공능에서 생기한다는 구절을 보았다. 나와 남이 다르지 않고, 나아가 우리 모두는 우주의 공능을 공유하고 있으며, 따라서 나는 만물과 분리되어 존재할 수 없다. 나와 남을 작위적으로 구별하지 않는 도를 몸에서 닦으면 그 덕이 참되게 된다는 것이다.

"그 도를 집안에서 닦으면 그 덕이 여유롭게 된다(修之于家 其德乃餘)"도 우리 집안과 다른 집안을 구분 짓지 않는 도를 집안에서 닦으면 그 덕은 여유가 있게 된다는 의미다. 그 뒤에 이어지는 구절들도 같은 방식으로 해석할 수 있다. 내 마을, 내 나라, 내 천하를 다른 마을, 다른 나라, 다른 천하와 구별하지 않는 도를 닦으면 그 덕은 오래가고 풍성해지며 보편적인 천하의 덕이 된다.

그런데 나와 남을, 나아가 내 나라와 다른 나라를 구별하지 않는 덕을 닦기가 현실적으로 쉬운 일은 아니다. 보편적 사랑을 설파한다고 여겨지는 종교조차도 많은 경우 나와 타자를 구분 지으려고 한다. 이 점을 유발 하라리는 다음과 같이 지적했다.

> 유대인 랍비는 이스라엘인에게 무엇이 이스라엘에 좋은지에 대해 주로 관심을 갖도록 부추기고, 동방정교회 사제는 러시아인에게 러시아인을 먼저 생각하고 러시아의 이익을 우선 생각하라고 한다.[114]

한자어인 '종교(宗敎)'를 그대로 순우리말로 옮기면 '가장 근원적인 가르침' 또는 '최고의 가르침'이다. 그런데 최고의 가르침이라고 하는 종교가 민족을 구분하고 국적을 구별하는 타자화의 욕망을 부추긴다면 우리가 그런 종교를 왜 믿어야 하는지 의심의 눈초리를 보내지 않을 수 없다. 우리 사회에서는 종교인의 모습이 유발 하라리가 예로 든 유대인 랍비나 동방정교회 사제의 모습과 다르다고 말할 수 있으면 좋겠다. 그러나 적어도 일부 종교인은 같은 민족, 같은 국가 안에서도 신념에 따른 타자화를 부추기고 있는 것이 현실이다.

우리 모두는 도의 공능을 공유하고 있고, 만물은 상관되어 있다. 그러나 인간의 분별지는 끊임없이 나와 타인, 내 집단과 타 집단을 구분 지으려고 한

114 유발 하라리(Yuval Noah Harari), 전병근 옮김, 《21세기를 위한 21가지 제언》 (파주: 김영사, 2018), 212쪽.

다. 이 장에서 노자는 이 지점을 지적하고 있는 것이다.

"이신관신 이가관가 이향관향 이방관방 이천하관천하(以身觀身 以家觀家 以鄕觀鄕 以邦觀邦 以天下觀天下)"의 다섯 구절은 문장구조가 동일하다. 그러므로 '이신관신(以身觀身, 몸으로써 몸을 본다)'이 무슨 의미인지를 파악하면 나머지 구절들의 의미도 자연스럽게 이해할 수 있게 될 것이다.

서양의 근대는 데카르트의 "나는 생각한다. 고로 나는 존재한다(Cogito ergo sum)"는 명제에 크게 의지한다. 이 명제는 생각하는 주체와 생각되는 대상인 객체를 이분법적으로 나누어 인식한다. 이러한 사고는 세상을 이분법으로 나누고 주체와 객체를 분절화시킨다. 그러나 관찰자와 관찰대상, 사유자와 사유대상은 과연 독립적으로 존재하는가?

나는 유년 시절을 평야 지대에서 보냈다. 그런데 초등학교 시절 선생님께서 우리나라는 산지가 국토의 70%를 차지한다고 가르쳐주셨다. 그 말씀을 듣고 나는 선생님이 평야가 70%를 차지한다는 것을 잘못 말씀하신 것이 아닌가 생각했다. 그리고 교과서에 선생님의 말씀대로 쓰여 있는 것을 보고도 뭔가 측정의 오류가 있는 것은 아닐까 하고 한동안 의심을 거두지 못했다. 언젠가 나의 이런 경험을 산간 지대에서 유년기를 보낸 선배에게 말했더니 그 선배는 초등학교 때 그 내용을 듣고 왜 우리나라에 산지가 90% 이상이 아니고 70%뿐이라고 하는지 이해할 수 없었다고 상반되는 말을 했다.

나와 그 선배가 어린 시절에 가졌던 것과 비슷한 주관적 인식의 오류가 성인(成人)에게는 없는 것일까? 과연 우리는 인식 대상인 환경, 다른 사람, 사물로부터 분리되어 서양의 근대가 전제하고 나아가 이상적이라고 여기기도 하는 완전한 객관성을 확보할 수 있을까?

데이비드 레이 그리핀은 이렇게 말한다. “우리는 자연과 사회적 환경의 단순한 산물이 아니다. 우리는 분명히 환경과의 관계에 의해 구성되지만, 매 순간 우리의 욕망, 목적, 의미, 그리고 가치에 의해 이러한 관계로부터 스스로를 창조해낸다.”[115] 그의 지적대로 주체와 타자는 서로 탈맥락적, 독립적으로 존재하는 것이 아니라 서로 자신의 존재를 상대방에 투영하고 상감한다. 주체와 타자는 영향을 주고받는 상관적 관계다. 나와 타인이 분리된 것처럼 보이지만 사실은 끊임없이 영향을 주고받고, 완벽하게 분리될 수 없는 존재 양식을 지니고 있음이 세상의 본래 모습에 가깝다고 노자는 거듭 밝힌다.

나는 이 장의 “몸으로써 몸을 본다(以身觀身)”는 구절에서 데카르트의 이원론적 사유에 대한 직접적인 비판을 읽는다. 이 구절은 앞에 있는 “그 도를 몸에서 닦으면 그 덕이 곧 참되게 된다(修之于身 其德乃眞)”는 구절과 연결된다. 즉 “무위지도를 몸에서 닦으면 그 덕이 참되게 되어 몸으로써 몸을 볼 수 있게 된다(修之于身 其德乃眞 故以身觀身)”로 이 구절을 재구성할 수 있다. 나와 남을 구분 짓지 않는 도를 몸에서 닦으면 그 덕이 참되게 되고, 자신과 타인을 완전히 분리하지 않고 자기 몸을 보듯이 타인의 몸을 보게 된다는 의미이다. 다시 말해 자기중심적으로 세상을 보지 않고 타인의 몸을 자기 몸처럼 소중하게 대하고 세상을 있는 그대로 여여하게 보게 된다는 의미다.

마찬가지로 “집안으로써 집안을 본다(以家觀家)”도 앞의 구절과 연결하면 “그 도를 집안에서 닦으면 그 덕이 여유가 있게 되므로 집안으로써 집안을 보

115 David Ray Griffin (Editor), Spirituality and Society, (Albany, New York: State University of New York Press, 1988), p. 2.

게 된다(修之于家 其德乃餘 故以家觀家)"는 의미가 된다. 결국 "집안으로써 집안을 본다"는 자기중심적으로 자기 집안만을 앞세우지 않고 자기 집안을 보는 시각으로 다른 집안을 보게 된다는 의미다.

천지(天地)는 불인(不仁)하기에 나에게만 인(仁)하거나, 우리 집안에만 인하거나, 우리 마을에만 인하거나, 우리나라에만 인하지 않을 뿐더러 더 나아가 인간이라는 종에게만 유독 인하지 않다. 그것이 세상의 스스로 그러한 모습이다. 그런데 인간은 자기중심적 아상(我相)에 빠져 나, 내 집, 내 마을, 내 나라, 내 천하만을 중심에 놓고 사유한다. 인간은 자기중심적으로 자신과 자신을 둘러싼 세상을 보기에 세상을 있는 그대로 인식하지 못한다. 그러나 무위지도를 체득한 사람은 천하의 스스로 그러한 여여한 모습대로 자신과 자신을 둘러싼 세상을 바라본다.

"내가 천하의 그러함을 어떻게 아는가, 이로써 안다(吾何以知天下之然哉 以此)"는 구절에서 핵심적인 문제는 이차(以此)의 차(此. 이것)를 어떻게 해석하느냐다. 나는 여기에서 이것(此)이 "나와 남이 명확하게 구분되지 않는다는 관점으로 세상을 보면 무차별적이고 보편무애한 천하의 모습을 있는 그대로 보게 된다"를 가리킨 것으로 이해한다. 내가 보고 있는 세상은 있는 그대로의 세상이 아니라 내 눈을 통해 관찰되고 내 관점으로 해석된 모습일 뿐이라는 점을 인정하는 것이 세상을 바르게 대하는 출발점일 것이다.

55장

도가 아닌 것은 일찍 끝나버린다

덕의 두터움을 지닌 사람은 갓난아기에 비유된다. 독충도 쏘지 아니하고, 맹수도 덤벼들지 아니하며, 움켜쥐는 새도 채가지 아니한다. 뼈는 약하고 근육은 부드럽지만 손아귀의 쥐는 힘은 단단하고, 아직 암수의 교합을 모르지만 성기가 일어남은 정기(精氣)의 지극함이요, 온종일 울어도 목이 쉬지 않음은 조화의 지극함이다. 조화를 아는 것을 일러 항상됨(常道)이라 하고 항상됨(常道)을 아는 것을 일러 밝음이라고 하며, (억지로) 삶을 더하는 것을 재앙이라고 하고 마음이 기를 부리는 것을 강함이라고 한다. 만물은 강장해지면 늙게 되니 이를 일러 도가 아니라고 한다. 도가 아닌 것은 일찍 끝나 버린다.

含德之厚 比于赤子 毒蟲不螫 猛獸不據 攫鳥不搏 骨弱筋柔而握固
함덕지후 비우적자 독충불석 맹수불거 확조불박 골약근유이악고
未知牝牡之合而峻作 精之至也 終日號而不嗄 和之至也 知和曰常
미지빈모지합이최작 정지지야 종일호이불사 화지지야 지화왈상
知常曰明 益生曰祥 心使氣曰强 物壯則老 謂之不道 不道早已
지상왈명 익생왈상 심사기왈강 물장즉노 위지부도 부도조이

'적자(赤子)'는 갓난아기의 몸이 실제로 발그스레한 데서 유래한 말이다. 덕의 두터움을 지닌 사람은 왜 갓난아기에 비유될 수 있을까? 갓난아기는 선과 악, 시와 비, 호와 오를 구분하는 의식이 아직 굳어지지 않았다는 점에 착안한 것으로 보인다. 성인(聖人)은 선과 악, 시와 비, 호와 오를 이분법적으로 구분하지 않기에 분별적 의식이 정립되지 않은 갓난아기에 비유될 수 있다는 것이다.

가을에 벌초를 하다가 벌에 쏘이는 사고가 많이 발생하고, 심한 경우에는 벌에 쏘여 목숨을 잃는 일까지 뉴스에 보도된다. 이런 사고는 대부분 벌초를 하다가 무덤 근처에 있는 벌집을 실수로 건드려서 발생한다. 인간이 자신을 해하려고 한다고 벌이 착각해서 일어나는 불행한 사고다. 그런데 갓난아기는 외부 사물을 해할 의도가 없다. 그러니 독충이 쏘지 않는다. 아니, 갓난아기에게는 독충이라는 분별적 인식 자체가 없다. 우리가 독충이나 뱀에게 해를 당하는 것은 실수로 그것들을 건드리거나 자신의 의지대로 통제하거나 제거하려고 하기 때문인 경우가 많다. 그런데 그것을 통제하거나 제거하겠다는 생각이 없거나 그것이 독충이라는 생각 자체가 없는 사람은 독충이라도 그에게 해를 입히지 않는다.

인간은 순선(純善)하다고 생각하는 선의지로 악을 궤멸시키려고 했지만, 그런 순선의 선의지가 현실에 존재하는지 의심스럽고, 설령 존재한다고 하더라도 그것을 통하여 악으로 설정된 대상을 완전히 궤멸시킬 수 있을지는 분명치 않다. 더욱이 자신이 순선의 선의지를 지녔다고 주장하는 사람들에게 실제로 그와 같은 선의지가 있었는지는 더욱 의심스럽다. 그간의 인류 역사에서 많은 사람이 선악의 이분법적 구분 속에서 악에 대한 투쟁을 선언했지만, 정작 그들의 사유가 진정한 선이었는지도 확실하지 않고, 설령 그것이 선이었다고 해도 악으로 상정한 것과의 투쟁에서 승리했는지 의심스럽다. 악과의 전면적인 투쟁이 오히려 악의 준동을 불러오기도 했다.

독충에게 해를 입지 않는 방법은 독충을 없애버리려는 시도를 하지 않거나 적어도 건드리지 않는 것, 더 나아가 어린아기처럼 독충이라는 생각 자체를 하지 않는 것일지 모른다. 악을 근절하겠다는 생각은 선과 악이 공존하는 세상의 본래 모습을 제대로 이해하지 못한 데서 연유한 것일 수 있다. 악과의 전면적인 투쟁으로 그것을 쓸어버리려는 시도들은 역사적 경험으로 보아 크게 성공한 것으로 보이지 않는다. 악이 준동하지 않도록 달래고 나아가 그것을 절대악으로 규정하지 않는 것이 악을 제압하는 보다 효과적인 방법이 될 수도 있다. 이 장에서 노자는 이 점을 말하고 있다.

"뼈는 약하고 근육은 부드럽지만 손아귀의 쥐는 힘은 단단하고, 아직 암수의 교합을 모르지만 성기가 일어남은 정기(精氣)의 지극함이요, 온종일 울어도 목이 쉬지 않음은 조화의 지극함이다."라는 구절은 노자가 일상의 관찰에서 얻은 지혜를 서술한 것으로 보인다. 우리도 경험을 통해 이 구절이 무엇을 의미하는지를 이해할 수 있다. 실제로 갓난아기를 보면 그 피부나 몸이 연약하다 싶을 만큼 부드럽다. 갓난아기는 대개 주먹을 꽉 쥐고 있는데, 그 쥐는 힘이 제법 강하고 주먹을 오래 쥐고 있다. 성인인 우리는, 갓난아기처럼 주먹을 오랫동안 쥐고 있으려고 해보면 알겠지만, 단 1분을 그런 상태를 지속하기가 어렵다.

그렇다면 갓난아기는 왜 연약한데도 쥐는 힘이 강하고, 암수의 교합을 모르지만 성기가 일어나며, 온종일 울어도 목이 쉬지 않는 것일까? 주먹을 꽉 쥐려는 마음으로 주먹을 쥐지 않고, 성욕을 일으키고자 발심하지 않으며, 억지로 울고자 하지 않기 때문이라는 것이 노자의 관점이다.

"온종일 울어도 목이 쉬지 않음은 조화의 지극함이다(終日號而不嗄 和之至也)"라는 구절에서 나는 조선시대 양반가에서 상을 당했을 때 고용하던 곡비(哭婢, 대신 울어주는 노비)를 떠올리게 된다. 조선시대에 성리학이 일상에 미친 영향력은 현대에 종교가 일상을 규율하는 정도보다 컸다. 특히 성리학의 시조인 주희(朱熹)에 대한 숭상은 종교적 신념에 가까울 정도였다. 윤휴가 송시열에게 "주자가 살아 돌아온다면 저의 학설을 인정하지 않을지 모르겠습니다만, 공자가 살아 돌아온다면 제 학설이 승리할 것입니다"라고 말한 것은 성리학 일변도였던 당시의 사상 풍토를 비판한 것이었다. 아무튼 병자호란 이후 주희의 성리학은 조선 사회에서 하나의 도그마로 기능했다고 볼 수 있다.

주희는 조선의 선비들에게 사상적인 지배력을 행사하는 데 그치지 않고 《주자가례(朱子家禮)》라는 책을 통해 조선의 일상 예법에까지 강한 영향력을 미쳤다. 《주자가례》는 조선시대에 관혼상제를 포함한 일상생활의 모든 의식(儀式)을 규제하는 규범이었다. 주희는 《주자가례》에 상을 당하면 곡을 해야 하는 시기까지도 정해 놓았고, 《주자가례》의 예법에 익숙한 조문객은 유족이 어떤 시점에 울어야 하는지를 알고 있었다. 곡을 해야 할 시점에 상주가 울지 않으면 조문객은 예법에 어긋난다고 수군거리기도 했다. 하지만 상주도 사람인지라 계속 때에 맞춰 울 수 없었고 조문객의 수근거림도 듣기 싫었다. 그러다보니 전문적으로 울어주는 사람이 필요하게 됐고, 대곡(代哭, 대신 울어주는 일)을 업으로 하는 곡비라는 직업까지 생겼다.

《논어》의 〈팔일(八佾)〉 편에는 임방(林放)이 예(禮)의 근본에 대해 공자에게 묻자 공자가 "예라는 것은 사치스러움이 아니라 차라리 검소함이고, 상을 당해서는 절차에 어긋남 없이 형식적으로 쉽게 잘 치르기보다는 슬퍼함이 우선돼야 한다(禮 與其奢也 寧儉 喪 與其易也 寧戚)"고 대답하는 장면이 나온다. 예는 번드르르한 겉치레가 아니라 검소함을 바탕으로 해야 하고, 상을 치를 때는 절차를 잘 지키는 것보다 망자에 대한 애도가 중요함을 강조한 말이다. 그러나 조선시대의 상례에서는 공자의 이 말보다는 《주자가례》에 따른 절차를 지키는지가 더 중요한 판단 기준이었다.

어쨌든 조선시대에 대곡을 하는 곡비가 존재했다는 사실은 소리 내어 우는 것이 쉽지 않음을 말해준다. 곡비는 울음소리를 크게 낼수록 더 많은 보수를 받았다. 소리 내어 우는 것이 그만큼 고된 노동이기 때문이었다. 보통의 성인이 목 놓아 울면 곧 목이 쉬어버린다. 그러나 아기는 목 놓아 울어도 목이 쉬지 않는다. 왜 그럴까? 아기는 작위적인 의도에 따라 우는 게 아니라 자연스러운 생리적 현상에 따를 뿐이기에 목이 쉬지 않는 것이다.

자연의 조화로움은 조화의 지극함이기에 의도적인 구분 짓기와 작위가 없다. 그래서 장구할 수 있으니 이를 일러 항상된 도라 할 수 있다. 조화를 이루므로 장구하고 항상될 수 있다(知和曰常). 천지자연이 장구하고 항상될 수 있는 원리를 체득하고 그것을 실천한다면 밝다고 할 수 있다(知常曰明). 그러나 자연스러움과 조화를 벗어나 억지로 삶을 더하고자 하는 것은 재앙이 된다(益生曰祥).

노자는 자연스러운 조화와 항상됨을 아는 것을 긍정적으로 기술한 반면에 자연스러움에서 벗어나 억지로 생을 연장하려는 것은 재앙이라고 서술했다. 여기서 상(祥) 자는 원래 복과 재앙이라는 상반된 두 가지 의미를 동시에 가진 글자다. 이 장에서 노자가 이중적 의미의 상(祥) 자를 사용한 것은 우연이 아닐 것이다. 아마 많은 사람이 작위적인 생의 연장을 복으로 생각하지만 그것은 실제로는 재앙에 지나지 않는다는 의미를 표현하려고 상(祥) 자를 택했을 것이다. 이는 불교에서 말하는 수자상(壽者相)과도 일맥상통한다. 수자상은 사상(四相) 중 하나로 생명에 대한 집착, 또는 시공을 초월한 순수 영혼에 대한 집착을 말한다. 노자는 여기에서 그러한 집착은 재앙이 될 수 있다고 지적한다.

마음이 욕심을 내어 기(氣)를 부리고 몸을 부리는 것을 강함이라고 이른다(心使氣曰强). 그러나 아기의 움켜쥠은 뭔가를 쥐고야 말겠다는 욕망에서 비롯된 것이 아니다. 그것은 마음의 욕망이 신체에 반영된 것이 아니기에 장구할 수 있다. 그러나 성인(成人)은 자신의 욕망을 반영하여 뭔가를 움켜쥐려고 한다. 욕망의 주체와 대상을 이분화하고 주체의 욕망을 대상에 투영해 그 대상을 지배하고자 한다. 이러한 지배 욕망이 자기 생명과 기를 부리는 것을 강함이라고 한다. 강함은 결국 그러한 지배욕구가 크다는 것과 다르지 않다.

자신의 지배 욕구를 충족시키려는 욕망이 커진다는 것은 결국 늙어간다는 의미인데, 이는 도가 아니다(物壯則老 謂之不道). 욕망의 주체와 대상을 구분하고 서로 독립적으로 존재한다고 여기는 이원화와 타자에 대한 지배욕은 부도(不道)일 뿐이다. 우리는 앞 장에서 "이신관신(以身觀身)"이 자신과 타인을 완전히 분리하지 않고 자신의 몸을 보듯이 타인의 몸을 보게 된다는 의미임을 보았다. 16장에서 살펴본 "만물은 함께 자란다(萬物竝作)"는 구절이 말하는 바와 같이 만물은 나와 너를 구분하지 않고 함께 자란다. 이것이 만물의 스스로 그러한 모습이다. 지배 욕구는 필연적으로 주체와 대상을 구분한다. 그러나 그런 지배 욕망은 천지자연의 스스로 그러한 모습이 아니기에 항상될 수 없다. 천지자연의 스스로 그러함을 거스르는 것은 도가 아니고, 도가 아닌 것은 장구할 수 없기에 일찍 끝나버리고 만다. 노자가 7장에서 천지가 장구할 수 있는 것은 스스로를 앞세우고 고집하지 않기 때문이라고 했는데, 그것은 이 장의 "도가 아닌 것은 일찍 끝나버린다(不道早已)"와 반대되는 상황을 표현한 것으로 볼 수 있다.

56장

아는 자는 말하지 않는다

아는 자는 말하지 않고, 말하는 자는 알지 못한다. 마음이 외부와 통하는 구멍을 막고 그 문을 닫으면 날카로움을 무디게 하고, 혼란스러움을 풀며, 빛과도 조화하고 먼지와도 함께한다. 이를 일러 오묘한 동거라고 한다. 친해질 수도 없고 소원해질 수도 없으며, 이롭게 할 수도 없고 해롭게 할 수도 없으며, 귀하게 할 수도 없고 천하게 할 수도 없다. 그러므로 천하의 귀중함이 된다.

知者不言 言者不知 塞其兌 閉其門 挫其銳 解其紛 和其光
지자불언 언자부지 색기태 폐기문 좌기예 해기분 화기광
同其塵 是謂玄同 不可得而親 不可得而疏 不可得而利
동기진 시위현동 불가득이친 불가득이소 불가득이리
不可得而害 不可得而貴 不可得而賤 故爲天下貴
불가득이해 불가득이귀 불가득이천 고위천하귀

이 장의 "아는 자는 말하지 않는다(知者不言)"는 구절은 나에게 부끄러운 생각이 들게 한다. 나는 지금 《도덕경》에 대해 말하고 있기 때문이다. 《도덕경》을 설(說)하는 나의 작업은 과연 무슨 의미가 있을지 자신이 없다. 또한 나는 아직도 진정한 앎에 도달하지 못했음을 다시금 절감한다. "아는 자는 말하지 않는다"고 말한 노자 자신도 5500여 자의 《도덕경》을 저술하지 않았는가 하고 나 자신을 합리화해보지만, 이 구절을 통해 나의 공부가 아직 부족하다는 것을 확인하게 된다.

인간은 특정한 대상이나 세계를 인식하거나 타인과 소통하기 위해 언어를 사용할 수밖에 없다. 인간은 사물이나 현상을 직접 인식하는 것이 아니라 언어에 의해 번역되고 구성된 사물과 현상을 인식한다. 그런데 사물이나 현상을 해석하고 인식하는 수단인 언어를 통해서는 인식 대상인 사물과 현상에 완전하고 정확하게 다다를 수 없다.

지금 우리가 보고 있는 이 책의 종이는 희고 글자는 검다고 그 색깔을 표현할 수 있고 그 형태는 직사각형 또는 직육면체라고 표현할 수 있겠지만, 엄밀한 의미에서 종이는 순수한 흰 색이 아니고 글자 역시 완전한 검은 색이 아니며 책의 형태는 정확한 직사각형이거나 직육면체일 수 없다. 하지만 인간은 흰 색이나 검은 색, 그리고 직사각형이나 직육면체라는 언어를 통하지 않고는 그 색이나 형태를 표현할 방법이 없다. 이 장의 "아는 자는 말하지 않고, 말하는 자는 알지 못한다(知者不言 言者不知)"는 구절은 진리나 도는 인간의 언어로 표현될 수 없고, 단가적인 언어는 양가적인 도나 진리를 완전하게 포괄하지 못함을 가리킨다.

그 다음에 나오는 "색기태 폐기문(塞其兌 閉其門)"이라는 표현은 앞의 52장에서도 나왔다. "그 구멍을 막고 그 문을 닫으면"이라는 뜻이다. 52장에서는 이 표현 다음에 "종신토록 지치지 않을 것이다"라는 말이 이어졌는데, 이 장에서는 "날카로움을 무디게 하고, 혼란스러움을 풀며, 빛과도 조화하고 먼지와도 함께한다"라는 말이 이어진다. 이 구절과 관련해 《장자》의 〈응제왕(應帝王)〉 편에 실려 있는 다음과 같은 우화가 머릿속에 떠오른다.

> 남해의 왕을 일컬어 숙(儵)이라 하고, 북해의 왕을 일컬어 홀(忽)이라 하며, 그 중앙의 임금을 혼돈(混沌)이라고 했다. 숙과 홀이 때때로 혼돈의 땅에서 서로 만났는데 혼돈의 대접이 심히 후했다. 숙과 홀은 혼돈의 후한 대접에 어떻게 보답할 수 있을지를 의논했다. 말하기를 사람은 모두 일곱 개의 구멍이 있어 보고 듣고 먹고 숨 쉬는데 혼돈에게만 이것이 없으니 그것을 뚫어주자고 하고 하루에 하나씩 구멍을 뚫어주었는데, 7일이 지나자 혼돈은 그만 죽고 말았다.
>
> 南海之帝爲儵 北海之帝爲忽 中央之帝爲混沌 儵與忽時相與遇於混沌之地 混沌待之甚善 儵與忽謀報混沌之德 曰 人皆有七竅以視聽食息 此獨無有 嘗試鑿之 日鑿一竅 七日而混沌死

숙과 홀이 혼돈에게 보답하기 위해 뚫어준 일곱 개의 구멍은 우리의 감각기관을 상징하는 것으로 볼 수 있다. 그러나 정작 혼돈은 7일 후에 죽고 만다. 이 우화는 전체로서의 진리를 인간의 감각기관에 의존해 파악하려고 하면 진리가 죽어버리거나 우리는 기껏해야 죽은 진리만을 파악할 수 있음을 은유한다. 인간은 본질적으로 어떤 대상을 파악할 때 감각기관에 의존할 수밖에 없다. 그러나 이러한 인식 방법은 인식 대상을 분절화시켜 오히려 그 인식 대상의 본질에 가까이 다가갈 수 없게 하기도 한다. 이는 "인간이 세계를 직접 인식하는 것이 아니라 언어로 해석된 세계를 감각과 이성을 통해 접하기 때문에 세계를 정확하게 알 수 없다"는 포스트모더니즘의 인식론을 연상시킨다.

오강남은 "혼돈에 구멍이 생긴다는 것은 원초적인 비이분법적 의식 상태가 이분법적 의식 상태로 변하는 과정을 의미하기도 한다. 이렇게 분화하지 않은 초이분법적(超二分法的) 의식이 주객(主客)을 이원적으로 분별하는 일상적 의식으로 바뀌면 그 원초적 단순성, 전일성이 죽어버리고 만다."고 지적한다.[116]

노자는 감각기관이나 언어를 통해 인식된 지식이나 진리를 절대시하는 경향이 문제임을 지적한다. "(마음이 외부와 통하는) 구멍을 막고 그 문을 닫으라(塞其兌 閉其門)"는 구절에는 우리가 직접 보고 듣는 것조차도 완전한 확실성을 담보할 수 없다는 생각이 깔려 있다. 그러므로 이 구절은 인간의 언어와 감각기관에 대한 확신에서 벗어나야 함을 강조한 것으로 볼 수 있다.

"좌기예 해기분 화기광 동기진(挫其銳 解其紛 和其光 同其塵)"이라는 구절은 앞의 4장에 똑같은 형태로 나온 바 있다. 이 구절은 "날카로움을 무디게 하고, 혼란스러움을 풀며, 빛과도 조화하고 먼지와도 함께한다"로 번역할 수 있다. 도는 영광스러운 자리만을 고집하지 않는다. 그래서 빛과도 조화하고 먼지와도 함께할 수 있다. 도는 인간의 관점에서 좋은 것과만 함께하는 것이 아니라 기피되는 먼지와도 함께한다. 도는 어느 하나에 집착하거나 택일적 선택을 강요

116 오강남 역, 《장자》 (서울: 현암사, 1999), 348쪽.

하지 않는다. 42장에 나온 "만물은 음을 업고 양을 안고 있다(萬物負陰而抱陽)"는 구절이 의미하는 바와 같이 도는 음과 양의 요소를 모두 함유한다.

4장에서는 "날카로움을 무디게 하고, 혼란스러움을 풀며, 빛과도 조화하고 먼지와도 함께한다"는 구절의 바로 뒤에 "깊고도 깊어 혹 존재하는 것 같기도 하지만, 나는 그 누구의 자식인지를 알 수가 없구나. 아마도 상제보다도 먼저인 듯하다(湛兮似或存 吾不知誰之子 象帝之先)"라는 구절이 이어져 도를 명확히 한정할 수 없다는 점이 강조됐다. 그런데 이 장에서는 같은 구절의 바로 뒤에 "이를 일러 오묘한 동거라고 한다(是謂玄同)"는 구절이 이어진다. "오묘한 동거(玄同)"라는 표현은 도가 상반되는 것들을 동시에 아우른다는 점을 강조한 것으로 볼 수 있다. 여기에서 아우름은 빛과 먼지의 차이가 차별로 나아가지 않고 서로 상관되기에 도가 상반되는 것을 감싸 안고 있음을 의미한다.

이어지는 구절 "친해질 수도 없고 소원해질 수도 없으며, 이롭게 할 수도 없고 해롭게 할 수도 없으며, 귀하게 할 수도 없고 천하게 할 수도 없다"는 도의 양가성을 구체적으로 서술한 것이다. 도와 특별히 친해지기만 하거나 소원해지기만 할 수도 없고, 도로부터 이로움만 받거나 해로움만 받을 수도 없으며, 도로 말미암아 귀해지기만 하거나 천해지기만 할 수도 없다는 의미다. 여기에서 "친해질 수도 없고 소원해질 수도 없다(不可得而親 不可得而疏)"는 부분은 《논어》〈옹야(雍也)〉 편에 나오는 다음 구절을 떠올리게 한다.

> 번지가 지(知)에 대해 물었다. 공자께서 말씀하시기를 사람이 지켜야 할 도리에 힘쓰고 귀신을 공경하되 멀리한다면 지혜롭다고 말할 수 있다.
> 樊遲問知 子曰 務民之義 敬鬼神而遠之 可謂知矣

이 《논어》의 구절에서 특히 "귀신을 공경하되 멀리한다(敬鬼神而遠之)"는 말은 새겨볼 만하다. '귀신을 공경한다(敬鬼神)'는 것은 귀신과 친밀한 관계를 유지한다는 의미를 강하게 내포한다. 그러나 바로 뒤 구절에 그것을 '멀리한다(遠之)'는 말이 이어진다. 귀신을 공경하는 것을 종교적 신을 숭배하는 것과 완전히 동일시할 수는 없지만 어느 정도는 상통한다고 볼 때 귀신을 '공경하면서도 멀리함(敬而遠之)'으로써 귀신과 친소(親疏)의 균형을 적절하게 유지하는, 즉 '공경하나 멀리하는(敬而遠之)' 자세가 귀신과 종교를 대하는 적절한 관점이라는 생각이 든다. 귀신을 공경하고 두려워하는 태도는 자신의 도덕적 실존에 도움을 주고 스스로 일상을 돌아보게 하는 긍정적인 기능이 있다. 그러나 그것이 광신이나 맹신으로 이어진다면 일상 자체를 파괴할 수도 있다. 나는 《논어》의 〈옹야〉 편에 나오는 "경이원지(敬而遠之)"와 《도덕경》의 이 장에 나오는 "불가득이친 불가득이소(不可得而親 不可得而疏)"가 큰 틀에서 비슷한 맥락의 서술이라고 본다.

"불가득이귀 불가득이천(不可得而貴 不可得而賤)"은 두 가지로 해석할 수 있다. "내가 귀하게 또는 천하게 되지 않는다"는 의미일 수도 있고, "도를 귀하게만 또는 천하게만 여길 수 없다"는 의미일 수도 있다. 나는 이 구절을 후자의 의미로 읽는 것이 더 타당하다고 본다. 다만 유와 무, 선과 악, 시와 비의 혼성이 세상의 여여한 모습이기에 도는 친(親)과 소(疏), 이(利)와 해(害), 귀(貴)와 천(賤) 가운데 택일을 강요하지 않는다는 의미를 함축한다. 도가 천하의 귀함이 될 수 있는 것은 친과 소, 이와 해, 귀와 천 가운데 단가적 선택을 강요하지 않기 때문이다.

57장

욕심내지 않으면 백성은 저절로 다스려진다

바름으로 나라를 다스리고, 기이함으로 용병(用兵)하며, 무사(無事)로써 천하를 얻는다. 내가 어찌 천하가 그러함을 아는가? 천하에 금기가 많아지면 백성은 더욱 빈곤해지고, 백성에게 문명의 이기가 많으면 국가는 더욱 혼란해지며, 사람들이 교묘한 기술을 많이 가질수록 기이한 물건이 더 많이 생겨나고, 법령 조항이 많아지면 도적이 많아진다. 그러므로 성인들이 말하기를 내가 무위하면 백성이 스스로 교화되고, 내가 고요해지기를 좋아하면 백성이 스스로 바르게 되며, 내가 일을 꾸미지 않으면 백성이 스스로 부유해지고, 내가 욕심을 부리지 않으면 백성이 스스로 순박해진다고 했다.

以正治國 以奇用兵 以無事取天下 吾何以知天下之然哉 天下多忌諱
이정치국 이기용병 이무사취천하 오하이지천하지연재 천하다기휘
而民彌貧 民多利器 國家滋昏 人多技巧 奇物滋起 法令滋章
이민미빈 민다이기 국가자혼 인다기교 기물자기 법령자장
盜賊多有 故聖人云 我無爲而民自化 我好靜而民自正 我無事而
도적다유 고성인운 아무위이민자화 아호정이민자정 아무사이
民自富 我無欲而民自樸
민자부 아무욕이민자박

"바름으로 나라를 다스리고 기이함으로 용병한다(以正治國 以奇用兵)"는 구절에서 바름과 기이함이 무엇을 의미하는지를 생각해볼 필요가 있다. 여기서 바름(正)이란 도덕적 당위를 따른다는 의미이기보다 도의 스스로 그러한 자연스러움으로 나라를 다스린다는 의미에 가깝다. 세상을 도덕적 이상으로 일순간에 변화시키겠다는 욕망은 대개 사상적, 물리적 강압을 동반한다. 도덕적 이상주의는 구별 짓기와 타자화의 욕망과 동행하기 때문이다. 그래서 나는 이 구절의 '정(正)'을 도덕적 바름으로 읽어서는 안 된다고 생각한다.

노자는 30장에서 "도로 임금을 보좌하는 사람은 무력으로 천하를 강하게 하려 하지 않는다(以道佐人主者 不以兵强天下)"라고 했고, 31장에서는 "무릇 아무리 훌륭한 병기라 하더라도 상서롭지 못한 기물일 뿐이다(夫佳兵者 不祥之器)"라고 했다. 노자는 기본적으로 반전주의자에 가깝다. 그러나 노자가 전쟁을 완전히 부정한 것은 아니다. 노자는 전쟁에 대해 부정적인 입장을 가지고 있었지만, 31장의 뒷부분에서 "부득이하여 어쩔 수 없이 그것을 사용한다고 하더라도 고요하고 담담함을 지키는 것이 상책이다(不得已而用之 恬澹爲上)"라고 말한 것처럼 부득이한 무력 사용까지 부정하지는 않았다.

노자의 입장은 개인적으로는 힘이 있더라도 평생 그것을 사용하지 않을 수 있어야 하고, 국가적으로는 강한 무력을 가지고 있더라도 그것을 침략적 수단으로 사용하지 않을 수 있어야 한다는 의미에 가깝다. 노자는 침략전쟁에는 단호히 반대했지만 무력 사용 자체를 부정하지는 않았다. 이 장의 "이기용병(以奇用兵)"은 바로 부득이한 무력 사용의 경우에는 기이한 계책으로 용병한다는 의미다. 《손자병법》의 첫머리 〈계편(計篇)〉에는 "전쟁이란 속이는 도이다(兵者 詭道也)"라는 구절이 있다. 용병이란 남들이 일반적으로 생각해내지 못하는 기이함에 기반해야 함을 말한 것이다.

"무사(無事)로써 천하를 얻는다(以無事取天下)"는 구절은 "바름으로 나라를 다스린다(以正治國)"는 앞 구절과 관련된다. 이정치국(以正治國)의 정(正)은 도의 스스로 그러한 자연스러움을 의미한다고 앞에서 말했다. 세상을 도덕적 이상으로 일순에 변화시키겠다는 욕망은 도덕적 지배욕과 다르지 않다. 도덕적 이상주의는 이상을 구현하겠다는 독선적 의지를 강요함으로써 세상의 스스로 그러함을 방해한다. 그러한 시도는 역사적으로 크게 성공한 것으로 보이지 않는다. 노자의 "무사로써 천하를 취한다"는 말은 권력욕에 기반한 독재의 전횡뿐만 아니라 도덕적 이상주의의 강요와 같은, 세상의 자연스러운 흐름을 방해하는 작위적 시도가 없음을 뜻한다.

"일 없음으로써 천하를 얻는다(以無事取天下)"는 구절을 근거로 노자의 철학을 현대의 자유방임주의(laissez-faire)와 등치시키는 사람들도 있다. 그러나 기본적으로 자유방임주의는 축적을 위한 인간 욕망의 무제한적 확장을 전제한다. 반면에 노자의 철학은 욕망의 무제한적 확장을 자연스러움으로 인정하지 않는다. 어떤 자연현상도 무한히 확장되지 않는다. 수확철인 가을이 지나면 저장과 준비의 계절인 겨울이 오는 것이 자연의 순리다. 인간 욕망의 무제한적 확장은 세상과 천지의 자연스러운 모습과 다르므로 자유방임주의와 노자 철학은 등치될 수 없다.

노자는 "내가 어찌 일 없음(無事)으로써 천하를 얻을 수 있음을 알까?"라고 묻고, 이어 그 이유에 대해 설명한다. 그 첫 구절에서 노자는 "천하에 기휘가 많으면 백성은 더욱 빈곤해진다(天下多忌諱 而民彌貧)"고 말한다. 기휘(忌諱)에서 기(忌)는 하지 말아야 할 일, 휘(諱)는 해서는 안 될 말이라고 할 수 있다. 따라서 이 구절은 "피지배계층에게만 하지 말아야 할 일과 해서는 안 될 말을 정해 놓고 그런 일과 말을 하지 못하게 하면 백성이 더욱 가난해진다는 의미다.

앞에서도 언급했지만, 《맹자》 〈양혜왕장구하〉 편에는 제선왕(齊宣王)이 문왕의 동산은 사방 70리였고 자신의 동산은 사방 40리에 지나지 않는데 백성이 자신의 동산이 크다고 불평하는 이유가 무엇이냐고 묻는 장면이 나온다. 이 물음에 대해 맹자는 문왕의 동산에는 누구나 출입할 수 있었지만 당신의 동산에 들어가 사슴을 다치게 하는 자는 살인죄로 처벌한다고 하니 백성의 원성이 없을 수 있겠느냐고 대답한다. 이런 것이 바로 기(忌)다. 자신만이 독점하고 타인에게는 금지하는 것이 기(忌)라면, 그에 대한 어떤 비판도 허용하지 않는 것을 휘(諱)라고 할 수 있다.

기휘(忌諱)가 많다는 것은 지배계층과 피지배계층 사이의 불평등이 크다는 것을 의미한다. 현대에도 빈부격차가 주요한 사회문제가 되고 있지만, 생산력의 수준이 지금보다 훨씬 낮았던 춘추전국시대에 누군가의 과잉은 누군가의 결핍을 초래했을 것이고 빈곤층의 결핍 정도는 현대보다 더 심했을 것이다.

이어 노자는 이기(利器)가 많아지고 기교(技巧)가 발달할수록 국가가 혼란해진다고 말한다. 감산대사는 "백성에게 문명의 이기가 많으면 국가는 더욱 혼란해진다(民多利器 國家滋昏)"는 구절을 "현자는 나라의 이기인데 국가가 혼란하게 되면 국가의 이기인 현자들이 조정에 있지 않고 재야에 흩어지기에 국가가 혼란한 것이다"라고 풀이하지만[117], 이는 좀 무리한 해석이라고 생각된다.

---

117 감산대사, 송찬우 옮김, 《老子 그 불교적 이해》 (서울: 세계사, 1990), 184쪽.

나는 이 구절을 과학기술의 발전으로 편리한 기물이 많이 생길수록 정신적으로는 더 황폐화될 수 있다는 의미에 좀 더 가깝다고 생각한다.

1960~70년대에는 회사 동료들이 출퇴근길에 동행하면서 서로 고민과 의견을 나누는 것이 우리 사회의 일상적인 풍경이었다. 그러나 그 뒤에 마이 카(My car) 시대가 도래하면서 생활은 편리해졌지만 동료들 사이의 소통과 교감은 감소했다. 이메일이 일반화된 뒤로는 손으로 쓴 편지를 곱게 접어 설레는 마음으로 주고받던 경험은 추억거리가 됐다. 또 스마트폰이 등장한 뒤에는 많은 사람들이 가족이나 친구와 교감하는 시간을 갖기보다 홀로 가상공간을 헤매며 시간을 보내게 됐다. 현대를 사는 우리를 보더라도 과학기술의 발달이 우리의 정신세계까지 더 풍요롭게 하는 것은 아닌 듯하다.

"법령의 조항이 많아지면 도적이 많아진다(法令滋章 盜賊多有)"는 구절은 앞 구절 "천하에 금기가 많아지면 백성은 더욱 빈곤해진다(天下多忌諱 而民彌貧)"와 밀접하게 관련된다. 천하에 금기가 많아질수록 백성은 더욱 빈곤해지고, 백성은 그 빈곤에서 벗어나기 위해 다양한 수단을 강구하며, 나아가 생존을 위해서 불법까지 동원하게 된다. 그렇게 되면 법률 조항이 많아지고 법률은 더 번잡해질 것이다. 하지만 생존과 욕망 추구를 법률로 모두 통제할 수 없다는 것을 역사가 실증한다. 생존 욕구까지 법률로 통제할 수 있다는 사고는 더 간교한 도적떼를 만들어낼 뿐이다.

백성이 끝없이 욕망을 추구하면 그 사회는 결국 혼란해진다. 이제까지 모든 사람의 욕망을 무한하게 충족시켜 준 사회는 존재하지 않았다. 노자는 더 많은 욕망의 충족이 더 많은 행복을 가져다줄 것이라는 현대 경제학의 전제에 동의하지 않을 것이다. 노자는 오히려 무한한 욕망의 확대 재생산을 경계하며 욕망을 절제하라고 말한다. 그러나 그것은 쉽지 않은 문제다. 그나마 방법이 있다면 그것은 지배계층이 작위와 욕망을 절제함으로써 백성에게 절제의 메시지를 주는 것이라고 노자는 생각한 듯하다.

과거에 국민에게는 근검절약과 국산품 애용을 강조하면서 자신들은 향락과 외국산 고급 사치재에 탐닉한 지배계층의 실상이 알려지면서 국민의 욕망이 걷잡을 수 없이 커진 사례가 있다. 우리 사회에 지금과 같은 소비지상주의, 물질만능주의가 팽배하게 된 데는 지배층의 사치향락과 황금만능주의가 하나의 원인으로 작용했다는 점을 부인하기 어렵다.

요즘 많은 사람이 경제를 살려야 한다고 말하지만, 우리 민족이 역사상 지금과 같이 풍족한 경제생활을 했던 적이 있었는지 모르겠다. 또 경제성장을 우선시하는 사람들이 바라는 대로 과거 고성장 시대처럼 경제가 연 10%대의 성장을 한다고 해서 국민의 물질적 욕망을 모두 충족시켜줄 수 있을지도 의문이다.

경제성장이란 국내총생산(GDP)이라고 불리는 수치의 증가를 의미하며, 결국은 생산량을 증가시키는 것이다. 그런데 생산량을 아무리 증가시켜도 무한한 인간의 욕망을 다 충족시킬 수는 없다. 나만 해도 더 많이 소유하고 소비하고 싶은 욕망을 절제하지 못하고 있다. 이제는 더 많은 생산으로 국민의 물질적 욕망을 더 많이 충족시켜주겠다는 패러다임에서 벗어날 때가 됐다. 이제는 어떻게 하면 현재의 생산 수준에서 물질적 욕망이 아닌 정신적 풍요를 추구할 수 있는지, 그리고 어떻게 하면 물질적 소비를 통하지 않고도 삶의 질을 높일 수 있을 것인지를 고민해야 할 때다. 공자는 《논어》〈계씨(季氏)〉 편에서 무한한 확장이 아닌 나눔의 중요성을 아래와 같이 강조했다.

나 구(丘)는 이렇게 들었다. 나라를 소유하고 집을 소유한 자는 적음을 걱정하지 않고 균등치 못한 것을 걱정하며, 가난함을 근심하지 않고 편안하지 못한 것을 근심한다. 균등하면 가난함이 없고, 조화를 이루면 적음이 없으며, 편안하면 기울어짐이 없을 것이다.
丘也聞有國有家者 不患寡而患不均 不患貧而患不安 蓋均無貧 和無寡 安無傾

지금도 지구의 총 곡물 생산량은 지구 전체의 인구를 먹여 살릴 수 있을 만큼 충분하다. 그러나 지구상에는 굶어 죽거나 영양실조에 시달리는 사람들이 많다. 지구 차원에서만 그런 것이 아니며, 개별 국가에도 비슷한 문제가 존재한다. 위 구절로 보아 공자가 살았던 시대에도 이와 유사한 사회문제가 있었음을 우리는 미루어 짐작할 수 있다. 우리는 어떻게 하면 사회적 생산량과 부를 증가시킬 것인지와 함께 그것을 어떻게 나누어야 할 것인지를 고민해야 한다.

모든 사람의 소비 욕구를 완전하게 충족시켜주는 사회는 존재하지 않으므로 많은 사회 구성원들은 필연적으로 욕망 미충족 상황에 처해 있을 수밖에 없다. 문제는 욕망 미충족 상황 그 자체가 아니라 사람들이 사회 지도층의 비도덕적 소비 행태를 보면서 느끼는 상대적 빈곤감과 나도 언젠가는 부를 획득해 사회 지도층의 비도덕적이기까지 한 소비 행태를 나의 삶에서도 실현하고야 말겠다는 인식을 확산시키는 것이다.

노자는 위 구절에서 지도층의 절제가 왜 필요한지를 간명하게 말한다. 모든 욕망을 마음껏 충족시킬 수 있는 능력이 있음에도 절제하며 살아가는 지도자의 모습은 백성으로 하여금 절약과 소박한 삶을 실천하게 한다. 스스로 근검절약하고 고매한 정신세계에 거하는 지도자는 백성에게 근검절약하라고 말하지 않는다. 아니, 그럴 필요가 없다.

58장

화와 복은 동행한다

그 정치가 어수룩하면 그 백성은 순박하고, 그 정치가 촘촘하여 영리하면 그 백성은 순박함을 잃고 삐딱해진다. 화여, 복이 의지해 있구나. 복이여, 화가 (네 안에) 엎드려 있구나. 누가 그 궁극의 끝을 알겠는가? 바름도 그름도 따로 없구나. 바름은 다시 기이함이 되고, 선은 다시 요사스러움이 된다. 사람들이 이런 이치를 모르고 헤매게 된 것이 아주 오래 되었다. 이런 까닭에 성인은 방정하되 남을 잘라내지 않고, 청렴하지만 남을 깎아서 상처내지 않으며, 정직하지만 방자하지 않고, 스스로는 빛나지만 남에게 빛내려고 자랑하지 않는다.

其政悶悶 其民淳淳 其政察察 其民缺缺 禍兮福所倚 福兮禍
기정민민 기민순순 기정찰찰 기민결결 화혜복소의 복혜화
所伏 孰知其極 其無正邪 正復爲奇 善復爲祆 人之迷也 其日固
소복 숙지기극 기무정사 정부위기 선부위요 인지미야 기일고
久矣 是以聖人方而不割 廉而不劌 直而不肆 光而不燿
구의 시이성인방이불할 염이불귀 직이불사 광이불요

가정에서 자녀를 엄하게만 지도하면 자녀가 어느 정도 나이가 들어서는 부모에게 반항하거나 부모의 지도에 반하여 성장하기도 한다. 사회에도 이와 비슷한 현상이 있다. 흉악범죄에 관한 뉴스를 들으면 사람들은 사형을 포함한 엄벌주의를 해결책으로 떠올린다. 그러나 엄벌주의만으로 그러한 범죄를 근절할 수 없음은 다양한 연구가 증명한다. 엄벌주의는 범죄를 예방하기보다 범죄를 흉포하게 만든다는 연구 결과도 있다. 도덕적 순혈주의나 이상주의를 통해 선을 실현하고자 한 시도는 대부분 성과를 거두지 못했다. 강한 대응은 대응의 대상도 강화시키기 때문일 것이다. 정치가 온화하면 백성도 온화해진다. 그러나 정치가 시민의 일을 너무 세세하게 살피고 간섭하면 백성도 그러한 간섭과 엄한 정책을 피할 길을 찾게 된다.

"화여, 복이 의지해 있구나. 복이여, 화가 (네 안에) 엎드려 있구나. 누가 그 궁극의 끝을 알겠는가? 바름도 그름도 따로 없구나. 바름은 다시 기이함이 되고 선은 다시 요사스러움이 된다."는 부분은 회남왕(淮南王) 유안(劉安)이 편찬한 《회남자(淮南子)》의 〈인생훈(人生訓)〉 편에 나오는 새옹지마(塞翁之馬)라는 고사성어를 떠올리게 한다. 이 말의 유래는 다음과 같다.

변방의 노인이 기르던 말이 갑자기 달아나자 마을 사람들이 노인을 위로했다. 그러자 노인은 "이것이 어찌 복이 되지 않겠는가(此何遽不爲福乎)"라고 말한다. 도망친 말이 몇 달 뒤에 여러 마리의 준마를 몰고 돌아왔고, 이에 마을 사람들이 노인을 축하해주었다. 그러자 노인은 "이것이 어찌 화가 되지 않겠는가(此何遽不能爲禍乎)"라고 말했다.

"이것이 어찌 복이 되지 않겠는가"라는 노인의 말은 "화여, 복이 의지해 있구나(禍兮福所倚)"라는 노자의 말과 상통하고, "이것이 어찌 화가 되지 않겠는가"라는 노인의 말은 "복이여, 화가 (네 안에) 엎드려 있구나(福兮禍所伏)"라는 노자의 말과 상통한다.

복과 화는 사실 그리 분명하게 구분되지 않지만, 인간의 분별지는 복과 화를 명확하게 구분해 복을 갈구하고 화를 피하려고 한다. 그러나 복과 화는 이미 서로 상감되어 있기에 복만 받거나 화만 입을 수 없다. 유무(有無)가 상생(相生)하고 난이(難易)가 상성(相成)하듯이 화복도 상의(相依, 서로에게 기댐)한다. 우리 역사에는 불행하게 최후를 맞은 대통령이 몇 명 있다. 그들은 자신이 대통령이 된 것을 복이라고 생각했겠지만, 차라리 대통령이 되지 않았다면 그와 같은 비극적인 최후를 맞이하지는 않았을 것이다.

누가 궁극의 끝을 알 것인가? 고정불변의 화도 복도 없고, 절대적인 정상이나 기이함도 없으며, 보편적인 선과 불변의 요사스러움도 없다. 화(禍)와 복(福), 정(正)과 사(邪), 정(正)과 기(奇), 선(善)과 요(祆)는 서로 얽혀 있다. 그런데도 사람들은 복만 추구하고 화를 멀리하는 일방주의, 택일주의에 빠져 있다. 하지만 복을 지나치게 추구하는 것은 화를 불러들이는 것과 크게 다르지 않다. 화와 복은 본질적으로 동행하기 때문이다. 사람들이 이런 상관성을 깨닫지 못하고 있다고 노자는 한탄한다.

성인(聖人)은 이분법적 택일의 논리를 거부한다. 성인은 자신은 방정하더라도 자신의 기준에 맞춰 모든 사람을 방정하게 만들려고 하지 않는다. 성인은 자신은 청렴하더라도 다른 사람을 자신의 기준으로 깎아내 상처를 내지 않고, 자신은 정직하더라도 다른 사람을 부정직하다고 방자하게 대하지 않으며, 자신은 빛나더라도 다른 사람에게 그 빛을 드러내려고 하지 않는다. 나의 방정함, 정직함을 기준으로 다른 사람을 재단하고 획일화하려고 하지 않는 것이다. 성인은 낮과 밤이 별개가 아니고 세상이 밤낮의 순환으로 이루어져 있듯이 방정함만으로 세상을 가득 채울 수 없음을 알기에 타인을 잘라내지 않는다. 성인은 정직해야 한다는 당위만을 고집하지 않고 정직과 부정직이 섞여 있는 것이 세상의 여여한 모습임을 인정하는 관점으로 세상을 바라본다.

59장

자신을 낮추는 겸허함의 정치

사람을 다스리고 하늘을 섬김에 아낌만 한 것이 없다. 오직 아끼는 것, 이것을 일러 일찍 (도에) 복종한다고 한다. 일찍 (도에) 복종하는 것을 일러 거듭 덕을 쌓는다고 한다. 거듭 덕을 쌓으면 극복하여 이루지 못할 것이 없고, 극복하여 이루지 못할 것이 없으면 그 궁극을 알 수 없게 된다. 그 궁극을 알 수 없어야 나라를 가질 수 있다. 나라를 가진 어미는 장구할 수 있으니 이를 일러 뿌리가 깊고 튼튼하여 길게 살고 오래 보는 도라고 한다.

治人事天　莫若嗇　夫惟嗇　是謂早服　早服謂之重積德
치인사천　막약색　부유색　시위조복　조복위지중적덕
重積德則無不克　無不克則莫知其極　莫知其極　可以有國
중적덕즉무불극　무불극즉막지기극　막지기극　가이유국
有國之母　可以長久　是謂深根固柢　長生久視之道
유국지모　가이장구　시위심근고저　장생구시지도

이 장의 첫 구절 "치인사천 막약색(治人事天 莫若嗇)"은 "사람을 다스리고 하늘을 섬김에 색(嗇)만 한 것이 없다"는 뜻이다. 이 구절에서 핵심은 색(嗇)을 어떻게 해석하느냐다. 색(嗇) 자를 자전에서 찾아보면 '탐내다, 아끼다, 거두다, 적은 듯 여기다' 등의 의미가 있다. 이 구절의 색 자에 물질적 절약의 의미가 없다고 할 수는 없지만 물질을 아낀다는 것으로 의미가 한정되지는 않는다. 물질을 아낀다는 의미보다는 타인을 아낀다는 의미와 자신을 작게(적게) 여긴다는 의미가 더 강하다. 따라서 겸허함의 의미로 색 자를 읽어야 한다. 결국 "치인사천 막약색"은 사람을 다스리고 하늘을 섬김에 있어 타인을 아끼는 동시에 자신을 낮추고 작게(적게) 여기는 겸허함만 한 것이 없다는 의미다. 노자는 이미 8장에서 "최고의 선은 물과 같다(上善若水)"라고 하여 낮은 곳으로 향하는 물의 겸허한 성질을 칭송했다.

남회근은 우리가 인색(吝嗇)이라는 말을 사용하지만 인과 색은 구분되는 것이라고 주장한다. 그에 따르면 인(吝)은 자신에게 관대하고 타인에게 각박한 것이고, 색(嗇)은 자신은 검소하지만 타인에게는 아낌없이 주는 것이다.[118] 남회근의 풀이에 따르면 "치인사천 막약색"은 사람을 다스리고 하늘을 섬김에는 타인에게 관대하고 자신에게는 엄격한 잣대를 적용하는 것이 가장 중요하다는 의미가 된다. 참고할 만한 견해다.

"오직 아끼는 것, 이것을 일러 일찍 (도에) 복종한다고 한다(夫惟嗇 是謂早服)"에서 '조복(早服)'은 무엇을 의미하는가? 김형효는 《노자익》에 근거해 복(服)

118 남회근, 설순남 역, 《노자타설》 하권(서울: 부키, 2013), 377쪽.

을 복(復)으로 보고 "도로 복귀한다"로 풀었다.[119] 이에 따르면 "부유색 시위 조복"은 "겸허함을 일러 일찍 도로 복귀한다고 한다"로 옮길 수 있다. 그러나 나는 복(服)을 반드시 복(復)으로 이해할 필요는 없다고 본다. 복(服) 자의 본래 의미를 살려 이 구절을 "겸허함, 이를 일러 일찍 도에 복종한다고 한다"로 풀이하는 것이 더 간명하면서도 본래의 문맥을 살린 번역이라고 생각한다. 겸허함이야말로 도에 복종하는 것, 도에 따르는 것이라 할 수 있기 때문이다.

자신을 낮추어 겸허하게 도에 빨리 복종하면 자신을 둘러싼 모든 물(物)과 타인을 함부로 대할 수 없을 것이다. 자신을 낮추고(謙) 자신을 둘러싼 모든 사물과 사람을 아끼는(嗇) 삶은 곧 거듭해서 덕을 쌓는 것이라 할 수 있다. 과거에 덕(德) 자는 득(得) 자와 같은 의미를 지니고 있었다. 거듭해서 덕을 쌓으면 모든 사물과 사람의 마음을 얻게 되니 이루지 못할 바가 없게 된다.

여기에서 노자가 말하는 덕이 우리가 일상적으로 사용하는 자선(慈善)의 의미만 지니는 것은 아니다. 자연의 덕은 자선만 베푸는 것이 아니라 겨울의 냉혹함까지도 내포한다. 때로는 따사로운 봄볕과 같지만 때로는 차가운 폭풍우와도 같다. 그래서 인간으로서는 그 궁극을 이해하기가 쉽지 않다. 다만 따사로운 봄볕과 차가운 폭풍우를 동시에 품고 있는 자연의 도가 인위적이거나 삿된 욕망에 근거하지 않음은 분명하다. 그러므로 유무가 서로를 생성하고(有無相生) 난이가 서로를 이루어 주기에(難易相成) 유와 무, 난과 이가 별개가 아니라는 "하나가 아니지만 둘도 아님(不一而不二)"의 이치를 터득한 사람이어야 비

119 김형효, 《사유하는 도덕경》 (서울: 소나무, 2004), 441쪽.

로소 나라를 가질(有國) 수 있다.

노자가 살았던 시대의 유국자(有國者)들은 어떤 모습이었을까? 당시의 유국자들은 힘으로 국가를 이루고 영토를 확장하는 패도(霸道)를 추구했다. 노자는 남의 영토를 빼앗고 남에게 군림하고자 하는 제후들의 흥망이 끊임없이 반복되는 상황을 보면서 과연 어떤 사람이 장구할 수 있는지를 이야기한 것이다. 춘추전국시대에 패권을 다투던 제후들은 말할 것도 없고, 육국을 통일하고 중국 최초의 통일 왕조를 건설한 진시황도 통일 후 10여 년 만에 생을 마감했고 그의 제국은 겨우 15년간 존속하는 데 그쳤다. 타자에 대한 지배욕으로 가득차 있는 유국자는 장구할 수 없고, 그 궁극을 알기 어려운 상생(相生)과 만물병작(萬物竝作, 만물이 함께 자라남)이라는 자연의 도를 체득한 유국자만이 장구할 수 있다고 노자는 말한다.

지배의 논리, 이분법적 피아의 논리는 선명하고 강해 보이지만 오래 지속되지 못한다. 힘을 내세운 지배와 나와 남을 구분하고 우리와 타자를 나누는 타자화의 욕망이 아닌 상생의 자연의 도에 따를 때만 뿌리가 튼튼하여 장생할 수 있다.

60장

작은 생선 삶듯이 다스림에 임하라

큰 나라를 다스리는 것을 작은 생선을 삶는 것과 같이 하라. 도로써 천하에 임하면 귀신도 영험한 신통력을 부리지 못한다. 그 귀신이 영험한 신통력을 부리지 못하는 것이 아니라 그 귀신이 사람을 상하게 하지 못한다. 그 귀신이 사람을 상하게 하지 못하는 것이 아니라 성인 또한 사람을 상하게 하지 않는다. 대저 둘이 서로 상하게 하지 않으므로 덕이 교차하면서 서로에게 돌아간다.

治大國若烹小鮮 以道莅天下 其鬼不神 非其鬼不神 其神不傷人
치대국약팽소선 이도리천하 기귀불신 비기귀불신 기신불상인
非其神不傷人 聖人亦不傷之 夫兩不相傷 故德交歸焉
비기신불상인 성인역불상지 부양불상상 고덕교귀언

첫 구절 "큰 나라를 다스리는 것을 작은 생선을 삶는 것과 같이 하라(治大國若烹小鮮)"는 크게 두 가지 의미를 갖고 있다고 나는 생각한다. 먼저 작은 생선을 요리해본 사람이라면 이 구절의 의미를 직감적으로 이해할 것이다. 작은 생선을 요리할 때는 아주 조심스럽게 해야만 그 형태를 망가뜨리지 않고 요리를 완성할 수 있다.

중국을 여행하는 우리나라 사람 중에 우리에게 고수나물로 알려진 향채(香菜)라는 향신료 때문에 중국 음식에 적응하는 데 힘들어하는 경우가 많다. 이런 사람들에게 내가 추천하는 음식이 우리나라의 중국음식점에서 쉽게 볼 수 있는 볶음밥 비슷한 초반(炒飯)이다. 내 경험상 한국 사람들도 대개 이 음식에는 별다른 거부감이 없다. 중국어로는 차오판이라고 하는 초반(炒飯)의 초(炒)는 센 불에 재빨리 볶는 것을 말한다. 말하자면 밥을 센 불에 재빨리 볶아낸 것이 차오판이다. 이와 달리 팽(烹)은 약한 불에 오래 삶는 것을 말한다. 작은 생선을 급한 마음에, 또는 음식을 빨리 완성하려고 센 불에 삶거나 볶으면 그 형체를 유지하지 못할 뿐더러 은은한 맛을 내기도 어렵다. 노자는 대국을 다스리는 것은 조심스럽게 주의를 기울여야 하는 일임을 작은 생선을 삶는 행위에 비유해 이야기한 것이다.

대국을 다스리는 사람은 자신을 남들보다 우월한 인간으로 생각하는 경향이 있다. 자신이 남들보다 뛰어나기에 대국을 다스리는 위치에 오른 것이라는 오만한 마음을 갖기 쉽다. 이에 노자는 대국을 다스리는 사람일수록 자신이 작은 생선이나 삶는 하찮은 사람에 불과하다는 겸허한 마음을 잃지 말라고 경고한다. 이것이 "치대국약팽소선(治大國若烹小鮮)"의 두 번째 의미다.

작은 생선을 삶으면서 이리저리 자주 뒤집으면 그 요리를 본래 의도대로 완성할 수 없다. 대국을 다스리는 일도 마찬가지다. 대국을 다스리면서 설령 더 좋은 정책을 입안하고 집행하기 위한 선의의 정책 변경이라 하더라도 그것이 반드시 성공한다는 보장은 없다. 그래서 큰 나라를 다스림에 있어 정책 변경에 신중을 기해야 한다. 큰 나라를 다스리면서 법과 정책을 자주 바꾸면 백성이 고달파진다. 아무리 좋은 정책이라도 살피고 살펴서 신중하게 의사결정을 해야 한다. 선의지(善意志)에 입각한 정책변화도 반드시 성공한다고 보장할 수 없다. 하물며 부의 축적이나 영토 확장 등을 지향하는 사적 욕망이나 편파적 지배 욕망을 채우기 위해 정책 방향을 이리저리 변경하는 것은 백성에게 재앙이 될 수 있다.

작은 생선을 요리하다가 실패하면 그것을 버리거나 덜 완성된 음식을 먹으면 그만이다. 하지만 공적 기구인 국가의 정책 결정에서 자신의 사적 욕망을 위해 정책을 변경하고 국가를 개인적 욕망 추구의 수단으로 전락시키는 권력자의 행태가 어떠한 불행한 결과를 가져오는지는 역사적 경험이 말해준다. 천하는 공적인 물건(天下公物)이기에 그 누구도 사적 욕망에 기반해 전횡할 수 없다. 위정자는 공물을 잠시 위탁받은 사람에 지나지 않는다는 사실을 명심해야 한다.

그 다음 구절인 "이도리천하(以道莅天下, 도로써 천하에 임함)"는 개인적 욕망이나 편파적 이상에 입각해 세상을 바꾸어내겠다는 욕심을 버리고 만물을 있는 그대로 존중하는 마음으로 세상과 대면하라고 노자가 지배계층에게 권고한 것이라고 나는 생각한다. 도로써 천하에 임하면 귀신이라 할지라도 신통력을 부리지 못한다는 것이다. '귀신'이라는 말과 관련해 《논어》 〈선진(先進)〉 편에는 계로(자로)와 공자가 나눈 다음과 같은 문답이 나온다.

계로가 귀신을 섬김에 대하여 물었다. 공자가 말했다. "사람도 능히 섬기지 못하거늘 어찌 능히 귀신을 섬기겠느냐." 계로가 다시 "감히 죽음에 대하여 묻습니다"라고 하자 공자가 말했다. "삶도 모르거늘 어찌 죽음을 알겠는가?"

季路問事鬼神 子曰 未能事人 焉能事鬼 敢問死 曰未知生 焉知死

이 문답은 유교의 인본주의적 성격을 잘 드러낸 구절로 곧잘 인용된다. 사람 섬기기를 귀신 섬기기보다 우선해야 한다는 것이다. 공자는 사람을 섬기지 못하면서 귀신을 섬긴다는 것이 무슨 의미가 있겠느냐는 간결한 말로 이를 설파한다. 《신약성경》의 〈요한1서〉에도 《논어》의 이 구절과 유사한 내용이 나온다.

하느님을 사랑한다고 하면서 자기의 형제를 미워하는 사람은 거짓말쟁이입니다. 눈에 보이는 형제를 사랑하지 않는 자가 어떻게 보이지 않는 하느님을 사랑할 수 있겠습니까?[120]

〈요한1서〉의 이 구절과 바로 앞에서 소개한 《논어》의 구절은 동일한 맥락을 갖는다. 이를 보면 유교와 기독교의 차이가 우리가 생각하는 만큼 크지 않을지도 모른다는 생각이 든다. 문제는 서로를 극명하게 구분하고 타자화하려

---

120 《신약성경》 <요한1서> 4장 20절.

는 욕망에 있다.

노자는 만물을 있는 그대로 존중하는 마음으로 세상과 대면하면 귀신이라도 신통력을 발휘하여 사람을 해치지 못한다고 말한다. 그렇다면 귀신은 과연 존재하고, 신통력을 발휘하는 존재인가? 나는 이 질문에 대답하는 대신에 사마천이 지은 《사기》의 〈골계열전(滑稽列傳)〉에 기록돼 있는 흥미로운 일화를 소개하고자 한다. 위문후(魏文侯) 때 업현(鄴縣)의 현령이었던 서문표(西門豹)에 관한 일화다.

업현의 현령으로 부임한 서문표는 장로(長老)들에게 백성을 괴롭히는 것이 무엇인지를 물었다. 장로들은 황하의 수신(水神)인 하백(河伯)을 장가들이는 일로 백성이 고통받고 있다고 대답했다. 업현의 삼로(三老)와 향리들이 무당들과 함께 해마다 신부를 하백에게 보내 그를 장가들인다는 구실로 처녀를 인신공양하고, 제사에 사용한다는 명목으로 많은 세금을 백성에게 부과하고 있었던 것이다. 서문표는 다음 제사 때에는 자신이 직접 참석해 처녀를 하백에게 보내주고 싶다고 말했다.

다음 제사에 참석한 서문표는 처녀를 황하에 띄워 보내기 전에 현령인 자신이 직접 처녀가 예쁜지 추한지를 확인하겠다며 처녀를 데려오게 한 뒤에 처녀의 미모가 하백에게 어울리지 않는다고 말한다. 그러고는 대무녀(大巫女)에게 하백을 찾아가서 더 예쁜 처녀를 바칠 테니 기다려 달라는 말을 전하라고 하면서 대무녀를 황하에 빠뜨렸다. 그런데 아무리 기다려도 대무녀가 물 밖으로 나오지 않자 대무녀의 제자인 무녀(巫女)들을 차례로 황하에 빠뜨렸다. 황하에 던져진 제자 무녀들도 아무도 물 밖으로 나오지 못했다. 그러자 서문표는 대무녀와 제자 무녀들은 여자이기 때문에 하백에게 사정을 말씀드리기가 어려운 모양이니 수고스럽겠지만 삼로가 들어가 하백에게 말씀드려 달라며 삼로를 황하에 빠뜨렸다.

서문표는 몸을 굽혀 한참 동안 황하를 바라보더니 돌아보며 말했다. "무당들과 삼로가 모두 돌아오지 않으니 어찌하면 좋겠소?" 서문표가 향리와 호족 가운데 한 사람을 골라서 들여보내 하백과의 협상을 재촉하려 하자 그들이 모두 땅에 머리를 조아려 피가 바닥에 흘러 내렸다. 그 뒤로는 업(鄴) 땅에서 또다시 인신공양과 같은 행위를 언급하는 자가 없었음은 물론이다. 참으로 통쾌한 일화가 아닐 수 없다.

나는 귀신이 실제로 있는지 없는지를 자신 있게 말할 수 없다. 하지만 설령 하백과 같은 귀신이 실제로 존재한다고 하더라도 제방을 쌓거나 치수사업에 힘쓰지 않고 귀신을 달래어 재난을 막으려고 하는 행위에 어떤 의미가 있는지 모르겠다. 귀신을 달랜다는 명목으로 세금을 뜯어내고 그것을 부의 축적 수단으로 삼는 악습을 만들어낸 것은 귀신이 아니라 인간의 사적, 작위적 욕망이었을 따름이다.

자신을 낮추고 만물을 존중하는 마음으로 천하에 임하면 신령스러운 귀신이 있다고 하더라도 사람을 해치지 못한다는 노자의 말은 이런 맥락에서 이해되어야 한다. 그리고 그런 마음을 지닌 성인(聖人)은 자신의 편파적 욕망을 위해 사람을 상하게 하지 않는다.

이 장의 마지막 구절 "부양불상상 고덕교귀언(夫兩不相傷 故德交歸焉)"을 해석할 때는 양(兩)이 무엇을 가리키고 귀(歸)가 어디로 돌아간다는 뜻인지를 밝히는 것이 핵심이 된다. 소자유(蘇子由)는 이 구절을 다음과 같이 주석했다.

사람과 귀신이 서로 해치지 않는 까닭은 위에 성인이 있기 때문이다. 그러므로 덕이 교대로 거기로(성인에게로) 돌아간다.

人鬼所以不相傷者 由上有聖人也 故德交歸

소자유는 양(兩)을 사람과 귀신으로, 귀(歸)를 덕이 성인(聖人)에게 돌아간다는 뜻으로 새겼다. 여길보는 양(兩)을 사람과 귀신으로 본다는 점에서는 소자유와 같지만, 귀(歸)의 대상은 다르게 보았다. 여길보의 주석은 다음과 같다.

귀신은 사람에게 덕을 돌리고, 사람은 귀신에게 덕을 돌린다.

神歸德于人 人亦歸德于神

여길보는 귀(歸)를 사람과 귀신이 서로에게 덕을 돌린다는 의미로 풀었다. 나는 여길보의 주석이 노자의 본의에 더 가깝다고 생각한다. 잘되면 내 탓, 못되면 조상 탓이라는 속언이 있지만 이 속언과는 반대로 자신을 낮추고 만물을 존중하는 마음으로 천하에 임하여 좋은 결과를 얻게 되면 그 덕을 귀신에게 돌리는 겸허한 자세를 노자가 이 구절에서 강조한 것으로 나는 이해한다.

61장

큰 나라가 아래에 처하면

큰 나라는 하류와 같아 천하가 모이는 곳이요 천하의 암컷과 같다. 암컷은 항상 고요함으로 수컷을 이기고 고요함으로 아래가 된다. 그러므로 큰 나라로서 작은 나라의 아래가 되면 작은 나라를 취하고, 작은 나라는 큰 나라의 아래가 되어 큰 나라를 취한다. 그러므로 어떤 경우에는 자신을 낮춤으로써 취하고, 어떤 경우에는 아래에 있기에 취한다. 큰 나라는 남을 함께 기르려고 하는 데 지나지 않고, 작은 나라는 들어가서 남을 섬기려는 데 지나지 않는다. 두 나라가 모두 각기 원하는 바를 얻으니 그러므로 큰 나라는 마땅히 아래가 되어야 한다.

大國者下流　天下之交　天下之牝　牝常以靜勝牡　以靜爲下
대국자하류　천하지교　천하지빈　빈상이정승모　이정위하
故大國以下小國　則取小國　小國而下大國　則取大國　故或下
고대국이하소국　즉취소국　소국이하대국　즉취대국　고혹하
以取　或下而取　大國不過欲兼畜人　小國不過欲入事人　夫兩者各
이취　혹하이취　대국불과욕겸축인　소국불과욕입사인　부양자각
得其所欲　故大者宜爲下
득기소욕　고대자의위하

하류는 어떤 곳인가? 낮은 곳에 있으므로 물이 모여드는 곳이고, 그중에서 가장 낮은 곳이 바다다. 바다는 가장 낮은 곳에 있기에 모든 물이 바다로 몰려든다. 대국이 대국으로서의 면모를 지키려면 바다와 같이 모든 것을 품을 수 있는 넉넉함을 지녀야 한다. 대국이 천하가 모여드는 곳이 되기 위해서는 바다와 같이 아래에 있어야 한다. 사람은 어머니의 품을 그리워한다. 어머니는 허물이 있는 자식일지라도 넉넉한 품으로 감싸 안아주기 때문일 것이다. 대국은 모든 사람이 그리워하는 어머니의 품속과 같은 겸허함과 넉넉함을 지니고 있어야 한다.

이 장은 노자가 살았던 당시의 강대국들에 대한 통렬한 비판으로 볼 수 있다. 춘추전국시대의 강대국들은 약소국을 침략해 병합하고자 갖가지 술수와 협박을 가하고 때로는 무력 사용도 서슴지 않았다. 약소국을 겸허하게 대하기보다 군사적 우위를 내세워 강압적인 자세로 호시탐탐 침략할 명분만 찾는 것이 당시 강대국들의 자세였을 것이다. 그러한 강대국들에게 노자는 모든 물이 자연스럽게 모여드는 바다와 같고, 모든 사람이 그리워하는 어머니 품속과 같은 너그러움을 지녀야 한다고 요구했다.

노자의 이 요구가 당시에만 유효한 것이었다면 얼마나 좋았을까만, 불행하게도 현재의 국제 정세를 봐도 강대국들이 하류가 아닌 상류에 서서 약소국 위에 군림하려고만 한다. 강대국에게서 강대국으로서의 품격을 찾아보기 어려운 것이 현재 국제 사회의 모습이다. 인류의 역사가 《도덕경》이 쓰인 당시보다 얼마나 진보한 것인지 의문스러울 뿐이다.

"암컷은 항상 고요함으로 수컷을 이기고 고요함으로 아래가 된다(牝常以靜勝牡 以靜爲下)"는 구절은 남녀 간의 교합을 보더라도 이해가 된다. 대개 공격적인 남성이 위에 있게 되고, 정적이고 수동적인 여성이 아래에 있게 된다. 현실에서도 정적인 것이 근본이고 동적인 것은 일시적 힘의 작용에 지나지 않는 경우가 많다. 활을 쏘려면 힘으로 시위를 당겨야 한다. 그러나 그것은 일시적 힘의 작용일 뿐 시위는 언제나 정적인 상태로 되돌아가려는 성질이 있다. 힘으로 잠시 시위를 당길 수는 있지만, 누구도 시위가 당겨진 상태를 영속시킬 수는 없다. 모든 움직임은 고요함으로 돌아가게 마련이므로 정(靜)이 근본이고 동(動)은 정으로부터 파생된 일시적 움직임일 뿐이다. 수컷의 동적인 움직임이 강한 것처럼 보이고 암컷의 고요함은 약한 것처럼 보이지만, 동적인 움직임은 일시적 현상이므로 결국은 정태적인 상태로 되돌아가는 것이 자연의 도(道)이고 고요함의 위대함이다.

강대국은 강압적 자세로 약소국을 억압하면 약소국을 빨리 병합해서 안정된 세상을 실현할 수 있을 것으로 여기겠지만, 강대국의 억압은 약소국의 더 큰 저항을 불러옴을 역사가 증명한다. 오히려 큰 나라가 자신을 낮추어 작은 나라의 아래에 있기를 자처하면 작은 나라를 취할 수 있고, 작은 나라는 현실적으로 대국의 아래에 있다는 사실을 인정하면 대국의 우호적인 마음을 얻을 수 있다. "그러므로 어떤 경우에는 자신을 낮춤으로써 취하고, 어떤 경우에는 아래에 있기에 취한다(故或下以取 或下而取)"는 구절은 바로 이러한 측면을 말하는 것이다.

그 다음에 이어지는 구절은 노자가 생각한 바람직한 국제질서를 서술한 것으로 보인다. 큰 나라는 자기 나라 인민뿐만 아니라 약소국의 인민까지를 겸하여 길러주고자 함에 지나지 않고, 작은 나라는 큰 나라에 받아들여져 남을 섬기려 함에 지나지 않는다. 큰 나라가 다른 나라 인민의 생명과 재산까지를 보호하며 함께 기르려 하고 작은 나라는 큰 나라에 받아들여져 남을 섬기고자 할 뿐이다. 간단히 말해 큰 나라는 작은 나라를 보호해주고 작은 나라는 큰 나라를 섬기며 평화롭게 공존하는 세상을 노자는 상상한 것이다. 이는 실제 국제질서 현실과 동떨어진 것이어서 실현 가능성이 없다고 비웃는 사람들도 있을 듯하다. 약육강식의 국제관계를 경험한 사람들은 노자의 이 말에 코웃음을 칠 것이다. 그런데 노자는 41장에서 "하급의 선비는 도를 들으면 크게 (비)웃는다. (비)웃지 않으면 도라 하기에 부족하다(下士聞道 大笑之 不笑 不足以爲道)"고 말했다.

물론 노자의 도를 실현시키기가 어려운 것은 사실이다. 그러나 노자가 뒤에 덧붙여 놓은 한마디를 놓치지 말아야 한다. 노자는 자신의 이상을 실현시키기가 어려운 것은 사실이지만, 만약 방법이 있다면 그것은 큰 것이 마땅히 아래가 되는 것이라고 했다. 강자의 포용이 먼저냐, 약자의 섬김이 먼저냐? 이에 대해 노자는 명백히 말한다. 대자의위하(大者宜爲下), 마땅히 큰 것이 먼저 아래가 되어야 한다.

62장

도는 깊숙이 있지만 만물에 내재한다

도라는 것은 만물의 오묘함이니 착한 사람의 보배요 착하지 않은 사람들도 보유하고 있는 바이다. 아름다운 말은 (시장에서 팔릴 만큼) 귀중한 것이 될 수 있고, 고매한 행동은 다른 사람에게 보탬이 될 수 있다. 사람이 착하지 않다고 하여 어찌 버릴 것이 있겠는가? 그러므로 천자를 세우고 삼공을 두고 비록 아름드리 보옥이 있어 네 마리 말이 끄는 수레를 앞세우고 다닌다 해도 앉아서 이 도에 나아감만 같지 않다. 예로부터 이 도를 귀하게 여긴 까닭은 무엇인가? 구하면 얻고 죄가 있더라도 사면된다고 말하지 않았던가! 그러므로 천하에 가장 귀한 것이 된다.

道者 萬物之奧 善人之寶 不善人之所保 美言可以市 尊行可
도자 만물지오 선인지보 불선인지소보 미언가이시 존행가
以加人 人之不善 何棄之有 故立天子 置三公 雖有拱璧以先駟馬
이가인 인지불선 하기지유 고립천자 치삼공 수유공벽이선사마
不如坐進此道 古之所以貴此道者何 不曰求以得 有罪以免耶
불여좌진차도 고지소이귀차도자하 불왈구이득 유죄이면야
故爲天下貴
고위천하귀

"도라는 것은 만물의 오(奧)다(道者 萬物之奧)"라는 첫 구절에서 오(奧)는 '아랫목, 그윽함, 따뜻함, 속' 등 다양한 의미를 지닌 글자다. 지금이야 나무를 때는 온돌이 흔하지 않지만, 내가 어릴 적에 살던 집만 해도 장작을 때서 난방을 했다. 불을 지펴 난방을 하는 집에서 살아본 사람들은 경험으로 안다. 아랫목은 그 집에서 가장 따뜻한 곳이고, 가장 깊숙한 곳이며, 겨울철에 가족이 모여드는 곳이다. 그리고 과거에는 모든 집에 아랫목이 있었다. 아마도 노자는 도가 만물의 깊숙한 곳에 위치해 있어 쉽게 드러나지 않지만 집집마다 아랫목이 있듯이 만물에 도가 깃들어 있고, 아랫목으로 가족이 모여들듯이 만물이 도에 모여든다는 이중의 의미를 담기 위해 오(奧) 자를 썼을 것이다. 도는 만물의 깊숙한 곳에 숨겨져 있어 잘 찾아낼 수 없지만 만물에 보편적으로 존재한다.

노자는 이어 도는 선인(善人)의 보배이며, 불선인(不善人)이라 할지라도 아직 도를 깨치지 못했을 뿐 그에게도 도의 싹은 존재한다고 말한다. 여기에서 노자가 선인의 반대어로 악인을 사용하지 않고 불선인을 사용한 점에 주목해야 한다. 도는 선악을 이분법적으로 구분하지 않는다. 선인과 아직 선에 이르지 못한 불선인이 있을 뿐 선인이 아니라고 해서 바로 악인이 되는 것은 아니다.

"아름다운 말은 (시장에서 팔릴 만큼) 귀중한 것이 될 수 있고, 고매한 행동은 다른 사람에게 보탬이 될 수 있다"는 구절은 쉽게 이해된다. 예를 들어 방황하는 청소년에게 무심코 건넨 말 한마디가 그에게 인생의 지침이 되기도 하고, 어려운 상황에 처한 사람에게 건넨 따뜻한 격려 한마디가 그에게 삶의 의욕을 다시 불러일으키기도 한다. 우리가 하는 말이 상황에 따라서는 무엇보다도 귀중한 것이 될 수도 있다. 또 고매한 행동은 많은 사람들에게 감동을 준다. 아름다운 말과 고매한 행동은 선인과 불선인을 가리지 않고 베풂을 줄 수 있다.

도는 선과 불선을 이분법적으로 나누지 않기에 불선인이라고 해서 버리지 않는다. 아직 선에 이르지 못한 사람이라고 해서 그를 악하다고 여겨 포기하지 않는 것이다. 선과 불선의 공존이 세상의 자연스러운 모습이라는 것을 알기 때문이다. 불선을 계도하고자 끊임없이 노력할지언정 그것을 박멸하려는 욕망을 분출하지 않는다.

다음 구절에서 노자는 "그러므로 천자를 세우고 삼공을 두어 지위를 높여 주고 아름드리 옥이 있어 네 마리 말이 끄는 수레를 앞세우고 다닌다고 하더라도 앉아서 그와 같은 도에 나아감만 같지 않다"고 말한다. 《금강경》에도 이와 유사한 구절이 있다.

> 부처님께서 수보리에게 이르시되 만약 선남자(善男子) 선여인(善女人)이 이 경(經) 가운데서 사구게(四句偈, 중요한 '네 구절'의 가르침) 등을 받아 지녀 그것을 다른 사람들에게 잘 설명해 준다면, 이 복덕은 앞서 칠보로써(그 모든 갠지스 강의 모래 수만큼의 삼천대천세계를 채워) 보시하는 것보다도 클 것이다.
>
> 佛告須菩提 若善男子善女人 於此經中 乃至受持四句偈等 爲他人說 而此福德勝前福德[121]

121 《금강경(金剛經)》 <무위복승분(無爲福勝分)>

이는 한마디로 아무리 많은 금전적, 경제적 보시를 하더라도 타인을 위해 《금강경》의 도를 한 번 설(說)하는 것만 못하다는 의미다. 이는 아무리 천자를 세우고 삼공을 두며 보옥과 사마를 앞세우고 다니더라도 가만히 앉아 선과 악, 유와 무를 이분법적으로 구분하지 않고 모든 것을 넓게 포용하는 도에 나아가는 것만 같지 않다는 《도덕경》의 구절과 상통한다.

이어 노자는 "예로부터 이 도를 귀하게 여긴 까닭은 무엇인가? 구하면 얻을 수 있다고 말하지 않았던가?(古之所以貴此道者何 不曰求以得)"라고 말한다. 왜 "구하면 얻을 수 있다"고 했을까? 그것은 앞에서 "도는 만물의 오묘함이니 착한 사람의 보배요 착하지 않은 사람들도 보유하고 있는 바이다"라고 했듯이 이미 자기 내부에 도가 존재하기 때문일 것이다. 많은 사람이 도라고 해도 좋고 구원이라고 해도 좋은 것을 내부에서 찾지 않고 외부에서 구하려고 한다. 그러나 노자는 "구하면 얻을 수 있다고 말하지 않았던가?" 이 한마디로 도는 자신의 안에서 찾아야 함을 분명하게 밝힌다.

"죄가 있더라도 사면된다"는 구절도 비슷한 맥락의 언급이다. 《논어》 〈팔일(八佾)〉 편에는 "하늘에 죄를 지으면 빌 곳이 없다(獲罪於天 無所禱也)"는 구절이 나온다. 죄는 누가 용서해주고 말고 할 성질의 것이 아니라는 이야기다. 공자는 특정한 신에게 빌어야만 죄를 용서받을 수 있다고 생각하지 않았다. 오히려 스스로의 도덕적 실존을 강조했다. 이 점에서는 노자 역시 비슷한 관점을 갖고 있다. 진정으로 참회하고 반성하는 것이 사면의 근본적인 전제라고 노자는 말한다. 외적 존재에 의해 나의 죄가 사면될지의 여부가 결정된다고 생각하는 것은 도를 외부에서 구하는 것과 다르지 않다.

도는 만물에 존재하고 내 안에도 존재하기에 희귀하지 않다. 그러나 사람들은 밖에서만 도를 찾아 헤매기에 수고롭기만 할 뿐 자기 안에 존재하는 도를 보지 못한다. 도는 천하에서 가장 귀한 것이지만, 내 안에도 존재하기에 희귀하지 않다.

63장

가벼운 승낙은 믿음이 적은 법

함이 없음을 하고, 일 없음을 일 삼고. 무미(無味)함을 맛본다. 크든 작든, 많든 적든 간에 덕으로써 원(怨)을 갚는다. 어려운 일은 그 쉬움에서 도모하고, 큰 일은 그 작은 데서 (처리)한다. 천하의 어려운 일은 반드시 쉬운 일에서 일어나고, 천하의 큰 일은 반드시 작은 일에서 생겨난다. 그러므로 성인은 끝내 큰 일을 하지 않기에 능히 큰 일을 이룰 수 있다. 대저 쉽게 하는 승낙은 반드시 믿음이 적고, 쉬움이 많으면 반드시 어려움이 많아진다. 이런 까닭에 성인은 오히려 일을 어렵게 여기므로 끝내 어려움이 없다.

爲無爲 事無事 味無味 大小多少 報怨以德 圖難于其易 爲大于
위무위 사무사 미무미 대소다소 보원이덕 도난우기이 위대우
其細 天下難事 必作于易 天下大事 必作于細 是以聖人終不爲大
기세 천하난사 필작우이 천하대사 필작우세 시이성인종불위대
故能成其大 夫輕諾必寡信 多易必多難 是以聖人猶難之
고능성기대 부경낙필과신 다이필다난 시이성인유난지
故終無難
고종무난

"무위를 행한다(爲無爲)"는 말이 아무것도 하지 않으며 무위도식하는 것을 의미하지 않음은 물론이다. 우리는 앞에서 노자의 무위(無爲)가 단순히 함이 없음이 아니라 개인의 사적 욕망에 근거한 작위적 행위를 하지 않는다는 의미에 가깝다는 것을 보았다. 무위는 작위적, 분별적 행위가 없음일 뿐이다. "일 없음을 일 삼는다"라는 말도 억지로 뭔가를 꾸며내려고 하지 않는다는 것이다. 이는 자연이 봄에 꽃을 피우고 가을에 열매를 맺게 하는 것을 일 삼지 않듯이 시간의 흐름과 함께 자연히 이루어지는 것을 자신의 일로 여긴다는 의미에 가깝다.

"무미(맛없음)를 맛본다"는 구절을 보면 나는 탄산음료나 과즙음료 등을 무척 좋아하던 내 어린 시절을 떠올리게 된다. 그런데 나이가 들면서 점차 청량음료보다 그냥 맹물이 더 좋아지는 것이 아닌가? 나는 아직도 도를 알지 못하고 그 근처에도 가지 못하고 있지만, 나이가 들면서 맹물의 맛없음을 맛보는 것을 조금이나마 즐길 수 있게 됐다. 노자의 "무미를 맛본다"는 구절은 어떤 일에든 자기 욕망을 개입시키지 않고 담백함으로 세상과 대면하는 맛과 멋을 알게 된 경지를 말하는 것으로 보인다.

다음 구절 "대소다소(大小多少)"는 주석가마다 해석이 달라 누구의 해석이 노자의 본의에 더 가까운지를 짐작하기가 어렵다. 이것을 "작은 일을 크게 여기고, 적은 것을 많게 여긴다"로 풀면 뒤에 나오는 "어려운 일은 그 쉬움에서 도모하고, 큰 일은 그 작은 데서 (처리)한다(圖難于其易 爲大于其細)"와 비교적 호응이 잘 되지만 바로 뒤의 구절 "덕으로써 원한에 보답한다(報怨以德)"와는 호응이 잘 되지 않는다. 이와 달리 이것을 "큰 일이건 작은 일이건, 많은 것이나 적은 것이나"의 뜻으로 풀면 "덕으로써 원한에 보답한다"와는 비교적 호응이 잘 되지만 "어려운 일은 그 쉬움에서 도모하고, 큰 일은 그 작은 데서 (처리)한다"와는 호응이 잘 되지 않는다. 나는 노자가 22장에서 "굽은 것은 온전하여진다는 옛말이 어찌 허언이겠는가(古之所謂曲則全者 豈虛言哉)"라고 말한 데서 볼 수 있듯이 일상용어를 사용해 자신의 사유를 표현했음에 비추어 "대소다소 보원이덕(大小多少 報怨以德)"을 "크든 작든, 또는 많든 적든 간에 덕으로써 원(怨)을 갚는다"의 의미로 본다.

지금은 고인이 된 노회찬 의원이 생전에 한 강연을 바탕으로 그가 영면한 뒤에 제작되어 발간된 책 《우리가 꿈꾸는 나라》에는 다음과 같은 서술이 나온다.

> 진보를 좋아하고 진보를 지향하는 사람들 속에 가장 부족한 것이 다원주의(인 탓에) 다양성에 대한 이해와 관용의 태도가 굉장히 부족하다는 생각을 합니다. 자기하고 견해가 다르면 그것이 작은 일이든 큰 일이든 선을 확 그어버리는 거죠. 저는 진보가 진보답지 않으면 보수를 이길 수 없다고 봐요. 자기가 지향하는 가치가 진보라는 이유로 자신의 모든 것을 다 합리화할 순 없는 것이고 끊임없이 진보는 진보적인 방식으로 풀려고 노력해야 하는데, 오히려 바깥에서 진보세력을 볼 때 편협해 보이는 것이 현실이고 이것이 전혀 근거가 없는 말은 아니라는 것이죠.[122]

---

122 노회찬, 《우리가 꿈꾸는 나라》 (파주: (주)창비, 2018), 164~165쪽.

나는 작은 일이든 큰 일이든 자신과 생각이 다르면 분별하고 배척하려는 태도의 문제점을 지적한 고 노회찬 의원의 이 말에 스스로를 반성하게 된다. 나를 포함해 많은 사람이 특히 나이가 들어가면서 자신과 생각이 다른 사람을 시대와 공간을 공유하는 공존의 대상으로 보지 않고 배척의 대상으로만 여기는 경향이 있는데, 이런 태도는 사회를 건강하게 하는 데 별로 도움이 되지 않는다.

고 노회찬 의원은 진보정치인으로서 진보가 편협한 사고에 빠져 있으면 보수를 이길 수 없다고 말했지만, 나는 그의 말이 진보에만 해당되는 것은 아니라고 생각한다. 보수를 지향하는 사람들에게도 그 논리는 동일하게 적용된다. 남녀노소를 불문하고 자신의 사유와 다른 사유, 자신의 가치와 다른 가치를 인정하고 존중하는 태도야말로 노자가 말하는 '성인(聖人)'이 갖추어야 할 덕목이다. 나는 노자가 말하는 성인의 경지에는 다다르기 어렵다는 것을 스스로 인정하지 않을 수 없다. 그러나 타인의 사유와 가치를 존중하는 것은 우리 시대의 성인(成人)들이 갖추어야 할 태도라고 생각한다.

어린아이는 자기 생각대로 되지 않으면 "나 밥 안 먹어"와 같은 투정으로 자기 의사를 표현하고 의지를 관철하려고 하는, 그야말로 유치한 행위를 하곤 한다. 어린아이의 투정은 때론 귀엽기도 하지만, 많은 사람들이 법률적으로 성인이 되어서도 자기의 생각과 다른 생각을 이해하거나 존중하지 못하고 유아적 상태에 머물러 있다면 우리 사회의 철학적 빈곤을 걱정하지 않을 수 없다. 나는 유아기의 유치함에서 얼마나 벗어나 있는지를 스스로 돌아본다.

고 노회찬 의원이 생전에 《도덕경》의 "대소다소 보원이덕(大小多少 報怨以德)"이라는 구절을 읽었는지 여부를 나는 알지 못한다. 그러나 그가 한 말은 이 구절의 핵심을 관통한다. 큰 일이든 작은 일이든 관대한 태도로 남을 대하고 많게든 적게든 타인에게 관용을 베풀라는 것은 "크든 작든, 또는 많든 적든 간에 덕으로써 원을 갚는다"는 구절의 핵심적인 의미라고 나는 생각한다.

"도난우기이(圖難于其易)"로 시작되는 구절은 호미로 막을 일을 가래로도 막지 못한다는 우리의 속담과 상통한다. 쉬운 일이라고 얕잡아 보기에 일이 커지고, 일이 커진 후에는 문제를 해결하기 어렵다. 천하의 어려운 일도 작은 일에서 시작되므로 일이 커지기 전에 문제를 해결하려고 하는 것이 진정으로 현명한 사람의 행위 양식이다. 이 구절은 성인(聖人)은 작은 일도 큰 일로 변하여 어려움이 될 수 있다는 생각으로 모든 일에 임하기에 어려움을 당하지 않는다는 의미이기도 하고, 다른 한편으로는 작은 일이 큰 일이 되고 큰 일도 작은 일에서 시작되므로 두 가지가 명확히 구분되지 않는다는 의미이기도 하다. 난이(難易)가 상성(相成)하는 것처럼 대소(大小)가 상전(相轉)해서 대(大)가 소(小)가 되기도 하고 소(小)가 대(大)로 변화하기도 한다는 것이다.

성인은 일이 대사(大事)가 되기 전에 세미(細微)할 때 마치 큰 일을 처리하듯이 작은 일에 임하므로 끝내 큰 일과 맞닥뜨리지 않는다. 성인이 능히 큰 일을 이룰 수 있는 이유가 바로 여기에 있다.

"가벼운 승낙은 반드시 믿음이 적은 법이다(夫輕諾必寡信)"라는 구절은 나로 하여금 사마천이 지은 《사기》〈자객열전(刺客列傳)〉에 나오는 섭정(聶政)이라는 인물을 떠올리게 한다. 섭정은 사람을 죽이고 원수를 피해 제(齊)나라로 가서 가축 도살을 업으로 삼아 살고 있었다. 엄중자(嚴仲子)라는 사람이 한애후(韓哀侯)를 섬기다가 한의 재상 협루(俠累)와 틈이 생겼다. 엄중자는 주살당할까봐 두려워 도망해 떠돌아다니며 자신을 대신해 협루에게 보복해줄 사람을 찾았는데, 제(齊)나라에서 만난 이가 백정으로 위장하여 살고 있는 섭정(聶政)이었다. 엄중자는 섭정에게 예를 다함은 물론이고 많은 돈과 술로 그의 마음을 사고자 했다. 그러나 섭정은 엄중자의 부탁을 들어주지 않으면서 이렇게 말했다. "노모가 계셔서 내 몸을 남에게 감히 허락할 수 없소." 섭정은 노모가 돌아가신 뒤에야 엄중자의 부탁을 받아들였고, 결국 협루를 암살했다.

노자는 큰 일은 작은 일에서 생겨난다고 했다. 쉽게 들어줄 수 있을 듯한 부탁도 좀 더 신중하게 생각해보면 쉽지 않은 일인 경우가 많다. 작은 일이라고 생각해 쉽게 허락해버리면 나중에 자신의 말을 뒤집어야 할 때가 올 수도 있다. 작고 쉽다고 생각되는 일도 신중하게 결정해야 하는 이유가 여기에 있다. 노자는 작은 일이 곧 큰 일이고 쉬운 일이 어려운 일과 별개로 존재하지 않기에 세상 사람들이 쉽다고 생각하는 일에도 경솔하게 행동하지 말라고 말한다. 성인(聖人)은 쉬운 일을 오히려 어렵게 생각하기에 끝내 어려움에 봉착하지 않고, 그러므로 성인에게는 어려움이 없는 것이다.

64장

작위적 욕심이 일을 그르친다

안정된 것은 유지하기가 쉽고, 아직 조짐이 없는 것은 도모하기가 쉬우며, 무른 것은 나누기가 쉽고, 미세한 것은 흩어버리기 쉬우니 아직 (조짐이) 있지 않을 때 처리하고, 어지러워지기 전에 다스려야 한다. 아름드리 나무도 터럭 끝 같은 싹에서 생겨나고, 구층 누각도 (한 줌) 흙을 쌓는 데서 시작하며, 천 리 길도 발 아래에서 시작된다. 뭔가를 함부로 하고자 하는 자는 실패할 것이요, 집착하는 자는 잃을 것이다. 이런 까닭에 성인은 함부로 작위하지 않으니 실패함이 없고, 집착하지 않기 때문에 잃음도 없다. 세상 사람들이 일에 종사함에 항상 거의 성공하려다가 실패함이 많으니 마지막도 처음처럼 신중하게 처리하면 실패하는 일이 없을 것이다. 이런 까닭에 성인은 아무것도 바라지 않게 되기를 바라고, 얻기 어려운 재화를 귀하게 여기지 않으며, 배우지 않음을 배워서 많은 사람이 지나치게 극단으로 치우친 바를 되돌리고, 만물의 스스로 그러함에 의지할 뿐 감히 작위하려고 하지 않는다.

其安易持 其未兆易謀 其脆易判 其微易散 爲之於未有 治之于未
기안이지 기미조이모 기취이판 기미이산 위지어미유 치지우미
亂 合抱之木 生於毫末 九成之臺 起于累土 千里之行 始於足下
란 합포지목 생어호말 구성지대 기우누토 천리지행 시어족하

爲者敗之 執者失之 是以聖人無爲 故無敗 無執 故無失 民之

위자패지 집자실지 시이성인무위 고무패 무집 고무실 민지

從事 常於幾成而敗之 愼終如始 則無敗事 是以聖人欲不欲 不

종사 상어기성이패지 신종여시 즉무패사 시이성인욕불욕 불

貴難得之貨 學不學 復衆人之所過 以恃萬物之自然 而不敢爲

귀난득지화 학불학 복중인지소과 이시만물지자연 이불감위

이 장은 앞 장의 "어려운 일은 그 쉬움에서 도모한다(圖難于其易)"는 구절에 대한 부연 설명으로 볼 수 있다. 개인적인 일에서부터 국가 경영에 이르기까지 한번 안정이 깨진 것을 회복시키려면 더 많은 노력이 필요하다는 것을 우리는 경험으로 안다. 큰 일이 되기 전에 일을 처리하고, 어지러워지기 전에 잘 다스려야 실패가 적다.

"아름드리 나무도 터럭 끝 같은 싹에서 생겨나고, 구층 누각도 (한 줌) 흙을 쌓는 데서 시작하며, 천 리 길도 발 아래에서 시작된다"는 구절은 15장의 "누가 능히 탁함으로써 더러움을 진정시켜 서서히 맑게 할 수 있겠는가? 누가 능히 편안히 오래 움직여 서서히 생겨나게 할 수 있겠는가?(孰能濁以靜之徐淸 孰能安以久動之徐生)"라는 구절과도 관련된다. 15장에서 설명했듯이 탁한 물을 빨리 정화하려고 하기보다는 탁함이 서서히 가라앉기를 기다리는 것이 자연의 모습이며, 하루 동안의 햇볕만으로는 곡식이 익지 않으므로 서서히 만물을 성장시키는 것이 도의 모습이다.

아름드리 나무는 하루아침에 이루어지지 않고, 구층 누대는 일순에 완성되지 않는다. 그런데 인간은 어제 심은 씨앗이 하루빨리 발아해 열매를 맺기를 바라고, 구층 누대를 한시라도 빨리 완성하지 못해 안달한다. 오래 움직여 서서히 생겨나게 하는 도의 자연스러움에서 벗어나 빨리 결과를 내고자 순리에서 벗어나고 성과에만 집착한다. 그러나 일을 억지로 하는 자는 실패하고, 무엇인가에 집착하는 자는 그것을 잃는다. 자연에는 비약이 없다. 봄 다음에 가을이나 겨울이 오는 법이 없다. 자연스러운 도의 진행에 따르지 않는 것은 성공할 수 없고, 설령 잠시 성공한 것처럼 보이더라도 오래 지속될 수 없다. 성인이 실패하지 않는 것은 억지스러운 작위가 없고 자연의 순리에 따르기 때문이요, 성인이 잃음이 없는 것은 뭔가를 움켜쥐려고 하지 않기 때문이다. 움켜쥐고 놓지 않으려는 집착이 없는데 무엇을 잃겠는가?

나는 간혹 프로야구 경기를 관람한다. 그런데 어쩌다 찾은 경기마다 우연이었는지는 모르겠지만 비슷한 경기 패턴을 본 기억이 있다. 내가 관람한 경기에서 투수가 4회까지는 공을 잘 던지다가도 승리투수가 되는 기준인 5회를 넘기지 못하고 무너지곤 했다. 특히 투수가 신인이거나 무명선수인 경우에 그런 경향이 더 두드러지는 듯했다. 이 장의 "세상 사람들이 일에 종사함에 항상 거의 성공하려다가 실패함이 많으니 마지막도 처음처럼 신중하게 처리하면 실패하는 일이 없을 것이다(民之從事 常於幾成而敗之 愼終如始 則無敗事)"라는 구절이 바로 그러한 상황을 직접적으로 표현한 것이 아닌가 싶다.

그 투수들은 4회까지는 잘 던지다가 한 고비만 넘기면 그 경기의 승리투수가 되는 상황에서 왜 무너지는 경향을 보였을까? 나는 야구에 대한 전문적 지식이 없기에 그 원인을 분석할 능력은 없다. 다만 추측하건대 신인이나 무명인 투수는 4회까지는 밑져야 본전이라는 생각으로 욕심 없이 기량을 발휘했을 것이다. 그런데 한 회만 더 공을 잘 던지면 승리투수가 될 수 있다는 생각이 욕심을 일으켜 공을 무리하게 던지게 된 것이 아닐까?

사심 없이 시작한 일이 성과를 보이기 시작하면 내면에서 욕심이 발동한다. 이런 욕심의 개입이 일을 무리하게 추진하게 만들어 순리에서 벗어나게 해 일을 그르치게 되는 것이다. 투수의 욕심은 자신이 승리투수가 되지 못하고 팀이 패배하는 결과를 낳는 데 그치지만, 지배계층의 욕심은 사회 전체를 혼란에 빠뜨릴 수 있다.

그 다음에 나오는 "성인은 아무것도 바라지 않게 되기를 바란다(聖人欲不

欲)"는 구절은 《그리스인 조르바》를 쓴 니코스 카잔차키스가 생전에 미리 써 놓았다는 그의 묘비명을 떠올리게 한다. 그의 묘비명은 이렇다. "나는 아무것도 바라지 않는다. 나는 아무것도 두려워하지 않는다. 나는 자유(롭)다."

지위를 탐하고 재물을 욕심내는 사심이 세상의 여여함을 왜곡시키기도 한다, 권력을 획득하고 지배자가 되고자 하는 욕망으로 무고한 사람들을 죽이고, 재물을 축적하고자 하는 욕망으로 많은 사람을 경제적 고통에 빠뜨리며, 영토를 넓히고자 하는 욕심으로 전쟁을 일으켜 세상 사람들을 죽음으로 몰아넣는다. 자신의 욕망을 이루기 위해 타인의 자유를 억압하지만 자신조차도 자유롭지 못하고 번뇌에 휩싸이는 것이 나를 비롯한 많은 사람의 모습이다. 성인은 사적인 지배 욕망을 일으켜 도의 스스로 그러함에서 벗어나지 않기에 타인을 괴롭히고 자신마저도 번뇌에 휩싸이는 일을 만들지 않는다.

"복중인지소과(復衆人之所過)"라는 구절을 번역할 때는 과(過) 자를 어떻게 옮길 것인지가 문제가 된다. 일부 주석가는 과(過)를 사람의 허물이라고 보아 이 구절을 "사람의 허물이나 과오를 회복시킨다"로 옮긴다. 이것이 근거 없는 번역은 아니지만, 나는 과(過)를 허물보다는 지나침의 의미로 본다. 그래서 이 구절을 사람들이 무엇인가를 지나치게 추구하는 것을 일상적, 상식적이고 자연스러운 상태로 되돌린다는 의미로 해석한다.

성인은 지나친 권력욕으로 타인을 억압하고 타인을 죽음으로 몰아넣는 상황을 만들지 않는다. 그것은 상식을 벗어난 과도한 욕망 추구이기 때문이다. 춘추전국시대에 제후들의 지배욕과 영토 확장을 위한 전쟁이 수많은 사람을 죽음으로 몰아넣었다. 그러한 욕망 추구는 성공한다고 해도 대원(大怨)을 남길 뿐이었다. 우리 역사에서 자신의 권력을 영속화하고 국가권력을 사유화하려는 시도가 권력자 자신에게만이 아니라 국민에게 많은 상처를 낸 사례들을 생각해보면 이 구절의 의미가 좀 더 쉽게 이해될 것이다.

지나친 쾌락 추구는 자신을 병들게 하고 사회를 타락시킨다. 설령 그것이 행복을 주는 일이라 할지라도 성인은 극단적인 데로 나아가지 않고 만물의 자연스러움에 행위의 근거를 둔다. 성인은 지나친 미식(美食)을 추구하지도 않지만 그렇다고 거친 음식만을 추구하지도 않고, 백성에게 거친 음식만을 강요하지도 않는다. 만물의 자연스러움에 근거하고, 그것에서 벗어나는 일을 감히 하지 않는 것이다.

65장

우직함으로 다스리면

옛날에 도를 잘 행한 사람은 백성을 총명하게 하려고 하지 않고 우직하게 하려고 했다. 백성을 다스리기 어려운 것은 (백성에게) 분별적 지식이 많기 때문이다. 그러므로 분별적 지식으로 나라를 다스림은 나라의 적이고, 분별적 지식으로 나라를 다스리지 않음이 나라의 복이다. 이 두 가지를 아는 것이 또한 본받을 만한 법식이 되고, 그 법식을 능히 아는 것을 일러 현묘한 덕이라고 한다. 현묘한 덕은 심원하고 물리(物理)에 반대되는 듯하지만 마침내는 도에 크게 순응함에 이른다.

古之善爲道者 非以明民 將以愚之 民之難治 以其智多
고지선위도자 비이명민 장이우지 민지난치 이기지다
故以智治國國之賊 不以智治國國之福 知此兩者亦楷式
고이지치국국지적 불이지치국국지복 지차양자역해식
能知楷式 是謂玄德 玄德深矣 遠矣 與物反矣 乃至於大順
능지해식 시위현덕 현덕심의 원의 여물반의 내지어대순

이 장은 우민화(愚民化)를 말하는 것이라고 해서 논란이 많다. 우민화가 아니라는 많은 주석가의 변론에도 불구하고 그런 오해의 소지가 전혀 없지는 않다. 그러나 이 장의 "옛날에 도를 잘 행한 사람은 백성을 총명하게 하려고 하지 않고 우직하게 하려고 했다(古之善爲道者 非以明民 將以愚之)"는 구절을 나치의 선전상 요제프 괴벨스(Joseph Goebbels)의 국민선동 술책이나 독재정권이 흔히 구사하는 3S(스포츠, 섹스, 스크린) 정책과 같은 선상에서 이해해서는 안 된다.

괴벨스는 "한 번 한 거짓말은 거짓말일 뿐이지만, 천 번을 반복한 거짓말은 진실이 된다"고 말했다. 간단히 말해 지배자들이 원하는 대로 국민이 믿도록 국민을 속이고 끊임없이 세뇌시키라는 의미다. 괴벨스의 선전선동이나 독재정권의 3S 정책이 약삭빠른 술책으로 인민을 우매하게 만드는 기만정책이라면, "옛날에 도를 잘 행한 사람(古之善爲道者)"의 다스림은 그 자신이 우직함으로 인민을 대하는, 그래서 우직함으로 우직함을 이끌어내는 곧음의 정치, 정직함의 지배에 가깝다.

"백성을 다스리기 어려운 것은 (백성에게) 분별적 지식이 많기 때문이다(民之難治 以其智多)"와 "분별적 지식으로 나라를 다스림은 나라의 적이고, 분별적 지식으로 나라를 다스리지 않음이 나라의 복이다(故以智治國國之賊 不以智治國國之福)"라는 두 구절 가운데 방점은 후자에 있다고 나는 생각한다. 백성이 교묘한 꾀를 내고 술수를 쓰는 것은 지배계층이 바로 그런 방식으로 인민을 다스리려고 하기 때문이다. 지배계층이 내 편과 네 편을 가르고 손익을 가르는 분별지로 나라를 다스리면 백성 또한 분별지에 매몰되어 각자가 나와 내 가족, 내 지역, 내 집단을 앞세우게 된다는 것이다.

《맹자》의 〈양혜왕장구상〉에서 맹자는 "왕께서 어떻게 하면 내 나라를 이롭게 할까 하고 말하시면 대부(大夫)들은 어떻게 하면 내 집안을 이롭게 할까 하며, 사서인(士庶人)들은 어떻게 하면 내 몸을 이롭게 할까 할 것입니다. 윗사람과 아랫사람이 서로 이익을 다투면 나라가 위태로워집니다."[123]라고 말했다.

맹자는 이익으로 사람들을 꾀거나 유인하지 말라고 했고, 노자는 약삭빠른 분별지로 사람들을 유인하지 말라고 했다. 나는 맹자와 노자가 표현을 서로 달리 했지만 주장하고자 하는 본의는 크게 다르지 않다고 생각한다.

조선시대에는 성리학 이외의 철학 체계가 이단으로 여겨진 탓에 주기론을 주장한 이율곡마저도 한때 불교에 심취했다는 이유로 곤욕을 치러야 했다. 현대에 들어서도 일부에서는 유가와 도가 사이에 큰 차이가 있는 것으로 생각한다. 그러나 나는 둘 사이에 여러 가지 차이가 있음은 분명하지만 그것이 우리가 일반적으로 생각하는 만큼의 커다란 차이는 아니며, 더욱이 화해할 수 없을 정도의 적대적 차이는 아니라고 본다.

이어지는 구절 "이 두 가지를 아는 것이 또한 본받을 만한 법식이 되고, 그 법식을 능히 아는 것을 일러 현묘한 덕이라고 한다"에서 "이 두 가지를 안다"는 "분별적 지식으로 나라를 다스림은 나라의 적"임과 "분별적 지식으로 나라를 다스리지 않음이 나라의 복"임을 아는 것이다. 여기에 나오는 "현묘한 덕(玄德)"이라는 표현은 10장과 51장에 이미 나온 바 있다. 또한 56장에는 현동(玄同), 10장에는 현람(玄覽), 15장에는 현통(玄通)이라는 말이 나온다. 1장에

123 《맹자》 <양혜왕장구상(梁惠王章句上)>. 王曰何以利吾國 大夫曰何以利吾家 士庶人曰何以利吾身 上下交征利而國危矣.

서는 노자가 "함께 일컬어 현묘하다고 한다. 현묘하고 또 현묘하도다. 모든 현묘함이 나오는 문이여(同謂之玄 玄之又玄 衆妙之門)"라고 하기도 했다. 노자는 이처럼 현(玄) 자를 곳곳에서 사용했는데, 이는 아마도 도는 인간의 언어로는 표현하기 어려운 현묘함을 지니고 있어 명확히 정의되지 않는다는 의미를 강조하기 위한 것으로 보인다.

대부분의 통치 행위가 그렇지만 특히 현대의 통치 행위는 지식권력과 관련이 깊다. 그런데 노자는 분별적 지식으로 다스리지 않는 것이 나라의 보배라고 말한다. 사람들은 흔히 기발한 정책을 입안하고 효과적일 것으로 생각되는 정책수단을 도입하는 것이 통치자의 일이라고 생각하지만, 노자는 오히려 통치자에게 교묘한 지혜를 내지 말라고 한다. 노자의 주장은 쉽사리 이해되지 않는 부분이 있다. 우직함으로 우직함을 다스린다는 원리가 무엇을 의미하는지를 실제로 많은 제후들이 이해하지 못했을 것이다. 그들이 이해하지 못한 것은 이 원리가 쉽사리 표현되지도, 설명되지도 않기 때문이다. 그래서 현묘한 덕이라고 할 수밖에 없고, 달리 표현할 방법이 없다.

이 장에서 가장 많은 논란이 돼온 구절이 "여물반의(與物反矣)"다. 소자유는 "덕과 지혜는 상반된다(德與智固相反)"고 주석해서 반(反)을 서로 반대된다는 의미로 풀었고, 왕필은 "그 참모습(도)으로 돌아간다(反其眞也)"고 주석해서 돌아간다는 의미로 풀었다. 한편 김형효는 "사물과 함께 반복된다"[124]고 해설하여 반복된다는 의미로 풀었다. 셋 다 나름의 논리적 타당성이 있어 보인다. 어떤

---

124 김형효, 《사유하는 도덕경》 (서울: 소나무, 2004), 468쪽.

풀이가 노자의 본의에 더 가까운지는 논하기가 쉽지 않다. 그렇지만 나는 이 장의 앞부분에 우민화 정책을 권고한 것으로 읽힐 수도 있는 내용이 있음을 고려하면, 사물의 물리(物理)와 이치에 부합되지 않고 반대되는 것처럼 보이지만 우직함으로 다스리는 것이 마침내는 도에 순응하는 것이라는 의미에 가깝다고 본다.

교묘한 지혜를 쓰고 묘책을 강구하는 것이 잘 다스리는 길이 아니며, 성실하고 우직함으로 다스릴 때 백성의 신뢰가 쌓여 결국은 잘 다스리게 된다는 것을 노자는 강조한 것이다. 뭔가를 감추기에 급급하거나 백성을 기만하고 자신의 권력욕을 마치 백성을 위한 것인 양 꾸미는 것이야말로 노자가 말한 분별적 지식으로 다스림이다. 장기집권을 획책하다가 불행을 자초한 과거의 지도자들에게 필요했던 것은 교묘한 미사여구나 선전선동을 통한 자기합리화가 아니라 노자가 이 장에서 말하는 우직함이었다. 이 장은 우리나라가 오랜 세월 혼란스러웠던 것은 지도자들에게 지혜가 모자라서가 아니라 솔직한 성실함과 우직함이 없어서였던 것은 아닌가 하는 생각이 들게 한다.

66장

다투려 하지 않기에 성인과는 다툴 수 없다

강과 바다가 모든 골짜기의 왕이 될 수 있는 까닭은 (자신을) 낮추기를 잘하기 때문이다. 그래서 모든 골짜기의 왕이 될 수 있다. 이로써 성인은 사람들의 위에 서고 싶으면 말로써 자신을 낮추고, 사람들보다 앞서고 싶으면 몸을 뒤로 한다. 이 때문에 (성인은) 위에 처하더라도 사람들이 무겁게 여기지 않고, 앞서 있어도 사람들이 (그를) 방해하지 않는다. 이런 까닭으로 천하가 그를 즐겨 추대하고 싫어하지 않으며, (성인은) 다투지 않기에 천하가 그와 다툴 수 없다.

江 海 所 以 能 爲 百 谷 王 者　以 其 善 下 之　故 能 爲 百 谷 王
강 해 소 이 능 위 백 곡 왕 자　이 기 선 하 지　고 능 위 백 곡 왕
是 以 聖 人 欲 上 人　以 其 言 下 之　欲 先 人　以 其 身 後 之　是 以
시 이 성 인 욕 상 인　이 기 언 하 지　욕 선 인　이 기 신 후 지　시 이
處 上 而 人 不 重　處 前 而 人 不 能 害　是 以 天 下 樂 推 而 不 厭
처 상 이 인 부 중　처 전 이 인 불 능 해　시 이 천 하 낙 추 이 불 염
以 其 不 爭　故 天 下 莫 能 與 之 爭
이 기 부 쟁　고 천 하 막 능 여 지 쟁

이 장은 8장을 자세히 설명한다는 느낌을 준다. 8장에서 노자는 "최고선은 물과 같다. 물은 만물을 잘 이롭게 하면서도 다투지 않는다. 뭇사람이 싫어하는 곳에 처하기에 도에 가깝다(上善若水 水善利萬物而不爭 處衆人之所惡 故幾於道)"고 했다.

사람들은 위에 서고자 하나 물은 항상 아래로 흐른다. 물은 사람들이 싫어하는 낮은 곳에 처하기에 도에 가깝다고 노자는 말한다. 강과 바다는 가장 낮은 곳에 있기에 모든 물을 받아들일 수 있고, 백곡(百谷, 모든 골짜기)의 왕이 된다. 사람도 강과 바다처럼 자신을 낮출 수 있어야만 모든 사람의 왕이 될 수 있다는 것이다. 과거에 임금들은 자신을 덕이 적은 사람이라는 의미를 지닌 말인 과인(寡人)이라고 불렀다. 그들이 실제로 겸양의 미덕을 실천했는지는 모르겠으나 적어도 겸양을 표방했음은 분명해 보인다.

승진해서 이사가 된 회사원 친구가 김 상무나 김 전무라고 직함으로 불러주지 않고 이름을 불렀다고 서운해 하거나 이사관이나 차관으로 승진한 공무원 친구가 직책이나 직급으로 불러주지 않았다고 기분 상해하는 경우를 간혹 본다. 공적인 자리에서라면 직함이나 직책, 직급으로 불러주는 것이 좋겠지만, 친구 사이에서 이름으로 불렀다고 해서 불쾌한 감정을 갖는 것은 자신을 내세우고자 하는 욕망이 크기 때문일 것이다.

교수로 불리고 싶어 한 사람이 정작 교수가 되면 방향을 잃고 표류하는 경우가 많다. 교수가 되어 무엇을 하겠다는 학문적 지향 없이 오로지 교수가 되는 것이 목적이었기 때문일 것이다. 대통령이 되는 것이 인생의 목표인 사람이 대통령이 돼서는 안 되는 이유도 바로 여기에 있다. 기업의 임원이 되건, 장차관이 되건, 교수가 되건, 대통령이 되건 그 자리에서 무엇을 하겠다는 철학이 확고하지 못한 상태에서 사적 지배욕 또는 권력이나 지위에 대한 선망만으로 자리를 탐한 탓에 막상 그 지위에 도달하면 방향을 잃고 표류하는 것이다. 그리고 실존이 아닌 지위에 연연하기에 한낱 호칭에도 감정을 상하는 것이 아닐까 싶다. 중요한 것은 호칭이 아니라 그 호칭에 걸맞은 실존이다.

노자는 이 장에서 "성인은 사람들보다 앞서고 싶으면 몸을 뒤로 한다"고 말한다. 사적 이익에 급급한 사람을 누가 지도자로 인정하고 그에게 심복하겠는가. 진정으로 사람들 위에 처할 수 있는 사람은 스스로를 낮추고, 상급자가 되어서도 하급자에게 부담을 주지 않는다. 상선약수(上善若水)의 덕, 가장 낮은 곳에 임하여 모든 물을 다 받아주는 겸양의 덕을 갖춘 사람은 권위를 내세우지 않기에 사람들이 그를 부담스러워하지 않는다.

점심식사 후 짧은 휴식 시간에 직원들끼리 대화를 나누고 있는데 부서장이 평소보다 일찍 들어와 다가오면 직원들이 대화를 멈추고 하나둘 자기 자리로 간다. 회사에서 이런 상황이 벌어진다면 그 부서장은 자신이 하급자들에게 부담스러운 존재임을 알아차려야 한다. 그런데 부서장이 하급자들과 담소를 나누고 있으면 다른 하급자들까지 그곳에 모여들어 즉석에서 부서 집담회가 이루어지기도 한다. "위에 처하더라도 사람들이 무겁게 여기지 않는다(處上而人不重)"라는 노자의 말이 어느 부서장의 경우에 해당하는지는 굳이 내가 말하지 않아도 될 것이다.

"앞서 있어도 사람들이 방해하지 않는다(處前而人不能害)"는 구절은 "사촌이 땅을 사면 배가 아프다"는 속담을 떠올리게 한다. 같이 입사한 동기생은 승진했는데 자신은 승진하지 못했을 때 섭섭하지 않았다고 한다면 거짓말을 하는 것이거나 진정으로 대인의 풍모를 지닌 사람일 것이다.

나를 포함해 많은 사람이 남을 시기하고 질투하는 마음을 갖고 있다. 그러기에 고속으로 승진하는 사람이 주위의 시기와 질투에 따른 견제로 나중에는 오히려 승진 경쟁에서 뒤처지는 경우도 없지 않다. 앞서 가는 사람은 관심의 대상이 되기도 하지만 견제와 방해의 대상이 되기도 하기 때문이다. 그런데 친구나 동료가 승진했을 때 마치 내가 승진한 것 같이 기쁜 경우를 간혹 경험한다. 동료가 승진했는데 마치 자신이 승진한 것처럼 기쁜 마음이 든다면 그 동료가 어떤 인성을 지녔는지 살펴보라. 그런 사람은 아마도 자신을 낮추고 자기 이익을 앞세우지 않는 이타적 성향을 지닌 사람일 가능성이 높다.

자신을 낮추고 사적 욕망을 앞세우지 않는 사람은 "천하가 그를 즐겨 추대한다"고 노자는 말한다. 그가 천거되어 승진하는 것을 천하가 모두 기쁨으로 삼는데 누가 그를 싫어하겠는가? 자신을 낮추고 자기 생각이 절대적일 수 없다는 것을 인정하여 자신만이 옳다는 생각에서 벗어난 사람은 선악이나 시비를 다투려 하지 않는다. 절대선이나 절대진리에 집착하지 않고 다투려하지 않기 때문에 어떤 사람이 그와 다투려 해도 다툴 수가 없다.

67장

세 가지 보물

천하가 모두 나의 도가 크기는 하지만 도 같지 않은 듯하다고 말한다. 오직 크기 때문에 도 같지 않아 보이는 것이다. 만약 도처럼 보였다면 오래 전에 약해지고 희미해졌을 것이다. 나는 세 가지 보물이 있어 소중하게 간직한다. 첫째는 자비로움이고, 둘째는 검소함이며, 셋째는 천하에 앞서 감히 무엇을 도모하겠다고 나서지 않음이다. 자비롭기에 능히 용감할 수 있고, 검소하기에 능히 광대해질 수 있으며, 천하에 앞서 감히 무엇을 도모하겠다고 나서지 않으니 능히 만인의 우두머리가 될 수 있다. 지금 그 자비로움을 버리고서 용감해지려고만 하고, 검소함을 버리고서 넓어지려 하며, 뒤로 물러남을 버리고서 앞서려고만 한다면 죽고 말 것이다. 자비로움으로 싸우면 이기고, 자비로움으로 지키면 견고하다. 천하가 장차 그를 구하여 자비로움으로 지켜줄 것이다.

天下皆謂我道大 似不肖 夫唯大 故似不肖 若肖 久矣其細也夫
천하개위아도대 사불초 부유대 고사불초 약초 구의기세야부
我有三寶 寶而持之 一曰慈 二曰儉 三曰不敢爲天下先 夫慈
아유삼보 보이지지 일왈자 이왈검 삼왈불감위천하선 부자

故能勇 儉 故能廣 不敢爲天下先 故能成器長 今舍其慈且勇
고능용 검 고능광 불감위천하선 고능성기장 금사기자차용
舍其儉且廣 舍其後且先 死矣 夫慈以戰則勝 以守則固 天將
사기검차광 사기후차선 사의 부자이전즉승 이수즉고 천장
救之 以慈衛之
구지 이자위지

이 장의 첫 구절 "천하가 모두 나의 도(道)가 크기는 하지만 도 같지 않은 듯하다고 말한다(天下皆謂我道大 似不肖)"는 아마도 노자가 자신의 사유를 피력하는 말을 들은 사람들이 "당신은 거대담론을 말하는데, 뜬구름 잡는 소리처럼 들릴 뿐이오"라는 식의 반응을 보인 것을 표현한 것이 아닐까 싶다. 당시의 사람들에게 노자의 사유는 현실성이 없는 것으로 여겨졌을 것이다. 그런 반응에 대해 노자는 이 장에서 이렇게 말한다. "나의 사유가 당신들이 도라고 여기는 것과 같은 종류였다면 벌써 오래 전에 사라져버렸을 것이오."

노자는 이어 "나는 세 가지 보물이 있다"고 말하는데, 이는 자신의 도가 일상에서 세 가지 덕목으로 나타난다는 의미일 것이다. 그 세 가지 덕목은 자비로움, 검소함, 겸양(천하에 앞서 감히 나서지 않음)이다. 이 부분은 29장의 "그러므로 성인은 극단의 심함과 사치스러움과 교만을 버린다(是以聖人去甚 去奢 去泰)"는 구절과 밀접하게 관련된다. 거심(去甚), 거사(去奢), 거태(去泰)는 각각 자비로움, 검소함, 겸양의 다른 표현이라고 봐도 무방할 것이다.

거심(去甚)은 간단하게 표현하면 극단을 피한다는 것이다. 프랑스 혁명 당시 로베스피에르의 선명성은 한편으로는 상대방에 대한 불관용을 함의하는 것이었다. 조선 시대에 사색당파 간 당쟁의 긍정적 기능이 없었던 것은 아니지만, 당쟁이 격화됐을 때 그 다툼은 상대 당에 대한 극단적 증오와 충돌로 변해갔다. 현대사에서도 진보당수 죽산 조봉암(曺奉岩, 1898~1959년)에 대한 이승만의 증오는 정치적 살인에 가까운 결과를 가져왔다. 이러한 역사적 사실은 모두 상대방에 대한 어떤 관용과 자비로움도 없는 극단적 사유의 결과다.

노자가 말하는 자비로움이 무엇인지를 말하기에 앞서 이런 질문을 던져보자. 나의 사유는 어떻게 내 것이 됐는가? 우리는 대한민국에서 태어나기 위해, 그리고 각자의 가정에서 태어나기 위해 어떤 노력을 했는가? 나는 어떤 노력도 없이 완전히 우연하게 대한민국에서 태어났고, 빈곤한 무신론적 분위기의 가정에서 성장했다. 내가 이슬람교도나 힌두교도가 되지 않은 것은 우연의 산물이다. 당신이 기독교도나 불교도가 된 것도 거의 우연에 따른 것일 가능성이 높다. 내가 사회복지나 분배문제에 관심을 갖고 평등화 기구로서 학교를 비롯한 교육제도를 바라보는 것은 나의 우연한 가정환경이 나에게 영향을 미쳤기 때문이다.

내가 우연히 이슬람교도가 되지 않았다고 해서 이슬람교도를 멸시하고 그의 종교적 신념을 무시하는 것은 정당화될 수 없다. 이슬람교도의 반기독교 정서가 부당한 것이라면 반대의 경우도 동일한 정도로 정의롭지 못하다. 우연에 의해 결정된 나의 가정적 배경이 나로 하여금 분배론자가 되게 했다면 내가 성장론자를 사회적 약자에게 냉혹한 이기주의자라고 매도할 수 있는가?

이는 개인의 차원을 넘어 사회의 건강성에 관한 문제다. 분배론자를 모두 빨갱이로 몰아세우거나 성장론자를 모두 수구기득권 세력으로 간주하는 태도의 기저에는 상대에 대한 증오와 파괴욕구가 자리 잡고 있다. 자신의 가치와 다른 가치, 자신의 태도와 다른 태도를 인정하는 폭이 좁을수록 그 사회는 갈등에 빠져들 위험이 크고, 그 폭이 넓을수록 그 사회는 건강한 방향으로 나아갈 가능성이 높다. 노자가 말하는 자비로움이라는 보물은 사회가 갈등과 파괴로 나아갈지, 서로에 대한 관용을 통한 공존으로 나아갈지를 좌우한다. 그래서 자비로움은 개인의 보물인 동시에 사회의 보물이 되는 것이다.

노자가 사용한 검(儉)이라는 글자는 검소함이라는 의미와 함께 무엇을 아끼고 사랑한다는 의미까지 함축하는 것으로 봐야 한다. 노자는 하찮게 보이는 사람이나 물건도 소중하게 다루고 아끼는 모습을 검(儉)이라는 글자로 표현한 것이다. 전장에서 이름 없이 죽어간 병사도 누군가의 아들이고 누군가의 아버지였을 것이다. 우리는 모두 소중한 존재이기에 서로 아껴주어야 한다. 현대 경제학의 용어를 빌려 말하면, 교환가치가 작다고 해서 함부로 대하지 않고 모든 재화를 소중하게 여기는 마음은 검소하고 절약하는 태도, 즉 검(儉)으로 표현될 수 있다.

《논어》〈팔일(八佾)〉 편에는 임방이 공자에게 예의 근본에 대해 묻는 장면이 나온다.

> 임방이 예의 근본에 대해 묻자 공자께서 말씀하셨다. 질문이 훌륭하구나. 예란 사치스럽기보다는 차라리 검소해야 한다.
>
> 林放問禮之本 子曰 大哉問 禮 與其奢也 寧儉

예의 근본은 검소함이라는 공자의 말은 격식과 사치스러운 장식이 예의 근본이라고 생각하는 세태에 대한 비판이었을 것이다. 《예기(禮記)》의 〈악기(樂記)〉 편에도 "대례필간(大禮必簡)"이라는 말이 나온다. 이는 위대한 예는 반드시 간소하다는 뜻이다. 만민에 대한 보편적 사랑인 겸애(兼愛)를 주장한 묵자(墨子)[125]는 장례마저도 간소화하라고 주장했다. 물론 예는 그 내용과 형식이 적절히 조화를 이루는 것이 바람직하다. 절약이 지나쳐 인색함으로 흐르는

125 본명은 묵적(墨翟). 공자보다 약간 후대의 인물로 기원전 470년경에 출생해 기원전 390년경에 사망한 것으로 추정된다.

것도 그리 바람직하지 않을 것이다. 그러나 검소함을 쪼잔함으로 격하하고 낭비하는 습관을 대범함으로 간주하는 우리 사회의 풍조는 긍정적으로 보이지 않는다.

세 번째 덕목은 겸양이다. 노자는 15장에서 좋은 선비의 모습을 "코끼리가 겨울에 내를 건너는 것처럼 머뭇거린다(豫若冬涉川)"고 표현했다. 이 장의 "천하에 앞서 감히 무엇을 도모하겠다고 나서지 않는다(不敢爲天下先)"는 구절 또한 항상 조심스럽기에 자신을 내세우지 않는 겸손함을 비유적으로 표현한 것이다.

"자비롭기에 능히 용감할 수 있다"는 구절은 무자비한 용감함이라면 그것은 폭력의 행사에 불과하다는 점을 일깨워준다. 사람에 대한 인자한 마음 없이 오직 지배영역을 넓히고 많은 사람을 통치하고자 용맹을 숭상하고 침략행위도 서슴지 않는다면 그것은 포악함이요 잔인한 광기에 지나지 않는다. 그런데 노자가 살았던 춘추전국시대에 그러한 모습을 보이는 사람들이 많았기에 노자는 자비로워야 진정으로 용감할 수 있다고 말한 것이다.

노자는 또한 검소하기에 진정으로 넓을 수 있다고 말한다. 어떤 사람은 재산이 많아 풍요롭게 살면서 자신의 그러한 생활을 해치지 않는 범위 안에서 간혹 상당한 금액을 사회에 기부한다. 어떤 사람은 경제적으로 굶지 않을 정도로 생활하면서 자신의 경제생활에 부담이 됨에도 씀씀이를 아껴서 적은 금액이나마 자신보다 어려운 사람들에게 선의를 베푼다. 두 사람 가운데 누가 진정으로 넓은 사람이라고 할 수 있는지는 굳이 말할 필요도 없을 것이다.

"천하에 앞서 감히 무엇을 도모하겠다고 나서지 않으니 능히 만인의 우두머리가 될 수 있다"는 구절도 노자가 살았던 춘추전국시대의 상황을 염두에 두고 읽어야 이해하기가 쉽다. 당시에 제후들은 천하를 안정시키기 위해서는 자신이 패자(霸者)가 되고 통일 군주가 돼야 한다는 야망을 품고 있었다. 자신이 앞장서서 천하를 안정시키겠다는 생각으로 가득 차 있었던 것이다. 그런데 그들이 그런 생각을 실현하는 과정에서 많은 사람이 생명을 잃었고, 천하는 오히려 피폐해졌다. 내가 앞장서서 천하를 위해 뭔가를 실현하겠다고 생각한 사람들은 대개 천하를 위해서가 아니라 자신의 지배 욕망과 권력욕을 위해서 다툼과 전쟁을 일삼았다. 세상을 위한다는 명분을 내세워 힘으로 자신의 욕망을 실현하려는 사람이 지배자가 될 수는 있지만, 그것은 피지배자가 그의 힘에 굴복한 것일 따름이다. 그런 사람이 만인과 만물이 인정하는 지도자가 될 수는 없다.

이어 노자는 당시의 제후들이 자비로움 없이 용맹만을 좋아하고, 검소하고 아끼는 마음 없이 넓어지려고만 하며, 뒤로 물러섬 없이 자신의 사적 욕망이나 이익만을 앞세우려고 하니 패망과 죽음만이 있을 뿐이라고 한탄한다. 자비로운 마음이 있는 사람은 전쟁을 피하려고 한다. 전쟁에서는 많은 사람이 죽는다는 것을 알기에 부득이한 경우가 아니면 전쟁에 나서려 하지 않는다. 병사들의 입장에서 전쟁은 자신이 죽을 수도 있음을 의미한다. 그런데 지배자나 장수가 전쟁을 일으키지 않음으로써 자신들의 생명을 지켜주려고 고심한다는 것을 아는 병사들은 오히려 전장에서 용맹을 발휘한다. 위나라 오기(吳起) 장군의 병사들이 바로 그런 경우다.

오기 장군은 병사들과 의식(衣食)을 같이 했고, 행군할 때 혼자 수레를 타지 않았으며, 잘 때 깔개를 쓰지 않았다. 전장에서도 자기가 먹을 양식은 직접 가지고 다니는 등 병사들과 동고동락했다. 하루는 오기 장군이 종기에 시달리는 병사의 다리에 입을 대고 고름을 빨아내어 주었다. 그런데 그 병사의 어머니는 이 소식을 전해 듣고 소리 내어 울었다. 어떤 사람이 "졸병에 지나지 않는 당신 아들을 장군이 몸소 고름을 빨아내어 치료해 주었다는데 왜 그리 슬프게 우는 것이오?"라고 물었다. 그러자 그 어머니는 이렇게 대답한다. "오기 장군께서 지난해에는 아이 아버지의 고름을 빨아내어 주셨는데, 아이 아버지가 장군의 은혜에 보답하고자 출전해 끝까지 적과 싸우다가 죽고 말았습니다. 이번에는 아들의 고름을 빨아내 주었다고 하니 이제 그 아이도 전사를 면치 못하게 될 것 같아 울고 있는 것입니다."

부득이하여 전쟁을 하게 되는 경우에도 생명을 아끼는 자비로운 마음을 잃지 않는 장수나 지배자를 위해 병사들은 목숨을 걸고 싸우므로 전쟁에서 승리할 수 있고, 정수나 지배자가 그와 같은 자비로운 마음으로 성을 지키면 그 방비가 더욱 견고해질 수 있다. 그래서 노자는 "자비로움을 잃지 않는 자, 그를 하늘도 구할 것이요 하늘도 자비로써 그를 지켜줄 것"이라고 말한 것이다.

68장

훌륭한 무사는 힘자랑하지 않는다

훌륭한 무사는 무력을 앞세우지 않고, 잘 싸우는 자는 화를 내지 않는다. 적과 싸워 잘 이기는 자는 다투지 아니하고, 사람을 잘 부리는 사람은 사람들의 아래가 된다. 이것을 일러 다투지 않는 덕이라 하고, 사람을 부리는 힘이라 하며, 하늘과 짝한다고 하는 것이니 옛날의 지극한 도이다.

善爲士者不武 善戰者不怒 善勝敵者不爭 善用人者爲之下
선위사자불무 선전자불노 선승적자부쟁 선용인자위지하
是謂不爭之德 是謂用人之力 是謂配天 古之極
시위부쟁지덕 시위용인지력 시위배천 고지극

"선위사자불무(善爲士者不武)"에서 사(士)를 '선비'로 풀어 이 구절을 "훌륭한 선비는 무력을 앞세우지 않는다"로 번역하는 이들도 있지만, 나는 사(士)를 무사(武士)로 보는 것이 더 자연스럽다고 생각한다. 무술의 고수일수록 무력을 감추고 잘 드러내지 않는다. 무술 수련이 덜 된 사람일수록 자신의 무력을 자랑하고 싶어 한다. 고수는 함부로 자기 힘을 드러내지 않는다. 화를 내는 것은 자신의 감정을 억누르지 못하고 있다는 의미다. 감정을 조절하지 못하고 싸우는 사람은 잘 싸울 수 없다.

클라우제비츠는 저서 《전쟁론》에서 "전쟁은 나의 의지를 관철하기 위해 적에게 굴복을 강요하는 폭력행위"라고 전쟁을 정의했다. 이는 곧 다른 방법으로 자신의 의지를 관철할 수 있다면 전쟁이라는 폭력적 수단을 사용할 필요가 없다는 의미이기도 하다. 전쟁을 통해 자신의 의지를 관철하려고 하면 수많은 인명과 재산 피해가 수반될 수밖에 없다. 그래서 손자(孫子)는 "오랫동안 전쟁을 하고도 이로운 국가는 없다(兵久而國利者 未之有也)"[126]고 단언했다.

최선의 길은 전쟁을 벌여 피해를 감수하면서 자신의 의지를 관철하는 것이 아니라 전쟁을 하지 않고도 자신의 의지를 관철하는 방법을 찾는 것이다. 그래서 노자는 이 장에서 "적과 싸워 잘 이기는 자는 다투지 않는다"고 말한다. 그러나 사실 노자는 자신의 의지를 타인에게 관철하려고 하는 태도 자체를 비판한다. 타인의 사유를 자신의 사유와 동화시키려고 하지 말아야 한다는 것이다. 따라서 노자의 "선승적자부쟁(善勝敵者不爭)"이라는 말은 "적과 싸

126 《손자(孫子)》 <전편(戰篇)>.

워 잘 이기는 자는 다투지 않는다"는 의미이기도 하지만 "잘 이기는 자는 다툴 이유가 없다" 또는 "적극적으로 다투려는 의지 없이 부득이해 싸우지만 이긴다"는 의미를 함축한다.

노자는 남을 잘 부리는 자는 사람들 위에 군림하고자 하지 않는다고도 한다. 사람들은 군림하려는 자의 힘이나 권세에 복종하더라도 진심을 다해 그를 섬기지는 않는다. 《맹자》의 〈이루장구하〉 편에서 맹자는 "천하가 마음으로 복종하지 않는데도 왕업을 이룬 자는 아직 있지 않았다(天下不心服而王者 未之有也)"라고 말한다. 우리는 앞에서 오기(吳起) 장군이 병사들 위에 군림하지 않고 진정으로 병사들과 고락을 함께했기에 병사들의 심복(心服)을 이끌어냈음을 보았다. 사람을 잘 부리는 사람은 하급자에게 오만하거나 자신의 권위를 내세우지 않는다.

마지막 구절에서 노자는 "이런 것을 일러 다투지 않는 덕이라 하고, 사람을 부리는 힘이라 하며, 하늘과 짝한다고 한다"고 말한다. 자연의 도는 먼저 꽃을 피우겠다고 다투지 않고, 만물을 낳지만 소유하려 들지 않으며, 물처럼 항상 낮은 곳으로 임한다. 하늘은 무력을 앞세우지 않고, 자기 의지를 관철하기 위해 억지를 부리지 않으며, 공을 다투지도 않는다. 이것이 하늘과 자연의 도이니 천도(天道)에 짝하는 사람은 무력을 앞세워 남을 자신의 의지에 동화시켜 지배하려 하지 않고, 남 위에 군림하려 들지 않는다. 그는 하늘의 도를 실천하는 사람이니 하늘과 짝한다고 할 수 있고, 지극한 덕을 지녔다고도 할 수 있다.

69장

전쟁을 주도하지 않는다

병서에 이런 말이 있다. 나는 감히 전쟁의 주체가 되지 않고 부득이하게 끌려 들어간 객체가 되며, 감히 한 치를 나아가지 않고 한 척을 물러난다. 이를 일러 행렬 없는 행군, 없는 팔뚝을 걷어붙임, 적 없는 나아감, 없는 병장기를 잡음이라고 한다. 적을 가벼이 여기는 것보다 큰 화가 없으니, 적을 가벼이 여기면 거의 나의 보배를 잃게 될 것이다. 그러므로 병기를 들고 서로 싸우면 슬퍼하는 자가 이긴다.

用兵有言 吾不敢爲主而爲客 不敢進寸而退尺 是謂行無行 攘無
용병유언 오불감위주이위객 불감진촌이퇴척 시위행무행 양무
臂 仍無敵 執無兵 禍莫大於輕敵 輕敵幾喪吾寶 故抗兵相加 哀
비 잉무적 집무병 화막대어경적 경적기상오보 고항병상가 애
者勝矣
자승의

이 장은 첫머리를 "병서에 이런 말이 있다"로 시작하는 것으로 보아 노자가 당시의 실제 병서를 인용한 것으로 보인다. 아마도 뒤의 두 구절 "나는 감히 전쟁의 주체가 되지 않고 부득이하게 끌려 들어간 객체가 되며, 감히 한 치를 나아가지 않고 한 척을 물러난다(吾不敢爲主而爲客 不敢進寸而退尺)"가 기록된 병서가 당시에 존재했을 것으로 추측된다.

노자는 앞의 31장에서 "군대라는 것은 상서롭지 못한 도구이고 군자가 다룰 만한 도구가 아니다. 부득이하여(어쩔 수 없이) 그것을 사용한다고 하더라도 고요하고 담담함을 지키는 것이 상책이다(兵者 不祥之器 非君子之器 不得已而用之 恬澹爲上)"라고 했다. 군대의 무력을 적극적, 능동적으로 운용하지 말고 부득이한 경우에 한해 사용하라는 것이다. 이 장의 "나는 감히 전쟁의 주체가 되지 않고 부득이하게 끌려 들어간 객체가 된다(吾不敢爲主而爲客)"는 구절은 31장의 "부득이하게 군대(무력)를 사용한다(不得已而用之)"와 같은 의미를 갖는다. 적극적으로 공격 의도를 드러내지 않고 소극적인 방어 태세를 갖추며, 능동적으로 나아가지 않고 오히려 피동적으로 물러나려 한다는 것이다. 나아가 전쟁에 이겨 영토를 빼앗았다고 해서 좋아할 일이 아니기에 소극적으로 임한다는 것이다.

과거에 침략전쟁이란 군대를 타국의 영토까지 행군시켜 무력을 행사해 타국의 영토나 주민, 재산을 빼앗는 것을 의미했다. 그런데 전쟁을 주도적으로 일으키지 않고 마지못해 참전할 수밖에 없는 상황에 처한 나라는 타국 영토에까지 행군할 필요가 없고, 참전하더라도 무력을 사용할 수밖에 없는 상황에 몰려 참전한 것으로 볼 수 있다.

조그만 꼬투리라도 잡아서 침략의 핑계거리로 삼고, 그러한 꼬투리가 없으면 일부러 만들어서 타국 영토를 침범한 전쟁의 사례는 이루 다 열거할 수 없을 정도로 많다. 통킹만 사건을 빌미로 한 베트남전쟁, 노구교(蘆溝橋) 사건이 발단이 된 중일전쟁이 대표적이다. 1937년에 노구교 부근에서 야간훈련 중이던 일본군 중대에서 들려온 몇 발의 총성이 일본 측의 모략에 따른 것인지, 아니면 중국 내 항일세력에 의한 것인지는 분명하지 않다. 하지만 그 정도의 충돌이 1937년부터 1945년까지 8년 동안 이어지는 중일 간 대규모 전쟁을 유발할 만한 사건은 아니었다는 것은 분명하다. 아마도 어느 쪽인가가 '전쟁의 주체'가 되고자 했기에 이 작은 사건이 전면전으로 비화됐을 것이다.

전쟁의 주체가 되고 싶은 나라는 어떻게 해서라도 팔을 걷어붙이고 무기를 들고 군대를 동원해 타국을 침략하려고 한다. 그러나 어쩔 수 없이 전쟁에 연루된 국가는 적극적인 공격 의사가 없기에 마치 없는 팔을 걷어붙이고 없는 무기를 잡는 것과 같이 전쟁을 피하려고 하며 무력행사에 소극적인 모습을 보일 수밖에 없다.

노자는 "적을 가벼이 여기는 것보다 큰 화가 없다"고 했다. 침략전쟁을 벌이는 나라는 저 정도의 상대방이면 이길 수 있다는 생각이 있기에 전쟁을 시작한다. 상대방을 가볍게 여기므로 피아간 희생은 고려하지 않고 침략하면 쉽게 굴복시킬 수 있다고 생각한다. 1964년 8월에 미국이 통킹만 사건을 구실로 베트남전에 개입하면서 베트남 내전은 국제전으로 확대됐다. 아마도 당시에 미국은 베트남 정도야 쉽게 제압할 수 있으리라고 생각했을 것이다. 그런데 결과적으로 미국의 베트남전 개입은 양국 모두에 수많은 인명과 재산상 피해를 가져옴과 동시에 미국에 사실상 패전이라는 상처를 입혔다.

적을 가볍게 여기면 함부로 싸움을 걸어 소중한 생명과 재산 피해를 초래하기 쉬우므로 가지고 있는 보물을 잃어버릴 가능성이 높다. 여기에서 보물은 금은보화만을 의미하는 것이 아니고 인명, 명분, 그리고 타인을 아끼는 마음까지를 의미한다.

침략자는 많은 적을 살상해 자기 의지를 빨리 관철하려고 하고, 저항하는 쪽에서는 그로 인한 피해를 슬퍼하게 된다. 1592년에 일어난 임진왜란으로 인해 얼마나 많은 우리 백성이 슬픔에 빠졌겠는가? 침략자 일본은 승리했다고 생각했겠지만, 결국은 패전해서 철군하지 않을 수 없었다. 많은 전쟁에서 침략자의 승리는 대개 오래가지 못했다. 많은 전쟁이 슬픔으로 임한 쪽의 종국적인 승리로 귀결됐다.

전쟁은 비극적인 일임에 분명하다. 그럼에도 전쟁을 경제적 이익의 관점에서 보려는 태도는 인간의 욕망과 직결된 것이며, 그래서 전쟁의 비극을 제대로 보지 못하게 한다. 전쟁을 부추기는 것을 통해 이익을 얻거나 전쟁이 일어나야만 이익을 얻을 수 있는 집단들이 있다는 것이 비극적인 20세기 현대사의 한 원인이라고 하지 않을 수 없다.

우리나라도 1965년부터 8년여간 베트남에 군대를 파병했다. 베트남 파병이 정당한 것이었는지는 정치적 판단과도 연관된 문제이고 다양한 평가가 존재하는 만큼 여기에서는 논외로 하겠다. 다만 파병을 불행하고 슬픈 일로 여기지 않고 그것으로 우리나라가 어떤 경제적 이익을 얻었는지를 우선적으로 계산하는 태도를 보면 남의 불행을 우리의 경제적 이익으로 환산해 평가하는 듯해 나는 불편한 생각이 든다.

노자는 31장에서 "사람을 그렇게 많이 죽였다면 슬픔과 애통함으로 울어야 마땅하다. 전쟁에 이겼다 하더라도 상을 당했을 때의 예로써 처해야 한다

(殺人衆多 以悲哀泣之 戰勝 以喪禮處之)"고 말했다. 전쟁은 근본적으로 불행한 일이다. 수많은 사람을 죽거나 다치게 하고 막대한 재산 피해를 가져오는 불행한 사태를 두고 정치적, 경제적 이해관계를 앞세워서는 안 된다고 노자는 생각했을 것이다.

70장

도는 알기 쉽고 행하기 쉽다

나의 말은 매우 알기 쉽고 매우 행하기 쉬우나 천하에 능히 아는 자가 없고 능히 행하는 자가 없다. 말에는 종지가 있고 일에는 중요한 으뜸이 있다. 그런데 오직 세상이 그것을 알지 못하니 나를 알지(이해하지) 못하는 것이다. 나를 아는(이해하는) 자가 드물고 나를 본받음은 희귀하다. 이러하므로 성인은 베옷을 입고 옥을 품고 있다.

吾言甚易知 甚易行 天下莫能知 莫能行 言有宗 事有君
오언심이지 심이행 천하막능지 막능행 언유종 사유군
夫唯無知 是以不我知也 知我者希 則我貴矣 是以聖人
부유무지 시이불아지야 지아자희 칙아귀의 시이성인
被褐懷玉
피갈회옥

사람들은 도(道)라고 하면 대단히 심오한 것이어서 평범한 인간이 닿을 수 없는 먼 곳에 있다고 생각하기 쉽다. 그러나 노자는 마음을 허공처럼 비우고, 순리를 거스르면서 억지로 무엇인가를 작위하고자 하지 않으면 누구나 도를 실행할 수 있다고 말한다. 노자의 도가 어렵게 느껴진다면 그것은 자신의 욕망을 비우기가 어렵다는 의미일 것이다.

세상을 통일하고 질서를 세우겠다는 유위의 욕망이 오히려 세상을 어지럽게 했다는 점을 노자는 간파하고 있었다. 노자는 2장, 10장, 51장에서 "만물을 생성시키지만 소유함이 없고, 순리에 따라 이루어지게 하지만 거기에 기대지 않는다(生而不有 爲而不恃)"라고 자연의 도를 설명했다. 도는 자연스러운 생겨남이지 뭔가를 작위적으로 조장하는 것이 아니다. 자연은 꽃이 예쁘다고 인위적으로 꽃의 생명을 더하고자 하지 않고, 겨울이 되면 잎을 떨구지만 잔인하다고 여기지 않는다. 이것이 자연의 순리다. 사람들이 자연의 순리를 당연한 것으로 여겨 가치를 부여하지 않을 뿐이다.

사람들은 유위의 욕망으로 세상을 통제하고, 자기 의지에 기반하여 사회에 질서를 부여하려고 한다. 그러나 그것은 타인에 대한 지배 욕구와 다르지 않다. 가장 평범한 것이 가장 위대한 진리가 된다고 노자는 말하지만, 사람들은 그것을 당연시하거나 시시한 것으로 보고 도로 여기지 않고 실천하려고 하지도 않는다.

노자는 "말에는 종지가 있고 일에는 중요한 으뜸이 있다(言有宗 事有君)"고 말한다. 노자는 《도덕경》에서 다양한 말로 도를 표현하며, 그 81개 장에 걸쳐 도의 본체와 용(用)을 설명한다. 그런데 많은 사람이 도를 담고 있는 그릇인 말에 집착해서 도의 종지를 파악하지 못한다고 노자는 지적한다.

"일에는 으뜸이 있다"는 구절은 일에는 순서가 있고, 그 가운데 가장 핵심적인 것이 있다는 정도의 의미일 것이다. 도는 아주 가까이에 있고, 그것을 행하기가 쉽다. 어쩌면 사적인 욕망이 가득한 마음을 비워내고, 자기에게 이익이 되는 것은 물론이고 자신의 사유도 타인에게 강요하지 않는 것이 도를 행하는 출발점일 수 있다. 그런데 춘추전국시대에 많은 제후는 세상을 통일해 자신이 바람직하다고 생각하는 가치를 천하에 실현해야 한다고 생각했다. 천하를 얻어야만 도를 실현할 수 있다고 생각했던 것이다.

춘추전국시대의 지배계층만 그런 것이 아니다. 나도 그렇지만 많은 사람이 기관장, 교수, 임원이 돼야만 도를 실현할 수 있다고 생각하고 현재 자기 위치에서 할 수 있는 일을 하찮게 생각한다. 그러나 노자는 우리의 일상 모두가 도 아닌 것이 없기에 천하를 얻어야만, 특정한 지위를 얻어야만 도를 실현할 수 있다고 생각하지 않았다. 사람들이 도를 실현시킬 수 있는 지위와 직책을 얻기 위해 시간과 에너지를 쏟지만, 그것은 외물에 마음을 뺏기는 것에 지나지 않는다고 노자는 여겼다. 물론 높은 지위를 얻어 좀 더 많은 사람에게 영향을 미치고 도를 보편적으로 실현하고자 하는 욕망이 부정적이기만 한 것은 아니다. 그러나 도의 실현은 작위적 욕망 확장을 통해 얻을 수 있는 것이 아니다. 오히려 내면의 도를 일상에서 자연스럽게 실천하고 그것을 점차 확장하는 과정을 통해 실현시킬 수 있다고 노자는 생각했다.

노자는 많은 사람이 도가 가까이에 있다는 사실을 알지 못하고 멀리에서만, 그리고 외부에서만 도를 찾고 있어서 "나를 아는 자가 드물고 나를 본받는 자는 더 희귀하다"고 했다. 자신의 도는 베옷을 입고 있는 것처럼 사소하고 천한 것으로 보이기에 사람들이 무슨 그런 하찮은 것을 도라고 하느냐고 하며 보잘것없다고 여기지만 세상을 구원할 보옥을 품고 있다고 말한다.

71장

확신과 위태함은 비례한다

알지만 알지 못한다고 여기는 것이 최상이요, 모르면서 안다고 여기는 것이 병이다. 오직 병을 병으로 여기기에 병을 앓지 않는다. 성인은 병을 앓지 않는데 병을 병으로 여기기 때문이다. 그래서 병을 앓지 않는다.

知不知上　不知知病　夫唯病病　是以不病　聖人之不病也
지부지상　부지지병　부유병병　시이불병　성인지불병야
以其病病　是以不病
이기병병　시이불병

이 장은 자신의 지식에 대한 확신은 위험할 수 있다는 점을 말하고 있다. 알면서도 자신이 아는 것이 절대적 진리가 아닐 수도 있다고 끊임없이 의심하는 것이 최상이라는 것이다. 자신이 가지고 있는 지식의 국지성과 한계성을 인식하는 사람이야말로 진정한 지자(知者)다. 노자는 앞의 56장에서 "아는 자는 말하지 않고, 말하는 자는 알지 못한다(知者不言 言者不知)"고 했다. 지자는 자신이 보편적 진리를 안다고 스스로 생각하지 않으며, 설령 무언가를 잘 안다고 하더라도 언어의 불완전성 때문에 자신이 가지고 있는 지식을 정확하게 다른 사람들에게 전달할 수 없음을 인식하고 있다. 그래서 지자는 쉽사리 자신이 안다고 나서지 않는다.

자신의 지식이 국지적인 것임에도 절대적, 보편적 진리라고 확신하는 것이야말로 병통이라고 노자는 말한다. 노자는 1장의 첫 구절에서부터 "(도라고) 말할 수 있는 도는 상도가 아니다"라고 말하면서 진리의 절대성에 의문을 제기한다. 그리고 자기의 지식이나 신념이 절대적이지 않을 수 있음을 끊임없이 의심하라고 주문한다. 자신의 지식에 대한 확신은 대개 타인에 대한 강요나 동화, 나아가서는 지배를 지향한다. 종교 간 갈등의 대부분은 자신의 신념에 대한 확신에서 비롯된다. 확신과 동화의 욕망은 항상 동행한다. 그래서 노자는 이를 병통이라고 여겼다.

성인(聖人)은 자신이 가진 지식이나 신념에 대한 확신의 위험성을 알기에 자신의 지식이나 신념을 타인에게 강요하거나 자신의 사유로 타인의 사유를 지배하려고 하지 않는다. 그것은 앎이 없거나 신념이 없는 것과는 다르다. 성인은 지식을 가지고 있고 나름의 사유 체계도 가지고 있지만 그것을 타인에게 강요하는 것이 얼마나 위험한지를 정확하게 인식하고 있다는 의미에 가깝다.

나는 진달래꽃을 좋아한다. 그래서 봄이면 진달래꽃을 좀 더 오래 보면 좋겠다는 생각을 하고, 지는 꽃을 보면 아쉽기만 하다. 그러나 자연은 때가 되면 진달래꽃을 모두 떨구어낸다. 나에게는 진달래꽃에 대한 일종의 집착이 있지만, 자연은 진달래꽃에 무심한 듯이 보인다. 그러나 그것이 바로 자연이 만물을 사랑하는 방식이다.

나는 진달래꽃이 예쁘고 사랑스럽기에 주위 사람들에게 보여주고 싶고, 그들과 함께 진달래꽃을 느끼고 싶어 한다. 하지만 그것도 내 욕심일 뿐이다. 진달래꽃에 대한 나의 선호를 주위 사람들에게 강요하는 것이 그들에게는 폭력적으로 느껴졌을지도 모른다. 내가 진달래꽃을 좋아한다고 해서 다른 사람들도 진달래꽃을 좋아할 것으로 생각하는 것은 병통이다.

하물며 우연적인 요인과 주관적 가치가 반영된 자신의 종교적, 정치적 신념을 보편타당한 것으로 생각하고 그것을 타인에게 강요하는 행위는 사유의 폭력에 가깝다는 것이 노자의 생각이다. 성인은 그런 것을 병통으로 여긴다. 성인은 자신의 사유를 보편적인 것으로 간주해 타인의 사유를 자신의 사유에 동화시키려는 자기 중심주의나 자기집단 중심주의, 더 나아가서는 인류를 중심에 놓고 사유하는 인간 중심주의라는 병에 걸리지 않는다.

72장

백성을 억압할수록 백성의 의심도 커진다

백성이 (지배자의) **권위를 두려워하지 않으면 더 큰 위엄이 닥친다.** (지배자의) **다스림은 백성이 거주하는 바를 억압함이 없고 백성이** (지금과 같이) **사는 것을 싫어함이 없어야 한다. 오직 억압하지 않기에** (백성이) **싫어하지 않는다. 그래서 성인은 스스로 알지만 자신을 드러내지 않고 스스로를 사랑하면서도 자신을 귀하게 여기지 않는다. 그러므로 저것을 버리고 이것을 취한다.**

民不畏威 則大威至矣 無狹其所居 無厭其所生 夫唯不厭
민불외위 즉대위지의 무협기소거 무염기소생 부유불염
是以不厭 是以聖人自知不自見 自愛不自貴 故去彼取此
시이불염 시이성인자지부자현 자애부자귀 고거피취차

사람들은 형사적 처벌을 무서워하고 경찰이나 군대, 사법기구를 통한 국가의 폭력을 두려워한다. 그러나 이 장의 "민불외위(民不畏威)"는 국민이 국가의 물리적 억압이나 폭력을 두려워하지 않는다는 의미이기보다는 국민이 지배자의 도덕적 권위를 의심하는 상황을 뜻하는 것으로 보인다. 그래서 "민불외위"에서 위(威)는 지배자의 도덕적 권위 정도로 풀이하는 것이 타당할 듯하다.

과거 군사독재 시절에 독재에 반대하는 시위를 벌이다가 감옥에 간 사람들은 대부분 자신의 정당성을 의심하지 않았고, 오히려 자신을 가둔 국가권력의 폭력성과 부도덕성에 의문을 제기했다. 이런 것이 바로 노자가 말한 "민불외위"의 상황일 것이다.

노자는 국민이 지배자의 도덕적 권위를 인정하지 않을 정도가 되면 더 큰 (하늘의) 위엄이 닥친다고 말한다. 독재는 인간의 본성을 억압하고 독재권력 자신의 의지를 국민에게 강제한다. 그런 것은 스스로 그러한 자연의 도와 거리가 멀기 때문에 장구할 수 없다. 실제로 영원할 것만 같았던 서슬 퍼런 독재체제도 덧없이 소멸되는 것을 우리 역사가 실증해 주었다.

지배자의 통치는 백성을 억압함이 없어야 한다고 노자는 말한다. 대한민국 국적을 가진 남자는 거의 모두가 군대에 가야 하지만 대부분 군대에 가기를 싫어하는 것이 현실이다. 그것은 군대에 가면 자신의 삶과 자유가 억압받는다는 생각 때문일 것이다. 1980년대까지만 해도 우리 사회는 병영국가와 같은 모습이었고, 권력자는 국민에게 전시 동원체제와 같은 일사불란함을 요구했다. 그런 속에서도 행복을 느끼는 사람들이 있었겠지만, 더 많은 사람들이 불행해 하면서 자신의 삶을 혐오했다.

나는 이 장에서 “백성이 거주하는 바를 억압하지 않는다(無狹其所居)”와 “오직 억압하지 않는다(夫唯不厭)”가 호응하고, “백성이 현재의 삶을 싫어함이 없어야 한다(無厭其所生)”와 “이 때문에 싫어하지 않는다(是以不厭)”가 호응하는 것으로 본다. 따라서 나는 부유불엽(夫唯不厭)의 厭은 억압한다는 의미로 보아 ‘누를 엽’으로 읽고, 시이불염(是以不厭)의 厭은 ‘싫어할 염’으로 읽었다. 백성을 억압하지 않고 백성이 자신들의 삶을 싫어하지 않아야 한다는 것이다. 어떻게 하면 백성이 자신의 삶을 싫어하지 않을 수 있는가? 그것은 백성의 자연스런 본성을 억압하지 않아야 가능하다.

노자는 33장에서 “타인을 아는 자는 지혜롭고 자기를 아는 자는 밝다(知人者智 自知者明)”고 말한 바 있다. 성인(聖人)은 스스로 아는 자이지만, 아는 자라고 자신을 드러내려고 하지 않는다. 성인도 자신을 사랑하지만 자신만이 특별하고 귀하다고 생각하지 않는다. 여기에서 “자신을 귀하게 여기지 않는다”는 말은 여러 가지 의미를 함축한다. 이 말에는 자신의 몸만을 귀하게 여기지 않는다는 의미도 있지만, 자신의 사유와 가치만을 특별한 것으로 간주하지 않는다는 의미도 있다.

자신의 사유와 삶이 중요한 만큼 타인의 사유와 삶도 중요하다는 사실을 알아야 하고, 그래야 타인을 억압하지 않게 된다. 성인은 자신의 삶을 사랑하는 만큼 타인의 삶을 존중하고 사랑한다. 이상주의적, 당위적 유위의 욕망을 실현하고자 하기에 앞서 자신을 사랑하는 만큼 타인을 사랑해야 한다고 노자는 말하고 있다.

천하를 내 손안에 넣어야만 도가 실현될 수 있다고 생각하는 것은 극단의 자기중심적 사유요 지배욕일 뿐이다. 사람들은 도를 멀리에서 찾지만 그것은 나의 일상에 내재해 있다. 그래서 노자는 멀리 있는 저것을 버리고 가까이 있는 이것을 취하라(去彼取此)고 한 것이다.

73장

하늘 그물은 성기지만 빠뜨림이 없다

과감한 결단에 용감하면 죽고, 과감하지 않음에 용감하면 산다. 이 두 가지는 혹 이롭고 혹 해롭다. 하늘이 미워하는 까닭을 누가 알 수 있겠는가? 이 때문에 성인도 오히려 어렵게 여긴다. 하늘의 도는 싸우지 않고도 잘 이기고, 말하지 않으나 잘 응하고, 부르지 않아도 스스로 오며, 느슨한 듯하면서도 계획대로 잘 도모한다. 하늘의 그물은 넓고 넓어 성기지만 놓치는 것이 없다.

勇于敢則殺 勇于不敢則活 此兩者或利或害 天之所惡
용우감즉살 용우불감즉활 차양자혹리혹해 천지소오
孰知其故 是以聖人猶難之 天之道 不爭而善勝 不言而善應
숙지기고 시이성인유난지 천지도 부쟁이선승 불언이선응
不召而自來 繟然而善謀 天網恢恢 疏而不失
불소이자래 천연이선모 천망회회 소이불실

사람들은 일반적으로 용맹함을 숭상하고, 결단하기를 주저하는 성향을 우유부단함으로 치부한다. 그러나 과연 과감하고 용감함은 긍정적이며, 용감하지 않음과 우유부단함은 부정적이라고 단언할 수 있을까? 노자가 앞의 63장에서 "쉽게 하는 승낙은 반드시 믿음이 적다(輕諾必寡信)"고 말한 것처럼 과감하다는 것은 때로는 신중하지 못하다는 의미이기도 하다. 때로는 과감한 결단을 내리기보다 시간을 기다려 대응하는 것이 더 이로울 수도 있다. 그러나 우유부단함이 일을 그르치고 과감한 행동이 성과를 거두기도 한다.

그렇다면 도대체 우리는 어떤 기준으로 행동해야 한다는 말인가? 그것은 용감한 결단도, 신중한 심사숙고도 절대적인 행위의 준칙이 될 수 없다는 사실을 인정하고 무엇이 사적 욕망이나 작위가 아니라 도에 부합하는지를 판단하는 것이라고 말할 수 있다. 그러나 그렇게 판단해서 행동했다고 하더라도 그것이 이로울지 해로울지를 쉽게 예견할 수는 없다.

《명심보감》의 첫 편인 〈계선(繼善)〉 편은 "공자가 이르기를 착한 일을 하는 사람에게는 하늘이 복으로 갚아 주고, 착하지 않은 일을 하는 사람에게는 하늘이 재앙으로 갚는다(子曰 爲善者 天報之以福 爲不善者 天報之以禍)"는 구절로 시작된다. 그러나 실제 인간의 역사가 꼭 공자의 이 말대로 진행된 것은 아니다. 오히려 그것은 인간의 희망사항에 가까운 것일지도 모른다. 그렇다고 해서 선인(善人)으로 평가되는 사람이 항상 화를 당한 것도 아니다.

노자의 말대로 "혹 이롭기도 했고 혹 해롭기도 했다"는 말이 실제 역사를 더 정확히 평가한 것이 아닐까 싶다. 어느 것이 이롭고 어느 것이 해로운지를 인간의 국지적 지식으로는 측정하거나 판단할 수 없다. 그것은 서양의 신 개념을 빌려 말한다면 신의 영역이고, 우연과 필연이 결합된 인간 인지(認知)의 바깥에 있는 불가지의 영역에 속하기에 성인(聖人)조차도 어렵게 여긴 것이다. 하물며 보통 사람들이 용감함만이 하늘의 도라고 인식하거나 신중함만이 하늘의 도라고 단정하는 것은 오류 가능성을 수반한다.

이어 노자는 하늘의 도는 다투지 않아도 이김이 있고, 말하지 않는데도 응대가 이루어지며, 부르지 않았음에도 스스로 와 있다고 말한다. 이는 하늘의 도는 사적 욕망에 기반하여 억지로 이루려 함이 없음을 거듭 강조한 것이다. 또 춘하추동 사시가 순서대로 운행되듯이 느슨한 듯하면서도 잘 짜인 계획이 착착 들어맞듯이 일을 도모해 나간다고도 한다. 천지자연은 다투지 않을뿐더러 복을 내린다거나 화를 내린다고 말하지 않는다. 그러나 천도(天道)는 우리 곁에 항상 함께하고 있으며, 함이 없지만 하지 않음이 없다.

사마천은 《사기》의 〈백이열전(伯夷列傳)〉에서 천도(天道)라는 것이 있는지 없는지 의심스럽다고 한탄한다. 또 많은 사람이 하늘 또는 신이 있다면 왜 저런 악인을 그대로 놔두는지 모르겠다며 하늘을 원망한다. 하늘의 심판이 너무 성기어 제 역할을 못 한다고 생각할 수도 있다. 그러나 하늘은 인간의 제한적 분별심으로 완전하게 이해할 수 있는 대상이 아니다.

노자에게 심판이 있다면 그것은 절대자의 심판이 아니라 자신이 지은 인(因)에 대한 과(果)일 뿐이다. 하늘의 그물은 성긴 듯 보이지만 하늘의 도는 모든 존재에게 한없는 너그러움과 자비를 베풀기에 어떤 존재도 빠뜨리지 않는다. 노자의 천도는 심판하는 하느님, 시기하고 응징하는 하느님이 아니라 한없는 너그러움과 자비로 만인과 만물을 동일하게 품어주는 베풂의 하느님에 가깝기에 성긴 듯 여겨진다. 그러나 종국에는 어느 것 하나 빠뜨림 없이 모두를 품어 안는다고 노자는 말하고 있다.

74장

무도한 정치는 모두에게 불행을 준다

백성이 항상 죽음을 두려워하지 않으면 어떻게 죽음으로써 백성을 두려워하게 할 수 있겠는가? 만약 사람들로 하여금 항상 죽음을 두려워하게 하고 기이한 짓을 하는 자를 내가 잡아 죽이면 누가 감히 그런 짓을 하겠는가?

항상 죽이는 일을 맡아 다스리는 이가 죽이는 것인데 죽이는 일을 맡은 자를 대신하여 죽이는 것, 이것은 큰 목수를 대신하여 나무를 깎아 다듬는 것과 같으니 그 손을 다치지 않는 경우가 드물다.

民常不畏死 奈何以死懼之 若使人常畏死 而爲奇者 吾得執而
민상불외사 내하이사구지 약사인상외사 이위기자 오득집이
殺之 孰敢 常有司殺者殺 而代司殺者殺 是代大匠斲 夫代大
살지 숙감 상유사살자살 이대사살자살 시대대장착 부대대
匠斲 希有不傷其手矣
장착 희유불상기수의

백성이 죽음을 두려워하지 않으면 백성을 통제할 수단이 없다. 1894년 고부에서 일어난 동학농민혁명은 가혹한 수탈에 대한 항거였다. 지금은 폐군(廢郡)된 고부군의 농민들이 관아를 습격한 것은 더 이상 수탈을 감내할 수 없다는 불만이 표출된 것이었다. 당시 고부군의 농민들은 각종 세금, 관청이 여러 가지 죄목을 붙여 거둬들이는 벌금, 조병갑의 아버지인 조규순의 공덕비를 세운다는 명목으로 거두는 부담금 등으로 사실상 절대 빈곤선 이하의 생활을 하고 있었다. 굶어 죽으나 항쟁하다 죽으나 어차피 죽는 것은 다를 게 없다는 생각이 농민들 사이에 널리 퍼졌다. 이런 상황이 동학농민혁명의 도화선이 된 고부 관아 습격으로 이어진 것이다.

백성이 죽음마저 두려워하지 않으면 백성을 다스리고 통제할 수단이 없다고 노자는 말한다. 국가권력이 가지고 있는 강제수단은 경찰력, 군사력, 사법체계를 통한 자유의 구속이거나 생명의 박탈 등이다. 그런데 과거 독재정권 시기에 독재에 항거한 사람들 가운데 다수가 사법체계에 의한 인신 구속을 자신의 도덕적 정당성에 대한 증표 정도로 여겼다.

1980년 광주항쟁 때 도청에 끝까지 남은 사람들 가운데 실제로 진압군을 이길 수 있다고 생각한 이는 아무도 없었을 것이다. 그들에게는 생사의 선택에 관한 내적 갈등과 죽음에 대한 두려움이 크게 다가왔을 것이다. 그럼에도 불구하고 그들은 도청에 끝까지 남아 민주주의가 유린되는 현장을 지키고 증언했다. 백성이 목숨을 내놓아야 하는 상황까지 몰아가는 지배자에게 더 이상 도덕적 정당성을 기대하기는 어렵다. 그런 지도자에게 더 이상 정상적인 통치 수단은 남아 있지 않게 된다.

국민의 대다수가 국가권력의 정당성을 인정하는 상태에서 국민으로 하여금 국가권력에 의한 인신구속이나 처벌을 두려워하게 하고, 공적으로 금하는 행동을 하는 사람들을 붙잡아 죽이면 아무도 그런 행동을 하려고 하지 않을 것이다. 그러나 국가권력에 의한 인신구속이 오히려 구속된 자의 행위에 대한 도덕적 인증이 되는 나라에서 국가권력의 정통성이나 정당성을 기대하기는 어렵다. 처벌을 표창 정도로 생각하는 분위기에서 무엇으로 국민을 다스리고 제어할 것인가?

"만약 사람들로 하여금 항상 죽음을 두려워하게 하면(若使人常畏死)"이라는 구절은 "사람들이 국가권력의 정당성을 인정하게 된 상태에서 국가권력에 의해 가해지는 형벌을 두려워하도록 하면"이라는 의미로 볼 수 있다. 사람들이 국가권력의 정당성을 인정하는 분위기에서 "기이한 짓", 다시 말해 일탈 행위를 저지른 자들을 처벌하면 누구도 함부로 그런 행위를 할 수 없게 되고 처벌을 경시하지 못한다.

"상유사살자살(常有司殺者殺)"부터 그 뒤의 구절을 이해함에 있어서는 "사살자(司殺者, 죽이는 일을 맡아 다스리는 자)"를 무엇으로 볼 것인지가 관건이다. 지금이라면 사살자를 사법기관의 판사로 볼 수도 있다. 그러나 삼권분립이 확립되지 않은 과거라면 사살자를 군주로 볼 수도 있고, 삶과 죽음을 관장하는 천지자연으로 볼 수도 있다. 나는 사살자를 천지자연으로 보는 것이 노자의 본의에 가깝다고 생각한다.

그렇다면 이 부분은 이런 의미로 해석된다. "하늘이 만물을 죽이는 것이다. 하늘을 대신해 죽이는 것은 큰 목수를 대신해 나무를 깎아 다듬는 것과 같다. 서투른 사람이 큰 목수를 대신해 나무를 깎아 다듬으면 스스로를 다치게 하기 쉽다."

하늘만이 진정으로 만물을 살리거나 죽일 수 있다. 이 구절은 자칫 현실의 심판을 비판하고, 나아가 역사의 심판까지 부정하는 것으로 보이기 쉽다. 그러나 이 구절은 하늘을 대신해 심판하거나 국민을 대변한다고 생각하는 사람들에게 실제로 자신이 하늘을 대신하고 있는지, 국민을 대변하고 있는지를 겸허하게 성찰하라고 요구하는 의미가 강하다. 이 구절은 인간의 심판 따위는 없다는 의미이기보다는 심판자로서 인간이 겪어야 하는 간난(艱難)과 고뇌(苦惱)가 얼마나 큰지를 이야기한 것이다. 과거에 하늘을 대신해 심판을 한다고 자처한 사람들은 그것이 하늘의 심판이라고 확신했는지 모르지만, 많은 경우 그 심판은 강자의 힘으로 반대자를 억압하고 배제하는 행위였을 뿐이었다. 그리고 그런 확신이 강할수록 결과는 더 참혹했다.

우리 역사에서도 인민혁명당 사건 관련자들에 대한 사형 판결[127]은 사법부의 되돌릴 수 없는 치부가 됐고, 중국에서는 문화대혁명이 그 사회에 적지 않은 상처를 남겼다. 하늘의 심판을 대신한다고 자처하는 사람들이 자신의 확신을 신중하게 재점검해야 하는 이유가 여기에 있다.

칼을 휘두르는 자는 필연적으로 자기 손에 피를 묻히게 된다. 하늘을 대신해 심판하고 죽이는 사람은 자신도 상처입기 쉽다. "그 손을 다치지 않는 경

---

127 북한의 지령을 받은 인민혁명당이 국내에서 국가변란을 기도했다는 내용으로 1964년 8월과 1974년 4월 두 차례에 걸쳐 발표된 사건으로, 흔히 줄여 인혁당 사건으로 불린다. 1974년의 2차 인민혁명당 사건에 연루된 서도원, 도예종, 송상진, 우홍선, 하재완, 이수병, 김용원, 여정남 등 8인에게 비상보통군법회의가 사형 선고를 내렸다. 그들의 항소는 모두 기각됐고, 1975년 4월 8일 대법원에서 사형 판결이 확정되고 다음 날인 9일 비상보통군법회의가 8인에 대한 형을 집행했다. 국제법학자협회가 이날을 '사법사상 암흑의 날'로 선포하는 등 이 사건은 유신체제 아래에서의 대표적인 인권침해 사건으로 꼽혀 왔다.

우가 드물다"는 말은 심판에 대한 부정이기보다는 하늘의 심판은 인간에 의해 쉽게 대행되는 것이 아니므로 심판자를 자처하는 사람들은 신중하고 두려워하는 마음을 가져야 함을 강조한 것이다.

75장
탐욕의 정치

백성이 굶주리는 것은 위에서 세금을 많이 거두기 때문이다. 그래서 굶주린다. 백성을 다스리기 어려운 것은 위에서 인위적으로 작위하기 때문이다. 그래서 다스리기가 어려운 것이다. 백성이 죽음을 가벼이 여기는 것은 (위에서 잘) 살고자 하는 집착이 두텁기 때문이다. 그래서 죽음을 가벼이 여긴다. 오직 살려고만 작위함이 없는 것, 이것이 삶을 귀중하게 여기는 것보다 현명하다.

民之飢　以其上食稅之多也　是以飢　民之難治　以其上之有爲也
민지기　이기상식세지다야　시이기　민지난치　이기상지유위야
是以難治　民之輕死　以其生生之厚也　是以輕死　夫唯無以生
시이난치　민지경사　이기생생지후야　시이경사　부유무이생
爲者　是賢于貴生
위자　시현우귀생

첫 구절 "백성이 굶주리는 것은 위에서 세금을 많이 거두기 때문이다. 그래서 굶주린다(民之飢 以其上食稅之多也 是以飢)"는 설명이 필요 없을 정도로 자명하다. 《맹자》의 〈등문공장구상〉 편에서 맹자는 "현명한 군주는 반드시 공손하고 검소하여 아랫사람을 예로 대하고 백성에게서 거둬들임에 제한이 있다(賢君必恭儉 禮下 取於民 有制)"고 말했다. 백성에 대한 수취(收取)에는 일정한 한계가 있어야 한다는 것이다. 이는 이 장의 첫 구절과 동일한 맥락의 말이다.

지금도 지배계층은 생산 활동을 직접 담당하지 않는다. 춘추전국시대의 지배계층 역시 생산 활동에 직접 종사하지 않았을 것이므로 인민이 생산한 것을 세금의 형태로 거두어 그것을 가지고 생활했을 것이다. 그런데 지배계층이 세금을 너무 많이 거두면 생산을 담당하는 사람들은 먹을 것이 없게 된다. 생산한 것을 다 빼앗기고 굶주림에 허덕이게 될 수 있다.

나는 중국의 만리장성이나 서안(西安)에 있는 진시황릉의 거대한 규모를 찬탄하기보다 그것을 건설하면서 죽어간 수많은 사람들의 고통을 먼저 생각하게 된다. 백성을 다스리기 어려운 것은 지배 계층이 뭔가를 억지로 하려고 하기 때문인 경우가 많다. 과거에 지배계층이 거대한 궁궐을 짓고 대규모 토목공사를 벌인 것이 백성을 편하게 살게 하려는 목적에서였을까? 지배계층이 뭔가를 이루어보겠다는 욕망을 현실화하려고 하면 그 욕망의 크기에 비례해 백성의 고통은 커졌다. 그런데 지배자가 백성을 동원해 부리려고 하면 백성도 그에 대응하려고 하기 때문에 다스리기가 점점 더 어려워진다. 그래서 노자가 "백성을 다스리기 어려운 것은 위에서 인위적으로 작위하기 때문(民之難治 以其上之有爲也 是以難治)"이라고 한 것이다.

윗사람이 지나치게 화려한 삶을 추구하고 자신의 삶만을 윤택하게 하고자 하면 백성의 어려움은 점점 더 커진다. 백성이 죽는 것을 겁내지 않는 것은 희망을 잃어서 이래 죽으나 저래 죽으나 매한가지라는 자포자기 상태에 빠졌다는 의미라고 노자는 지적한다. 탐학이 지나치면 백성은 생존을 걸고 싸울 수밖에 없다. 우리 역사에서 1862년 진주 지역에서 촉발된 임술 농민봉기나 1894년의 동학농민혁명은 백성이 목숨을 걸고 싸울 수밖에 없는 상황에 몰렸음을 보여준다. 삶이 편하다면 누가 목숨을 걸고 정부군에 맞서려고 하겠는가?

사적 욕망에 기반한 작위를 일삼지 않으며 자신의 삶만을 귀하게 여기고 꾸미려 하지 않는 것, 이것이 현명한 군주의 모습이다.

76장

강함만으로는 전쟁에 이기기 어렵다

사람이 살아있을 때는 부드럽고 약하지만 죽으면 단단하고 강해진다. 초목이 살아있으면 부드럽고 연하지만 죽으면 말라 딱딱해진다. 그러므로 단단하고 강한 것은 죽음의 무리요 부드럽고 약한 것은 삶의 무리다. 이런 까닭에 군대가 강하기만 하면 이기지 못하고, 나무는 강하면 꺾이고 베어진다. 강하고 큰 것은 아래에 있고, 부드럽고 약한 것이 위에 있다.

人之生也柔弱　其死也堅强　草木之生也柔脆　其死也枯槁
인지생야유약　기사야견강　초목지생야유취　기사야고고
故堅强者死之徒　柔弱者生之徒　是以兵强則不勝　木强則共(折)
고견강자사지도　유약자생지도　시이병강즉불승　목강즉공(절)
强大處下　柔弱處上
강대처하　유약처상

어린 아이의 피부를 만져보면 그 부드러움을 느낄 수 있다. 그런데 사람이 죽어 시신이 되면 경직되어 딱딱해지는 것을 우리는 경험적으로 안다. 식물도 새싹이 돋아날 때의 잎은 부드럽기 그지없지만, 가을의 낙엽이나 말라죽은 잎은 딱딱해지고 바스라지기 쉽다. 노자는 70장에서 자신이 하는 말에 대해 "매우 알기 쉽고 매우 행하기 쉽다"고 했는데, 이 장에서도 일상에서 경험한 현상을 예로 들어가며 자신의 철학적 사유를 풀어내고 있다.

"사람이 살아있을 때는 부드럽고 약하지만 죽으면 단단하고 강해진다"는 구절에서 "단단하고 강해진다"는 것이 몸만 그렇게 된다는 것을 의미하지는 않는다고 나는 본다. 나이가 들면서 사유도 그렇게 된다. 젊은 시절의 사유는 다른 환경과 다른 가치에 유연하게 대처하고 변화를 빨리 흡수한다. 그래서 젊은 시절에는 새로운 환경에도 잘 적응한다. 그런데 나이가 들면서 점차 자신의 사유 안으로 침잠해 들어가고 다른 사유는 잘 받아들이지 못하게 되면서 사고의 경직성을 보이기 쉽다. 나이가 들어서도 젊게 살기 위해서는 성형술이나 미용술에 의지해 피부의 탄력을 유지하는 것도 도움이 될지 모르겠지만, 그보다는 다른 사유와 다른 가치를 인정하고 받아들일 수 있는 사고의 유연성을 유지하는 것이 더 중요할 수 있다.

노자는 30장에서 "만물이 강장해지면 노쇠하게 되니 이를 일컬어 도에 어긋난다고 한다. 도에 어긋나는 것은 일찍 끝나버릴 뿐이다(物壯則老 是謂不道 不道早已)"라고 했다. 많은 사람이 강장해지기를 추구하지만 강장해진다는 것은 곧 늙어간다는 의미다. 도가 아닌 것은 일찍 끝나버릴 뿐이다. 시간의 흐름과 함께 몸이 굳고 늙어가는 것이야 어쩔 수 없는 자연의 섭리이지만, 마음까지 굳어져 강함만을 고집해서는 안 된다고 노자는 말한다. 어떻게 하면 유연한 사고를 유지할 수 있을지를 고민해야지 강해지기만을 추구하는 것은 곧 죽음의 무리가 됨과 다르지 않다는 것이다.

우리는 강한 군대가 승리를 보장한다고 생각하기 쉽다. 그러나 노자는 여기에서 "군대가 강하기만 하면 이기지 못한다"고 말한다. 강하면 이기지 못한다는 것이 아니라 강함만으로는 이기지 못한다는 것이다. 군대가 강한 것은 전승(戰勝)에 필요조건이기는 하지만 충분조건은 아니라는 의미로 노자가 이 말을 한 것으로 나는 생각한다.

세계 역사상 가장 큰 제국을 건설했던 몽고가 붕괴한 주된 원인도 군사력 약화만이 아니었다. 1946년에서 1949년까지 이어진 중국의 국공내전(國共內戰)에서 미국의 지원을 받은 장제스(蔣介石)의 국민당군은 병력, 장비, 보급 등 모든 면에서 마오쩌둥(毛澤東)이 이끄는 공산당군보다 우세했지만, 1949년에 중국 본토를 차지한 쪽은 마오쩌둥의 공산당군이었다. 많은 사람이 국민당군의 패인으로 중국 인민의 민심이 공산당군에 있었다는 점을 꼽는다.

20세기에 군사적 최강대국인 미국이 아시아의 약소국 베트남에서 실질적으로 패배해서 군대를 철수하지 않을 수 없었던 것은 군사력의 관점만으로는 설명할 수 없는 일이다. 강한 군대가 승리에 필요할 수 있지만 강함만으로는 승리할 수 없음을 역사는 실증한다. 강하더라도 의롭지 않으면 전쟁에서 패배할 가능성이 높다.

"목강즉공(木强則共)"은 판본에 따라서는 "목강즉절(木强則折)"로 돼 있기도 하다. 그리고 소자유가 이 구절을 "나무가 한 아름 이상 되면 반드시 베이게 된다(木自拱把以上 必伐矣)"고 주석한 것으로 보아 이 어구는 "나무도 강장해지면 베인다"는 의미로 이해하는 것이 자연스러울 듯하다.

《장자》의 〈인간세(人間世)〉 편에는 장석(匠石)이라는 목수 이야기가 나온다. 장석은 제자와 함께 제나라로 가다가 커다란 상수리나무를 지나치게 된다. 제자가 "이렇게 훌륭한 나무를 두고 왜 그냥 지나치십니까?" 하고 묻자 장석은 다음과 같이 대답한다.

"이 나무는 산목(散木, 쓸데없는 잡목)일 뿐이다. 이 나무로 배를 만들면 가라앉고, 관을 만들면 빨리 썩고, 그릇을 만들면 빨리 부서지고, 문을 만들면 나무의 진액이 흘러나오고, 기둥을 만들면 좀벌레가 생기니 재목이 될 수 없는 나무다. 쓸 만한 데가 없기에 이와 같이 장수를 누릴 수 있었던 것이다."

그날 밤에 장석의 꿈에 그 상수리나무가 나타나 "과실나무는 과실이 익으면 사람들에게 잡아 뜯기고 욕을 당하게 되니 이것은 자신의 능력으로 자신의 삶을 괴롭히는 것일 뿐이다. 나는 쓸모없음을 추구해온 지 오래됐다."고 말한다.

강한 나무는 그 강함 때문에 도끼질 당하고 깎여 배가 되거나 그릇이 되거나 기둥이 된다. 자신의 재능이 자신을 괴롭히는 것이 어찌 나무뿐이겠는가? 강함에만 의지하는 군대는 그 강함 때문에 자신뿐만 아니라 타인까지 괴롭히다가 파국으로 치닫기도 한다.

"강하고 큰 것은 아래에 있고, 부드럽고 약한 것이 위에 있다"는 구절은 땅과 하늘을 연상하게 한다. 딱딱한 땅은 아래에 있고, 부드러운 하늘은 위에 있다. 왕필은 이 구절에 대한 주석에서 나무의 뿌리는 강하고 크기에 아래에 있고, 가지는 부드럽고 약하기에 위에 있다고 했다.

강한 것이 모든 것을 지배하고 군림한다고 많은 사람들이 생각하지만, 부드러움이 없는 강함은 도가 아니므로 일찍 끝나버린다. "세상을 움직이는 것은 남자요, 남자를 움직이는 것은 여자다"라는 속언도 있다. 앞의 36장에서 본 "유약함이 강함을 이긴다(柔弱勝剛)"는 구절도 이 장의 "강하고 큰 것은 아래에 있고, 부드럽고 약한 것이 위에 있다(强大處下 柔弱處上)"는 구절과 동일한 맥락의 표현이다.

77장

하늘의 도는 고름(均)을 지향한다

하늘의 도는 활시위를 당기는 것과 같도다! 높은 데는 누르고 낮은 데는 들어 올리며, 남는 것을 덜어내고 부족한 것을 보충해 준다. 하늘의 도는 남는 것을 덜어내어 부족한 것을 보충해 주지만 사람의 도는 그렇지 않아서 부족한 것에서 덜어내어 남는 것을 떠받든다. 누가 능히 남음이 있는 것으로 천하를 받들 수 있겠는가? 오직 도를 지닌 사람만이 그럴 수 있다. 이런 까닭에 성인은 순리에 따라 일이 이루어지도록 하지만 거기에 기대지 않고 공을 이루면서도 거기에 머물지 않으니 자신의 현명함을 드러내지 않으려 함이 아니겠는가?

天之道 其猶張弓乎 高者抑之 下者擧之 有餘者損之 不足者補之
천지도 기유장궁호 고자억지 하자거지 유여자손지 부족자보지
天之道 損有餘而補不足 人之道則不然 損不足而奉有餘 孰能以
천지도 손유여이보부족 인지도즉불연 손부족이봉유여 숙능이
有餘奉天下 唯有道者 是以聖人爲而不恃 成功而不居 其不
유여봉천하 유유도자 시이성인위이불시 성공이불거 기불
欲見賢耶
욕현현야

활을 쏘기 위해 시위를 당긴다고 상상해보자. 시위의 중간 부분을 당기면 활의 윗부분은 내려가고 아랫부분은 올라가게 마련이다. 하늘의 도는 활시위를 당기는 것과 같이 균(均)을 지향한다. 그래서 남음이 있는 것은 덜어내고 부족한 것을 보충해 준다고 노자는 말한다. 노자에게 "왜 하늘의 도는 균을 지향하는가"라고 물으면 노자는 아마도 "균의 지향이 자연스러운 천지자연의 섭리이기 때문이다"라고 대답할 것이다. 소자유는 이 구절에 대해 "하늘은 사사로움이 없기 때문에 균하고, 사람은 사사로움이 많기에 균하지 못하다(天無私故均 人多私故不均)"[128]고 주석했다.

5장에서 본 천지불인(天地不仁)이라는 말이 의미하는 바와 같이 천지는 만물에 인(仁)함도 불인(不仁)함도 베풀지 않고 만물을 동일한 잣대로 대한다. 하늘은 인간이 갖는 자기중심성이 없기에 균(均)할 수 있다.

어느 외국 국립공원에서는 사슴을 보호하고 그 개체 수를 늘리기 위해 늑대를 인위적으로 따로 분리시켰다고 한다. 그러자 단기적으로 사슴의 개체수가 늘어났지만, 증가한 사슴이 주변의 풀을 많이 먹어치워 풀을 먹고 사는 작은 동물들이 줄어들고, 급기야는 사슴도 그 개체수가 줄었다고 한다. 생태계는 항상 균형을 지향한다는 말은 이러한 현상을 가리키는 것이리라. 천지자연은 균형을 지향하기에 남음(有餘)을 덜어내고 부족함을 보충하는 방향으로 작용한다.

그러나 인간의 도는 그렇지 않다(人之道則不然). 인간에게는 자기중심성이

128 漢文大系 (9), 老子翼 卷之四, (臺北: 新文豊出版公司, 中華民國 67年), 28面.

작용하기 때문이다. 나부터가 나 자신을 앞세우고 우리 집단을 우선하기에 무사(無私)하지 못하다. 스스로를 돌아볼 때 나는 경제적으로 기아를 걱정할 정도가 아닐뿐더러 퇴근 후에 무엇을 먹어야 좋은 맛을 더 느낄 수 있을지를 고민하는 편이고, 옷이 없어 헐벗고 있지 않을뿐더러 경제적으로 아들이나 딸이 새 옷을 사달라고 하면 못 사줄 정도가 아니다. 간단히 말해 의식주를 걱정할 형편은 아니고 가끔은 맛집에서 밥을 먹고 고급 옷은 아니더라도 새 옷을 사 입을 정도는 되지만, 더 좋은 옷을 입고 더 많은 재화를 축적하고자 욕망한다. 과연 나는 남음이 없어서 채우려고만 하는 것일까? 나의 모습은 무언가가 부족해서 채우려고 하는 것이기보다는 더 많은 유여(有餘)를 추구하는 욕망 과잉에 가깝다는 것이 솔직한 고백일 듯싶다.

거리의 행려자나 종이 박스를 줍기 위해 여기저기 헤매는 노인에게는 무관심하지만 나에게 영향을 미칠 수 있는 상급자와 함께 식당에 가게 되면 누가 시키지도 않았는데 먼저 음식 값을 지불하는 게 나의 모습이 아닌가? 상급자가 음식 값을 부담하기 어려울 정도라고 생각해서 그러는 것일까? 함께 근무하는 사람으로서 그렇게 하는 것이 도리라고 할 수도 있겠지만, 내 것을 더 채우고 싶은 사적 욕망이 그런 나의 행동에 전혀 개입되지 않았다고 한다면 그것은 진실과 거리가 있을 것이다.

천지자연은 대지에 차별 없이 햇빛을 비추고 비를 내린다. 그러나 소나무 군락을 보면 동일한 햇빛을 받고 같은 양의 빗물을 흡수한 소나무들 사이에서도 빨리 자라 큰 소나무가 있고 더디게 자라 작은 소나무가 있다. "하늘의 태양은 사사로움이 없지만 꽃과 가지는 피는 순서가 있다(天日無私 花枝有序)"는 말이 있다. 햇빛에는 사사로움이 없어도 피는 꽃은 빠르고 늦음이 있고, 크고 작은 나무가 있다. 하지만 하늘의 도는 인간의 사사로운 욕망처럼 극한으로 나아가지 않는다. 그래서 어느 한 나무가 태양 빛을 독식하지 못한다. 반면에 인간의 욕망은 끝이 없기에 극한으로 치닫곤 한다.

진시황은 분열된 중국을 통일하고 스스로 영생을 통해 그 왕국을 영구히 통치하고자 욕망했다. 중국 최초의 통일 왕조를 건설한 그는 스스로 신이 되기를 꿈꾸었다. 그러나 그것은 독점의 욕망에 지나지 않기에 일찍 끝나 버렸다. 자연에도 불평등은 존재하지만 그것은 불가피하고 자연스러운 다름이다. 그런데 인간 세계의 불평등은 극단적 독점욕이 작용한 결과이다. 사람들은 남는 것(有餘)으로 부족함을 보충하기보다는 충분히 지녀 남음이 있음에도 축적의 욕망을 멈추려 하지 않는다. 이 점에서 자연의 불평등과 다르다. 부족함을 메우거나 예기치 못한 상황에 대비하기 위해 축적이 이루어지기보다 축적 자체가 삶의 목적이 돼버린 사회에서 우리는 살고 있다.

인간은 본질적으로 무사(無私)할 수 없다. 노자가 이 장에서 하늘의 도와 인간의 도를 대비시킨 것은 인간에게 무사한 존재가 되라고 요구하기 위한 것이 아니다. 노자는 인간에게 자기중심 지향성을 인정하고 그것을 뛰어넘어 하늘의 도와 닮아 가려 노력하라고 요구하고 있다고 나는 생각한다. 인간은 무사한 존재일 수 없지만 무사해지려고 끊임없이 노력해야 하며, 그러한 노력은 자신이 국지적이고 사사로운 존재임을 인정하는 데서 시작된다는 것이 노자의 본의가 아닌가 싶다.

"누가 능히 남음이 있는 것으로 천하를 받들 수 있겠는가(孰能以有餘奉天下)?"라는 구절은 나로 하여금 20세기 초반의 공산주의 이데올로기를 떠올리게 한다. 1917년에 수립된 최초의 공산주의 국가인 소비에트연방 사회주의 공화국은 20세기가 끝나기도 전에 해체되는 운명을 맞았다. 현실의 사회주의 국가가 몰락한 것이 공산주의 이념의 종식을 의미하는 것은 아닐 수도 있다. 그러나 어쨌든 현실에서 공산주의가 자본주의와의 대결에서 승리했다고 보기는 어려운 것이 사실이다. 능력에 따른 노동과 필요에 따른 분배를 통해 평등하게 살자는 구호에 많은 사람이 열광했지만, 이상사회 건설을 내세운 공산주의가 실제로 공정하면서도 평등한 사회를 만들었는지에 대해서는 많은 사람이 회의적이다. 실제로 그랬다면 소비에트연방이 붕괴되지 않았을지도 모른다. 모두가 평등한 사회를 건설하자는 사회주의 구호는 많은 사람의 감정적 동의를 이끌어냈지만, 그것은 인간의 소유욕에 대한 억압을 전제하는 것이기도 했다.

현대의 공산주의 사상가는 물론 토머스 모어(Tomas More)를 포함하여 유토피아를 상상한 많은 사람들이 다른 사람들에게 자신의 생각을 받아들이도록 강요했다는 비판이 전혀 근거 없는 것만은 아니다.

하늘의 도는 일률적인 평준화가 아니다. 모두를 동일하게 평가하지도 않고, 모두를 획일적으로 취급하지도 않는다. 모든 존재의 다양한 존재근거와 존재의의를 인정한다. 모두가 동일하다고 전제한다면 그 자체가 하늘의 자연스러운 도와는 거리가 멀다. 하늘의 도는 자연스러운 균형이지 일순간의 변혁을 위한 성급한 동일화가 아니다. 모두를 동일화하려는 시도는 오히려 자연스러움을 벗어난 특정 욕망의 작위적 실현 의지에 가깝다. 《장자》의 〈병무(騈拇)〉편에는 "오리 다리가 비록 짧지만 이어주면 슬퍼하고, 학의 다리가 비록 길지만 자르면 슬퍼한다(鳧脛雖短 續之則憂 鶴脛雖長 斷之則悲)"는 구절이 나온다. 오리 다리가 짧다고 이어 붙이는 것은 인간이 평균화의 욕망을 실현한 것일지는 몰라도 오리에게는 불행에 지나지 않는다. 균(均)의 실현을 위한 급격한 사회변화 추구에 대해 노자는 의심의 눈초리를 거두지 않는다. 그것이 사회정의를 내세운 지배 욕망의 투영일 수 있음을 경계하기 때문이다.

노자는 15장에서 "누가 능히 편안히 오래 움직여 서서히 생겨나게 할 수 있겠는가(孰能安以久動之徐生)?"라고 말했다. 하늘의 도는 어제 씨를 뿌려 오늘 거두어들이는 법이 없다. 일순간에 사회를 변화시키려는 이상주의의 욕망은 마음을 시원하게 해준다. 그러나 그것은 지배 욕망의 작위적 투영일 수 있다. 노자가 말하는 도의 관점에서는 서서히 움직여야만 진정한 사회변화가 성취될 수 있다. 그리고 그것은 오직 도를 지닌 자만이 실현할 수 있다.

이상주의적 가치로 가득한 사회 혁명가들은 사회 변화의 의지를 불태우며 자신들이 사회를 일순간에 변화시킬 수 있다는 자신감으로 가득 차 있고, 남들에게 자신의 변혁 의지를 과시하려 한다. 그러나 천하는 신령스러운 그릇(天下神器)이기에 일순간에 변화시키기가 쉽지 않음을 깨달은 유도자는 자신의 개혁 방안이 유일한 방법이라고 확신하지 않고, 자기가 지닌 개혁의지의 선명성을 내세우려고 하지도 않는다. 선거에서 자신이 당선되면 모든 문제를 다 해결할 것처럼 공약하는 후보자에 대해서는 진실성을 의심해봐야 한다. 과거 성인(聖人)들은 오히려 자신의 현명함을 함부로 드러내지 않았다. 세상을 지배와 통제의 대상으로 삼아 손바닥 뒤집듯 쉽게 변화시킬 수 있는 것으로 여기지 않았기 때문이다.

78장

성인은 영광의 자리만을 고집하지 않는다

천하에 물보다 유약한 것은 없지만 단단하고 강한 것을 공격하는 데 물을 앞서는 것도 없다. 그것은 물의 본성을 바꿔놓을 수 없기 때문이다. 그러므로 부드러운 것이 굳센 것을 이기고, 약한 것이 강한 것을 이긴다. 천하에 이것을 모르는 이가 없는데 능히 행하는 자가 없다. 이런 까닭에 성인이 말하기를 나라의 허물을 받아들이는 이를 사직의 주인이라 하고, 나라의 상서롭지 못함을 받아들이는 이를 천하의 왕이라 했다. 올바른 말은 (세상의 논리와) 반대되는 듯하다.

天下莫柔弱于水 而攻堅强者莫之能先 以其無以易之也
천하막유약우수 이공견강자막지능선 이기무이역지야
故柔之勝剛 弱之勝彊 天下莫不知 莫能行 是以聖人云
고유지승강 약지승강 천하막부지 막능행 시이성인운
受國之垢 是謂社稷主 受國之不祥 是謂天下王 正言若反
수국지구 시위사직주 수국지불상 시위천하왕 정언약반

세상에 물처럼 약해 보이는 것이 없다. 어떤 형태의 그릇에 담든 그것에 자신을 맞춘다. 자신을 고집함이 없기에 노자는 물을 유약(柔弱)하다고 표현했다. 그러나 낙숫물이 바위를 파내는 데서 보듯이 물에는 굳세고 강한 것을 끝내 극복해내는 성질이 있다. 강한 것을 극복하는 데 물보다 앞서는 것은 없다.

"물의 그러한 본성을 바꿀 수 없기 때문이다(以其無以易之也)"라는 번역은 왕필의 주석에 의지한 것이다. 왕필은 이 구절을 다음과 같이 주석했다.

> 이(以)는 용(用, 씀)이고, 기(其)는 물을 이른다. 물은 유약함을 쓰는데 무엇으로도 (유약함을 쓰는 물의 성질을) 바꿀 수 없음을 말한 것이다.
> 以用也 其謂水 言用水之柔弱 無物可以易之也

물은 자신을 앞세우는 지배욕이 없기에 모든 것을 이겨낼 수 있다. 물은 곧게 가기도 하고 굽어 가기도 하며, 모나기도 하고 둥글기도 하다. 자신을 고집하지 않는 것이다. 현대 심리학의 용어를 빌린다면, 물은 에고(Ego)가 강하지 않다. 왕필은 물이 지닌 이런 무욕(無欲), 무아(無我)의 본성을 바꿀 수 없다는 의미로 이 구절을 주석했다.

부드러운 것이 굳센 것을 이기고, 약한 것이 강한 것을 이긴다는 것을 천하 사람이 모두 심정적으로 이해는 하지만 실제로 유약(柔弱)해지고자 하지는 않는다. 대부분의 사람들은 강해지고 굳세지기만을 추구한다고 노자는 지적한다.

물은 낮은 곳, 더러운 곳에 처하기를 마다하지 않으므로 도에 가깝다. 물은 청정성(淸淨性)을 고집하지 않는다. 성인도 자신만이 선이라는 생각을 고집하지 않는다. 성인은 지선(至善)에 대한 집착에 내재하는 위험을 알기에 깨끗함, 상서로움만을 지니려고 하지 않고 허물과 더러움(垢), 상서롭지 아니함(不祥)과도 조화를 이루려고 한다.

사람들은 상서로운 것만을 받아들이고, 상서롭지 않은 것은 회피하려 한다. 그래서 영광된 지위만을 탐하고, 다른 사람들의 간난(艱難)은 살피지 않는다. 장관이 되는 것, 대통령이 되는 것이 꿈인 사람 중에 실제로 그 자리에 가면 자기 성취에 도취되어 제대로 자신의 역할을 수행하지 못하는 사람들이 있음을 우리는 경험으로 알고 있다. 법관, 장관, 대통령이 되는 것은 엄밀히 말한다면 인간의 소망이 될 수 없다. 그러한 직책을 통해 무엇을 실현해낼 것인가에 관한 실질적 내용 없이 그런 꿈을 꾸는 것은 지위를 탐내는 것이요, 이른바 영광의 자리에만 서겠다는 것일 뿐이다. 권력에도 굴하지 않고 공정한 판결을 내리는 법관이 되고, 해당 분야에 대한 전문성을 토대로 인민의 삶을 개선하는 장관이 되고, 자신의 철학을 토대로 국가의 방향을 제시하고 만인의 고통을 덜어주는 대통령이 되겠다는 각오 없이 단순히 무엇이 되겠다는 꿈은 자리를 탐내는 것에 지나지 않는다.

실제로 공정한 판결을 내리는 법관이 되는 것이 영광만을 가져다주는 것은 아니다. 어떤 경우에는 가까운 사람의 청탁을 거절해야 하고, 어떤 경우에는 권력의 부당한 개입에 맞서야 한다. 청탁이나 권력의 개입은 사회의 어두운 면이고 극복해야 할 대상이지만 관행으로 이어져 온 것이기도 하다. 그러한 관행과 맞서는 것은 불이익을 감수해야 하는 일일 수도 있고, 자신의 직책을 걸어야 하는 일일 수도 있다. 진정한 지도자는 영광의 자리에만 거(居)하려

하지 않는다. 나라의 허물, 상서롭지 못한 것, 백성의 고통 등을 스스로 짊어지고자 하는 마음을 지닌 자라야 진정으로 천하의 왕이 될 수 있다.

세상은 1등만이 기억된다고 하고 강한 자만이 살아남는다고 하면서 끊임없이 경쟁을 부추긴다. 하지만 노자는 약한 것이 오히려 강한 것을 이긴다고 말하고, 강약이 공존하는 세상을 설파한다.

사람들은 흔히 강한 군대가 전승을 보장한다고 생각하지만, 노자는 "군대가 강하기만 하면 이기지 못한다(兵强則不勝)"고 말한다. 강군이 전승을 보장한다고 생각하는 사람들은 노자의 사유를 쉽게 받아들이지 못한다. 오히려 노자의 사유를 비웃음의 대상으로 삼는다. 많은 사람이 강함만을 추구하고, 영광의 자리에만 처하려고 하며, 상서로움만을 받아들이려고 한다. 하지만 노자는 약함이 강함을 이긴다고 말하고, 나라의 허물과 상서롭지 아니함을 받아들여야 한다고 말한다. 성인의 도는 세상의 일반적 생각과 상반되는 것처럼 보인다. "정언약반(正言若反)"이란 노자의 언명은 바로 이 점에 대한 지적이다.

79장

대원(大怨)을 화해시켜도 원망은 남는다

큰 원망(미움)을 화해시켜도 반드시 원망이 남게 되니 어찌 잘했다고 할 수 있겠는가? 이 때문에 성인은 빚 문서인 좌계를 잡고서도 채무자를 심하게 독촉하지 않는다. 그러므로 덕이 있는 사람은 문서를 담당하고 덕이 없는 사람은 세금 거두기를 담당한다. 하늘의 도는 사사로운 친함이 없지만 항상 착한 사람과 함께한다.

和大怨必有餘怨 安可以爲善 是以聖人執左契 而不責于人
화대원필유여원 안가이위선 시이성인집좌계 이불책우인
故有德司契 無德司徹 天道無親 常與善人
고유덕사계 무덕사철 천도무친 상여선인

이 장에서 노자가 말하는 대로 큰 원망(미워함)을 아무리 잘 화해시킨다고 해도 원망하는 마음까지 완전히 없애기는 어렵다. 민족상잔의 비극인 한국전쟁을 계기로 남북은 서로를 형제가 아닌 불구대천의 원수로 여기게 됐다. 한국전쟁 이후 70여 년의 세월이 지났지만 그로 인한 상처가 치유되기까지 시간이 얼마나 더 필요할지 가늠할 수 없다. 앞으로 남북관계가 화해와 협력으로 나아가겠지만, 어떤 화해와 협력도 한국전쟁이 없었던 것만은 못할 것이다.

1947년부터 1954년까지 7년 간 계속된 '제주 4·3'은 아직도 논쟁의 대상이 되고 있다. 이 사건에 대해서는 명칭에서부터 평가에 이르기까지 우리 사회에서 쉽게 합의를 이루지 못하고 있다. 다만 한 가지 분명한 것은 적대하던 양쪽에서 이제 와서 서로에게 손을 내민다고 해도 그런 불행한 역사가 없었던 것만은 못하리라는 점이다. 큰 원망이 있다면 화해가 차선은 될 수 있지만 애초에 큰 원망을 만들지 않은 것만은 못하다. 1980년 5월 광주에서 발생한 불행한 역사적 사건에 국가적 명칭을 부여하고 희생자 묘역을 국립묘지로 승격시킨들 작은 원망마저 없어질 것이며, 그런 불행한 일이 없었던 것만 같겠는가?

옛날에 돈을 빌려주고 받을 때나 계약을 맺을 때에는 그 내용을 새긴 나무의 왼쪽은 채권자가 보관하고 오른쪽은 채무자가 보관했는데, 채권자가 보관하는 왼쪽 문서를 좌계(左契)라고 했다. 그런데 성인은 "빚 문서인 좌계를 잡고서도 채무자를 심하게 독촉하지 않는다(是以聖人執左契 而不責于人)"고 노자는 말한다. 나는 이 구절에서 "독촉한다"는 말이 채무의 변제나 세금의 납부 등 경제적 행위와만 관련된 것은 아니라고 생각한다.

이 장의 성인(聖人)은 정치적 지배자를 의미하기도 한다. 따라서 이 구절 속의 "불책우인(不責于人)"은 정치적 지배자가 "박절하게 세금을 독촉하지 않는다"는 의미와 함께 "사람들에게 도덕적 결벽을 독촉하지 않는다"는 의미를 동시에 내포하고 있다고 나는 이해한다. 정치적 지배자에게는 법과 권력을 앞세워 세금을 독촉하거나 도덕적 결백을 요구할 물리적 힘이 있다. 그러나 정치적 지배자가 성인이라면 지나치게 세금을 거두거나 지나치게 책선(責善)하지 않는다는 것이다. 《명심보감》의 〈존심(存心)〉 편에 나오는 "남을 책망하는 마음으로 자신을 책망하고, 자신을 용서하는 마음으로 타인을 용서하라(以責人之心責己 恕己之心恕人)"는 구절도 이와 같은 맥락이다.

"덕이 있는 자는 문서를 담당한다(有德司契)"는 구절에서 문서란 '원칙을 담고 있는 기록', 그러니까 지금으로서는 헌법과 비슷한 것이 아니었나 싶다. 그렇다면 이 구절은 덕이 있는 자는 큰 원칙을 제시하지만 책선하지는 않는다는 뜻일 것이다. 그러나 덕이 없는 자는 타인에게 책선한다. 그리고 그것은 자기 의지를 타인에게 강요하거나 타인을 동화시키고자 하는 욕망의 반영이기 쉽다.

"하늘의 도는 친함이 없다(天道無親)"는 "천지는 인하지 않다(天地不仁)"의 다른 표현이다. 하늘의 도는 사사로운 친함을 베풀지 않는다는 의미로 보면 될 것이다. "상여선인(常與善人)"의 해석에는 약간의 논란이 있다. 김형효는 이를 "늘 사람과 더불어 사이좋게 지낸다"로 풀이했다.[129] 아마도 노자가 선악을

129 김형효, 《사유하는 도덕경》 (서울: 소나무, 2004), 514쪽.

이분법적으로 구분하지 않기에 선인(善人), 불선인(不善人)을 차별하지 않는다는 데 중심을 둔 것으로 보인다. 선악과 시비를 이분법적으로 나누지 않는 노자의 사유에서 보면 가능한 풀이다. 그러나 이는 상여선인(常與善人)의 한자어 문장구조상 자연스럽지 않은 것이 사실이다. 그래서 나는 이를 일반적인 풀이 방식에 따라 "하늘의 도는 사사로운 친함이 없지만 항상 착한 사람과 함께 한다."로 풀이했다.

하늘의 도는 사사로움이 없기에 선인(善人)에게나, 불선인(不善人)에게나 동일하게 그 빛을 비춘다. 그래서 어떤 경우에는 불선인과 함께하는 것처럼 보일 수도 있다. 그러나 "도가 아닌 것은 일찍 끝나버린다(不道早已)"고 했듯이 도가 아닌 것은 장구할 수 없으므로 하늘의 도는 궁극적으로는 선과 함께한다. 그것은 서양의 유일신을 통한 심판이 아니라 무사무위(無私無爲)한 도의 운동법칙에 따른 것이다.

80장

작위적 팽창의 경계

나라는 작고 백성은 적어 열 사람, 백 사람 몫을 하는 기물이 있어도 사용하지 않게 하고, 백성으로 하여금 죽음을 중하게 여겨 멀리 이사하지 않게 한다. 비록 배와 수레가 있어도 탈 일이 없고, 비록 갑옷과 무기가 있어도 진칠 일이 없다. 백성으로 하여금 다시 끈으로 매듭을 지어 (소통수단으로) 사용하게 한다. 그 음식을 달게 여기고, 그 의복을 아름답게 여기며, 그 거처를 편안히 여기고, 그 풍속을 즐겁게 여기게 한다. 이웃 나라가 서로 바라보이고 닭과 개 울음소리가 서로 들려도 백성이 늙어 죽을 때까지 서로 왕래하지 않는다.

小國寡民 使有什伯之器而不用 使民重死而不遠徙
소국과민 사유십백지기이불용 사민중사이불원사
雖有舟車 無所乘之 雖有甲兵 無所陳之 使民復結
수유주거 무소승지 수유갑병 무소진지 사민부결
繩而用之 甘其食 美其服 安其居 樂其俗 隣國相望
승이용지 감기식 미기복 안기거 낙기속 인국상망
雞犬之音相聞 民至老死不相往來
계견지음상문 민지노사불상왕래

이 장의 '소국과민(小國寡民)'이라는 표현이 단순한 소국 지향을 의미하는 것은 아니라고 생각된다. 그보다는 팽창과 지배욕의 확장을 경계한 것으로 나는 이해한다. 노자가 살았던 시기가 약육강식 논리에 의해 지배되던 춘추전국시대였음을 상기할 필요가 있다.

《맹자》의 〈양혜왕장구상〉에는 양혜왕이 자신은 나라를 다스리는 데 마음을 다하고 있고 이웃나라의 정치는 그렇지 않은데도 이웃나라의 백성은 줄어들지 않고 자신의 나라 백성은 늘어나지 않는 이유가 무엇이냐고 맹자에게 묻는 장면이 나온다. 이로 미루어 맹자가 살았던 시대에는 어떻게 하면 인구를 늘릴 수 있는가가 제후국들의 중요한 관심사였음을 알 수 있다. 제후국들은 인구를 늘리고 영토를 확장할 목적으로 전쟁도 불사했다. 노자는 맹자보다 약간 앞선 시기에 살았을 것으로 추정되므로 노자가 살았던 시대에도 이는 크게 다르지 않았을 것이다. 나는 이런 시대상황을 고려할 때 노자가 말한 '소국과민(小國寡民)'을 소국 지향의 사유가 아니라 군사적 팽창주의에 대한 경계로 본다.

"열 사람, 백 사람 몫을 하는 기물이 있어도 사용하지 않게 한다(使有什伯之器而不用)"는 구절에 대해 소자유는 "십백인지기(什伯人之器)는 열 사람, 백 사람의 우두머리가 될 재주를 가진 자다(什伯人之器 則材堪什夫伯夫之長者也)"라고 주석했다. 열 사람, 백 사람을 통솔할 만한 재능을 가진 자라도 자신의 재능을 함부로 사용하지 않는다는 의미로 푼 것이다. 그러나 나는 "십백지기(什伯之器)"를 열 사람, 백 사람 몫을 하는 문명의 이기 정도로 본다. 그래야 뒤에 이어지는 "배와 수레가 있어도 탈 일이 없다"는 구절로 자연스럽게 이어지기 때문이다.

“백성으로 하여금 죽음을 중하게 여겨 멀리 이사하지 않게 한다(使民重死而不遠徙)”는 구절은 교통수단이 발달하지 않았던 먼 과거의 상황을 염두에 두고 이해해야 한다. 지금이야 국외여행도 일반화되어 나 같은 사람도 국외 여행을 할 정도가 됐지만, 과거에는 태어난 마을을 떠나지 않고 살다가 그곳에서 세상을 떠나는 사람이 상당히 많았을 것이다. 과거에는 여행을 한다는 것이 지금과 같이 차를 타고 쉽게 다녀오는 나들이 정도가 아니라 목숨을 건 유랑이었을 가능성이 높다. 사람들이 농토를 버리면서까지 목숨을 걸고 멀리 이사한 것은 무엇 때문이었을까? 목숨을 걸만큼 절박한 어떤 사정이 있었기에 이사를 가야만 했던 것이 아닐까? 가혹한 세금 때문에 떠나야 했거나, 전쟁에 징병되어 죽을 수밖에 없는 상황에서 벗어나기 위해 목숨을 건 이주를 감행했을 것이다.

지금도 지중해를 건너는 시리아 난민이나 방글라데시 난민 캠프로 이주하는 로힝야족은 목숨을 걸고 유랑길에 나선다. 그들이 죽을지도 모르는 길을 나서야 하는 것은 그럴 수밖에 없는 처지에 몰렸기 때문일 것이다. 백성이 목숨을 걸고 이주할 필요가 없는 세상을 만드는 것은 노자가 살았던 시대의 과제였고, 아직도 지구촌의 많은 지역에서 과제로 남아 있다. 그래서 이 구절은 백성이 목숨을 건 이주를 할 필요가 없게 하라는 의미에 가깝다.

이 장에 나오는 배와 수레, 갑옷과 무기는 모두 소유욕과 타인에 대한 지배의지를 상징한다. 배와 수레를 가지고 타인의 노동을 지배하고 갑옷과 무기를 가지고 타인을 지배하는 일이 없어야 한다고 노자는 말한다. 전쟁을 벌여 수많은 사람을 희생시키고 백성을 먹여 살릴 곡식을 군량으로 낭비하면서 대국을 이룩한들 그것이 백성에게 무슨 의미가 있겠는가? 백성은 작은 마을에서 가족과 화목하게 살면 그만이다. 전국시대 6국을 통일한 진(秦)나라 백성으로 사는 것이 진나라에 멸망된 위(魏)나라나 초(楚)나라 백성으로 사는 것보다 행복했다고 확언할 수 없다. 백성에게 6국 통일의 과정은 행복을 향한 여정이 아니라 불행의 연속이었을 것이다. 천하가 통일되지 않아도 백성은 얼마든지 행복한 삶을 영위할 수 있었다. 나아가 물질적 욕망과 소유욕이 없어도 백성은 얼마든지 행복해질 수 있다고 노자는 말한다.

"그 음식을 달게 여기고, 그 의복을 아름답게 여기며, 그 거처를 편안히 여기고, 그 풍속을 즐겁게 여기게 한다"는 구절은 검소와 절제를 이야기한 것이다. 오늘날 우리는 집에 쌀이 없어 외식을 하고, 입을 옷이 없거나 낡아서 새 옷을 구입하는가? 대부분은 더 맛있는 음식과 더 예쁜 옷을 찾아 여기저기를 기웃거린다. 집이 없어 노숙하는 사람도 있기는 하지만 대부분은 더 쾌적한 곳, 더 번화한 곳으로 집을 옮긴다. 자본주의는 소비를 늘리는 것이 행복을 가져다준다고 끊임없이 우리를 세뇌한다. 공급자는 우리에게 얼마든지 더 사용할 수 있는 물건을 버리고 새로운 물건을 구입하라고 충동질한다. 모두가 욕망의 과잉이 빚어내는 부작용이다. 행복이란 무엇인가를 일률적으로 도식화할 수는 없다. 그러나 억지로 도식화한다면 '행복=만족/욕망'이라고 할 수 있을 것이다. 우리는 이제까지 주로 어떻게 하면 만족을 키울지를 고민해 왔다. 그러나 노자는 만족을 키우기보다 욕망을 줄이라고 말한다.

"닭과 개 울음소리가 서로 들려도 백성이 늙어 죽을 때까지 서로 왕래하지 않는다"는 구절은 그만큼 국가들이 인접해 있지만 그 국민들이 서로 오가지 않음을 이야기한 것이다. 춘추전국시대의 제후국들은 지금 우리가 생각하는 국가보다 훨씬 작은 규모였지만, 그렇다고 실제로 닭과 개 울음소리가 서로 들릴 정도는 아니었을 것이다. 노자는 다만 그러한 다소 과장된 말로써 제후국들이 서로 영토를 넓히고 인구를 늘리려고 하는 팽창 욕망의 위험성을 경고하고자 한 것이다.

이웃 국가가 보여도 왕래하지 않는 것은 살고 있는 곳에서 자족하며 지내기에 굳이 이웃 국가로 갈 필요가 없기 때문일 것이다. 춘추전국시대의 여행 가운데 가장 극단적인 경우가 남의 나라 영토를 탐하는 원정(遠征)이었다. 자기 거처를 편안히 여기듯이 자신의 영토에 자족하는데 침략하기 위한 원정이 어찌 일어날 것인가? 노자는 앞의 57장에서 "내가 욕심을 부리지 않으면 백성이 스스로 순박해진다(我無欲而民自樸)"고 했다. 지배자들이 사치하지 않고 스스로 욕망을 절제하면 백성은 자연히 순박해진다는 것이다.

현재 우리 사회에 만연한 배금주의(拜金主義)에 지도층의 사치와 향락이 영향을 미치지 않았다고 할 수 있겠는가? 사회의 지도자들이 욕망을 절제하면 국민이 순박해져서 현재 상태에 자족한다. 자기가 먹는 음식을 달게 여기고 자신의 옷을 아름답게 여기는 국민은 늙어 죽을 때까지 남의 것을 기웃거리지 않는다. 아니, 기웃거릴 이유가 없다.

81장

나눔과 풍요로움

신뢰할 만한 말은 아름답지 않고, 아름다운 말은 신뢰롭지 않다. 좋은 말은 달변이 아니고, 달변은 좋은 말이 아니다. 아는 자는 박학하지 않고, 박학한 자는 알지 못한다. 성인은 쌓아두지 않으니 이미 있는 것으로 남을 위하되 자기는 더욱 있게 되고, 이미 있는 것으로 남에게 주되 자기는 더욱 많아지게 된다. 하늘의 도는 이롭게 하되 해치지 않고, 성인의 도는 행하지만 다투지 않는다.

信言不美 美言不信 善言不辯 辯言不善 知者不博
신언불미 미언불신 선언불변 변언불선 지자불박
博者不知 聖人不積 旣以爲人 己愈有 旣以與人 己
박자부지 성인부적 기이위인 기유유 기이여인 기
愈多 天之道 利而不害 聖人之道 爲而不爭
유다 천지도 이이불해 성인지도 위이부쟁

어느덧 《도덕경》의 81개 장 가운데 마지막 장에 이르렀다. 방동미(方東美)가 "노자는 비록 오천 자를 남겼지만, 해석하려 한다면 백만 자를 쓴다 해도 그 뜻을 다 반영하지 못할 것이다"[130]라고 했듯이 《도덕경》이 5500여 자의 유한한 문자로 이루어져 있기에 우리가 마지막 장에 이를 수 있게 됐지만, 노자가 이 책에서 이야기하는 '도(道)'는 그 뜻이 무한할 것이다. 노자가 25장에서 "나는 그 이름을 알지 못하여 그것을 글자로 나타내어 도라 한다(吾不知其名 字之曰道)"고 했듯이 도는 인간의 언어에 의해 한정되지 않는다. 인간의 언어로 설명되지도, 한정되지도 않는 것을 이렇게 언어로 설명하는 나의 작업은 과연 무슨 의미가 있을지 돌아보게 된다.

나는 이 장을 볼 때마다 《논어》〈학이(學而)〉 편에 나오는 "말 잘하고 얼굴빛을 꾸미는 자는 어진 이가 드물다(巧言令色 鮮矣仁)"는 구절이 떠오른다. "신뢰할 만한 말은 아름답지 않고, 아름다운 말은 신뢰롭지 않다"는 구절은 논어의 이 구절과 같은 맥락이다. 사람들은 도가와 유가를 명료하게 구분하려고 하지만, 어쩌면 도가 사상과 유가 사상이 우리가 생각하는 만큼 서로 거리가 먼 것은 아닐 수도 있다.

《명심보감》의 〈정기(正己)〉 편에는 "나의 선한 점을 말해주는 사람은 곧 나를 해치는 사람이요, 나의 나쁜 점을 말해주는 사람은 곧 나의 스승이다(道吾善者 是吾賊 道吾惡者 是吾師)"라는 구절이 있다. 나도 그렇지만 대부분의 사람들은 다른 누구에게 면전에서 충고하기보다 뒤에서 그에 대해 수군대고 비판한

130 방동미(方東美), 남상호 역, 《원시 유가 도가 철학》 (서울: 서광사. 1999), 332쪽.

다. 거의 모든 왕은 생전에는 신하들에게서 '듣기 좋은 아름다운 말(美言)'만을 들으며 성군으로 추앙받는다. 그러나 후세에까지 성군으로 칭송받는 왕은 손가락에 꼽을 정도로 적다.

오늘날 기업 조직이나 공적 조직 내의 상급자도 마찬가지다. 상급자는 흔히 하급자들이 자신을 존경하고 좋아하는 것으로 착각한다. 하급자들은 대부분 상급자 앞에서는 그에게 듣기 좋은 말만 하기 때문이다. "부장님은 어떻게 그렇게 아는 게 많으세요?" "국장님은 타인의 입장을 잘 배려해 주시네요." "전무님은 우리 회사의 자랑입니다." 하급자들은 상급자의 면전에서 이 같은 아름다운 말을 쏟아내기에 정신이 없다. 그런데 그런 말이 다 진심이고 사실일까? 나부터도 하급자가 내게 던지는 감언(甘言)을 진실이라고 믿고 싶어 한다. 그러나 아마도 진실은 그 감언과는 정반대일 가능성이 높다.

나는 군에서 초급 지휘관으로 근무했다. 그때 나는 주말에 영외로 나가지 않고 영내에서 병사들과 축구도 하고 음료수도 함께 마시며 시간을 보내곤 했다. 나는 주말을 그렇게 보내는 것을 병력 관리의 일환이라고 생각했고, 병사들도 그렇게 하는 나를 좋아하리라고 믿었다. 병사들이 실제로 나에게 그렇게 말해주기도 했다. 그런데 내가 전출 명령을 받고 마지막 회식을 하던 날 병사들에게 하고 싶은 말이 있으면 한마디씩 하라고 했더니 분대장 한 명이 이렇게 말하는 게 아닌가. "소대장님, 다른 부대에 가서는 제발 주말에 내무반에 가서 병사들의 시간을 빼앗지 마시고 외출을 하든지 장교 숙소에서 시간을 보내든지 하세요. 그간 주말에 너무나 힘들었습니다." 지금 생각해보면 나 때문에 병사들이 얼마나 힘들었을지 짐작하고도 남음이 있지만, 당시에는 병사들이 나와 운동하고 면담하는 것을 실제로 좋아한다고 생각했다.

많은 대학 교수가 학생들, 특히 대학원생들이 자신을 존경한다고 생각하지만, 진실은 대부분 그 반대다. 사실 자신을 통제할 권한을 갖고 있는 소대장이나 중대장과 주말에도 함께 있는 것을 편하게 생각할 병사가 몇이나 있겠으며, 자신의 진로에 막대한 영향을 미치는 교수에게 쓴 소리를 할 수 있는 대학원생이 몇이나 있겠는가? 나는 이제까지 상급자의 약점이나 고쳐야 할 점을 당사자에게 당당하게 말하는 사람을 거의 보지 못했다. 그렇다고 하급자만 탓할 일은 아니다. 상급자가 진실한 충언을 받아들일 만한 인품을 보여주지 못했기에 하급자가 듣기 좋은 말만 하는 것일 수도 있기 때문이다.

듣기 좋은 아름다운 말은 진실된 말이 아닐 가능성이 높고, 더 나아가 진실을 은폐하는 말일 수도 있다. 진실된 말은 오히려 아픔을 준다. '선언(善言)'은 핵심을 찌르기에 이리저리 돌아가지 않는다. 그런데 사람들은 뭔가를 감추어야 하고 진실로 바로 다가서지 않으려고 하기에 말을 돌리고 변설을 일삼는다. 이처럼 진실을 감추기 위해 다양한 말이 동원되는 경우가 많기에 노자는 "좋은 말은 달변이 아니고, 달변은 좋은 말이 아니다"라고 한 것이다.

노자는 56장에서 "지자는 말하지 않고, 언자는 알지 못한다(知者不言 言者不知)"고 했다. 진정으로 아는 자는 자신의 앎이 가진 국지성을 알기에 아는 것을 함부로 드러내어 말하지 않는다. 이 장의 "아는 자는 박학하지 않고, 박학한 자는 알지 못한다(知者不博 博者不知)"는 구절도 같은 맥락이다. 자신의 박학다식함을 뽐내기 위해 가는 곳마다 지식을 드러내기에 여념이 없는 자가 진정한 지자(知者)일 수는 없다. 진정으로 지혜로운 자는 자신의 지식을 드러내려고 하지 않는다.

노자는 4장에서 "도는 깊고도 비어 있어서 그것을 아무리 써도 다시 채울 필요가 없다(道沖而用之或不盈)"고 했다. 자연의 도는 무한하게 자신을 내어주지만 고갈되지 않는다. 자연의 도를 본받은 성인 역시 무엇을 쌓아두려 하지 않고, 자신을 내어주지만 존재론적으로는 더 풍요로워진다.

예수를 본받아 사랑을 실천한 고(故) 이태석 신부가 경제적인 여유가 있어서 아프리카 오지에서 베풂을 행한 것은 아니다. 그는 자신의 사랑을 타인에게 나누어줌으로써 그 사랑이 퍼져 나가 이 땅에 가득하기를 소망하지 않았을까 싶다. 그의 나눔은 세상을 따뜻하게 만들었고, 그 자신의 삶을 풍요롭게 했다.

《신약성경》의 〈마태오복음〉에는 '오병이어(五餠二魚)의 기적'으로 알려진 이야기가 나온다. 예수가 떡 다섯 조각과 물고기 두 마리로 수천 명을 배불리 먹였다는 이야기다. 이 이야기에 대해 예수가 그야말로 기적을 일으켜 떡 다섯 조각으로 수천 조각을 만들었다는 식의 황당한 해석을 하는 사람들도 있지만, 나는 예수가 기적을 행했다면 그것은 아마도 나눔의 기적이었을 것이라고 이해한다.

당시 갈릴레아 지역에 사는 사람들은 길을 떠날 때면 자신이 먹을 양식을 가지고 다녔다고 한다. 그런데 수천 명이 모인 자리에서 그들 모두가 각자 자기가 먹을 양식을 먼저 선뜻 내놓지 못하고 우물쭈물하는 사이에 예수가 자신이 가지고 있던 떡 다섯 조각과 물고기 두 마리를 먼저 내놓으니 주변에 모여 있던 사람들이 예수를 따라 각자 가지고 있던 것을 내놓아 수천 명이 나눠 먹었다고 보는 것이 합리적이다. 진실이 어느 쪽일지는 당시의 광경을 직접 본 사람이 아니면 누구도 확언할 수 없을 것이다. 다만 이 이야기가 뭔가를 쌓아두기만 하는 삶보다는 자신이 가지고 있는 것을 내놓고 타인과 공유하는 삶이 가치가 있다는 메시지를 준다는 점은 분명해 보인다.

나는 노자가 이 장에서 개인의 나눔만을 말한 것은 아니라고 생각한다. 노자는 77장에서 "하늘의 도는 활시위를 당기는 것과 같이 균(均)을 지향한다(天之道 其猶張弓乎)"고 했다. 하늘의 도는 개인 간의 관계만으로 한정되지 않는다. 그것은 지역과 민족, 국가를 구분하지 않는다.

많은 사람이 축구를 보거나 직접 하기를 좋아한다. 그런데 축구공이 어디에서 어떻게 만들어졌는지에 대해서는 대부분 관심이 없거나 잘 모른다. 1996년에 미국의 시사화보 잡지 〈라이프〉에 충격적인 사진이 실렸다. 12살의 파키스탄 소년이 나이키 축구공을 바느질하며 만드는 장면이 담긴 사진이었다. 실제로 국내의 프로축구나 해외의 축구리그 경기에서 사용되는 축구공의 상당량은 파키스탄 펀자브 주의 시알코트라는 도시에서 수작업으로 생산된다. 축구공 하나를 만들기 위해서는 12개의 오각형과 20개의 육각형 외피를 1620회의 바느질로 이어 붙여야 한다. 이런 고된 노동을 시알코트의 4만 5천여 노동자들이 하고 있고, 그 가운데 상당수는 어린이다. 숙련공은 하루에 5~6개의 축구공을 만들 수 있다고 하는데, 어린 노동자가 하루에 만들 수 있는 축구공 수는 그보다 적을 것이다.

〈라이프〉는 축구공을 만드는 어린이들이 하루에 12시간 이상 일하고 2달러 미만의 임금을 받는다고 보도했다. 지금 가까운 스포츠용품점에 가서 축구공을 구입하려고 하면 고급 수제 축구공의 경우 적어도 10만 원 이상을 지불해야 할 것이다. 그런데 축구공을 만드는 노동자들에게, 지금이야 임금이 올랐겠지만, 당시에 하루 고작 2달러가 지급된다는 사실에 많은 사람이 분노했다. 무엇보다 공정해야 할 스포츠가 실상은 그 바탕에 불공정을 깔고 있었던 것이다.

초콜릿의 원료인 카카오의 전 세계 생산량 가운데 40% 정도를 생산하는 아프리카 코트디부아르의 카카오 농장에서는 25만 명의 소년들이 중노동과 저임금에 시달리고 있다. 코코아 농장 내 아동착취를 주제로 제작돼 BBC에서 방영된 다큐멘터리에서 한 소년은 "세계의 다른 곳에서 초콜릿을 즐기고 있는 사람들에 대해 어떻게 생각하느냐?"는 질문에 "내가 고통을 받으며 만든 것을 그들이 즐기고 있으니 그들은 나의 살을 먹고 있는 것"이라고 말했다. 매일 수백 개의 카카오 열매를 따야 하는 그 소년들은 정작 초콜릿을 먹지 못한다.

이러한 현실을 개선해 개발도상국의 생산자에게 조금이라도 이익이 돌아가게 하려는 노력이 공정무역(Fair trade)이다. 나는 공정무역이 개발도상국 생산자에게만 이익을 가져다주는 것이 아니라 불필요한 개발과 과소비를 억제하고 환경친화적인 생산을 독려함으로써 독점자본을 제외한 생산자와 소비자 모두에게 이익을 가져다준다는 점에서 "공생무역(共生貿易)"이라고 불려야 한다고 생각한다. 자연의 도는 개인 간의 나눔만을 지향하는 것이 아니며 계층 간, 국가 간의 나눔까지도 지향하고 그것을 포괄한다. "만물병작(萬物竝作)"이라는 노자의 말은 특정 계층, 특정 국가만이 아니라 만인, 만물을 아우른다. 그것은 공정함을 넘어 모두를 살리는 것이기에 '공생'이라는 용어가 더 적합할 것이다.

나 자신은 열악한 환경에서 일하는 생산자를 배려하고 환경을 생각해서 상대적으로 높은 가격을 기꺼이 지불할 용의가 있는지를 스스로에게 묻게 된다. 내가 시장가격보다 더 많이 지불한 금액은 나의 지갑을 가볍게 하겠지만,

그렇게 함으로써 나의 존재는 조금이나마 무거워질 것이다.

불교에서는 베풀되 베푼다는 생각조차 쌓아두지 말라는 무주상보시(無住相布施)를 말한다. 베푼다는 생각조차 쌓아두지 않아야 존재론적으로는 더 풍요로워질 수 있다. 물론 이것은 결코 쉬운 경지가 아니다. 경제적 축적의 욕망으로 가득한 세상에서 나눔과 베풂을 실천하기도 어려운데 하물며 무주상보시가 쉽겠는가? 내가 무엇인가를 베풀었다는 생각조차 없게 되려면 내 것, 네 것의 구분 자체가 무의미함을 깨달아야 하리라. 나는 평생 노자를 읽고 불경을 암송해도 그런 경지에는 도저히 도달하지 못할 듯하다.

하늘의 도는 무사(無私)한 자비이기에 선택적 사랑을 베풀지 않는다. 예쁘고 연약한 사슴이라고 해서 햇빛을 더 많이 내려주고 인간을 해치는 독사라고 해서 햇빛을 거두어들이지 않는다. 하늘의 도는 호오를 가리지 않고 만물을 이롭게 하지만 해치지 않는다. 하늘의 도를 본받은 성인(聖人) 역시 사사로움을 앞세우지 않기에 다투지 않는다. 모든 일을 부득이해서 하기에 다툴 일이 없다. 성인은 시와 비, 선과 악이 이분법적으로 구분되지 않으며 남과 자신도 명확히 구분되지 않는다는 것을 알기에 남보다 앞서고자 하는 욕망이 없다. 따라서 다투려는 마음 자체가 없다. 그래서 노자가 "성인은 행하지만 다투지 않는다(爲而不爭)"고 말한 것이다. 사적 욕망을 실현하고자 하는 아상(我相)이 없는 성인이 왜 타인과 다투겠는가?

후기

이 책을 쓰기로 마음먹고 처음 붓을 든 것이 2012년 3월이었다. 그 뒤로 8년 동안 쓰다가 시간이 없어 중단하기도 했고, 컴퓨터에 저장된 원고를 복구하지 못해 다시 쓰기도 했으며, 이런저런 사정으로 전혀 손을 대지 못한 기간도 있었다. 어쨌든 꽤 오랜 시간 이 작업에 매달렸지만 후기를 쓰고 있는 지금도 뭔가 부족하고 부끄러운 글이라는 생각이 앞선다. 과연 부족한 글을 세상에 내놓아야 할지 고민스럽다. 굳이 내가 또 하나의 해설을 더하지 않더라도 노자의 《도덕경》에 대한 주석서나 해설서는 방대하다는 말이 어울릴 정도로 많기 때문이다.

이미 수많은 사람의 연구가 있는데 왜 책을 썼느냐고 누가 나에게 묻는다면 뭐라고 답변해야 할지 궁색할 듯하다. 굳이 대답을 찾는다면 아마도 내가 《도덕경》을 좋아하기 때문이고 나의 도덕경 이해와 사유를 보다 많은 사람과 공유하고 싶어서라는 정도일 것이다.

글을 쓰면서 확실히 깨우친 것이 있다면 아직도 나의 공부가 부족하다는 사실이다. 독자들과 노자의 사유를 공유하려는 의도로 시작된 이 책 쓰기를 통해 나의 《도덕경》 이해와 글쓰기가 아직 많이 부족함을 절실하게 느꼈다. 그래서 독자들의 매서운 질책을 달게 받을 마음자세는 돼 있다.

그러나 글을 쓰는 과정에서 가장 나를 괴롭힌 것은 내가 노자의 사유를 정확하게 이해하고 있는가에 대한 의심보다는 내가 이해한 노자의 사유나마 나의 실존 속에서 스스로 실천하고 있는지에 대한 자신 없음이다. 글을 쓰는 동안 나의 실존이 노자의 사유에 점점 더 다가서고 있다고 자신 있게 말할 수 없는데도 노자의 사유를 독자들에게 말한다는 것이 무슨 의미가 있느냐는 생각이 나를 괴롭혔다. 더욱이 혹시 이 책을 읽게 될 나의 지인들의 평가는 그 초점이 책의 내용보다 나의 일상에 두어질 것이기에 스스로 부끄러움과 함께 두려움을 느끼지 않을 수 없었다.

얼마 전에 제자에게서 결혼식 주례를 부탁받았다. 그때 내가 두 젊은이의 새로운 출발을 축하해 주고 의미 있는 삶의 자세에 대해 이야기해줄 만큼 나의 결혼생활이 아름다웠는지를 돌아보게 됐다. 내 결혼 생활이 그렇게 모범적이고 아름답지 않았다면 내가 사랑하는 제자에게 무슨 말을 할 수 있을 것인지 자신이 없고 부담스러웠다. 이 책이 내 손을 떠나 독자들을 향하려고 하는 지금 나는 중요한 시험을 앞둔 수험생에 못지않은 부담감을 느낀다. 그것은 내 인격과 실존의 부족함을 공개적으로 들켜버리고 말 것이라는 당혹감에 가까운 것이다.

종교적 신념이 신앙인을 변화시키기도 하듯이 이 작업을 통해 내가 아직도 부족함 투성이인 나 자신의 실존을 돌아보고 내 일상을 내가 쓴 글과 일치시키려고 노력하게 되는 계기가 될 수 있으리라는 막연한 기대가 내가 의지할 수 있는 거의 전부일 듯싶다. 이 고백은 익숙해진 나태함과 부족함을 스스로 두려워하고 있는 나 자신에 대한 경고와 약속에 가깝다.

앞으로의 내 삶에서 나의 글과 실존이 분리되지 않기를 소망한다. 그 실천은 오롯이 나의 몫이 될 수밖에 없기에 책을 마무리하는 지금 내가 느끼는 감정은 겨우 원고를 완성했다는 안도감보다는 두려움이 훨씬 크다. 부끄러운 자기 고백이 조금이나마 나를 성숙시키는 계기가 되기를 희망한다. 독자 여러분의 매서운 질정을 기다리며 부족한 글을 맺는다.

모든 이의 평화를 기원하며
2019년 11월 30일
金時成